Stefan Zweig
Für das Menschliche im Menschen

Stefan Zweig

Für das Menschliche im Menschen

Texte eines Humanisten und Weltbürgers

Herausgegeben von
Bernhard Fetz und Arturo Larcati

S. Marix Verlag

Inhalt

STEFAN ZWEIG: WELTAUTOR, EMIGRANT UND
VORDENKER EUROPAS   7

NOVELLEN   35
Im Schnee   35
Die Mondscheingasse   48
Angst   67

ROMAN   71
Ungeduld des Herzens   71

STERNSTUNDEN DER MENSCHHEIT   85
Der Kampf um den Südpol   85
Cicero   104

BIOGRAPHIEN   127
Joseph Fouché   127
Triumph und Tragik des Erasmus von Rotterdam   144
Castellio gegen Calvin   153
Marie Antoinette   165
Maria Stuart   174

BAUMEISTER DER WELT: DER KAMPF MIT DEM DÄMON   187
Friedrich Hölderlin   187
Heinrich von Kleist   194
Friedrich Nietzsche   206

BALZAC	215
Balzac außen und innen	215
DIE WELT VON GESTERN	235
Eros Matutinus	235
REISETEXTE	261
Aus abgesperrter Welt [Wien – Salzburg – Salzkammergut]	261
Besuch bei den Milliarden	269
Das Haus der tausend Schicksale	283
ESSAYS	287
Monotonisierung der Welt	287
Die moralische Entgiftung Europas	296
Worte am Sarge von Sigmund Freud	311
Abschiedsrede [für Joseph Roth, 1. Juli 1939]	315
Das große Schweigen	320
DRAMEN	325
Jeremias	325
Die Flucht zu Gott	331
Mein Operntext für Richard Strauss [Die schweigsame Frau]	343
GEDICHTE	349
NACHDICHTUNGEN	363
QUELLENVERZEICHNIS	368

Stefan Zweig:
Weltautor, Emigrant
und Vordenker Europas

Das Werk von Stefan Zweig gehört heute zum Kanon der deutschsprachigen und der Weltliteratur, auch wenn dessen Qualität zu Lebzeiten des Autors und auch nach seinem Tod umstritten war. In der Zwischenkriegszeit als meistgelesener und meistübersetzter Schriftsteller deutscher Sprache gefeiert, kann Zweig mit Recht als »Weltautor« betrachtet werden (so der Titel einer Ausstellung im Literaturmuseum der Österreichischen Nationalbibliothek in Wien, Juni 2021 – September 2022). Seine enorme Popularität weltweit spiegelt sich in der Vielfalt und Breite einer einzigartigen Rezeptionsgeschichte, die »bis in die kleinsten Winkel der Erde reichte« (Thomas Mann) und die Sonderstellung des Autors innerhalb der österreichischen Literatur begründet.

Zu der beispiellosen Verbreitung von Zweigs Werk haben im letzten Jahrzehnt Filme wie *Grand Budapest Hotel* (2014) von Wes Anderson oder *Vor der Morgenröte* (2016) von Maria Schrader maßgeblich beigetragen. Die Neuverfilmung der *Schachnovelle* (2021) durch Philipp Stölzl ist nur ein weiteres Beispiel für die publikumswirksame Adaption seiner Werke für das Kino. Parallel dazu hat der Ablauf der Werkrechte im Jahr 2013 im deutschsprachigen Raum und weltweit zu einer Welle von neuen Editionen und neuen Übersetzungen geführt und ein regelrechtes Zweigfieber ausgelöst, das bis heute anhält. In Frankreich etwa ist eine zweibändige Ausgabe der Prosa in der prestigeträchtigen *Bibliothèque de la Pléiade* (2013) erschienen – ein Privileg, das den Klassikern der Weltliteratur vorbehalten ist. »Die Schriftsprache, in die Stefan Zweig in den letzten Jahren nicht übersetzt wurde, muss erst erfunden werden«, bilanzierte 2020 der österreichische Schriftsteller Karl-Markus Gauß. Nicht zuletzt hat die Gründung des Stefan Zweig Zentrums in Salzburg im Jahr 2008 das Interesse für Leben und Werk des Autors weiter gefördert. Hier ist nicht nur das umfassende *Stefan Zweig Handbuch* (2018) entstanden; auch die Salzburger Ausgabe der Werke im Wiener Zsolnay-Verlag ist dieser Initiative zu verdanken.

Das Leben Stefan Zweigs steht aufgrund der anhaltenden Popularität des Autors in besonderem Maße für das Schicksal jener Schriftsteller:innen, die aufgrund ihrer jüdischen Herkunft von den Nationalsozialisten verfolgt und deren Werke nach 1933 verboten und öffentlich verbrannt wurden. An seinem Weg ins Exil, am Verlust des Hauses, der Bibliothek, seines deutschsprachigen Publikums, seiner Würde als europäisch fühlender Weltbürger und österreichischer Autor, dem die Staatsbürgerschaft aberkannt wurde, und an seinem Selbstmord aus Verzweiflung im Jahr 1942 lassen sich die Folgen von Antisemitismus und Diktatur im 20. Jahrhundert exemplarisch nachvollziehen. Insofern gehört Stefan Zweig zu unserer Erinnerungs- und Gedenkkultur. Die Auseinandersetzung mit seinem moralischen Erbe soll verhindern, dass das, was geschehen ist, sich wiederholt.

Für viele gilt Stefan Zweig als »großer Europäer« (Jules Romains) – eine Charakterisierung, die er sich mit seinem unermüdlichen Engagement für den Frieden nach der Katastrophe des Ersten Weltkrieges sowie mit seinem konsequenten Bekenntnis zu den moralischen Werten der Aufklärung und des Humanismus als Antwort auf den Nationalsozialismus verdient hat. Mit seinem Eintreten für Konzilianz und seiner Ablehnung der Gewalt, mit seinem Plädoyer für ein »Europa des Geistes« bleibt er als prophetische Stimme und moralische Instanz aktuell. Es ist kein Zufall, dass im Dezember 2019 ein Gebäude des

Europäischen Parlaments in Brüssel nach ihm benannt wurde. Stefan Zweig ist der einzige Schriftsteller, dem diese Ehre bislang zuteilwurde. Der italienische Schriftsteller Claudio Magris formulierte es sinngemäß folgendermaßen: Zweigs Kosmopolitismus und sein Humanismus, eingerechnet deren Schwächen und Widersprüche, sind Teil des historischen Gedächtnisses, mit dem wir uns auseinandersetzen müssen, um die Herausforderungen von heute erfolgreich zu bewältigen.

Die Wiener Jahre

Stefan Zweig wurde am 28. November 1881 in Wien geboren. Der Vater, Moriz Zweig, kam aus Böhmen, die Mutter, Ida Zweig, geborene Brettauer, entstammte einer wohlhabenden Bankiersfamilie aus Vorarlberg und lebte bis zum Alter von 16 Jahren in Italien. Als Kind wurde Stefan Zweig gemeinsam mit seinem älteren Bruder Alfred von einer französischen Gouvernante betreut. Früh sprach er mehrere Fremdsprachen und las auch sehr bald französische, italienische und englische Literatur im Original. Der spätere Schriftsteller wuchs in einem multikulturellen und multiethnischen Umfeld auf, das typisch für das gebildete jüdische Großbürgertum der Zeit war und das zu seiner kosmopolitischen Einstellung wesentlich beitrug.

Bereits als Schüler des Maximiliangymnasiums (heute Gymnasiums Wasagasse) in Wien publizierte er Gedichte in verschiedenen Zeitschriften wie *Deutsche Dichtung* (Berlin), *Die Gesellschaft* (München) und *Das literarische Echo* (Berlin). Nach der Matura 1900 studierte Zweig Philosophie, Psychologie, Ethik und im Nebenfach Literaturgeschichte an der Universität Wien und betätigte sich weiterhin schriftstellerisch, unter anderem durch Beiträge für das von Theodor Herzl (1860–1904) geleitete Feuilleton der *Neuen Freien Presse*. 1901 erschien seine erste Buchveröffentlichung, die Gedichtsammlung *Silberne Saiten*. 1904 promovierte Zweig in

Einleitung

Wien mit einer Arbeit über *Die Philosophie des Hippolyte Taine* bei Friedrich Jodl (1849–1914); der akademische Grad wurde ihm 1941 aberkannt, 2003 posthum wieder zugesprochen. Im selben Jahr legte er seine ersten Novellen (*Die Liebe der Erika Ewald*) sowie eine Übersetzung ausgewählter Gedichte des belgischen Lyrikers Émile Verhaeren vor. Weitere Erzählungen, Essays und Übersetzungen von Werken Verlaines und Baudelaires folgten. Zweigs frühe Gedichte sind der sensualistischen Lyrik im Gefolge Hugo von Hofmannsthals (1874–1929) verpflichtet. Wichtiger als seine eigenen Gedichte sind Zweigs Übersetzungen vor allem französischsprachiger Dichter und Dichterinnen (zu den Übertragungen zählen auch Gedichte der wenig bekannten französischen Schriftstellerin Marceline Desbordes-Valmore). Von Anbeginn seiner schriftstellerischen Karriere an verstand sich Zweig als Vermittler zwischen den Kulturen, was umgekehrt auch früh zu seiner eigenen internationalen Bekanntheit beitrug.

1905 erschien mit *Verlaine* Zweigs erste literarische Biographie, in der die für das spätere Werk charakteristische Verbindung von psychologischer Einfühlungsgabe und dramaturgischem Geschick erstmals zum Ausdruck kommt; 1906 publizierte er seinen zweiten Gedichtband *Die frühen Kränze*, der eine langjährige Zusammenarbeit mit dem Insel-Verlag eröffnete. Zweig war dem Verleger Anton Kippenberg (1874–1950) freundschaftlich verbunden und gab für ihn die 1912 gegründete, bis heute bestehende Buchreihe der *Insel-Bücherei* heraus. Die Auszeichnung der *Frühen Kränze* mit der Ehrengabe zum Bauernfeldpreis 1906 veranlasste Hugo von Hofmannsthal in einem Brief vom 23.11.1906 an Kippenberg zu spöttischen Bemerkungen. Er zweifelte an Zweigs literarischen Fähigkeiten. Dies begründete eine Rivalität, die Anfang der 1920er-Jahre zu Hofmannsthals Veto gegen eine Zusammenarbeit mit Zweig im Rahmen der Salzburger Festspiele führte. Mit *Tersites*, einem Stück nach antiker Vorlage, begann 1907 Zweigs erfolgreiche Karriere als Dramenautor: 1912 wurde sein Stück *Das Haus am Meer* am Wiener

Burgtheater uraufgeführt, im Jahr darauf folgte die Rokoko-Komödie *Der verwandelte Komödiant*. In seinem Erinnerungsbuch *Die Welt von Gestern* (1942) hat Zweig dem Wien der Jahrhundertwende ein literarisches Denkmal errichtet und zur Verbreitung des *Felix Austria*-Mythos beigetragen, aber auch ein klar konturiertes, kritisches Bild der Zeit gezeichnet, wie in dem hier abgedruckten Kapitel »Eros Matutinus«. Unter dem Eindruck der Jahre in der Emigration beschreibt Zweig die Epoche vor 1914 als Epoche der Sicherheit und Stabilität. Berühmt ist jene Passage, in der der weitgereiste Autor seinen Leser:innen von einer scheinbar grenzenlosen Welt berichtet, in der es möglich war, in viele Weltgegenden zu reisen, ohne auch nur einmal einen Pass herzeigen zu müssen.

Ohne die Durchgangsorte auf Reisen, ohne das Transitäre der Bahnhöfe und Häfen, ohne den Geruch und die Verlockungen der weiten Welt ist Stefan Zweigs Werk nicht denkbar. Bereits um die Jahrhundertwende, als Zweig in seinen Zwanzigern war, wurden Reisen und Schreiben zu einer lebenslang beibehaltenen Existenzform. Zweigs Reisen waren in den Jahren nach der Jahrhundertwende vom bildungsbürgerlichen Kulturbewusstsein geprägt, von der Besichtigung alter europäischer Städte, von Kirchen, Palästen und Kathedralen, aber auch von den aus der Frühen Neuzeit herkommenden Traditionen eines weltumspannenden Geschäftsgeistes und eines transnationalen Humanismus, letzterer bald verkörpert in Romain Rolland (1866–1944), dem bewunderten Freund, und später im Humanisten Erasmus von Rotterdam, dem Wahlverwandten im Geiste. Zweig bereiste zwischen 1902 und 1914 mehrfach Südfrankreich, er ging durch die engen Gassen Brügges, er war in Sevilla und Meran, dann wieder in London und Oxford. Er unternahm aber nicht nur ausgedehnte Reisen quer durch Europa bis nach Algerien (1905), sondern auch nach Indien, Sri Lanka und Myanmar (1908/1909), in die USA, nach Kanada, Kuba, Puerto Rico, Haiti, Jamaica und Panama (1911). In den 1920er- und

Einleitung

1930er-Jahren intensivierten sich diese weltweiten Reisebewegungen noch, Zweig überquerte mehrmals die Ozeane in Richtung Nord- und Südamerika. Die Reiserouten seiner letzten Lebensjahre waren durch Vertreibung und Flucht vor den Nationalsozialisten geprägt. Nach der Emigration nach London und in das südenglische Bath hielt er sich jeweils länger an verschiedenen Orten in den USA und Lateinamerika auf, bevor er sich schließlich im brasilianischen Petrópolis außerhalb Rio de Janeiros niederließ. Die in diesem Band abgedruckten Reisetexte geben einen Eindruck von der stilistischen und thematischen Bandbreite des Reiseschriftstellers Stefan Zweig.

Die Novellen

Die Entstehungsbedingungen des Zweig'schen Werkes und dessen bis heute andauernde Ausstrahlung sind unzertrennlich mit der Faszination für die Stadt Wien und für die geistige Atmosphäre der Habsburger Monarchie verbunden. In den Novellen finden wir die Vertreter:innen des Großbürgertums, aus dem Zweig selbst stammte und dessen Werte er verinnerlicht hatte: gebildete und wohlhabende Rechtsanwälte, Ärzte und Unternehmer, oft jüdischer Herkunft, dazu Adelige, die durch ganz Europa reisen, in Luxushotels absteigen und sich für Literatur und Kunst interessieren. In den Milieus, in denen sie sich bewegen, wunderbar umgesetzt im Film *Grand Budapest Hotel*, zählen vor allem Eleganz, Manieren, Stil, Bildung und guter Geschmack. In dieser scheinbar durch Wohlstand und Klassenbewusstsein abgesicherten Welt eröffnen sich jedoch dämonische Abgründe, es kommt zu einer *Verwirrung der Gefühle*, wie eine der berühmtesten Novellen Zweigs betitelt ist, es entstehen ausweglose Verstrickungen und es entfalten sich tragische Liebesgeschichten. Viele Erzähltexte sind nach demselben Muster gebaut: Sobald unbeherrschbare Leidenschaften in die von Ordnung und Eleganz bestimmte

Welt einbrechen, kommt es unvermeidlich zur Katastrophe. Das ist zum Beispiel bei jenem Kellner der Fall, der sich in der frühen Novelle *Der Stern über dem Walde* (1904) in eine polnische Gräfin verliebt, die ihren Urlaub in einem Hotel an der Riviera verbringt. Er sucht verzweifelt ihre Nähe, ohne ihr jedoch seine Gefühle zu verraten, gehören die beiden doch zwei grundverschiedenen Welten an. Als die Gräfin abreist, verliert der Kellner die Kontrolle über seine Gefühle und wirft sich unter den Zug, in dem sich die Angebetete ahnungslos auf die Nacht vorbereitet. In der Novelle *Vierundzwanzig Stunden aus dem Leben einer Frau* (1927) erzählt eine 67-jährige Engländerin eine Geschichte aus ihrer Jugend. Als junge Witwe ist sie ihrer Leidenschaft für einen viel jüngeren Mann erlegen, den sie zufällig in Monte-Carlo kennengelernt hatte. Die Begegnung endet tragisch, weil die Spielsucht am Schluss die Übermacht behält und der Mann sich das Leben nimmt.

Zahlreiche Novellen können vor dem Hintergrund von Zweigs Interesse für die Psychologie bzw. für die Psychoanalyse gelesen werden: »Ich bin Psychologe aus Leidenschaft«, bekennt der Schriftsteller 1925. Drei Jahre später bekräftigt er die Bedeutung der Psychologie für die Literatur. Mit Blick auf die Zukunft der Kunst kündigt er im Vorwort zu *Drei Dichter ihres Lebens* (1928) an: »[D]ie Entdeckung ihrer Seele, die Selbsterkenntnis, wird die künftig immer kühner gelöste und doch unlösbare Aufgabe unserer wissend gewordenen Menschheit sein.« Die Zukunft der Kunst liegt für Zweig in der Erforschung der »Seele« – in diesem Punkt decken sich seine Interessen mit jenen von Freud, mit dem sich ein reger Dialog über die eigenen Werke entwickelt. Die Orientierung an der Freud'schen Psychoanalyse trägt wesentlich zur Modernität der in den 1920er-Jahren entstandenen Novellen bei, die Zweigs internationalen Durchbruch als Schriftsteller markieren. Freud formuliert seine hohe Wertschätzung für Zweigs Stil und zeigt sich ganz besonders von der Sammlung *Verwirrung der Gefühle* fasziniert, weil sich diese mit

Einleitung

Problemen des Unbewussten beschäftigt. In *Vierundzwanzig Stunden aus dem Leben einer Frau* hebt er die Beschreibung der Hände des Spielers hervor, weil er darin einen Hinweis auf die Masturbation erblickt. (Die Fortsetzung der Literaturanalysen Freuds in der von Freud und anderen herausgegebenen psychoanalytischen Zeitschrift *Imago* sollte auch seltsame Blüten treiben und einem psychoanalytischen Determinismus bei der Interpretation von Kunstwerken Vorschub leisten, von dem Freuds eigene Arbeiten und diejenigen seiner engsten Mitarbeiter zumeist weit entfernt waren.) Auch interpretiert Freud das Verhältnis zwischen der Protagonistin und dem Spieler als Reflex des Verhältnisses zwischen Mutter und Sohn bzw. der sexuellen Fixierung der Mutter auf den Sohn. In *Untergang eines Herzens* erblickt Freud ein psychoanalytisches Urmotiv: die Eifersucht des Vaters auf die Sexualität der Tochter. Die *Verwirrung der Gefühle* in der gleichnamigen Novelle sei wiederum Ausdruck der komplexen Natur des Eros und der Libido. Aber auch jenseits der Interpretationen von Freud (die man teilen kann oder nicht) bieten sich etliche Novellen an, die aus einer psychoanalytischen Perspektive gelesen werden können. *Verwirrung der Gefühle* kann als Studie über die negativen Folgen der Repression sexueller Energien und als Sittenbild einer unaufgeklärten, kleinstädtischen Gesellschaft gedeutet werden. Diese Novelle zeigt ganz besonders, dass die Unterdrückung der Libido zu einer schweren Störung der Persönlichkeit führt. Die in der Novelle thematisierte Doppelmoral bildet auch einen wesentlichen Aspekt im Kapitel »Eros Matutinus« in *Die Welt von Gestern*, in dem Zweig die verlogene Sexualmoral im zu Ende gehenden Habsburgerreich für die Unfreiheit und Unreife einer ganzen Generation verantwortlich macht. In der Novelle *Angst* lässt sich wiederum ein klassischer Fall sadistischen Verhaltens beobachten: Dem Ehemann bereitet es offensichtlich Lust zu sehen, wie seine Frau infolge einer von ihm beauftragten Erpressung immer mehr in Panik gerät. Die berühmte *Schachnovelle* zeigt eindringlich, welche zerstörerischen Folgen die Gestapofolter für die psychische

Integrität des Protagonisten besitzt. Am Schluss der Novelle fällt Doktor B. dem Wahnsinn anheim. In diesem Fall kann man von einem posttraumatischen Syndrom sprechen.

In einer Gruppe von frühen Novellen bringt Zweig auch das besondere Verhältnis zu seiner jüdischen Identität und zum Judentum zum Ausdruck. Es handelt sich um *Im Schnee* (1901), *Die Wanderung* (1902) und *Die Wunder des Lebens* (1904). Später kommt noch die Figur des Buchmendel in der gleichnamigen Erzählung von 1929 hinzu. Nach Hitlers Machtübernahme wird sich Zweig mit dem Problem der Judenverfolgung intensiv auseinandersetzen, in dieser frühen Phase der Beschäftigung steht hingegen vor allem das Thema der Assimilation der Juden in der christlichen Mehrheitsgesellschaft im Zentrum seines Interesses, präsentiert sich Stefan Zweig doch rein äußerlich als Vertreter des assimilierten Judentums. Sowohl in der Novelle *Im Schnee* als auch in *Die Wunder des Lebens* spielen Pogrome eine Schlüsselrolle. *Im Schnee* schildert die Geschichte der Mitglieder einer jüdischen Gemeinde im Mittelalter, die sich vor den Flagellanten fürchtet: »Ein furchtbares Wort war zu ihnen gedrungen, ein neues, unerhörtes Wort, dessen blutige Bedeutung sie an ihrem eigenen Volke fühlen mussten. Die Flagellanten waren in Deutschland erschienen, die wilden gotteseifrigen Männer, die in korybantischer Lust und Verzückung ihren eigenen Leib mit Geißelhieben zerfleischten, trunkene, wahnsinnswütende Scharen, die Tausende von Juden hingeschlachtet und gemartert hatten, die ihnen ihr heiligstes Palladium, den alten Glauben der Väter gewaltsam entreißen wollten.« Auf der Flucht vor den Flagellanten werden die Mitglieder der Gemeinde von einem Schneesturm überrascht, der ihren Verfolgern zuvorkommt. In *Die Wunder des Lebens* geht es um ein junges jüdisches Mädchen, das Modell steht für einen älteren Maler, der eine Madonna für einen Altar in einer Kirche in Antwerpen malen soll. Als der Maler ihr begegnet, wohnt sie bei einem Wirt, der sie adoptiert hat. Dieser erzählt dem Maler die dramatische Geschichte des Pogroms, in dem sie ihre Eltern verloren hat. Die Geschichte spielt zur Zeit der protestantischen Bilderstürmer gegen katholische Kirchen im Jahr 1566. Sie endet mit dem tragischen Tod des Mädchens, das von fanatischen Protestanten umgebracht wird.

In beiden Geschichten stellt Zweig eindringlich die Folgen des religiösen Fanatismus dar, die später in seinen Biographien eine noch größere Rolle spielen werden. Er hat die zitierten Novellen als Zwanzigjähriger unter dem Eindruck seiner Begegnung mit der jungjüdischen Bewegung geschrieben. Zweig stand sowohl mit Theodor Herzl, dem Begründer des politischen Zionismus, als auch mit Martin Buber, dem Wortführer des kulturellen Zionismus, in engem Kontakt. Der Theologe Karl-Joseph Kuschel vertritt die These, dass Zweig mit diesen Novellen die Selbsttäuschung jener Juden denunzieren wollte, die sich in der Habsburger Monarchie bzw. in einer christlichen Mehrheitsgesellschaft sicher fühlten. Zweig hätte dieses Sicherheitsgefühl für eine Illusion gehalten. Mit diesen frühen Texten ist eine Spur gelegt, die die Geschichte des jüdischen Volkes als Gewaltgeschichte lesen lässt, lange vor dem Aufkommen des Nationalsozialismus. Hält man sich diese Texte vor Augen, dann erweisen sich die Vorwürfe, die die Philosophin Hannah Arendt später in ihrem berühmten Aufsatz *Juden in der Welt von gestern* (1947) formulierte, Zweig hätte sich mit seinem großen Erfolg in der Kunst einen Elfenbeinturm aufgebaut, um sich nicht mit dem Problem des Antisemitismus beschäftigen zu müssen, als zumindest undifferenziert und verkürzend. Die Option, für die sich Zweig entscheidet, steht weder mit der Orthodoxie noch mit der Assimilation im Einklang, weder mit dem politischen noch mit dem kulturellen Zionismus. Wie Kuschel meint, plädiert Zweig für einen Universalismus und Kosmopolitismus, der sich aus den Quellen des Judentums speist und der ihm als die übernationale Sendung des Judentums erscheint.

Der Erste Weltkrieg und das Engagement für den Frieden

Zwei Tage nach der Kriegserklärung Österreich-Ungarns an Serbien am 28.7.1914 kehrte Zweig aus Belgien nach Wien zurück, wo er sich als Freiwilliger meldete und auf eigenen Wunsch in das Kriegsarchiv versetzt wurde. Nach einer Phase patriotischer Euphorie entwickelte sich Zweig zum Pazifisten und reiste als vom Dienst im Kriegsarchiv freigestellter Auslandskorrespondent der *Neuen Freien Presse* im November 1917 in die Schweiz, wo er am Stadttheater Zürich 1918 die Uraufführung seines pazifistischen Stücks *Jeremias* erlebte.

Zweigs pazifistische Haltung bildet sich unter dem Eindruck des Ersten Weltkrieges und der allgemeinen Begeisterung für den Krieg heraus und durchläuft mehrere Stationen. Sein Freund Romain Rolland lässt ihn an seinem Patriotismus zweifeln und er erinnert ihn auch an das gemeinsame Bekenntnis zu Europa. Parallel dazu entdeckt Zweig Leo Tolstoi. Aus den Werken des russischen Schriftstellers leitet er das Prinzip ab, nur gemäß dem eigenen Gewissen zu handeln und sich von staatlich oktroyiertem Nationalismus zu distanzieren. Zweigs Pazifismus orientiert sich an den Positionen von Bertha von Suttner, derem Roman *Die Waffen nieder!* (1889) er in einer Rede von 1918 mit allergrößter Hochachtung begegnet, und an jenen ihres engen Mitarbeiters Alfred Fried, mit dem er intensiv korrespondiert. Zweig grenzt sich vom großbürgerlichen Pazifismus von Richard Coudenhove-Kalergi und dessen Paneuropa-Bewegung aufgrund der in Zweigs Verständnis zu starken politischen Ausprägung ab. Ebenso kritisch steht er den sozialistischen Pazifismus-Konzepten gegenüber. Daher nimmt er die anfänglichen Sympathien für die *Clarté*-Bewegung von Henri Barbusse zurück, sobald diese beginnt, sich parteipolitisch zu positionieren. Zweigs Pazifismus besitzt einen humanistischen Grundtenor, der das Leben des Einzelnen vor allen Ideologien privilegiert. Seine Position lässt sich darüber

Einleitung

hinaus als *Kulturpazifismus* näher bestimmen, weil die Kultur für Zweig das bevorzugte Mittel ist, um pazifistische Ansichten zu verbreiten und völkerverbindend zu wirken. So investiert er beträchtliche Energien in das Projekt einer *Bibliotheca Mundi*, anstatt sich in politischen Organisationen zu engagieren. Wie er in einem Brief an Romain Rolland vom 23.3.1919 mitteilt, geht Zweig davon aus, dass eine Edition der Werke der Klassiker der europäischen Literatur in den Originalsprachen, »ohne Reklame, ohne Politik unserem Ideal der weltweiten Brüderlichkeit dienen würde«. Nachdem das Projekt bereits 1924 vom Insel-Verlag wieder eingestellt worden war – der Erfolg auf dem Buchmarkt stand in keinem Verhältnis zu den Kosten des Unternehmens – versuchte Zweig, mit der Bildung von internationalen Netzwerken einen weiteren Beitrag zur Völkerverständigung zu leisten. So bemühte er sich nach dem Krieg, in Salzburg einen Kongress mit Schriftsteller:innen zu organisieren, die sich für den Frieden engagieren sollten, so wie er vor dem Krieg gemeinsam mit Romain Rolland ein internationales Parlament der Schriftsteller:innen gründen wollte. Im Ideal der Gelehrtenrepublik, die Zweig in seiner Biographie über Eramus von Rotterdam (1934) entwirft, werden diese Aktivitäten mitreflektiert.

Stefan Zweigs radikaler Pazifismus zeigt sich unter anderem in der 1920 erschienenen Novelle *Der Zwang*. Sie schildert den Gewissenskonflikt eines jungen deutschen Kunstmalers, der während des Krieges in der neutralen Schweiz wohnt. Als er seinen Einberufungsbefehl bekommt, ist er hin- und hergerissen zwischen dem Pflichtgefühl gegenüber seiner Heimat und dem Impuls, den Kriegsdienst zu verweigern. Seine Frau Paula fordert ihn auf, sich im Namen der Unantastbarkeit des menschlichen Lebens nicht an den Kriegshandlungen zu beteiligen. Die Appelle seiner Frau laufen ins Leere, bis er, an der Grenze angekommen, auf einen verwundeten Soldaten trifft und sich nun dafür entscheidet, der Einberufung nicht Folge zu leisten. Der Maler verkörpert das Prinzip zivilen Ungehorsams, welches Zweig von Tolstoi ableitet.

In seinem 1917 uraufgeführten Antikriegsdrama *Jeremias* aktualisiert Zweig eine Episode aus der Geschichte des jüdischen Volkes – die kriegerische Auseinandersetzung mit den Babyloniern. Der Prophet Jeremias warnt den König der Hebräer und seine Berater davor, auf militärische Stärke und auf falsche Bundesgenossen zu setzen (womit Zweig auf das österreichisch-deutsche Bündnis im Ersten Weltkrieg anspielt). Daraufhin wird er als Defätist geschmäht und ins Gefängnis geworfen. Der Krieg endet allerdings mit der Zerstörung Jerusalems und der zwangsweisen Exilierung großer Teile des jüdischen Volkes nach Babylon. Zu diesem kritischen Zeitpunkt schlägt die Stunde von Jeremias, der den verloren gegangenen Anschluss an sein Volk wiederfindet, indem er die Niederlage als Segen deutet. Denn er sieht in der Niederlage die Chance für eine geistige Erneuerung des jüdischen Volkes, das in der Heimatlosigkeit als »Ferment für die anderen Völker« wirken und eine völkerverbindende Rolle übernehmen kann. Mit dieser Haltung, die er im letzten »Bild« des Dramas verkündet, lehnt Jeremias im Einklang mit dem Autor Zweig politische Lösungen für das Judenproblem wie den Zionismus dezidiert ab. Als Volk ohne Heimat bzw. ohne Land würden sich die Juden von den Ländern und Nationen, die nur Kriege verursachen, weil sie ihr Territorium expandieren wollen, radikal unterscheiden und das Vorbild für ein künftiges Europa ohne Grenzen darstellen, in dem es auf geistige Werte ankommt.

Salzburg: Jahre des Erfolges und des Engagements für Europa

1919 zog Zweig mit seiner ersten Frau Friderike von Winternitz von Wien nach Salzburg, wo er 1917 das »Paschingerschlössl« am Kapuzinerberg gekauft hatte. Zweigs Aufstieg zum weltweit rezipierten Autor begann mit dem Novellenband *Verwirrung der Gefühle* (1927), der ersten Ausgabe der *Sternstunden der Menschheit*

Einleitung

(1927), einer Sammlung von literarischen Essays, die seine Vorliebe für Weltentdecker zeigt (*Der Kampf um den Südpol*, später dann auch seine Biographie zur Entdeckungsfahrt Magellans), und der Biographie *Joseph Fouché, Bildnis eines politischen Menschen* (1929). Ab 1928 erschien eine Ausgabe seiner Gesammelten Werke auf Russisch, nachdem Zweig 1928 in Moskau als Vertreter der deutschsprachigen Literatur an den Feiern zum 100. Geburtstag Leo Tolstois teilgenommen hatte. In seiner letzten Buchveröffentlichung im Insel-Verlag, der Biographie *Marie Antoinette. Bildnis eines mittleren Charakters* (1932), die 1938 in einer Hollywood-Produktion von W. S. Van Dyke verfilmt wurde, setzte sich Zweig wie etwa auch in seinem Drama *Adam Lux*, das in den späten 1920er-Jahren entstand (uraufgeführt 1984) mit der französischen Geschichte auseinander.

In den 1920er-Jahren erarbeitete sich Zweig die Gattung des Künstleressays. Er veröffentlichte drei Trilogien, die großen Künstlergestalten gewidmet sind: *Drei Meister. Balzac. Dickens. Dostojewski* (1920), *Der Kampf mit dem Dämon. Hölderlin, Kleist, Nietzsche* (1925) und *Drei Dichter ihres Lebens. Casanova, Stendhal, Tolstoi* (1928). Bei seinem Publikum war diese Gattung ebenso beliebt wie die Novellen und die *Sternstunden*. Die drei Künstler-Trilogien, welche die Reihe der sogenannten *Baumeister der Welt* bilden, erreichten schon zu Lebzeiten hohe Auflagen. Der Titel der Reihe ist symptomatisch für die große Bedeutung, die Zweig der Rolle von Literatur und Kunst zuschreibt. Die Entscheidung, die biographischen Essays in Trilogien anzuordnen, hat mit der noch aus dem 19. Jahrhundert stammenden Vorliebe für Typologien zu tun, die Zweig etwa mit seinem Freund Romain Rolland teilt. Die Beschäftigung mit Künstlergestalten reflektiert sein konstantes Interesse für Fragen der künstlerischen Produktivität bzw. für das, was er in einem Vortrag *Das Geheimnis des künstlerischen Schaffens* (1938) nennt. Auch die Legitimation der künstlerischen Existenz und die Wirkung von Kunstwerken im Spannungsverhältnis von Flüchtigkeit und Dauer gehören zu diesem Fragenkomplex.

Aus heutiger Perspektive fällt auf, dass es sich ausschließlich um männliche Künstlergestalten handelt. Die biographische Studie, die Zweig im Jahr 1920 der französischen Dichterin Marceline Desbordes-Valmore widmet, bleibt eine Ausnahme. Neben deutschen Künstlergestalten der Goethezeit und des 19. Jahrhunderts porträtiert Stefan Zweig ganz bewusst französische, englische und russische Schriftsteller. Ihm geht es nicht um einzelne nationale Literaturen oder Traditionen; sein Ziel ist es vielmehr, das kulturelle Erbe Europas in seiner Gesamtheit zu würdigen und zu nobilitieren. So stehen die erwähnten Künstleressays der 1920er-Jahre in einem engen Zusammenhang mit den Europa-Schriften, die Zweig zwischen 1932 und 1936 verfasste.

Unter den drei Künstler-Trilogien ist *Der Kampf mit dem Dämon. Hölderlin, Kleist, Nietzsche* zweifellos die einflussreichste. Darin vergleicht Zweig drei herausragende Gestalten der deutschen Geistesgeschichte, die er mit dem Begriff des *Dämonischen* vom Typus Goethe oder Kant abzuheben sucht. Der Dämon ist für ihn eine nicht-rationale Form der inneren Stimme, der inneren Inspiration, die den Künstler trägt, die ihn aber auch gefährdet und in Grenzbereiche der eigenen Existenz führt; somit partizipiert Zweig am romantischen Mythos des gefährdeten Künstlers. Für Hölderlin als nicht-intellektuellen Dichter sei zum Beispiel Kant in der Vermittlung durch Schiller gefährlich gewesen, weil der Philosoph die Entwicklung und Entfaltung seiner poetischen Kräfte blockiert habe. Die zweite gefährliche Begegnung habe für den Autor des *Hyperion* mit den großen Zeitgenossen Goethe und Schiller in Weimar stattgefunden, die seinen Schaffensprozess eher behindert als befördert hätten. Später habe Hölderlin sich aus dieser Umklammerung herausgerettet und einen eigenen dichterischen Weg gefunden.

Im Kleist-Essay hebt Zweig durchgehend pathologische Charakterzüge des Dramatikers hervor, die nicht erst im Doppelsuizid mit Henriette Vogel sichtbar werden. Zweig bewertet diesen Selbstmord durchaus positiv, was mit ein Grund dafür ist, dass Kleists und Henriette Vogels Suizid immer wieder mit Zweigs eigenem, gemeinsam mit seiner zweiten Frau Lotte Altmann in Petrópolis begangenen Selbstmord parallelisiert wurde. Die Tragik Kleists liegt für den biographischen Schriftsteller in dessen lebenslangem vergeblichen Kampf gegen die eigenen Affekte und Triebe.

Für seine kunsttheoretischen Reflexionen bedient sich Zweig der im 19. Jahrhundert ebenfalls sehr beliebten Tradition der Künstlernovelle. Außerdem baut er wiederholt Künstler-Porträts in seine Tagebuchaufzeichnungen oder in seine autobiographischen Erinnerungen ein, wie die Schilderung seines Besuches in Auguste Rodins Atelier in der *Welt von Gestern*; Goethe und Händel widmet er zwei seiner berühmten *Sternstunden*. Die Lebensgeschichte Balzacs, des Autors der *Comédie Humaine*, bezeichnet Zweig in einem Brief an seine erste Frau Friderike überhaupt als sein »Hauptwerk«. In einem zentralen Kapitel der Biographie mit dem Titel »Balzac außen und innen« schildert er die Arbeitsweise des von ihm bewunderten Romanciers. Nach außen versucht sich Balzac, nachdem er erste Erfolge zu verzeichnen hatte, als Aristokrat zu inszenieren, wofür er allerdings nur Spott erntet. Nach innen zeigt er sich als »der großartigste Arbeiter der modernen Literatur«, wie Zweig im Anschluss an Rilkes Maxime *Il faut toujours travailler* feststellt. Er präsentiert Balzacs Arbeitsweise als gelungene Mischung aus visionärer Kraft und schriftstellerischem Handwerk. Er verwandele die Nacht zum Tag, verwende Kaffee als Aufputschmittel, arbeite acht bis zehn Stunden durchgehend, damit »die visionäre Spannung in ihm nicht zum Stocken« komme. Als »Dämon des Willens« gebe er nicht auf. Auf der anderen Seite korrigiere dann aber Balzac die Fahnen seiner Werke bis zu fünfzehn- oder sechzehnmal, »der verantwortungsvolle Künstler« verändere, was im »Trancezustand des visionären Schaffens« entstanden sei. »Seine innerste künstlerische Moral« sei das genaue Pendant für Rausch und Ekstase. Sein »Arbeitsexzess« sei die Erklärung für das Wunder seiner Werke, bilanziert Zweig.

An den Künstlergestalten lässt sich exemplarisch zeigen, dass das romantische Genieparadigma bei Stefan Zweig weiterlebt. Andererseits bezieht er sich aber auch auf moderne Erkenntnisse wie die Freud'sche Psychoanalyse zur Erklärung künstlerischer Phänomene. Ansätze zu einer soziologisch orientierten Betrachtung von Kunst, die den Fokus auf den historischen Kontext oder auf kollektive Faktoren der Kunstproduktion legt, fehlen jedoch. Die Kritik an der Kunstreligion und am Kult der großen Künstlerpersönlichkeiten, die beispielsweise von Edgar Ziesel bereits 1918 formuliert wurde, wird von Zweig nicht rezipiert. Sein zentraler, noch in der Tradition der Romantik stehender Vortrag *Das Geheimnis des künstlerischen Schaffens* (1938) führt vor Augen, dass er für Ansätze im Gefolge Walter Benjamins oder Bert Brechts wenig Verständnis hatte. Die Auseinandersetzung mit der Entwicklung der neuen Medien, welche zur Verabschiedung genieideologischer Vorstellungen beitrug, geschieht bei Zweig nur sehr zaghaft.

Das Exil: Biographische Arbeiten und Europa-Reden

Hitlers Machtübernahme im Januar 1933 markiert wie für viele jüdische Schriftsteller:innen die wichtigste Zäsur in Zweigs Leben. Er wurde als jüdischer Autor diskriminiert und verfolgt, seine Bücher wurden verboten und öffentlich verbrannt. Die Weigerung, an Klaus Manns (1906–1949) Zeitschrift *Die Sammlung* mitzuarbeiten, die Zweig als politisch zu exponiert ablehnte, und die Zusammenarbeit mit dem zum Reichsmusikkammerpräsidenten ernannten Richard Strauss (1864–1949) bei der Oper *Die schweigsame Frau* (UA Dresden, 1935) sorgten für einen Eklat. Zweig sah sich mit dem Vorwurf aus Exilkreisen konfrontiert, er beteilige sich nur halbherzig am Widerstand gegen den Nationalsozialismus. Nach einer polizeilichen Durchsuchung seines

Einleitung

Salzburger Hauses am 17. (oder 18.) Februar 1934, die als Provokation und Demütigung intendiert war, und angesichts des zunehmenden Antisemitismus in der Stadt ging Zweig ohne seine Frau Friderike nach London. Nach kurzem Zögern brach er auch die Beziehungen zum Insel-Verlag ab, der seine Bücher mehr als zwanzig Jahre lang verlegt hatte. Er gab sein Haus und den Großteil seiner Bibliothek auf und verkaufte oder verschenkte Teile seiner kostbaren Autographensammlung.

Von London aus veröffentlichte Zweig die Biographie *Triumph und Tragik des Erasmus von Rotterdam* noch im Verlag Herbert Reichner in Wien. Das Buch enthält sein Bekenntnis zu einem »Europa des Geistes«, das er in mehreren zwischen 1932 und 1936 entstandenen Schriften weiter entfaltete und das seinen Ruf als Vordenker der Europa-Idee begründete. 1935 ging Zweig auf Vortragsreise in die USA; 1936 folgte eine Lese- und Vortragsreise nach Brasilien, als Vertreter Österreichs nahm er am internationalen P.E.N.-Kongress in Buenos Aires teil. Stefan Zweig war auch im Exil wie sonst vielleicht nur Thomas Mann ein erfolgreicher und weiterhin äußerst produktiver Schriftsteller: Es erschienen die Biographien zu *Maria Stuart* (1935), die in englischer Übersetzung vor allem in den USA ein Verkaufserfolg wurde, sowie *Castellio oder Ein Gewissen gegen die Gewalt* (1936). Dieses als Ausdruck eines kämpferischen Humanismus konzipierte Lebensbild erntete besonders bei Exilschriftsteller:innen breite Zustimmung, die noch das Erasmus-Buch als zu konziliant kritisiert hatten. Nach dem »Anschluss« Österreichs an das Deutsche Reich verlor Zweig die österreichische Staatsbürgerschaft, er wurde staatenlos und konnte nicht mehr nach Österreich zurückkehren. 1939 übersiedelte er von London ins südenglische Bath und erhielt 1940 die britische Staatsbürgerschaft.

In den Werken, die nach 1934 bis zu seinem Tod im Jahr 1942 entstanden, reflektiert Zweig die Exil- und Verlusterfahrungen. Obwohl das vielfältige Werk zwischen mehreren Gattungen wie Biographie, Novelle, Legende und Essay changiert, ist das Exil das Scharnier, das es zusammenhält. Die Situation von Exilierten und Verfolgten bildet meistens den Ausgangspunkt. Dieses ausgeprägte thematische Interesse wird in der Lebensgeschichte von Joseph Fouché offenbar, die bereits 1929 erschienen ist, wird dann breit ausgeführt in der Biographie zu Marie Antoinette, in der er schildert, wie Vertreter:innen der Aristokratie und des Klerus von den französischen Revolutionär:innen verfolgt werden, oder auch im Buch über den Humanisten Castellio, in dem Zweig deutlich macht, dass nicht nur Castellio, sondern auch sein dogmatischer Widersacher Calvin im Lauf ihres Lebens Flüchtlinge waren; und sowohl Marie Antoinette als auch Maria Stuart werden ins Ausland verheiratet und sind gezwungen, ein nicht selbstgewähltes Exil anzutreten. Der thematische Komplex des Heimatverlustes lässt sich auch im Buch über den neuzeitlichen Seefahrer Magellan verfolgen, dessen Entdeckungsreise gleich in der Einleitung mit der *Odyssee* verglichen wird; wobei Magellans historische Fahrt im Zeichen der gewaltsamen Kolonisierung erfolgte, was in Zweigs hier deutlich eurozentristischer Perspektive kaum aufscheint.

Typisch für Zweigs Biographien ist ähnlich wie in den Novellen die Konzentration auf das Innenleben der Protagonist:innen bzw. auf die Entwicklung ihres Charakters. Im Zentrum der biographischen Studien steht die Psychodynamik der Figuren. Zweigs Interesse für die Psyche seiner Protagonist:innen ist größer als jenes für die historischen Fakten, die als Anlass für die psychische Entwicklung der Charaktere fungieren. Am Beginn der biographischen Arbeiten stehen jeweils ausführliche Recherchen, beispielsweise in der Pariser Bibliothèque Nationale zu Marie Antoinette oder in der Londoner British Library zu Maria Stuart. Anhand der ihm zugänglichen Dokumente, die er in den Biographien ausführlich zitiert – seien es private, intime Dokumente wie das Tagebuch oder die Korrespondenzen von Maria Stuart, oder öffentliche wie jene über den Disput zwischen Castellio und Calvin –, versucht Zweig, das psychologische »Geheimnis« der dargestellten Personen aufzudecken. Darin liegt für ihn auch der

Wahrheitsanspruch seiner Arbeiten gegenüber primär historisch orientierten Biographien. Meistens spielt in seinen Charakterstudien auch die Physiognomik eine große Rolle. Dabei geht Zweig mit Vorliebe von Darstellungen der bildenden Kunst aus: Für Erasmus ist u. a. das Porträt von Albrecht Dürer relevant, für Marie Antoinette sind es die Gemälde von Jacques-Louis David, um nur zwei Beispiele zu nennen.

Stefan Zweig interessiert sich in erster Linie für die Verlierer:innen der Geschichte, für die tragischen Gestalten, die in der Konfrontation mit mächtigeren Gegner:innen untergehen und scheitern: »In meinen Novellen«, schreibt er rückblickend in der *Welt von Gestern*, »ist es immer« der dem Schicksal Unterliegende, der mich anzieht, in den Biographien die Gestalt eines, der nicht im realen Raume des Erfolgs, sondern einzig im moralischen Sinne recht behält, Erasmus und nicht Luther, Maria Stuart und nicht Elisabeth, Castellio und nicht Calvin […].« Regelmäßig verwandelt Zweig die »Besiegten« in moralische Sieger, die als Träger oder Trägerinnen humaner Werte über ihre Kontrahenten triumphieren. Diese Dialektik von Sieg und Niederlage, von »Triumph und Tragik«, kommt auch in den dramatischen Hinrichtungsszenen zum Ausdruck, in denen Zweigs Heldinnen und Helden dem Tod mutig entgegentreten und für ihre Überzeugungen sterben.

Zweig bedient sich in fast allen Biographien der Struktur einer antagonistischen Figurenkonstellation, weil sie den Vorteil der Anschaulichkeit bietet und dramatische Effekte geradezu provoziert. So gipfelt die Fouché-Biographie von 1929 in der dramatischen Konfrontation des Protagonisten mit Napoleon Bonaparte. Ebenso erreicht das Erasmus-Buch seinen Höhepunkt in der Nachzeichnung der so unterschiedlichen Charaktere und Standpunkte des humanistischen Gelehrten und seines »großen Gegner[s]« Luther. Die Katholikin Maria Stuart wird der Protestantin Elisabeth gegenübergestellt – in einem Kampf auf Leben und Tod, der sich zwischen Castellio und Calvin wiederholt. Freilich ist diese Antagonisten-Struktur verschieden ausgeprägt:

Im Falle von Castellio haben wir es mit einer Doppelbiographie zu tun, in der Calvin fast so viel Platz eingeräumt wird wie Castellio, während Erasmus sogar zwei Gegenspieler hat, Luther und den Papst, die allerdings im Vergleich mit der Hauptfigur weniger Aufmerksamkeit erhalten.

Zweig identifiziert sich mit den Protagonist:innen seiner Biographien, die einen inneren Läuterungs- und Entwicklungsprozess durchmachen. Marie Antoinette, die zuerst ein oberflächliches und von Affekten geleitetes Leben führt, akzeptiert schließlich ihr Todesurteil. Angesichts des Todes verwandelt sich der »mittlere Charakter« der Königin, wie er im Untertitel definiert wird, in einen moralischen, heroischen. Aufgrund der besonderen historischen Verhältnisse wächst sie über sich selbst hinaus. Zuvor hatte sie sich der Politik untergeordnet, sie hatte ihre Rolle als Spielball der Macht akzeptiert, jetzt wird sie als Person autonom. Nach einem ähnlichen Muster ist auch die Biographie von Maria Stuart konzipiert. Sie wird hingerichtet, um die Herrschaftsverhältnisse zwischen zwei Ländern zu konsolidieren. Auch sie lässt sich zunächst von ihren Leidenschaften und Affekten leiten. Sie geht so weit, dass sie sich von ihrem Liebhaber in den Mord an ihrem Mann involvieren lässt, dann aber – und das ist der Wendepunkt ihrer Geschichte – beschließt sie, sich zu ändern und findet vor ihrer Hinrichtung zu einer würdevollen Haltung. Auch sie wandelt sich zu einer autonomen und innerlich freien Person. Obwohl die geschlechterspezifische Behandlung seiner Themen für Zweig keine Schlüsselfunktion besitzt, ist es aus heutiger Perspektive interessant zu beobachten, dass er sich intensiv mit weiblichen Charakteren beschäftigte und einen Heroismusbegriff skizzierte, der Haltung und Würde nicht nur als männliche Attribute versteht.

Nach Hitlers Machtübernahme wird der politische Aspekt in Zweigs Texten stärker akzentuiert. Zweig greift auf das Erbe des Humanismus zurück und porträtiert drei wichtige Gestalten des europäischen Humanismus, Erasmus, Castellio und Montaigne, die er als Gegner des religiösen Fanatismus präsentiert. In einigen Werken aus den 1930er-Jahren, vor allem in der Castellio-Biographie und in der Cicero-*Sternstunde*, tritt nun die Politik stärker in den Vordergrund als in den primär psychologisch konzipierten Biographien der beiden Königinnen. Der Mord am spanischen Theologen Miguel Servet, der nach einer Intervention Calvins zum Scheiterhaufen verurteilt wird, bildet den Höhe- und Wendepunkt in *Castellio gegen Calvin*. Er leitet die Wende in Castellios Verhalten ein, der bis dahin vorsichtig und zurückhaltend gewesen war wie Erasmus. Durch die Hinrichtung von Servet fühlt sich Castellio in seinem Gerechtigkeitsgefühl verletzt und beschließt, Calvin als Person direkt anzugreifen, öffentlich für die Werte der Toleranz einzutreten. Allerdings ist der Protest Castellios im Namen von Gedankenfreiheit und Humanität durch den Verzicht auf physische Gewaltausübung bestimmt. Castellio unterscheidet sich von Calvin, der mit Andersdenkenden brutal umgeht und vor Folter und Hinrichtung nicht zurückschreckt. Castellios Konfrontation mit Calvin findet auf der geistigen Ebene statt, er kämpft mit der Feder und nicht mit der Waffe. Er tritt wie sein Autor kompromisslos für das Prinzip der Gewaltlosigkeit ein. Auch Tolstoi, ein weiterer Zweig'scher Held, bekräftigt im Drama *Die Flucht zu Gott* seine Ablehnung der Gewalt, als er mit jungen Studenten über Reformen und Revolution diskutiert: »Keine sittliche Ordnung kann durch Gewalt erzwungen werden, denn jede Gewalt zeugt unvermeidlich wieder Gewalt. Sobald ihr zur Waffe greift, schafft ihr neuen Despotismus. Statt zu zerstören, verewigt ihr ihn.«

Obwohl das Unterdrückungssystem Calvins in Genf Ähnlichkeiten mit den Regimes von Hitler und Mussolini aufweist und auch Luther in der Erasmus-Biographie als Hitler-Allegorie gelesen werden kann, können Zweigs Biographien nicht auf diese Analogien reduziert werden. Zweig geht es vielmehr um das Exemplarische in seinen Büchern, um den Kampf zwischen Fanatismus und Humanität, der sich in der Geschichte immer wiederholte, um Konstellationen, die in verschiedenen Gestalten (Calvin, Hitler) auftreten. Die überzeitliche Geltung ist Zweig wichtig. Sein Humanismus ist daher kein Relikt aus der Vergangenheit, sondern ein aktuelles Erbe. Hier ergeben sich offensichtliche Anknüpfungspunkte für heutige Leser:innen.

Die Suche nach moralischer Haltung und Würde bestimmt auch die Fragment gebliebene Biographie über Montaigne sowie die *Sternstunde* über Cicero. Die Lebensgeschichte des berühmten Essayisten wird zur Projektionsfolie für die Frage, wie es möglich ist, in Zeiten der entfesselten Barbarei für die Humanität einzustehen. Montaigne beantwortete sie mit der Konzentration auf die innere Freiheit. Zweig stilisiert Cicero zu einem Helden, der für seine Ideen – Humanität, Freiheit und Demokratie – stirbt. Er hält es »als freier Geist, als römischer Republikaner [...] unter seiner Würde und Ehre [...], einer Diktatur zu dienen.« Als Cicero seinen Kampf verliert, nach dem Tod Caesars der Demokratie in Rom wieder zur Geltung zu verhelfen und von seinem Gegner Antonius zum Tode verurteilt wird, flieht er nicht vor seinen Mördern: »So stirbt Marcus Tullius Cicero, der letzte Anwalt der römischen Freiheit, heroischer, mannhafter und entschlossener in dieser seiner letzten Stunde als in den tausenden und tausenden seines abgelebten Lebens.« Als seine Mörder seine Leiche auch noch schänden und sein Haupt an die Rostra in Rom hängen, von der herab Cicero früher seine Reden an das Volk hielt, wird daraus gegen ihre Intentionen ein bleibendes Denkmal für die Freiheit, ein Sprachrohr für die Demokratie: »[K]eine Anklage, die der großartige Redner gegen Brutalität, gegen Machtkoller, gegen Gesetzlosigkeit von dieser Tribuna gesprochen, keine seiner unsterblichen Reden hat je so beredt gegen das ewige Unrecht der Gewalt zu seinem Volke gesprochen als nun die blutlosen Lippen, und was die zeitlichen Herren der Gewalt ihm als Schande zugedacht, wird Ciceros unvergänglichster Triumph.«

Die humanistischen Positionen, die Stefan Zweig in seinen Biographien vertritt, bilden auch eine wichtige Voraussetzung für

Einleitung

die Essays über Europa. Nicht zufällig wird Erasmus von Rotterdam von Zweig als erster Europäer und als Kosmopolit gefeiert. Zweig beschreibt die Renaissance als Epoche, in der »der europäische Gedanke« hoch im Kurs stand – so in der gleichnamigen Rede, die er 1932 in Florenz hält und in der er nicht nur die Rolle des Römischen Imperiums, sondern auch jene der Musik im neunzehnten und der Literatur im zwanzigsten Jahrhundert für die Einigung Europas betont. Ähnlich wie zur Zeit des Projektes der *Bibliotheca Mundi* in den frühen 1920er-Jahren geht Zweig davon aus, dass Literatur, Kunst und Kultur mehr für den Frieden und die europäische Idee ausrichten können als politische Institutionen. Mit seinem Beharren auf seiner Vision der »vereinigten Staaten Europas« antwortet Zweig auf die zunehmende Radikalisierung der politischen Verhältnisse. Schon in der Rede *Die moralische Entgiftung Europas* warnt Zweig vor der Gefahr des Nationalismus, der in seinen Augen früher oder später zum Krieg führt, und wendet sich gegen jede Form von »Hasskultur«, die aus der Verbreitung und Instrumentalisierung von nationalen Stereotypen entsteht. Je weniger die Expansion des Nationalsozialismus und des Faschismus das Europa-Projekt realistisch erscheinen lässt, weil eine Spirale der Gewalt entsteht, die zum Ausbruch des Zweiten Weltkrieges führen sollte, desto mehr konzentriert sich Zweig auf die Erziehung der Jugend von morgen und auf progressive Unterrichtsmodelle für die Schule der Zukunft. Man mag an Zweigs Konzeptionen deren Idealismus kritisieren und die fehlenden Rezepte für den Umgang mit entschlossenen Gegnern des Friedens- und Europa-Projekts einmahnen, doch wurden seine konkreten Vorschläge auch in die Praxis umgesetzt: Die Entwicklung von Austauschprogrammen für Lehrende und Studierende, die Schaffung von internationalen Akademien, oder auch die Nominierung von europäischen Kulturhauptstädten, die Menschen aus verschiedenen Nationen die Gelegenheit zum Austausch bieten, und schließlich die Vision uneingeschränkter Mobilität in ganz Europa, ohne bürokratische Hürden.

Abschied von Europa und Österreich-Nostalgie: *Ungeduld des Herzens*

In den Exiljahren verfolgte Zweig hartnäckig den Plan, neben Novellen und Biographien auch einen Roman zu schreiben. In drei Anläufen versuchte er, es großen Romanciers wie dem von ihm bewunderten Balzac oder Thomas Mann gleich zu tun. Nur *Ungeduld des Herzens* (1939) erscheint allerdings zu Lebzeiten des Autors. (Als vierter Band der Salzburger Zweig-Ausgabe wurde der Roman 2021 von Stephan Resch neu ediert; eine dänische Verfilmung durch Bille August mit dem Titel *The Kiss* ist für den Sommer 2022 angekündigt.) Die Romanfragmente *Clarissa* und *Rausch der Verwandlung* werden hingegen erst nach seinem Tod veröffentlicht. Allen drei Texten ist eine ausgeprägte Nostalgie für Altösterreich als Kompensation für den Heimatverlust im Exil eingeschrieben. In Zweigs letzten Jahren avanciert die verlorene Heimat zum Ort der Sehnsucht. Toleranz, Humanität, Weltbürgertum, Kunstbegeisterung sind die Merkmale dieser Österreich-Utopie.

In *Ungeduld des Herzens* verwendet Zweig das gängige Modell der Rahmenhandlung, um die Leser:innen in die Binnenerzählung des Romans einzuführen. Wie in *Amok* (1922) oder in der *Schachnovelle* (1942) wird die eigentliche Geschichte in Rückerinnerungen vergegenwärtigt. Dank der Rahmenhandlung kann Zweig das Problem des Mitleids als ethische Grundfrage und als universelle Frage gestalten. Im Zusammenhang mit dem Ausbruch des Krieges und der entfesselten Judenverfolgung ist auch die Kritik am Militarismus und am falschen Heldentum zu verstehen, die in der Einleitung artikuliert werden. Dementsprechend kann der Roman auf zwei verschiedenen Ebenen gelesen werden: Einerseits ist es möglich, das Mitleid auf die Liebesgeschichte (als Gefühl, das der Offizier Hofmiller für die gelähmte Edith empfindet) zu beziehen, auf der anderen Seite kann man den Roman im Zusammenhang mit Zweigs Überlegungen dieser

Einleitung

Zeit lesen, die um die Frage kreisen: Ist das Empfinden von Mitleid ausreichend, oder müssen daraus auch ethische Handlungsanweisungen abgeleitet werden? Um diese Frage geht es auch im zentralen Gespräch zwischen Doktor Condor und Hofmiller, das das Herzstück des Romans bildet. Doktor Condor erinnert Hofmiller daran, dass Mitleid auch eine Verpflichtung darstellt. Er plädiert dafür, dass der Offizier Edith heiratet. Hofmiller scheut davor zurück, sich mit ihr zu verloben, weil er befürchtet, dass seine Ehre als Offizier und seine Männlichkeit darunter leiden bzw. dass alle Welt ihn deswegen auslachen könnte. Für Condor genügt es hingegen nicht, dass Hofmiller Edith gegenüber Mitleid bekundet, indem er ihr etwa Blumen bringt, sondern er soll vielmehr zu ihr stehen. Wahres Mitleid bedeutet in den Augen des Arztes, der dies auch selbst praktiziert, sich für die andere Person zu opfern und sich ihr bis zum Äußersten hinzugeben.

Die Position des Arztes Condor im Roman deckt sich weitgehend mit jener, die Zweig in seinem Aufsatz *Keep out of Politics!* (1938) vertritt. Mit Blick auf die Debatte über die richtige Form des Widerstands gegen Hitler in den Kreisen der Exilliteratur fordert er die jüdischen Intellektuellen auf (wobei seine Aufforderung auch auf alle anderen Intellektuellen zu beziehen ist), sich nicht politisch zu exponieren, um eine Verschärfung der Verfolgung der noch nicht ausgewanderten Juden zu vermeiden. Wahre Verantwortung für die Opfer des Nationalsozialismus liegt für ihn nicht darin, sich ins Rampenlicht zu stellen und große Reden zu halten, sondern im Hintergrund zu handeln und einzelnen Menschen konkret zu helfen. Stefan Zweig hat sich in diesem Sinne stets konsequent solidarisch verhalten, indem er sich für die Verfolgten und Vertriebenen verantwortlich fühlte. Eine der dramatischsten Szenen im Biopic *Vor der Morgenröte* von Maria Schrader aus dem Jahr 2016 zeigt, wie sich Zweig der Last der Verantwortung nicht mehr gewachsen sieht. Nicht nur hat er in unzähligen Briefen Trost gespendet und Mut zum Durchhalten geweckt, er hat auch regelmäßig Geld für jüdische Organisationen gespendet, die verfolgten Jüd:innen halfen oder die bereits im Exil Angekommenen unterstützten. Darüber hinaus hat er seine Netzwerke im Literaturbetrieb, im Verlagswesen und in diplomatischen Kreisen in den Dienst der Verfolgten gestellt, hat sich bemüht, exilierten Schriftstellerkolleg:innen Veröffentlichungs- oder Arbeitsmöglichkeiten zu verschaffen. Viele unter ihnen hat Zweig auch direkt finanziell unterstützt (Joseph Roth ist das bekannteste Beispiel) oder sich um Visa und *Affidavits* für die Ausreise aus Deutschland oder Österreich eingesetzt. Dieses Engagement war ihm mindestens so wichtig wie sein Schreiben.

Letzte Exilstationen: USA und Brasilien

1940 kehrte Zweig für den Pariser Vortrag »Das Wien von Gestern« ein letztes Mal auf das europäische Festland zurück, bevor er im Juni über New York nach Brasilien reiste. 1941 nach New York zurückgekehrt, hielt sich Zweig in New Haven und Ossining auf, um an seiner Autobiographie zu arbeiten. Mitte August brach er erneut nach Brasilien auf und lebte seit Mitte September in Petrópolis, von wo er das Manuskript seiner Autobiographie *Die Welt von Gestern. Erinnerungen eines Europäers* an mehrere Verleger schickte. Das Buch ist ein Rückblick auf die Zeit des Fin de Siècle bis zum Ausbruch des Zweiten Weltkriegs und ein Porträt der europäischen Kultur, die von den Nationalsozialisten zerstört wurde. Kurz nach seinem 60. Geburtstag nahm sich der weltberühmte Schriftsteller in der Nacht vom 22. auf den 23. Februar 1942 gemeinsam mit seiner zweiten Ehefrau Lotte Zweig (geb. Altmann) durch eine Überdosis Veronal das Leben. Am 24. Februar wurden die Zweigs mit einem Staatsbegräbnis geehrt. Viele der Werke, mit denen sich Zweig bis heute einen festen Platz im Kanon der deutschsprachigen Literatur sicherte, sowie sein ausgedehnter Briefwechsel erschienen postum, so *Die Welt von Gestern* und *Schachnovelle* (beide 1942) oder *Amerigo. Die Geschichte eines historischen Irrtums* (1944).

Einleitung

Zweig wurde dank seiner Übersetzungen und der von ihm herausgegebenen Anthologien schon früh als Vermittler internationaler Literatur und als Netzwerker wahrgenommen. Ebenfalls früh machte er sich einen Namen als Autor der Wiener Moderne, obwohl er von führenden Autoren wie Karl Kraus (1874–1936) scharf kritisiert wurde. Später wurde er als ausgezeichneter Repräsentant der deutschsprachigen Exilliteratur gefeiert. Zweig war darüber hinaus als Autographensammler international bekannt. Seine Erben vermachten die verbliebene Sammlung von Musikalien (vieles hatte Zweig noch zu Lebzeiten abgegeben), darunter Dokumente von Mozart, Beethoven und Händel, der British Library. Von Zweigs Sammelleidenschaft und Kennerschaft zeugt auch die Novelle *Die unsichtbare Sammlung*.

Den Herausgebern ist es ein Anliegen, mit diesem Lesebuch einen möglichst umfassenden Überblick über Zweigs literarische und essayistische Produktion zu geben. Manchmal bekamen dabei weniger bekannte oder auch schwerer zugängliche Texte Vorrang vor bekannteren wie der *Schachnovelle*. Dadurch eröffnet sich die Möglichkeit, die vielen Facetten dieses Werkes, vor allem auch die verschiedenen Gattungen, neu zu entdecken und vielleicht auch neu zu bewerten. Ob man nun zu den zahlreichen Zweig-Bewunderer:innen gehört oder manches auch kritisch liest, unbestritten ist die Anziehungskraft dieses Autors, der wie kaum ein anderer die »Welt von Gestern« repräsentiert und dessen Werk zugleich in ganz unterschiedlichen kulturellen Kontexten, von Europa über Südamerika bis China, regelmäßig zum Gegenstand von Bearbeitungen und Neuausgaben wird.

Novellen

Im Schnee

Eine kleine deutsche Stadt aus dem Mittelalter, hart an der Grenze von Polen zu, mit der vierschrötigen Behäbigkeit, wie sie die Baulichkeiten des vierzehnten Jahrhunderts in sich tragen. Das farbige, bewegliche Bild, das sonst die Stadt bietet, ist zu einem einzigen Eindrucke herabgestimmt, zu einem blendenden, schimmernden Weiß, das hoch über den breiten Stadtmauern liegt und auch auf den Spitzen der Türme lastet, um die schon die Nacht die matten Nebelschleier gezogen hat.

Es dunkelt rasch. Das laute, wirre Straßentreiben, die Tätigkeit vieler schaffender Menschen dämpft sich zu einem verrinnenden, wie aus weiter Ferne klingenden Geräusche, das nur der monotone Sang der Abendglocken in rhythmischen Absätzen durchbricht. Der Feierabend tritt seine Herrschaft an über die abgemüdeten, schlafersehnenden Handwerker, die Lichter werden immer vereinzelter und spärlicher, um dann ganz zu verschwinden. Die Stadt liegt wie ein einziges, mächtiges Wesen im tiefen Schlafe.

Jeder Laut ist gestorben, auch die zitternde Stimme des Heidewindes ist in einem linden Schlafliede ausgeklungen; man hört das leise Lispeln der stäubenden Schneeflocken, wenn ihre Wanderung ein Ziel gefunden ….

Plötzlich wird ein leiser Schall vernehmbar.

Es ist wie ein ferner, eiliger Hufschlag, der näher kommt. Der erstaunte schlaftrunkene Wächter der Tore geht überrascht ans

Fenster, um hinauszuhorchen. Und wirklich nähert sich ein Reiter in vollem Galopp, lenkt gerade auf die Pforte zu, und eine Minute später fordert eine raue, durch die Kälte eingerostete Stimme Einlass. Das Tor wird geöffnet, ein Mann tritt ein, der ein dampfendes Pferd zur Seite führt, das er sogleich dem Pförtner übergibt; und seine Bedenken beschwichtigt er rasch durch wenige Worte und eine größere Geldsumme, dann eilt er mit hastigen Schritten, die durch ihre Sicherheit die Bekanntschaft mit der Lokalität verraten, über den vereinsamten weißschimmernden Marktplatz hinweg, durch stille Gassen und verschneite Wege, dem entgegengesetzten Ende des Städtchens zu.

Dort stehen einige kleine Häuser, knapp aneinander gedrängt, gleichsam als ob sie der gegenseitigen Stütze bedürften. Alle sind sie schmucklos, unauffällig, verraucht und schief, und alle stehen sie in ewiger Lautlosigkeit in den verborgenen Gassen. Es ist, als hätten sie nie eine frohe, in Lust überschäumende Festlichkeit gekannt, als hätte nie eine jubelnde Freude diese erblindeten, versteckten Fenster erbeben gemacht, nie ein leuchtender Sonnenschein sein schimmerndes Gold in den Scheiben gespiegelt. Einsam, wie verschüchterte Kinder, die sich vor den andern fürchten, drücken sie sich zusammen in dem engen Komplexe der Judenstadt.

Vor einem dieser Häuser, dem größten und verhältnismäßig ansehnlichsten, macht der Fremde Halt. Es gehört dem Reichsten der kleinen Gemeinde und dient zugleich als Synagoge.

Aus den Ritzen der vorgeschobenen Vorhänge dringt ein heller Lichtschimmer und aus dem erleuchteten Gemache klingen Stimmen im religiösen Gesang. Es ist das Chanukkafest, das friedlich begangen wird, das Fest des Jubels und des errungenen Sieges der Makkabäer, ein Tag, der das vertriebene, schicksalgeknechtete Volk an seine einstige Kraftfülle erinnert, einer der wenigen freudigen Tage, die ihnen das Gesetz und das Leben gewährt hat. Aber die Gesänge klingen wehmütig und sehnsuchtsvoll, und das blanke Metall der Stimmen ist rostig durch die tausend vergossenen

Im Schnee

Tränen; wie ein hoffnungsloses Klagelied tönt der Sang auf die einsame Gasse und verweht ....

Der Fremde bleibt einige Zeit untätig vor dem Hause, in Gedanken und Träume verloren, und schwere, quellende Tränen schluchzen in seiner Kehle, die unwillkürlich die uralten heiligen Melodien mitsingt, die tief aus seinem Herzen emporfließen. Seine Seele ist voll tiefer Andacht.

Dann rafft er sich auf. Mit zögernden Schritten geht er auf das verschlossene Tor zu, und der Türklopfer fällt mit wuchtigem Schlage auf die Türe nieder, die dumpf erzittert.

Und das Erzittern vibriert durch das ganze Gebäude fort ....

Augenblicklich verstummt von oben der Gesang, wie auf ein gegebenes, verabredetes Zeichen. Alle sind blass geworden und sehen sich mit verstörtem Blick an. Mit einem Male ist die Feststimmung verflogen, die Träume von der siegenden Kraft eines Juda Makkabi, dem sie im Geiste alle begeistert zur Seite standen, sind versunken, das glänzende Reich der Juden, das vor ihren Augen war, ist dahin, sie sind wieder arme, zitternde, hilflose Juden. Die Wirklichkeit ist wieder auferstanden.

Furchtbare Stille. Der bebenden Hand des Vorbetenden ist das Gebetbuch entsunken, keinem gehorchen die bleichen Lippen. Eine entsetzliche Beklemmung hat sich im Zimmer erhoben und hält alle Kehlen mit eiserner Faust umkrampft. –

Männer, die in korybantischer Lust und Verzückung ihren eigenen Leib mit Geißelhieben zerfleischten, trunkene, wahnsinnswütende Scharen, die Tausende von Juden hingeschlachtet und gemartert hatten, die ihnen ihr heiligstes Palladium, den alten Glauben der Väter gewaltsam entreißen wollten. Und das war ihre schwerste Furcht. – Gestoßen, geschlagen, beraubt zu werden, Sklaven zu sein, alles hatten sie hingenommen mit einer blinden, fatalistischen Geduld; Überfälle in später Nacht mit Brand und Plünderung hatte jeder erlebt und immer wieder lief ein Schauder durch ihre Glieder, wenn sie solcher Zeiten gedachten. Und vor einigen Tagen war erst das Gerücht gekommen, auch gegen ihr Land, das bisher die Geißler nur dem Namen nach gekannt, sei eine Schar aufgebrochen und sollte nicht mehr ferne sein. Vielleicht waren sie schon hier?

Ein furchtbarer Schrecken, der den Herzschlag hemmte, hat jeden erfasst. Sie sehen schon wieder die blutgierigen Scharen mit den weinberauschten Gesichtern mit wilden Schritten in die Häuser stürmen, lodernde Fackeln in der Hand, in ihren Ohren klingt schon der erstickte Hilferuf ihrer Frauen, die die wilde Lust der Mörder büßen, sie fühlen schon die blitzenden Waffen. Alles ist wie ein Traum, so deutlich und lebendig. –

Der Fremde horcht hinauf, und als ihm kein Einlass gewährt wird, wiederholt er den Schlag, der wiederum dumpf und dröhnend durch das verstummte, verstörte Haus zittert. –

Inzwischen hat der Herr des Hauses, der Vorbeter, dem der weiß herabwallende Bart und das hohe Alter das Ansehen eines Patriarchen gibt, als Erster ein wenig Fassung gewonnen. Mit leiser Stimme murmelt er: »Wie Gott will.« Und dann beugt er sich zu seiner Enkelin hin, einem schönen Mädchen, das in ihrer Angst an ein Reh erinnert, welches sich mit flehenden großen Augen dem Verfolger entgegenwendet: »Sieh' hinaus, wer es ist, Lea!«

Das Mädchen, auf dessen Miene sich die Blicke aller konzentrieren, geht mit scheuen Schritten zum Fenster hin, wo sie den Vorhang mit zitternden, blassen Fingern hinwegschiebt. Und dann ein Ruf, der aus tiefster Seele kommt: »Gottlob, ein einzelner Mann.«

»Gott sei gelobt«, klingt es wie ein Seufzer der Erleichterung von allen Seiten wieder. Und nun kommt auch Bewegung in die starren Gestalten, auf denen der furchtbare Alp gelastet hat, einzelne Gruppen bilden sich, die teils in stummem Gebete stehen, andere besprechen von Angst und Ungewissheit die unerwartete Ankunft des Fremden, der jetzt zum Tore eingelassen wird.

Das ganze Zimmer ist von einem schwülen, drückenden Duft von Scheiten und der Anwesenheit so vieler Menschen erfüllt, die alle um den reichbedeckten Festtisch versammelt gewesen waren, auf dem das Wahrzeichen und Symbol des heiligen Abends, der siebenarmige Leuchter, steht, dessen einzelne Kerzen matt durch den schwelenden Dunst brennen. Die Frauen sind in reichen, schmuckbesetzten Gewändern, die Männer in den wallenden Kleidern mit weißen Gebetsbinden angetan. Und das enge Gemach ist von einer tiefen Feierlichkeit durchweht, wie sie nur die echte Frömmigkeit zu verleihen vermag.

Nun kommen schon die raschen Schritte des Fremden die Treppe herauf, und jetzt tritt er ein.

Zugleich dringt ein fürchterlicher, scharfer Windstoß in das warme Gemach, den das geöffnete Tor hereinleitet. Und eisige Kälte strömt mit der Schneeluft herein und umfröstelt alle. Der Zugwind löscht die flackernden Kerzen am Leuchter, nur eine zuckt noch ersterbend hin und her. Plötzlich ist dadurch das Zimmer in ein schweres, ungemütliches Dämmerlicht gehüllt, es ist, als ob sich jäh eine kalte Nacht von den Wänden herabsenken möchte. Mit einem Schlage ist das Behagliche, Friedliche verflogen, jeder fühlt die üble Vorbedeutung, die in dem Verlöschen der heiligen Kerzen liegt, und der Aberglaube macht sie wieder von neuem erschaudern. Aber keiner wagt ein Wort zu sprechen. –

An der Türe steht ein hochgewachsener, schwarzbärtiger Mann, der kaum älter sein dürfte als dreißig Jahre, und entledigt sich rasch der Tücher und Decken, mit denen er sich gegen die Kälte vermummt hatte. Und im Augenblicke, wo seine Züge im Dämmerschein der kleinen, flackernden letzten Kerzenflamme sichtbar werden, eilt Lea auf ihn zu und umfängt ihn.

Es ist Josua, ihr Bräutigam aus der benachbarten Stadt.

Auch die andern drängen sich lebhaft um ihn herum und begrüßen ihn freudig, um aber bald zu verstummen, denn er wehrt seine Braut mit ernster, trauriger Miene ab, und ein schweres sorgenvolles Wissen hat breite Furchen in seine Stirn gegraben. Alle Blicke sind ängstlich auf ihn gerichtet, der seine Worte gegen die strömende Flut seiner Empfindungen nicht verteidigen kann. Er fasst die Hände der Zunächststehenden, und leise entringt sich das schwere Geheimnis seinen Lippen:

»Die Flagellanten sind da!«

Die Blicke, die sich auf ihn fragend gerichtet haben, sind erstarrt, und er fühlt, wie die Pulse der Hände, die er hält, plötzlich stocken. Mit zitternden Händen hält sich der Vorbeter an dem schweren Tische an, dass die Kristalle der Gläser leise zu singen beginnen und zitternde Töne entschwingen. Wieder hält die Angst die verzagten Herzen umkrallt und presst den letzten Blutstropfen aus den erschreckten, verwüsteten Gesichtern, die auf den Boten starren.

Die letzte Kerze flackert noch einmal und verlöscht ….

Nur die Ampel beleuchtet noch matt die verstörten, vernichteten Menschen, die das Wort wie ein Blitzstrahl getroffen hat.

Eine Stimme murmelt leise das schicksalsgewohnte, resignierte »Gott hat es gewollt!«

Aber die Übrigen sind noch fassungslos.

Doch der Fremde spricht weiter, abgerissen, heftig, als ob er selbst seine Worte nicht hören wollte.

»Sie kommen – viele – Hunderte. – Und vieles Volk mitihnen. – Blut klebt an ihren Händen – sie haben gemordet, tausende – alle von uns, im Osten. – Sie waren schon in meiner Stadt.«

Ein furchtbarer Schrei einer Frauenstimme, dessen Kraft die herabstürzenden Tränen nicht mildern können, unterbricht ihn. Ein Weib, noch jung, erst kurz verheiratet, stürzt vor ihn hin.

»Sie sind dort?! – Und meine Eltern, meine Geschwister? Ist ihnen ein Leid geschehen?«

Er beugt sich zu ihr nieder und seine Stimme schluchzt, wie er leise zu ihr sagt, dass es wie eine Tröstung klingt:

»Sie kennen kein menschliches Leid mehr.«

Und wieder ist es still geworden, ganz still …. Das furchtbare Gespenst der Todesfurcht steht unter ihnen und macht sie erzittern. Es ist keiner von ihnen, der nicht dort in der Stadt einen lieben Toten gehabt hätte.

Und da beginnt der Vorbeter, dem Tränen in den silbernen Bart hinabrinnen und dem die spröde Stimme nicht gehorchen will, mit abgerissenen Worten das uralte, feierliche Totengebet zu singen. Und alle stimmen ein. Sie wissen es selbst nicht, dass sie singen, sie wissen nicht von Wort und Melodie, die sie mechanisch nachsprechen, jeder denkt nur an seine Lieben. Und immer mächtiger wird der Gesang, immer tiefer die Atemzüge, immer mühsamer das Zurückdrängen der emporquellenden Gefühle, immer verworrener die Worte, und schließlich schluchzen alle in wildem, fassungslosem Leid. Ein unendlicher Schmerz hat sie alle brüderlich umfangen, für den es keine Worte mehr gibt.

Tiefe Stille ....

Nur ab und zu ein tiefes Schluchzen, das sich nicht unterdrücken lassen will ....

Und dann wieder die schwere, betäubende Stimme des Erzählenden:

»Sie ruhen alle bei Gott. Keiner ist ihnen entkommen.

Ich allein entfloh durch Gottes Fügung ...«

»Sein Name sei gelobt«, murmelt der ganze Kreis in instinktivem Frömmigkeitsgefühl. Wie eine abgebrauchte Formel klingen die Worte aus dem Munde der gebrochenen zitternden Menschen.

»Ich kam spät in die Stadt, von einer Reise zurück; die Judenstadt war schon erfüllt von den Plünderern .... Man erkannte mich nicht, ich hätte flüchten können – aber es trieb mich hin, unwillkürlich an meinen Platz, zu meinem Volke, mitten unter sie, die unter den geschwungenen Fäusten fielen. Plötzlich reitet einer auf mich zu, schlägt aus nach mir – er fehlt und schwankt im Sattel. Und da plötzlich fasst mich der Trieb zum Leben – eine Leidenschaft gibt mir Kraft und Mut, ich reiße ihn vom Pferde und stürme selbst auf seinem Ross in die Weite, in die dunkle Nacht, zu euch her; einen Tag und eine Nacht bin ich geritten.«

Er hält einen Augenblick inne. Dann sagt er mit festerer Stimme: »Genug jetzt von dem allen! Zunächst was tun?«

Und von allen Seiten die Antwort:

»Flucht!« – »Wir müssen fliehen!« – »Nach Polen hinüber!«

Novellen

Es ist das einzige Hilfsmittel, das alle wissen, die abgebrauchte, schmähliche und doch unersetzliche Kampfesart des Schwächeren gegen den Starken. An Widerstand denkt keiner. Ein Jude sollte kämpfen oder sich verteidigen? Das ist in ihren Augen etwas Lächerliches und Undenkbares, sie leben nicht mehr in der Zeit der Makkabäer, es sind wieder die Tage der Knechtschaft, der Ägypter gekommen, die dem Volke den ewigen Stempel der Schwäche und Dienstbarkeit aufgedrückt haben, den nicht Jahrhunderte mit den Fluten der Jahre verwaschen können.

Also Flucht!

Einer hatte die schüchterne Ansicht geltend machen wollen, man möge den Schutz der Bürger in Anspruch nehmen, aber ein verächtliches Lächeln war die Antwort gewesen. Ihr Schicksal hatte die Geknechteten immer wieder zu sich selbst und zu ihrem Gotte zurückgeführt. Ein Vertrauen auf einen Dritten kannten sie nicht mehr.

Man besprach nun alle näheren Umstände. Alle diese Männer, die immer so sehr darauf aus gewesen waren, Geld zusammenzuscharren, stimmten jetzt überein, dass man kein Opfer scheuen müsste, um die Flucht zu beschleunigen. Jedes Besitztum musste zu barem Gelde gemacht werden, wenn auch unter den ungünstigsten Umständen, Wagen waren zu beschaffen, Gespann und das Notdürftigste zum Schutze gegen die Kälte. Mit einem Schlage hatte die Todesfurcht ihre Ghetto-Eigenschaft verwischt, ebenso wie sie die einzelnen Charaktere zu einem einzigen Willen zusammengeschmiedet. In allen den bleichen, abgemüdeten Gesichtern arbeiteten die Gedanken einem Ziele zu.

Und als der Morgen seine lohenden Fackeln entflammte, da war schon alles beraten und beschlossen. Mit der Beweglichkeit ihres Volkes, das die Welt durchwandert hatte, fügten sie sich dem schweren Banne der Situation, und ihre letzten Beschlüsse und Verfügungen klangen wieder in ein Gebet aus.

Jeder ging, seinen Teil am Werke zu vollbringen.

Und im leisen Singen der Schneeflocken, die schon hohe Wellen in den schimmernden Straßen getürmt hatten, starb mancher Seufzer dahin ….

Dröhnend fiel hinter dem letzten Wagen der Flüchtenden das große Stadttor zu.

Am Himmel leuchtete der Mond nur als schwacher Schein, aber sein Glanz versilberte die Myriaden Flocken, die übermütige Figuren tanzten, sich in den Kleidern versteckten, um die schnaubenden Nüstern der Pferde flitterten und an den Rädern knirschten, die sich nur mühsam den Weg durch die dicken Schneemassen bahnten.

Aus den Wagen flüsterten leise Stimmen. Frauen, die ihre Erinnerungen an die Heimatstadt, die in sicherer, selbstbewusster Größe noch knapp vor ihren Augen lag, mit wehmütigen, leise singenden Worten austauschten, helle Kinderstimmen, die nach tausend Dingen fragten und forschten, die aber immer stiller und seltsamer wurden und endlich mit einem gleichmäßigen Atmen wechselten, klangen melodisch von dem sonoren Tone der Männer ab, die sorgenvoll die Zukunft berieten und leise Gebete murmelten. Alle waren eng aneinander geschmiegt durch das Bewusstsein ihrer Zusammengehörigkeit und aus instinktiver Furcht vor der Kälte, die aus allen Lücken und Löchern wie mit eisigem Atem hereinblies und die Finger der Lenker erstarren machte.

Der erste Wagen hielt an.

Sofort blieb die ganze Reihe der übrigen stehen. Aus allen den wandernden Zelten sahen blasse Köpfe nach der Ursache des Stockens. Aus dem ersten Wagen war der Älteste gestiegen, und sämtliche folgten seinem Beispiele, denn sie hatten den Grund der Rast erkannt.

Sie waren noch nicht weit von der Stadt; durch das weiße Geriesel konnte man noch undeutlich den Turm erkennen, der sich wie eine drohende Hand aus der weiten Ebene erhebt, und von dessen Spitze ein Schimmer ausgeht, wie der eines Edelsteines an einer beringten Hand.

Hier war alles glatt und weiß, wie die erstarrte Oberfläche eines Sees. Nur hie und da zeigten sich in einem abgegrenzten Raum kleine, gleichmäßige Erhöhungen, unter denen sie ihre Lieben wussten, die hier ausgestoßen und einsam, wie das ganze Volk, fern von ihrer Heimatstatt ein stilles, ewiges Bett gefunden hatten.

Tiefe Stille, die nur das leise Schluchzen durchbricht. Und heiße Tränen rinnen über die erstarrten, leiderfahrenen Gesichter herab, und werden im Schnee zu blanken Eistropfen.

Vergangen und vergessen ist alle Todesfurcht, wie sie den tiefen, stummen Frieden sehen. Und alle überkommt mit einem Male eine unendliche, tränenschwere, wilde Sehnsucht nach dieser ewigen, stillen Ruhe am »guten Ort«, zusammen mit ihren Lieben. Es schläft so viel von ihrer Kindheit unter dieser weißen Decke, so viel selige Erinnerungen, so unendlich viel Glück, wie sie es nie mehr wieder erleben werden. Das fühlt jeder und jeden fasst die Sehnsucht nach dem »guten Ort«.

Aber die Zeit drängt zum Aufbruch.

Sie kriechen wieder in die Wagen hinein, eng und fest gegeneinander, denn während sie im Freien die schneidende Kälte nicht verspürt, schleicht jetzt wieder das eisige Frösteln ihre bebenden, zitternden Körper hinauf und schlägt die Zähne gegeneinander. Und im Dunkeln des Wagens finden sich die Blicke mit dem Ausdrucke einer unsagbaren Angst und eines unendlichen Leides ….

Ihre Gedanken aber ziehen immer wieder den Weg zurück, den die breiten Furchen der Gespanne in den Schnee eingezwängt, zurück zum Orte ihrer Sehnsucht, zum »guten Ort«.

Es ist Mitternacht vorbeigezogen. Die Wagen sind schon weit weg von der Stadt, mitten in der gewaltigen Ebene, die der Mond hell überflutet und die von den schimmernden Reflexen des Schnees wie mit weißen, wallenden Schleiern umwoben ist. Mühsam stapfen die starken Rosse durch die dicke Schichte, die sich an den Rädern zäh anheftet, langsam, fast unmerklich holpern die Gefährte weiter; es ist, als ob sie jeden Augenblick stehen bleiben würden.

Die Kälte ist furchtbar geworden und schneidet wie mit eisigen Messern in die Glieder, die schon viel von ihrer Beweglichkeit eingebüßt haben. Und nach und nach ist auch ein starker Wind erwacht, der wilde Lieder singt und an den Wagen rasselt. Wie mit gierigen Händen, die sich nach den Opfern ausrecken, reißt es an den Zeltdecken, die unablässig geschüttelt werden und nur mehr mit Mühe von den starren Händen stärker befestigt werden können.

Und immer lauter singt der Sturm und in seinem Lied verklingen die betenden, leise lispelnden Stimmen der Männer, deren eiserstarrte Lippen nur mehr mit Anstrengung die Worte formen können. Unter dem schrillen Pfeifen erstirbt das fassungslose, zukunftsbange Schluchzen der Frauen und das eigensinnige Weinen der Kinder, denen die Kälte den Druck der Müdigkeit genommen.

Ächzend rollen die Räder durch den Schnee.

Im letzten Wagen schmiegt sich Lea an ihren Bräutigam an, der ihr mit trauriger, monotoner Stimme von dem großen Leide erzählt. Und er schlingt den starren Arm fest um ihren mädchenhaften, schmalen Körper, als wollte er sie gegen die Angriffe der Kälte und gegen jeden Schmerz behüten. Und sie sieht ihn mit dankbaren Blicken an und in das Gewirre von Klagen und Stürmen verrinnen einige sehnsuchtszärtliche Worte, die beide an Tod und Gefahr vergessen machen ….

Plötzlich ein harter Ruck, der alle zum Schwanken bringt. Und dann bleibt der Wagen stehen.

Undeutlich vernimmt man von den vorderen Gespannen her durch die tosende Flut des Sturmes laute Worte, Peitschenknall und Gemurmel von erregten Stimmen, das nicht verstummen will. Man verlässt die Wagen, eilt durch die schneidende Kälte nach vorne, wo ein Pferd des Gespannes gestürzt ist und das zweite mit sich gerissen hat. Um die Rosse herum die Männer, die helfen wollen, aber nicht können, denn der Wind stößt sie wie schwache, achtlose Puppen, und die Flocken blenden ihre Augen und die Hände sind erstarrt, kraftlos, wie Holz liegen die Finger aneinander. Und weithin keine Hilfe, nur die Ebene, die im stolzen Bewusstsein ihrer Unendlichkeit sich ohne Linie in dem Schneedämmer verliert, und der Sturm, der ihre Rufe achtlos verschlingt.

Da wird wieder das traurige, volle Bewusstsein ihrer Lage in ihnen wach. In neuer, furchtbarer Gestalt greift der Tod wieder nach ihnen, die hilflos zusammenstehen in ihrer Wehrlosigkeit gegen die unbekämpfbaren, unversiegbaren Kräfte der Natur, gegen die unabwendbare Waffe des Frostes.

Immer wieder posaunt der Sturm ihnen das Wort ins Ohr: Hier musst du sterben – sterben. –

Und die Todesfurcht wird in ihnen zu resignierter hoffnungsloser Ergebenheit.

Keiner hat es laut ausgesprochen, allen kam der Gedanke zugleich. Sie klettern unbeholfen, wie es die steifen Glieder gestatten, in die Wagen hinein, eng aneinander, um zu sterben.

Auf Hilfe hoffen sie nicht mehr.

Sie schmiegen sich zusammen, jeder zu seinen Liebsten, um im Tode beisammen zu sein. Draußen singt der Sturm, ihr ewiger Begleiter, ein Sterbelied, und die Flocken bauen um die Wagen einen großen, schimmernden Sarg.

Und langsam kommt der Tod. Durch alle Ecken und Poren fließt die eisige, stechende Kälte herein, wie ein Gift, das behutsam, seines Erfolges sicher, Glied auf Glied ergreift ....

Langsam rinnen die Minuten, als wollten sie dem Tode Zeit geben, sein großes Werk der Erlösung zu vollführen ....

Schwere, lange Stunden ziehen vorbei, deren jede verzagte Seelen in die Ewigkeit trägt.

Der Sturm singt fröhlich und lacht in wildem Hohn über dieses Drama der Alltäglichkeit. Und achtlos streut der Mond sein Silber über Leben und Tod.

Im Schnee

Im letzten Wagen ist tiefe Stille. Einige sind schon tot, andere in dem halluzinatorischen Bann, mit dem das Erfrieren den Tod verschönt. Aber alle sind sie still und leblos, nur die Gedanken schießen noch wie heiße Blitze wirr durcheinander …. Josua hält seine Braut mit kalten Fingern umspannt. Sie ist schon tot, aber er weiß es nicht ….

Er träumt …….

Er sitzt mit ihr in dem duftdurchwärmten Gemach; der goldene Leuchter flammt mit seinen sieben Kerzen und alle sitzen sie wieder beisammen wie einstmals. Der Abglanz des Freudenfestes ruht auf den lächelnden Gesichtern, die freundliche Worte und Gebete sprechen. Und längst gestorbene Personen kommen zur großen Türe herein, auch seine toten Eltern, aber es wundert ihn nicht mehr. Und sie küssen sich zärtlich und sprechen vertraute Worte. Und immer mehr nahen, Juden in altväterlichen, verblichenen Trachten und Gewändern und es kommen die Helden, Juda Makkabi und alle die andern; sie setzen sich zu ihnen und sprechen und sind fröhlich. Und immer mehr nahen. Das Zimmer ist voll von Gestalten, seine Augen werden müde vom Wechsel der Personen, die immer rascher wandeln und durcheinanderjagen, sein Ohr dröhnt von dem Wirren der Geräusche. Es hämmert und dröhnt in seinen Pulsen, heißer, immer heißer –

Und plötzlich ist alles still, vorbei ….

Nun ist die Sonne aufgegangen und die Schneeflocken, die noch immer niederhasten, schimmern wie Diamanten. Und wie von Edelsteinen schimmert es auf dem breiten Hügel, der, über und über mit Schnee bedeckt, sich über Nacht aus der Ebene erhoben hat.

Es ist eine frohe, starke Sonne, beinahe eine Lenzsonne, die plötzlich zu leuchten begonnen hat. Und wirklich ist auch der Frühling nicht mehr fern. Bald wird er alles wieder knospen und grünen lassen und wird das weiße Linnen nehmen von dem Grabe der armen, verirrten, erfrorenen Juden, die in ihrem Leben einen Frühling nie gekannt ….

Die Mondscheingasse

Das Schiff hatte, durch Sturm verzögert, erst spät abends in der kleinen französischen Hafenstadt landen können, der Nachtzug nach Deutschland war versäumt. So blieb ein unerwarteter Tag an fremdem Ort, ein Abend ohne andere Lockung als die einer melancholischen Damenmusik in einem vorstädtischen Vergnügungslokal oder eines eintönigen Gespräches mit den ganz zufälligen Reisegenossen. Unerträglich schien mir die Luft in dem kleinen Speiseraum des Hotels, fettig von Öl, dumpf von Rauch, und ich fühlte doppelt ihre trübe Unreinlichkeit, weil noch der reine Atem des Meeres mir salzig-kühl auf den Lippen lag. So ging ich hinaus, aufs Geratewohl die helle breite Straße entlang zu einem Platz, wo eine Bürgergardenkapelle spielte, und wieder weiter inmitten der lässig fortflutenden Woge der Spaziergänger. Anfangs tat es mir gut, dieses willenlose Geschaukeltsein in der Strömung gleichgültiger und provinziell geputzter Menschen, aber bald ertrug ich es doch nicht mehr, dieses Anwogen von fremden Leuten und ihr abgerissenes Gelächter, diese Augen, die mich angriffen, erstaunt, fremd oder grinsend, diese Berührungen, die mich unmerklich weiterschoben, dies aus tausend kleinen Quellen brechende Licht und unaufhörliche Scharren von Schritten. Die Seefahrt war bewegt gewesen, und noch gärte in meinem Blut ein taumeliges und sanfttrunkenes Gefühl: noch immer spürte ich Gleiten und Wiegen unter meinen Füßen, die Erde schien wie atmend sich zu bewegen und die Straße bis hinauf in den Himmel zu schwingen. Schwindelig ward mir mit einem Male von diesem lauten Gewirr, und um mich zu retten, bog ich, ohne nach ihrem Namen zu blicken, in eine Seitenstraße ein und von da wieder in eine kleinere, in der dies sinnlose Lärmen allmählich verebbte, und ging nun ziellos weiter ins Gewirr dieser wie Adern sich verästelnden Gassen, die immer dunkler wurden, je mehr ich mich vom Hauptplatz entfernte. Die großen elektrischen Bogenlampen, diese Monde der breiten Boulevards,

Die Mondscheingasse

flammten hier nicht mehr, und über die spärliche Beleuchtung hin begann man endlich wieder die Sterne zu sehen und einen schwarzen verhangenen Himmel.

Ich musste nahe dem Hafen sein, im Matrosenviertel, das fühlte ich an dem faulen Fischgeruch, an diesem süßlichen Duft von Tang und Fäulnis, wie ihn auch die von der Brandung ans Land gerissenen Algen haben, an dem eigentümlichen Dunst verdorbener Gerüche und ungelüfteter Stuben, der sich dumpfig in diese Winkel legt, bis einmal der große Sturm kommt und ihnen Atem bringt. Das ungewisse Dunkel tat mir wohl und die unerwartete Einsamkeit, ich verlangsamte meinen Schritt, betrachtete nun Gasse um Gasse, eine immer anders als die Nachbarin, hier eine friedfertige, dort eine buhlerische, alle aber dunkel und mit einem gedämpften Geräusch von Musik und Stimmen, das aus dem Unsichtbaren, aus der Brust ihrer Gewölbe so geheimnisvoll aufquoll, dass kaum die unterirdische Quelle zu erraten war. Denn alle waren sie verschlossen und blinzelten nur mit einem roten oder gelben Licht. Ich liebe diese Gassen in fremden Städten, diesen schmutzigen Markt aller Leidenschaften, diese heimliche Anhäufung aller Verführungen für die Matrosen, die von einsamen Nächten auf fremden und gefährlichen Meeren hier für eine Nacht einkehren, ihre vielen und sinnlichen Träume in einer Stunde zu erfüllen. Sie müssen sich verstecken irgendwo in einer Niederung der großen Stadt, diese kleinen Seitengassen, weil sie so frech und aufdringlich sagen, was die hellen Häuser mit blanken Scheiben und vornehmen Menschen in hundert Masken verbergen. Musik klingt und lockt hier aus kleinen Stuben, Kinematographen verheißen mit grellen Plakaten ungeahnte Prächte, kleine viereckige Lichter ducken sich unter die Tore und zwinkern mit vertraulichem Gruß eine sehr deutliche Einladung zu, zwischen dem aufgetanen Spalt einer Tür schimmert nacktes Fleisch unter vergoldetem Flitter. Aus den Cafés grölen die Stimmen der Berauschten und poltert der Zank der Spieler. Die Matrosen grinsen, wenn sie hier einander begegnen, ihre stumpfen Blicke werden grell von vieler Verheißung, denn hier ist alles, Weiber und Spiel, Trunk und Schau, das Abenteuer, das schmutzige und das große. All dies aber ist scheu und doch verräterisch gedämpft hinter den heuchlerisch gesenkten Fensterläden, alles nur innen, und diese scheinbare Verschlossenheit reizt durch die doppelte Verführung von Verborgenheit und Zugänglichkeit. Diese Straßen sind gleich in Hamburg und Colombo und Havanna, gleich da und dort wie auch die großen Avenuen des Luxus, denn das Oben und Unten des Lebens hat die gleiche Form. Letzte phantastische Reste einer sinnlich ungeregelten Welt, wo sich die Triebe noch brutal und ungezügelt entladen, ein finsterer Wald von Leidenschaften und Dickicht und voll triebhaften Getiers sind diese unbürgerlichen Straßen, erregend durch das, was sie verraten, und verlockend durch das, was sie verbergen. Man kann von ihnen träumen.

Und so war auch diese, in der ich mich mit einem Male gefangen fühlte. Aufs Geratewohl war ich ein paar Kürassieren nachgegangen, die mit ihrem nachschleifenden Säbel über das holprige Pflaster klirrten. Aus einer Bar riefen Weiber sie an, sie lachten und schrien ihnen grobe Scherze zu, einer klopfte an das Fenster, dann fluchte eine Stimme irgendwo, sie gingen weiter, das Gelächter wurde ferner, und bald hörte ich sie nicht mehr. Stumm war wieder die Gasse, ein paar Fenster blinkten unklar in einem Nebelglanz von mattem Mond. Ich stand und sog atmend diese Stille ein, die mir seltsam schien, weil hinter ihr etwas surrte von Geheimnis, Wollust und Gefahr. Deutlich spürte ich, dass dieses Schweigen eine Lüge war und unter dem trüben Dunst dieser Gasse etwas glimmerte von der Fäulnis der Welt. Aber ich stand, blieb und lauschte ins Leere. Ich fühlte die Stadt nicht mehr und die Gasse, nicht ihren Namen und nicht den meinen, empfand nur, dass ich hier fremd war, wunderbar losgelöst in einem Unbekannten stand, dass keine Absicht in mir war, keine Botschaft und keine Beziehung und ich doch all dies dunkle Leben um mich so voll fühlte wie das Blut unter der eigenen Haut. Dies Gefühl nur empfand ich, dass nichts für mich geschah und doch alles mir zugehörte, dieses seligste Gefühl des durch Anteilslosigkeit tiefsten und wahrsten Erlebens, das zu den lebendigen Quellen meines innern Wesens gehört und mich im Unbekannten immer überfällt wie eine Lust. Da plötzlich, als ich horchend in der einsamen Gasse stand, gleichsam erwartungsvoll auf irgendetwas, das geschehen müsste, etwas, das mich fortschöbe aus diesem mondsüchtigen Gefühl des Lauschens ins Leere, hörte ich, gedämpft durch Ferne oder eine Wand, sehr trübe von irgendwo ein deutsches Lied singen, jenen ganz einfältigen Reigen aus dem »Freischütz«: »Schöner, grüner Jungfernkranz.« Eine Frauenstimme sang ihn, sehr schlecht, aber es war doch eine deutsche Melodie, deutsch hier in einem fremden Winkel der Welt und darum verwandt in einem so eigenen Sinne. Es war von irgendwoher gesungen, aber doch, wie einen Gruß fühlte ichs, seit Wochen das erste heimatliche Wort. Wer, fragte ich mich, spricht hier meine Sprache, wen treibt eine Erinnerung von innen, in verwinkelt-verwilderter Gasse dies arme Lied sich wieder aus dem Herzen zu heben? Ich tastete der Stimme nach, ein Haus nach dem andern von all denen, die halbschlafend hier standen, mit geschlossenen Fensterläden, hinter denen es aber verräterisch blinzelte von Licht und manchmal von einer winkenden Hand. Außen klebten grelle Überschriften, schreiende Plakate, und Ale, Whisky, Bier verhieß hier eine versteckte Bar, aber alles war verschlossen, abweisend und doch wieder einladend. Und dazwischen – ein paar Schritte tönten von fern – immer wieder die Stimme, die jetzt den Refrain heller trillerte und immer näher war: schon erkannte ich das Haus. Einen Augenblick zögerte ich, dann trat ich gegen die innere Tür, die mit weißen Gardinen dicht verhangen war. Da aber, als ich mich entschlossen hinbeugte, ward etwas im Schatten des Flurs jäh lebendig, eine Gestalt, die offenbar eng an die Scheibe gepresst dort gelauert hatte, zuckte erschrocken auf, ein Gesicht, begossen vom Rot der überhängenden Laterne und doch blass im Entsetzen, ein Mann starrte mich mit aufgerissenen Augen an, murmelte etwas wie eine Entschuldigung und verschwand im Zwielicht der Gasse. Seltsam war dieser Gruß. Ich sah ihm nach. Etwas schien sich noch im entschwindenden Schatten der Gasse von ihm zu regen, aber undeutlich. Innen klang die Stimme noch immer, heller sogar, wie mirs schien. Das lockte mich. Ich klinkte auf und trat rasch ein.

Wie von einem Messer zerschnitten fiel das letzte Wort des Gesanges herab. Und erschrocken spürte ich eine Leere vor mir, eine Feindlichkeit des Schweigens, gleichsam als ob ich etwas zertrümmert hätte. Mählich erst fand mein Blick sich in der Stube zurecht, die fast leer war, ein Schank und ein Tisch, das ganze offenbar nur Vorgemach zu andern Zimmern rückwärts, die mit halbgeöffneten Türen, gedämpftem Lampenschein und bereiten Betten ihre eigentliche Bestimmung rasch verrieten. Vorn am Tisch lehnte, auf den Ellbogen gestützt, ein Mädchen, geschminkt und müd, hinten am Schank die Wirtin, beleibt und schmutziggrau, mit einem andern nicht unhübschen Mädchen. Mein Gruß fiel hart in den Raum, ganz spät kam ein gelangweiltes Echo zurück. Mir wars unbehaglich, so ins Leere getreten zu sein, in ein so gespanntes ödes Schweigen, und gern wäre ich sofort wieder gegangen, doch fand meine Verlegenheit keinen Vorwand, und so setzte ich mich resigniert an den vorderen Tisch. Das Mädchen, jetzt sich seiner Pflicht besinnend, fragte mich, was ich zu trinken wünschte, und an ihrem harten Französisch erkannte ich sofort die Deutsche. Ich bestellte Bier, sie ging und kam wieder mit jenem schlaffen Gang, der noch mehr Gleichgültigkeit verriet als das Seichte ihrer Augen, die schlaff unter den Lidern glommen wie verlöschende Lichter. Ganz mechanisch stellte sie nach dem Brauch jener Stuben neben das meine ein zweites Glas für sich. Ihr Blick ging, als sie mir zutrank, leer an mir vorbei: so konnte ich sie betrachten. Ihr Gesicht war eigentlich noch schön und ebenmäßig in den Zügen, aber wie durch eine innere Ermattung maskenhaft und gemein geworden, alles fiel schlaff nieder, die Lider waren schwer, locker das Haar; die Wangen, fleckig von schlechter Schminke und verschwemmt, begannen schon nachzugeben und warfen sich mit breiter Falte bis an den Mund. Auch das Kleid war ganz lässig umgehängt, ausgebrannt die Stimme, rau von Rauch und Bier. In allem spürte ich einen Menschen, der müde ist und nur aus Gewohnheit, gleichsam fühllos, weiterlebt. Mit Befangenheit und Grauen warf ich eine Frage hin. Sie antwortete, ohne mich anzusehen, gleichgültig und stumpf mit kaum bewegten Lippen. Unwillkommen spürte ich mich. Rückwärts gähnte die Wirtin, das andere Mädchen saß in einer Ecke und sah her, gleichsam wartend, bis ich sie riefe. Gern wäre ich gegangen, aber alles an mir war schwer, ich saß in dieser satten, schwelenden Luft, dumpf torkelnd wie die Matrosen, gefesselt von Neugier und Grauen; denn diese Gleichgültigkeit war irgendwie aufreizend.

Da plötzlich fuhr ich auf, erschreckt von einem grellen Gelächter neben mir. Und gleichzeitig schwankte die Flamme: am Luftzug spürte ich, dass jemand die Tür hinter meinem Rücken geöffnet haben musste. »Kommst du schon wieder?«, höhnte grell und auf Deutsch die Stimme neben mir. »Kriechst du schon wieder ums Haus, du Knauser du? Na, komm nur herein, ich tu dir nichts.«

Ich fuhr herum, zuerst ihr zu, die so grell diesen Gruß schrie, als bräche ihr Feuer aus dem Leib, und dann zur Tür. Und noch ehe sie ganz aufgetan war, erkannte ich die schlotternde Gestalt, erkannte den demütigen Blick dieses Menschen, der vorhin an der Tür gleichsam geklebt hatte. Er hielt den Hut verschüchtert in der Hand wie ein Bettler und zitterte unter dem grellen Gruß, unter dem Lachen, das wie ein Krampf ihre schwere Gestalt mit einem Male zu erschüttern schien und von rückwärts, vom Schanktisch, mit raschem Geflüster der Wirtin begleitet wurde.

»Dort setz dich hin, zur Françoise«, herrschte sie den Armen an, als er jetzt mit einem feigen, schlurfenden Schritt nähertrat. »Du siehst, ich habe einen Herrn.«

Deutsch schrie sie ihm das zu. Die Wirtin und das Mädchen lachten laut, obwohl sie nichts verstehen konnten, aber sie schienen den Gast schon zu kennen.

»Gib ihm Champagner, Françoise, den teuern, eine Flasche!«, schrie sie lachend hinüber, und wieder höhnisch zu ihm: »Ists dir zu teuer, so bleib draußen, du elender Knicker! Möchtest mich wohl umsonst anstarren, ich weiß, du möchtest alles umsonst.«

Die lange Gestalt schmolz gleichsam zusammen unter diesem bösen Lachen, der Buckel schob sich schief empor, es war, als wolle das Gesicht sich hündisch verkriechen, und seine Hand zitterte, als er nach der Flasche griff, und verschüttete den Wein im Eingießen. Sein Blick, der immer aufwollte zu ihrem Gesicht, konnte nicht weg vom Boden und tastete dort im Kreise den Kacheln nach. Und jetzt sah ich erst deutlich unter der Lampe dies ausgemergelte Gesicht, zermürbt und fahl, die Haare feucht und dünn auf beinernem Schädel, die Gelenke lose und wie zerbrochen, eine Jämmerlichkeit ohne Kraft und doch nicht ohne Bösartigkeit. Schief, verschoben war alles in ihm und geduckt, und der Blick, den er jetzt einmal hob und gleich wieder erschreckt zurückwarf, gekreuzt von einem bösen Licht.

»Kümmern Sie sich nicht um ihn!«, herrschte mich das Mädchen auf Französisch an und fasste derb meinen Arm, als wolle sie mich herumreißen. »Das ist eine alte Sache zwischen mir und ihm, ist nicht von heute.« Und wieder mit blanken Zähnen, wie zum Bisse bereit, laut zu ihm hinüber: »Horch nur her, du alter Luchs! Möchtest hören, was ich rede. Dass ich eher ins Meer gehe als mit dir, habe ich gesagt.«

Wieder lachten die Wirtin und das andere Mädchen, breit und blöde. Es schien ein gewohnter Spaß für sie, ein alltäglicher Scherz. Aber mir wars unheimlich, jetzt zu sehen, wie sich dies andere Mädchen plötzlich in falscher Zärtlichkeit an ihn drängte und ihn mit Schmeicheleien abgriff, vor denen er erschauerte, ohne den Mut, sie abzuwehren, und ich erschrak, wenn sein Blick im Auftaumeln mich traf, ängstlich verlegen und kriecherisch.

Und mir graute vor der Frau neben mir, die plötzlich aus ihrer Schlaffheit aufgewacht war und so voll Bosheit funkelte, dass ihre Hände zitterten. Ich warf Geld auf den Tisch und wollte fort, aber sie nahm es nicht.

»Geniert er dich, dann werfe ich ihn hinaus, den Hund. Der muss parieren. Trink noch ein Glas mit mir. Komm!«

Sie drängte sich heran mit einer jähen, fanatischen Art von Zärtlichkeit, von der ich sofort wusste, dass sie nur gespielt war, um den andern zu quälen. Bei jeder dieser Bewegungen sah sie rasch schief hinüber, und es war mir widerwärtig zu sehen, wie es in ihm bei jeder ihrer Gesten zu mir zu zucken begann, als spüre er Brandstahl an seinen Gliedern. Ohne auf sie zu achten, starrte ich einzig ihn an und schauerte, wie etwas jetzt in ihm wuchs von Wut, Zorn, Neid und Gier und sich doch gleich niederduckte, wandte sie nur den Kopf. Ganz nahe drängte sie sich nun zu mir, ich spürte ihren Körper, der zitterte von der bösen Lust dieses Spiels, und mir graute vor ihrem grellen Gesicht, das nach schlechtem Puder roch, vor dem Dunst ihres mürben Fleisches. Sie von meinem Gesicht abzuwehren, griff ich nach einer Zigarre, und während mein Blick noch den Tisch nach einem Streichholz absuchte, herrschte sie ihn schon an: »Bring Feuer her!«

Ich erschrak mehr noch als er vor dieser gemeinen Zumutung, mich zu bedienen, und mühte mich rasch, mir selbst eines zu finden. Aber schon von ihrem Worte wie mit einer Peitsche aufgeknallt, kam er mit seinen schiefen Schritten torkelnd herüber und legte rasch, als könnte er sich mit einer Berührung des Tisches verbrennen, sein Feuerzeug auf den Tisch. Eine Sekunde kreuzte ich seinen Blick: unendliche Scham lag darin und eine knirschende Erbitterung. Und dieser geknechtete Blick traf den Mann, den Bruder, in mir. Ich fühlte die Erniedrigung durch das Weib und schämte mich mit ihm.

»Ich danke Ihnen sehr«, sagte ich auf Deutsch – sie zuckte auf – »Sie hätten sich nicht bemühen sollen.« Dann bot ich ihm die Hand. Ein Zögern, ein langes, dann spürte ich feuchte, knochige Finger und plötzlich krampfartig einen jähen Druck des Dankes. Eine Sekunde leuchteten seine Augen in die meinen, dann duckten sie sich wieder unter die schlaffen Lider. Aus Trotz wollte ich ihn bitten, bei uns Platz zu nehmen, und die einladende Geste musste wohl schon in meine Hand geglitten sein, denn sie herrschte ihn eilig an: »Setz dich wieder hin und störe hier nicht!«

Da packte mich plötzlich der Ekel vor ihrer ätzenden Stimme und vor dieser Quälerei. Was sollte mir diese verräucherte Spelunke, diese widrige Dirne, dieser Schwachsinnige, dieser Qualm von Bier und Rauch und schlechtem Parfüm? Mich dürstete nach Luft. Ich schob ihr das Geld hin, stand auf und rückte energisch ab, als sie mir schmeichelnd näherkam. Es ekelte mich, mitzuspielen bei dieser Erniedrigung eines Menschen, und deutlich ließ ich durch die Entschlossenheit meiner Abwehr spüren, wie wenig sie mich sinnlich verlocken konnte. Jetzt zuckte ihr Blut bös, eine Falte kroch ihr gemein um den Mund, aber sie hütete sich doch, das Wort auszusprechen, und wandte sich mit einem Ruck unverstellten Hasses gegen ihn, der aber, des Ärgsten gewärtig, eilig und wie gejagt von ihrer Drohung in die Tasche griff und mit zitternden Fingern eine Geldbörse herauszog. Er hatte Angst, jetzt allein mit ihr zu bleiben, das war ersichtlich, und in der Hast konnte er die Knoten der Börse nicht gut lösen – eine Börse war es, gestrickt und mit Glasperlen besetzt, wie die Bauern sie tragen und die kleinen Leute. Mühelos war es zu merken, dass er ungewohnt war, Geld rasch auszugeben, sehr im Gegensatz zu den Matrosen, die es mit einem Handschwung aus den klimpernden Taschen hervorholen und auf den Tisch werfen; er musste offenbar gewohnt sein, sorglich zu zählen und die Münzen zwischen den Fingern zu wägen. »Wie er zittert um seine lieben, süßen Pfennige! Gehts zu langsam? Wart!«, höhnte sie und trat einen Schritt näher. Er schrak zurück, und sie, als sie sein Erschrecken sah, sagte, die Schultern hochziehend und mit einem unbeschreiblichen Ekel im Blick: »Ich nehm dir nichts, ich spei auf dein Geld. Weiß ja, sie sind gezählt, deine guten kleinen Pfennige, darf keiner zu viel in die Welt. Aber erst« – und sie tippte ihm plötzlich gegen die Brust – »die Papierchen, die du da eingenäht hast, dass sie dir keiner stiehlt!«

Und wirklich, wie ein Herzkranker im Krampf sich plötzlich an die Brust greift, so fasste fahl und zitternd seine Hand an eine bestimmte Stelle des Rockes, unwillkürlich tasteten seine Finger dort an das heimliche Nest und fielen dann beruhigt zurück. »Geizhals!«, spie sie aus. Aber da flog plötzlich eine Glut in das Gesicht des Gemarterten, er warf die Geldbörse mit einem Ruck dem andern Mädel zu, das erst aufschrie im Schreck, dann hell lachte, und stürmte vorbei an ihr, zur Tür hinaus wie aus einem Brand.

Einen Augenblick stand sie noch aufgerichtet, hell funkelnd in ihrer bösen Wut. Dann fielen die Lider wieder schlaff herab, Mattigkeit bog den Körper aus der Spannung. Alt und müde schien sie in einer Minute zu werden. Etwas Unsicheres und Verlorenes dämpfte den Blick, der mich jetzt traf. Wie eine Trunkene, die aufwacht, dumpf mit dem Gefühl einer Schande stand sie da. »Draußen wird er jammern um sein Geld, vielleicht zur Polizei laufen, wir hätten ihn bestohlen. Und morgen ist er wieder da. Aber mich soll er doch nicht haben. Alle, nur gerade er nicht!«

Sie trat zum Schank, warf Geldstücke hin und stürzte mit einem Schwung ein Glas Branntwein hinunter. Das böse Licht glimmerte wieder in ihren Augen, aber trüb wie unter Tränen von Wut und Scham. Ekel fasste mich vor ihr und zerriss mein Mitleid. »Guten Abend«, sagte ich und ging. »Bonsoir«, antwortete die Wirtin. Sie sah sich nicht um und lachte bloß, grell und höhnisch.

Die Gasse, sie war nur Nacht und Himmel, als ich hinaustrat, eine einzige schwüle Dunkelheit mit verwölktem, unendlich fernem Glanz von Mond. Gierig trank ich die laue und doch starke Luft, und das Gefühl des Grauens löste sich in das große Erstaunen vor der Mannigfaltigkeit der Geschicke, und ich spürte wieder – ein Gefühl, das mich selig machen kann bis zu Tränen –, dass immer hinter jeder Fensterscheibe Schicksal wartet, jede Tür sich in Erlebnis auftut, allgegenwärtig das Mannigfaltige dieser Welt ist und selbst der schmutzigste Winkel noch so wimmelnd von schon ganz gestaltetem Erleben wie die Verwesung vom eifrigen Glanz der Käfer. Fern war das Widerliche der Begegnung und das gespannte Gefühl wohltuend gelöst in eine süße Müdigkeit, die sich sehnte, all dies Gelebte in schöneren Traum zu verwandeln. Unwillkürlich blickte ich suchend um mich, den Weg nach Hause durch diese Wirrnis verwinkelter Gässchen zu finden. Da schob sich – unhörbar musste er nahegetreten sein – ein Schatten an mich heran.

»Verzeihen Sie«, – ich erkannte sogleich die demütige Stimme – »aber ich glaube, Sie finden sich hier nicht zurecht. Darf ich … darf ich Ihnen den Weg weisen? Der Herr wohnt …?«

Ich nannte mein Hotel.

»Ich begleite Sie … Wenn Sie erlauben«, fügte er sogleich demütig hinzu.

Das Grauen fasste mich wieder. Dieser schleichende, gespenstische Schritt an meiner Seite, unhörbar fast und doch hart an mir, das Dunkel der Matrosengasse und die Erinnerung des Erlebten wich allmählich einem traumhaft wirren Gefühl ohne Wertung und Widerstand. Ich spürte die Demut seiner Augen, ohne sie zu sehen, und merkte das Zucken seiner Lippen; ich wusste, dass er mit mir reden wollte, tat aber nichts dafür und nichts dagegen aus der Taumligkeit meines Empfindens, in dem die Neugier des Herzens sich mit einer körperlichen Benommenheit wogend mengte. Er räusperte sich mehrmals, ich merkte den erstickten Ansatz zum Wort, aber irgendeine Grausamkeit, die von diesem Weib geheimnisvoll auf mich übergegangen war, freute sich dieses Ringens der Scham und seelischen Not: ich half ihm nicht, sondern ließ dieses Schweigen schwarz und schwer zwischen uns. Und unsere Schritte klangen, der seine leise schlurfend und alt, der meine mit Absicht stark und rau, dieser schmutzigen Welt zu entrinnen, wirr zusammen. Immer stärker spürte ich die Spannung zwischen uns: schrill, voll inneren Schreis war dieses Schweigen und schon wie eine übermäßig gespannte Saite, bis er es endlich – und wie entsetzlich zagend zuerst – durchriss mit einem Wort.

»Sie haben ... Sie haben ... mein Herr ... da drinnen eine merkwürdige Szene gesehen ... verzeihen Sie ... verzeihen Sie, wenn ich noch einmal davon rede ... aber sie musste Ihnen merkwürdig sein ... und ich sehr lächerlich ... diese Frau ... es ist nämlich ...«

Er stockte wieder. Etwas würgte ihm dick die Kehle. Dann wurde seine Stimme ganz klein, und er flüsterte hastig: »Diese Frau ... es ist nämlich meine Frau.« Ich musste aufgefahren sein im Erstaunen, denn er sprach hastig weiter, als wolle er sich entschuldigen: »Das heißt ... es war meine Frau ... vor fünf, vor vier Jahren ... in Geratzheim drüben in Hessen, wo ich zu Hause bin ... Ich will nicht, Herr, dass Sie schlecht von ihr denken ... es ist vielleicht meine Schuld, dass sie so ist. Sie war nicht immer so ... Ich ... ich habe sie gequält ... Ich habe sie genommen, obwohl sie sehr arm war, nicht einmal die Leinwand hatte sie, nichts, gar nichts ... und ich bin reich ... das heißt, vermögend ... nicht reich ... oder ich war es wenigstens damals ... und, wissen Sie, mein Herr ... ich war vielleicht – sie hat recht – sparsam ... aber früher war ich es, mein Herr, vor dem Unglück, und ich verfluche es ... aber mein Vater war so und die Mutter, alle waren so ... und ich habe hart gearbeitet um jeden Pfennig ... und sie war leicht, sie hatte gern schöne Sachen ... und war doch arm, und ich habe es ihr immer wieder vorgehalten ... Ich hätte es nicht tun sollen, ich weiß es jetzt, mein Herr, denn sie ist stolz, sehr stolz ... Sie dürfen nicht glauben, dass sie so ist, wie sie sich gibt ... das ist Lüge, und sie tut sich selber weh ... nur ... nur um mir wehe zu tun, um mich zu quälen ... und ... weil ... weil sie sich schämt ... Vielleicht ist sie auch schlecht geworden, aber ich ... ich glaube es nicht ... denn, mein Herr, sie war sehr gut, sehr gut ...«

Er wischte sich die Augen und blieb stehen in seiner übermächtigen Erregung. Unwillkürlich blickte ich ihn an, und er schien mir mit einem Male nicht mehr lächerlich, und selbst diese merkwürdige unterwürfige Anrede »mein Herr«, die in Deutschland nur niederen Ständen zu eigen ist, spürte ich nicht mehr. Sein Antlitz war ganz von der inneren Bemühung zum Wort durchgebildet, und der Blick starrte, als er schwer jetzt wieder vorwärts taumelte, unverwandt auf das Pflaster, als läse er dort im schwankenden Lichte mühsam ab, was sich dem Krampf seiner Kehle so quälend entriss.

»Ja, mein Herr«, stieß er jetzt tiefatmend heraus, und mit einer ganz anderen, dunklen Stimme, die wie aus einer weicheren Welt seines Innern kam: »Sie war sehr gut … auch zu mir, sie war sehr dankbar, dass ich sie aus ihrem Elend erlöst hatte … und ich wusste es auch, dass sie dankbar war … aber … ich … wollte es hören … immer wieder … immer wieder … es tat mir gut, diesen Dank zu hören … mein Herr, es war so, so unendlich gut, zu spüren, zu spüren, dass man besser ist … wenn … wenn man doch weiß, dass man der Schlechtere ist … ich hätte all mein Geld dafür gegeben, es immer wieder zu hören … und sie war sehr stolz und wollte es immer weniger, als sie merkte, dass ich ihn forderte, diesen Dank … Darum … nur darum, mein Herr, ließ ich sie immer bitten … nie gab ich freiwillig … es tat mir wohl, dass sie um jedes Kleid, um jedes Band kommen musste und betteln … drei Jahre habe ich sie so gequält, immer mehr … aber, mein Herr, es war nur, weil ich sie liebte … Ich hatte ihren Stolz gern, und doch wollte ich ihn immer knechten, ich Wahnsinniger, und wenn sie etwas begehrte, so war ich böse … aber, mein Herr, ich war es gar nicht … ich war selig jeder Gelegenheit, sie demütigen zu können, denn … denn ich wusste gar nicht, wie ich sie liebte …«

Wieder stockte er. Ganz torkelnd ging er. Offenbar hatte er mich vergessen. Mechanisch sprach er, wie aus dem Schlaf, mit immer lauterer Stimme.

»Das ... das habe ich erst gewusst, als ich damals ... an jenem verfluchten Tag ... ich hatte ihr Geld verweigert für ihre Mutter, ganz, ganz wenig ... das heißt, ich hatte es schon bereitgelegt, aber ich wollte, dass sie noch einmal käme ... noch einmal mich bitten ... ja, was sage ich? ... ja, damals habe ich es gewusst, als ich abends nach Hause kam und sie fort war und nur ein Zettel auf dem Tisch ... ›Behalte Dein verfluchtes Geld, ich will nichts mehr von dir‹ ... das stand darauf, sonst nichts ... Herr, ich bin drei Tage, drei Nächte gewesen wie ein Rasender. Den Fluss habe ich absuchen lassen und den Wald, Hunderte habe ich der Polizei gegeben ... zu allen Nachbarn bin ich gelaufen, aber sie haben nur gelacht und gehöhnt ... Nichts, nichts war zu finden ... Endlich hat mir einer Nachricht gesagt vom andern Dorf ... er habe sie gesehen ... in der Bahn mit einem Soldaten ... sie sei nach Berlin gefahren ... am selben Tage bin ich ihr nachgereist ... ich habe meinen Verdienst gelassen ... Tausende habe ich verloren ... man hat mich bestohlen, meine Knechte, mein Verwalter, alle, alle ... aber, ich schwöre es Ihnen, mein Herr, es war mir gleichgültig ... Ich bin in Berlin geblieben, eine Woche hat es gedauert, bis ich sie auffand in diesem Wirbel von Menschen ... und bin zu ihr gegangen ...« Er atmete schwer.

»Mein Herr, ich schwöre es Ihnen ... kein hartes Wort habe ich ihr gesagt ... ich habe geweint ... auf den Knien habe ich gelegen ... ich habe ihr Geld geboten ... mein ganzes Vermögen, sie sollte es verwalten, denn damals wusste ich es schon ... ich kann nicht leben ohne sie. Ich liebe jedes Haar an ihr ... ihren Mund ... ihren Leib, alles, alles ... und ich bin es ja, der sie hinabgestoßen hat, ich allein ... Sie war blass wie der Tod, als ich hereinkam, plötzlich ... ich hatte ihre Wirtin bestochen, eine Kupplerin, ein schlechtes, gemeines Weib ... wie der Kalk war sie an der Wand ... Sie hörte mich an. Herr, ich glaube, sie war ... ja, sie war beinahe froh, mich zu sehen ... aber als ich vom Gelde sprach ... und ich habe es doch nur getan, ich schwöre es Ihnen, um ihr zu zeigen, dass ich nicht mehr daran denke ... da hat sie ausgespien ... und dann ... weil ich noch immer nicht gehen wollte ... da hat sie ihren Liebhaber gerufen, und sie haben mich verlacht ... Aber, mein Herr, ich bin immer wiedergekommen, Tag für Tag. Die Hausleute haben mir alles erzählt, ich wusste, dass der Lump sie verlassen hatte und sie in Not war, und da ging ich noch einmal hin ... noch einmal, Herr, aber sie fuhr mich an und zerriss einen Schein, den ich heimlich auf den Tisch gelegt hatte, und als ich doch wiederkam, war sie fort ... Was habe ich nicht getan, mein Herr, sie wieder auszuforschen! Ein Jahr, ich schwöre es Ihnen, habe ich nicht gelebt, nur immer gespürt, habe Agenturen besoldet, bis ichs endlich erfuhr, dass sie drüben sei in Argentinien ... in ... in einem schlechten Hause...« Er zögerte einen Augenblick. Wie ein Röcheln war das letzte Wort. Und dunkler wurde seine Stimme.

»Ich erschrak sehr ... zuerst ... aber dann besann ich mich, dass ich, nur ich es sei, der sie da hinabgestoßen hatte ... und ich dachte, wie sehr sie leiden müsse, die Arme ... denn stolz ist sie vor allem ... Ich ging zu meinem Anwalt, der schrieb an den Konsul und sandte Geld ... ohne dass sie erfuhr, wer es gab ... nur dass sie zurückkäme. Man telegraphierte mir, dass alles gelungen sei ... ich wusste das Schiff ... und in Amsterdam wartete ich ... drei Tage zu früh war ich gekommen, so brannte ich vor Ungeduld ... Endlich kam es, ich war selig, als nur der Rauch vom Dampfer am Horizont war, und ich glaubte es nicht erwarten zu können, bis er heranfuhr und anlegte, so langsam, langsam, und dann die Passagiere über den Steg kamen und endlich, endlich sie ... Ich erkannte sie nicht gleich ... sie war anders ... geschminkt ... und schon so ... so, wie Sie es gesehen haben ... und als sie mich warten sah ... wurde sie fahl ... Zwei Matrosen mussten sie halten, sonst wäre sie vom Steg gefallen ... Sobald sie am Land war, trat ich an ihre Seite ... ich sagte nichts ... meine Kehle war zu ... Auch sie sprach nichts ... und sah mich nicht an ... Der Träger trug das Gepäck voran, wir gingen und gingen ... Da plötzlich blieb sie stehen und sagte ...

Herr, wie sie es sagte ... so schmerzend weh tat es mir, so traurig klang es ... ›Willst du mich noch immer zu deiner Frau, jetzt auch noch?‹ ... Ich fasste sie bei der Hand ... Sie zitterte, aber sie sagte nichts. Doch ich fühlte, dass nun alles wieder gut war ... Herr, wie selig ich war! Ich tanzte wie ein Kind um sie, als ich sie im Zimmer hatte, ich fiel ihr zu Füßen ... törichte Dinge muss ich gesagt haben ... denn sie lächelte unter Tränen und liebkoste mich ... ganz zaghaft natürlich nur ... aber, Herr ... wie es mir wohltat ... mein Herz zerfloss. Ich lief treppauf, treppab, bestellte ein Diner im Hotel ... unser Vermählungsmahl ... ich half ihr, sich anzuziehen ... und wir gingen hinab, wir aßen und tranken und waren fröhlich ... Oh, so heiter war sie, ein Kind, so warm und gut, und sie sprach von Hause ... und wie wir alles nun wieder besorgen wollten ... Da ...« Seine Stimme wurde plötzlich rau, und er machte mit der Hand eine Geste, als ob er jemanden zerbrechen wollte. »Da ... da war ein Kellner ... ein schlechter, gemeiner Mensch ... der glaubte, ich sei trunken, weil ich toll war und tanzte und mich überkollerte beim Lachen ... während ich doch nur so glücklich war ... oh, so glücklich, und da ... als ich bezahlte, gab er mir zwanzig Francs zu wenig zurück ... Ich fuhr ihn an und verlangte den Rest ... er war verlegen und legte das Goldstück hin ... Da ... da begann sie auf einmal grell zu lachen ... Ich starrte sie an, aber es war ein anderes Gesicht ... höhnisch, hart und böse mit einem Male ... ›Wie genau du noch immer bist ... selbst an unserem Vermählungstag!‹, sagte sie ganz kalt, so scharf, so ... mitleidig. Ich erschrak und verfluchte meine Peinlichkeit ... ich gab mir Mühe, wieder zu lachen ... aber ihre Heiterkeit war weg ... war tot ... Sie verlangte ein eigenes Zimmer ... was hätte ich ihr nicht gewährt ... und ich lag allein die Nacht und sann nur nach, was ihr kaufen am nächsten Morgen ... sie beschenken ... ihr zeigen, dass ich nicht geizig sei ... nie mehr gegen sie. Und am Morgen ging ich aus, ein Armband kaufte ich, ganz früh, und als ich in ihr Zimmer trat ... da war ... da war es leer ... ganz wie damals. Und ich wusste, auf dem Tisch würde ein Zettel liegen ... ich lief weg und betete zu Gott, es möge nicht wahr sein ... aber ... aber ... er lag doch dort ... Und darauf stand ...« Er zögerte. Unwillkürlich war ich stehen geblieben und sah ihn an. Er duckte den Kopf. Dann flüsterte er heiser: »Es stand darauf ... ›Lass mich in Frieden. Du bist mir widerlich –‹«

Wir waren beim Hafen angelangt, und plötzlich rauschte in das Schweigen der grollende Atem der nahen Brandung. Mit blinkenden Augen wie große schwarze Tiere lagen die Schiffe da, nah und ferne, und von irgendwo kam Gesang. Nichts war deutlich und doch vieles zu fühlen, ein ungeheurer Schlaf und der schwere Traum einer starken Stadt. Neben mir spürte ich den Schatten dieses Menschen, er zuckte gespenstisch vor meinen Füßen, floss bald auseinander, bald kroch er zusammen im wandelnden Licht der trüben Laternen. Ich vermochte nichts zu sagen, nicht Trost, und hatte keine Frage, spürte aber sein Schweigen an mir kleben, lastend und dumpf. Da fasste er mich plötzlich zitternd am Arm.

»Aber ich gehe nicht fort von hier ohne sie ... Nach Monaten habe ich sie wiedergefunden ... Sie martert mich, aber ich will nicht müde werden ... Ich beschwöre Sie, mein Herr, reden Sie mit ihr ... Ich muss sie haben, sagen Sie es ihr ... mich hört sie nicht ... Ich kann nicht mehr so leben ... Ich kann es nicht mehr sehen, wie Männer zu ihr gehen ... und draußen warten vor dem Haus, bis sie wieder herunterkommen ... lachend und trunken ... Die ganze Gasse kennt mich schon ... sie lachen, wenn sie mich warten sehen ... wahnsinnig werde ich davon ... und doch, jeden Abend stehe ich wieder dort ... Mein Herr, ich beschwöre Sie ... sprechen Sie mit ihr ... ich kenne Sie ja nicht, aber tun Sie es um Gottes Barmherzigkeit ... sprechen Sie mit ihr ...«

Unwillkürlich wollte ich meinen Arm befreien. Mir graute. Aber er, wie ers spürte, dass ich mich gegen sein Unglück wehrte, fiel plötzlich mitten auf der Straße in die Knie und fasste meine Füße.

»Ich beschwöre Sie, mein Herr ... Sie müssen mit ihr sprechen ... Sie müssen ... sonst ... sonst geschieht etwas Furchtbares ... Ich habe mein ganzes Geld verbraucht, sie zu suchen, und ich lasse sie nicht hier ... nicht lebendig ... Ich habe mir ein Messer gekauft ... Ich habe ein Messer, mein Herr ... Ich lasse sie hier nicht mehr ... nicht lebendig ... ich ertrage es nicht ... Sprechen Sie mit ihr, mein Herr ...«

Er wälzte sich wie rasend vor mir. In diesem Augenblick kamen zwei Polizisten die Straße her. Ich riss ihn mit Gewalt auf. Einen Augenblick starrte er mich entgeistert an. Dann sagte er mit ganz fremder, trockener Stimme:

»Die Gasse dort biegen Sie ein. Dann sind Sie bei Ihrem Hotel.« Einmal noch starrte er mich an mit Augen, in denen die Pupillen zerschmolzen schienen in ein grauenhaft Weißes und Leeres. Dann verschwand er.

Ich wickelte mich in meinen Mantel. Mich fröstelte. Nur Müdigkeit spürte ich, eine wirre Trunkenheit, gefühllos und schwarz, einen wandelnden, purpurnen Schlaf. Ich wollte etwas denken und all das besinnen, aber immer hob sich diese schwarze Welle von Müdigkeit aus mir und riss mich mit. Ich tastete ins Hotel, fiel hin ins Bett und schlief dumpf wie ein Tier.

Am nächsten Morgen wusste ich nicht mehr, was davon Traum oder Erlebnis war, und irgendetwas in mir wehrte sich dagegen, es zu wissen. Spät war ich erwacht, fremd in fremder Stadt, und ging, eine Kirche zu besehen, in der antike Mosaiken von großem Ruhme sein sollten. Aber meine Augen starrten sie leer an, immer deutlicher stieg die Begegnung der vergangenen Nacht auf, und ohne Widerstand triebs mich weg, ich suchte die Gasse und das Haus. Aber diese seltsamen Gassen leben nur des Nachts, am Tage tragen sie graue, kalte Masken, unter denen nur der Vertraute sie erkennt. Ich fand sie nicht, so sehr ich suchte. Müde und enttäuscht kam ich heim, verfolgt von den Bildern des Wahns oder der Erinnerung.

Um neun Uhr abends ging mein Zug. Mit Bedauern ließ ich die Stadt. Ein Träger hob mein Gepäck auf und trug es vor mir her dem Bahnhof zu. Da plötzlich, an einer Kreuzung, riss michs herum; ich erkannte die Quergasse, die zu jenem Hause führte, hieß den Träger warten und ging − während er zuerst erstaunt und dann frech-vertraulich lachte − noch einen Blick zu tun in diese Gasse des Abenteuers.

Dunkel lag sie da, dunkel wie gestern, und im matten Mond sah ich die Türscheibe jenes Hauses glänzen. Noch einmal wollte ich näher treten, da raschelte eine Gestalt aus dem Dunkel. Schauernd erkannte ich ihn, der dort auf der Schwelle hockte und mir winkte, ich möge näher kommen. Doch ein Grauen fasste mich, ich flüchtete rasch, aus der feigen Angst, hier verstrickt zu werden und meinen Zug zu versäumen.

Aber dann, an der Ecke, ehe ich mich wandte, sah ich noch einmal zurück. Als mein Blick ihn traf, gab er sich einen Ruck, raffte sich auf und sprang gegen die Tür. Metall blitzte in seiner Hand, da er sie jetzt eilig aufriss: ich konnte aus der Ferne nicht unterscheiden, ob es Geld war oder das Messer, das im Mondlicht zwischen seinen Fingern verräterisch glitzerte ...«

Angst

Als Frau Irene die Treppe von der Wohnung ihres Geliebten hinabstieg, packte sie mit einem Mal wieder jene sinnlose Angst. Ein schwarzer Kreisel surrte plötzlich vor ihren Augen, die Knie froren zu entsetzlicher Starre, und hastig musste sie sich am Geländer festhalten, um nicht jählings nach vorne zu fallen. Es war nicht das erste Mal, dass sie den gefahrvollen Besuch wagte, und dieser jähe Schauer ihr keineswegs fremd; jedes Mal unterlag sie trotz aller Gegenwehr bei jeder Heimkehr solchen grundlosen Anfällen unsinniger und lächerlicher Angst. Der Weg zum Rendezvous war zweifellos leichter. Da ließ sie den Wagen an der Straßenecke halten, lief hastig und ohne aufzuschauen die wenigen Schritte bis zum Haustor und dann die Stufen eilends empor, und die Angst, in der doch auch Ungeduld brannte, zerfloss im Sturm der ersten Umarmung. Aber dann, wenn sie heim wollte, stieg es fröstelnd auf, dies geheimnisvolle Grauen, wirr gemengt mit dem Schauer der Schuld und jenem törichten Wahn, jeder fremde Blick auf der Straße vermöge an ihr abzulesen, woher sie käme, und mit frechem Lächeln ihre Verwirrung zu erwidern. Schon die letzten Minuten in der Nähe ihres Liebhabers waren vergiftet von der steigenden Unruhe dieses Vorgefühls; im Fortwollen zitterten ihre Hände vor nervöser Eile, zerstreut fing sie seine Worte auf und wehrte hastig den Nachzüglern seiner Leidenschaft; fort, nur fort wollte dann immer schon alles in ihr, aus seiner Wohnung, seinem Haus, aus dem Abenteuer in ihre ruhige bürgerliche Welt zurück. Dann kamen noch jene letzten, vergeblich beruhigenden Worte, die sie vor Aufregung kaum hörte, und jene horchende Sekunde hinter der bergenden Tür, ob niemand die Treppe hinauf oder hinab ginge. Draußen aber stand schon die Angst, ungeduldig, sie anzufassen, und hemmte ihr so herrisch den Herzschlag, dass sie wie unbewusst die wenigen Stufen niederstieg.

Eine Minute stand sie so mit geschlossenen Augen und atmete die dämmerige Kühle des Treppenhauses gierig ein. Da fiel in einem oberen Stockwerk eine Tür ins Schloss. Erschreckt raffte sie sich zusammen und hastete, indes ihre zitternden Hände den dichten Schleier noch fester zusammenrafften, die Stufen hinab. Jetzt drohte noch jener letzte furchtbarste Moment, das Grauen, aus fremdem Haustor auf die Straße zu treten; sie senkte den Kopf wie ein Springer beim Anlauf und eilte mit jähem Entschluss gegen das halboffene Tor.

Da stieß sie hart mit einer Frauensperson zusammen, die offenbar eben eintreten wollte. »Pardon«, sagte sie verlegen und mühte sich, rasch an ihr vorbeizukommen. Aber die Person sperrte ihr breit die Tür und starrte sie zornig und zugleich mit unverstelltem Hohn an. »Dass ich Sie nur einmal erwische«, schrie sie ganz unbekümmert mit einer derben Stimme. »Natürlich, eine anständige Frau, eine sogenannte! Das hat nicht genug an einem Mann und dem vielen Geld, das muss noch einem armen Mädel ihren Geliebten abspenstig machen ...«

»Um Gottes willen ... was haben Sie ... Sie irren sich ...«, stammelte Frau Irene und machte einen linkischen Versuch, durchzuwischen, aber die Person pfropfte ihren massigen Körper breit in die Tür und keifte ihr grell entgegen: »Nein, ich irre mich nicht ... ich kenne Sie ... Sie kommen von Eduard, meinem Freund ... Jetzt habe ich Sie endlich einmal erwischt, jetzt weiß ich, warum er so wenig Zeit für mich in der letzten Zeit hat ... Wegen Ihnen also ... Sie gemeine ...!«

»Um Gottes willen«, unterbrach sie Frau Irene mit erlöschender Stimme, »schreien Sie doch nicht so«, und trat unwillkürlich wieder in den Hausflur zurück. Die Frau sah sie höhnisch an. Diese schlotternde Angst, diese sichtliche Hilflosigkeit schien ihr irgendwie wohlzutun, denn mit einem selbstbewussten und spöttisch zufriedenen Lächeln musterte sie jetzt ihr Opfer. Ihre Stimme wurde vor gemeinem Wohlbehagen ganz breit und beinahe behäbig.

»So sehen sie also aus, diese verheirateten Damen, die nobeln, vornehmen Damen, wenn sie einem die Männer stehlen gehen.

Verschleiert, natürlich verschleiert, damit man nachher überall die anständige Frau spielen kann ...«

»Was ... was wollen Sie denn von mir? ... Ich kenne Sie ja gar nicht ... Ich muss fort ...«

»Fort ... ja natürlich ... zum Herrn Gemahl ... in die warme Stube, die vornehme Dame spielen und sich auskleiden lassen von den Dienstboten ... Aber was unsereiner treibt, ob das krepiert vor Hunger, das schert ja so eine vornehme Dame nicht ... So einer stehlen sie auch das Letzte, diese anständigen Frauen ...«

Irene gab sich einen Ruck, griff, einer vagen Eingebung gehorchend, in ihr Portemonnaie und fasste, was ihr gerade an Banknoten in die Hand kam. »Da ... da haben Sie ... aber lassen Sie mich jetzt ... Ich komme nie mehr her ... ich schwöre es Ihnen.«

Mit einem bösen Blick nahm die Person das Geld. »Luder«, murmelte sie dabei. Frau Irene zuckte unter dem Wort zusammen, aber da sie sah, dass die andere ihr die Tür freigab, stürzte sie hinaus, dumpf und atemlos wie ein Selbstmörder vom Turm. Sie spürte Gesichter als verzerrte Fratzen vorbeigleiten, während sie vorwärtslief, und rang sich mühsam mit schon verdunkeltem Blick zu einem Auto, das an der Ecke stand. Wie eine Masse warf sie ihren Körper in die Kissen, dann wurde alles in ihr starr und regungslos, und als der Chauffeur endlich verwundert den sonderbaren Fahrgast befragte, wohin er sie führen solle, starrte sie ihn einen Augenblick ganz leer an, bis ihr benommenes Gehirn seine Worte schließlich erfasste. »Zum Südbahnhof«, stieß sie dann hastig heraus und, plötzlich vom Gedanken erschreckt, die Person könnte ihr folgen, »rasch, rasch, fahren Sie schnell!«

Während der Fahrt erst spürte sie, wie sehr diese Begegnung sie getroffen hatte. Sie tastete ihre Hände an, die erstarrt und kalt wie abgestorbene Dinge an ihrem Körper niederhingen, und begann mit einem Mal so zu zittern, dass es sie schüttelte. In der Kehle klomm etwas Bitteres empor, sie spürte Brechreiz und zugleich eine sinnlose, dumpfe Wut, die wie ein Krampf das Innere ihrer Brust herauswühlen wollte. Am liebsten hätte sie geschrien oder mit den Fäusten getobt, sich freizumachen von dem Grauen dieser Erinnerung, die fest wie ein Angelhaken in ihrem Gehirn saß: dieses wüste Gesicht mit seinem höhnischen Lachen, dieser Dunst von Gemeinheit, der aufstieg vom schlechten Atem der Proletarierin, dieser wüste Mund, der voll Hass ihr hart bis ins Gesicht die niedrigen Worte gespien, die gehobene rote Faust, mit der sie ihr gedroht hatte. Immer stärker wurde das Übelkeitsgefühl, immer höher klomm es in die Kehle, dazu schleuderte der rasch rollende Wagen hin und her, und eben wollte sie dem Chauffeur bedeuten, langsamer zu fahren, als ihr noch rechtzeitig einfiel, sie hätte vielleicht nicht mehr genug Geld bei sich, ihn zu bezahlen, da sie doch alle Banknoten an diese Erpresserin gegeben. Hastig gab sie das Signal zum Halten und stieg zu neuerlicher Verwunderung des Chauffeurs plötzlich aus. Glücklicherweise reichte der Rest ihres Geldes. Aber dann fand sie sich in einen fremden Bezirk verschlagen; dabei waren ihre Knie wie aufgeweicht von der Angst, aber sie musste heim, und, alle Energie zusammenraffend, stieß sie sich von Gasse zu Gasse fort mit einer übermenschlichen Anstrengung, als ob sie durch einen Morast watete oder knietiefen Schnee. Endlich kam sie zu ihrem Hause und stürzte mit einer nervösen Hast, die sie aber sofort wieder mäßigte, um nicht durch ihre Unruhe aufzufallen, die Treppe hinauf.

Jetzt erst, da ihr das Dienstmädchen den Mantel abnahm, da sie nebenan ihren kleinen Knaben mit der jüngeren Schwester laut spielen hörte und der beruhigte Blick überall Eigenes fasste, Eigentum und Geborgenheit, gewann sie wieder einen äußeren Schein von Gelassenheit zurück, indes unterirdisch die Woge der Erregung noch schmerzhaft die gespannte Brust durchrollte. Sie nahm den Schleier ab, glättete mit dem starken Willen, arglos zu scheinen, ihr Gesicht und trat in das Speisezimmer, wo ihr Mann bei dem abendlich gedeckten Tisch die Zeitung las. [...]

Roman

Ungeduld des Herzens

Einleitung

»Wer da hat, dem wird gegeben«, dieses Wort aus dem Buche der Weisheit darf jeder Schriftsteller getrost in dem Sinne bekräftigen: »Wer viel erzählt hat, dem wird erzählt.« Nichts Irrtümlicheres als die allzu umgängliche Vorstellung, in dem Dichter arbeite ununterbrochen die Phantasie, er erfinde aus einem unerschöpflichen Vorrat pausenlos Begebnisse und Geschichten. In Wahrheit braucht er nur, statt zu erfinden, sich von Gestalten und Geschehnissen finden zu lassen, die ihn, sofern er sich die gesteigerte Fähigkeit des Schauens und Lauschens bewahrt hat, unausgesetzt als ihren Wiedererzähler suchen; wer oftmals Schicksale zu deuten versuchte, dem berichten viele ihr Schicksal.

Auch dieses Begebnis ist mir beinahe zur Gänze in der hier wiedergegebenen Form anvertraut worden und zwar auf völlig unvermutete Art. Das letzte Mal in Wien suchte ich abends, von allerhand Besorgungen abgemüdet, ein vorstädtisches Restaurant auf, von dem ich vermutete, es sei längst aus der Mode geraten und wenig frequentiert. Doch kaum eingetreten, wurde ich meines Irrtums ärgerlich gewahr. Gleich von dem ersten Tisch stand mit allen Zeichen ehrlicher, von mir freilich nicht ebenso stürmisch erwiderter Freude ein Bekannter auf und lud mich ein, bei ihm Platz zu nehmen. Es wäre unwahrhaftig, zu behaupten, dass jener beflissene Herr an sich ein unebener oder unangenehmer Mensch gewesen wäre; er gehörte nur zu jener Sorte zwanghaft geselliger Naturen, die in ebenso emsiger Weise, wie Kinder Briefmarken, Bekanntschaften sammeln und deshalb auf jedes Exemplar ihrer Kollektion in besonderer Weise stolz sind. Für diesen gutmütigen Sonderling – im Nebenberuf ein vielwissender und tüchtiger Archivar – beschränkte sich der ganze Lebenssinn auf die bescheidene Genugtuung, bei jedem Namen, der ab und zu in einer Zeitung zu lesen war, mit eitler Selbstverständlichkeit hinzufügen zu können: »Ein guter Freund von mir« oder »Ach, den habe ich erst gestern getroffen« oder »Mein Freund A hat mir gesagt und mein Freund B hat gemeint«, und so unentwegt das ganze Alphabet entlang. Verlässlich klatschte er bei den Premieren seiner Freunde, telefonierte jede Schauspielerin am nächsten Morgen glückwünschend an, er vergaß keinen Geburtstag, verschwieg unerfreuliche Zeitungsnotizen und schickte einem die lobenden aus herzlicher Anteilnahme zu. Kein unebener Mensch also, weil ehrlich beflissen und schon beglückt, wenn man ihn einmal um eine kleine Gefälligkeit ersuchte oder gar das Raritätenkabinett seiner Bekanntschaften um ein neues Objekt vermehrte.

Aber es tut nicht not, Freund »Adabei« – unter diesem heitern Spottwort fasst man in Wien jene Spielart gutmütiger Parasiten innerhalb der buntscheckigen Gruppe der Snobs für gewöhnlich zusammen – näher zu beschreiben, denn jeder kennt sie und weiß, dass man sich ihrer rührenden Unschädlichkeit ohne Rohheit nicht erwehren kann. So setzte ich mich resigniert zu ihm, und eine Viertelstunde lief schwatzhaft dahin, als ein Herr in das Lokal eintrat, hochgewachsen und auffällig durch sein frischfarbiges, jugendliches Gesicht mit einem pikanten Grau an den Schläfen; eine gewisse Aufrechtheit im Gang verriet ihn sofort als ehemaligen Militär. Eifrig zuckte mein Nachbar mit der für ihn typischen Beflissenheit grüßend auf, welchen Impetus jedoch jener Herr eher gleichgültig als höflich erwiderte, und noch hatte der neue Gast nicht recht bei dem eilig zudrängenden Kellner bestellt, als mein Freund Adabei bereits an mich heranrückte und mir leise zuflüsterte: »Wissen Sie, wer das ist?« Da ich seinen Sammelstolz, jedes halbwegs interessante Exemplar seiner Kollektion rühmend zur Schau zu stellen, längst kannte und überlange Explikationen fürchtete, äußerte ich bloß ein recht uninteressiertes »Nein« und zerlegte weiter meine Sachertorte. Diese meine Indolenz aber machte den Namenskuppler nur noch aufgeregter, und die Hand vorsichtig vorhaltend, hauchte er mir leise zu: »Das ist doch der Hofmiller von der Generalintendanz – Sie wissen doch – der im Krieg den Maria-Theresien-Orden bekommen hat.« Weil nun dieses Faktum mich nicht in der erhofften Weise zu erschüttern schien, begann er mit der Begeisterung eines patriotischen Lesebuchs auszupacken, was dieser Rittmeister Hofmiller im Krieg Großartiges geleistet hätte, zuerst bei der Kavallerie, dann bei jenem Erkundungsflug über die Piave, wo er allein drei Flugzeuge abgeschossen hätte, schließlich bei der Maschinengewehrkompagnie, wo er drei Tage einen Frontabschnitt besetzt und gehalten hätte – all das mit vielen Einzelheiten (die ich hier überschlage) und immer dazwischen sein maßloses Erstaunen bekundend, dass ich von diesem Prachtmenschen nie gehört hatte, den doch Kaiser Karl in Person mit der seltensten Dekoration der österreichischen Armee ausgezeichnet habe.

Unwillkürlich ließ ich mich verleiten, zum andern Tisch hinüberzuschauen, um einmal einen historisch abgestempelten Helden aus Zweimeterdistanz zu sehen. Aber da stieß ich auf einen harten, verärgerten Blick, der etwa sagen wollte: Hat der Kerl dir etwas von mir vorgeflunkert? An mir gibt's nichts anzugaffen! Gleichzeitig rückte jener Herr mit einer unverkennbar unfreundlichen Bewegung den Sessel zur Seite und schob uns energisch den Rücken zu. Etwas beschämt nahm ich meinen Blick zurück und vermied von nun an, auch nur die Decke jenes Tischs neugierig anzustreifen. Bald darauf verabschiedete ich mich von meinem braven Schwätzer, beim Hinausgehen jedoch schon bemerkend, dass er sich sofort zu seinem Helden hinübertransferierte, wahrscheinlich um einen ebenso eifrigen Bericht über mich zu erstatten wie zu mir über jenen.

Das war alles. Ein Blick hin und her, und ich hätte gewiss an diese flüchtige Begegnung vergessen, doch der Zufall wollte, dass ich bereits am nächsten Tage in einer kleinen Gesellschaft mich neuerdings diesem ablehnenden Herrn gegenübersah, der übrigens im abendlichen Smoking noch auffallender und eleganter wirkte als gestern in dem mehr sportlichen Homespun. Wir hatten beide Mühe, ein kleines Lächeln zu verbergen, jenes ominöse Lächeln zwischen zwei Menschen, die inmitten einer größeren Gruppe ein wohlgehütetes Geheimnis gemeinsam haben. Er erkannte mich genau wie ich ihn, und wahrscheinlich erregten oder amüsierten wir uns auch in gleicher Weise über den erfolglosen Kuppler von gestern. Zunächst vermieden wir, miteinander zu sprechen, was sich schon dessentwegen als aussichtslos erwiesen hätte, weil rings um uns eine aufgeregte Diskussion schon im Gange war.

Roman

Der Gegenstand jener Diskussion ist im Voraus verraten, wenn ich erwähne, dass sie im Jahre 1938 stattfand. Spätere Chronisten unserer Zeit werden einmal feststellen, dass im Jahre 1938 fast jedes Gespräch in jedem Lande unseres verstörten Europa von den Mutmaßungen über Wahrscheinlichkeit oder Unwahrscheinlichkeit eines neuen Weltkrieges beherrscht war. Unvermeidlich faszinierte das Thema jedes Zusammensein, und man hatte manchmal das Gefühl, es seien gar nicht die Menschen, die in Vermutungen und Hoffnungen ihre Angst abreagierten, sondern gleichsam die Atmosphäre selbst, die erregte und mit geheimen Spannungen beladene Zeitluft, die sich ausschwingen wollte im Wort.

Der Hausherr führte das Gespräch an, Rechtsanwalt von Beruf und rechthaberisch dem Charakter nach; er bewies mit den üblichen Argumenten den üblichen Unsinn, die neue Generation wisse um den Krieg und würde in einen neuen nicht mehr so unvorbereitet hineintappen wie in den letzten. Schon bei der Mobilisierung würden die Gewehre nach rückwärts losgehen, und insbesondere die alten Frontsoldaten wie er hätten nicht vergessen, was sie erwarte. Die flunkernde Sicherheit, mit der er in einer Stunde, wo in zehntausenden und hunderttausenden Fabriken Sprengstoffe und Giftgase erzeugt wurden, die Möglichkeit eines Kriegs ebenso lässig wegstreifte wie mit einem leichten Klaps des Zeigefingers die Asche seiner Zigarette, ärgerte mich. Man solle nicht immer glauben, was man wahrhaben wolle, antwortete ich recht entschieden. Die Ämter und Militärorganisationen, die den Kriegsapparat dirigierten, hätten gleichfalls nicht geschlafen, und während wir uns mit Utopien beduselten, die Friedenszeit reichlich benützt, um die Massen schon im Voraus durchzuorganisieren und gewissermaßen schussfertig in die Hand zu bekommen. Bereits jetzt, mitten im Frieden, sei die allgemeine Servilität dank der Vervollkommnung der Propaganda in unglaublichen Proportionen gewachsen, und man möge der Tatsache nur klar ins Auge sehen, dass von der Sekunde an, wo das Radio die Meldung der Mobilisierung in die Stuben werfen würde, nirgends Widerstand zu erwarten sei. Das Staubkorn Mensch zähle heute als Wille überhaupt nicht mehr mit.

Natürlich hatte ich alle gegen mich, denn in bewährter Praxis sucht sich der Selbstbetäubungstrieb im Menschen innerlich bewusster Gefahren am liebsten dadurch zu entledigen, dass er sie als null und nichtig erklärt, und schon gar musste eine solche Warnung vor billigem Optimismus unwillkommen wirken angesichts eines im Nebenzimmer bereits splendid aufgedeckten Soupers.

Unerwarteterweise trat nun der Maria-Theresien-Ritter als Sekundant mir zur Seite, gerade er, in dem mein falscher Instinkt einen Gegner vermutet hatte. Ja, es sei blanker Unsinn, erklärte er heftig, das Wollen oder Nichtwollen des Menschenmaterials heutzutage noch einkalkulieren zu wollen, denn im nächsten Kriege sei die eigentliche Leistung den Maschinen zugeteilt und die Menschen nur mehr zu einer Art Bestandteil derselben degradiert. Schon im letzten Kriege sei er nicht vielen im Feld begegnet, die den Krieg klar bejaht oder klar verneint hätten. Die meisten seien hineingerollt wie eine Staubwolke mit dem Wind und hätten dann im großen Wirbel einfach dringesteckt, jeder einzelne willenlos herumgeschüttelt wie eine Erbse im großen Sack. In summa seien vielleicht sogar mehr Menschen in den Krieg hineingeflüchtet als aus ihm herausgeflüchtet.

Ich hörte überrascht zu, interessiert vor allem durch die Heftigkeit, mit der er jetzt weitersprach. »Geben wir uns keiner Täuschung hin. Wenn man heute in irgendeinem Land für einen völlig exotischen Krieg, für einen Krieg in Polynesien oder in einem Winkel Afrikas, die Werbetrommel aufstellte, würden Tausende und Hunderttausende zulaufen, ohne recht zu wissen warum, vielleicht nur aus Lust an dem Weglaufen vor sich selbst oder aus unerfreulichen Verhältnissen. Den faktischen Widerstand gegen einen Krieg kann ich aber kaum höher als null bewerten. Widerstand eines Einzelnen gegen eine Organisation erfordert immer einen viel höheren Mut als das bloße Sich-mitreißen-Lassen, nämlich Individualmut, und diese Spezies stirbt in unseren Zeiten fortschreitender Organisation und Mechanisierung aus. Ich bin im Kriege fast ausschließlich dem Phänomen des Massenmuts, des Muts innerhalb von Reihe und Glied, begegnet, und wer diesen Begriff näher unter die Lupe nimmt, entdeckt ganz seltsame Komponenten: viel Eitelkeit, viel Leichtsinn und sogar Langeweile, vor allem aber viel Furcht – jawohl, Furcht vor dem Zurückbleiben, Furcht vor dem Verspottetwerden, Furcht vor dem Alleinhandeln und Furcht vor allem, sich in Opposition zu setzen zu dem Massenelan der andern; die meisten von jenen, die im Feld als die Tapfersten galten, habe ich persönlich und in Zivil dann als recht fragwürdige Helden gekannt. – Bitte«, sagte er, höflich zu dem Gastgeber gewandt, der ein schiefes Gesicht schnitt, »ich nehme mich selber keineswegs aus.«

Die Art, wie er sprach, gefiel mir, und ich hatte Lust, auf ihn zuzugehen, aber da rief die Hausdame schon zum Abendessen, und weit voneinander platziert, kamen wir nicht mehr ins Gespräch. Erst bei dem allgemeinen Aufbruch gerieten wir bei der Garderobe zusammen.

»Ich glaube«, lächelte er mir zu, »unser gemeinsamer Protektor hat uns indirekt schon vorgestellt.«

Ich lächelte gleichfalls. »Und gründlich dazu.«

»Er hat wahrscheinlich dick aufgetragen, was für ein Achilles ich bin, und sich meinen Orden ausgiebig über die Weste gehängt?«

»So ungefähr.«

»Ja, auf den ist er verflucht stolz – ähnlich wie auf Ihre Bücher.«

»Komischer Kauz! Aber es gibt üblere. Übrigens – wenn's Ihnen recht ist, könnten wir noch ein Stück zusammen gehen.«

Wir gingen. Er wandte sich mit einmal mir zu:

»Glauben Sie mir, ich mache wirklich keine Phrasen, wenn ich sage, dass ich jahrelang unter nichts mehr gelitten habe als unter diesem für meinen Geschmack allzu auffälligen Maria-Theresien-Orden. Das heißt, um ehrlich zu sein – als ich ihn damals im Feld draußen umgehängt kriegte, ging mir's natürlich zunächst durch und durch. Schließlich ist man zum Soldaten auferzogen worden und hat in der Kadettenschule von diesem Orden wie von einer Legende gehört, von diesem einen Orden, der vielleicht nur auf ein Dutzend in jedem Kriege fällt, also tatsächlich wie ein Stern vom Himmel herunter. Ja, für einen Burschen von achtundzwanzig Jahren bedeutet so etwas schon allerhand. Man steht mit einem Mal vor der ganzen Front, alles staunt auf, wie einem plötzlich etwas an der Brust blitzt wie eine kleine Sonne, und der Kaiser, die unnahbare Majestät, schüttelt einem beglückwünschend die Hand. Aber sehen Sie: diese Auszeichnung hatte doch nur Sinn und Gültigkeit in unserer militärischen Welt, und als der Krieg zu Ende war, schien's mir lächerlich, noch ein ganzes Leben lang als abgestempelter Held herumzugehen, weil man einmal wirklich zwanzig Minuten couragiert gehandelt hat – wahrscheinlich nicht couragierter als zehntausend andere, denen man nur das Glück voraus hatte, bemerkt zu werden, und das vielleicht noch

erstaunlichere, lebendig zurückzukommen. Schon nach einem Jahr, wenn überall die Leute hinstarrten auf das kleine Stückchen Metall und den Blick dann ehrfürchtig zu mir heraufklettern ließen, wurde es mir gründlich über, als ambulantes Monument herumzustiefeln, und der Ärger über diese ewige Auffälligkeit war auch einer der entscheidenden Gründe, weshalb ich nach Kriegsende so bald ins Zivil hinübergewechselt habe.«

Er ging etwas heftiger.

»Einer der Gründe, sagte ich, aber der Hauptgrund war ein privater, der Ihnen vielleicht noch verständlicher sein wird. Der Hauptgrund war, dass ich selbst meine Berechtigung und jedenfalls mein Heldentum gründlich anzweifelte; ich wusste doch besser als die fremden Gaffer, dass hinter diesem Orden jemand steckte, der nichts weniger als ein Held und sogar ein entschiedener Nichtheld war – einer von denen, die in den Krieg nur deshalb so wild hineingerannt sind, weil sie sich aus einer verzweifelten Situation retten wollten, Deserteure eher vor der eigenen Verantwortung als Helden ihres Pflichtgefühls. Ich weiß nicht, wie das bei euch ist – mir wenigstens erscheint das Leben mit Nimbus und Heiligenschein unnatürlich und unerträglich, und ich fühlte mich redlich erleichtert, meine Heldenbiographie nicht mehr auf der Uniform spazieren führen zu müssen. Noch jetzt ärgert's mich, wenn jemand meine alte Glorie ausgräbt, und warum soll ich's Ihnen nicht gestehen, dass ich gestern knapp auf dem Sprung war, an Ihren Tisch hinüberzugehen und den Schwätzer anzufahren, er solle mit jemand anderem protzen als gerade mit mir. Den ganzen Abend hat mich Ihr respektvoller Blick noch gewurmt, und am liebsten hätte ich, um diesen Schwätzer zu dementieren, Sie genötigt, anzuhören, auf welchen krummen Wegen ich eigentlich zu meiner ganzen Heldenhaftigkeit gekommen bin – es war schon eine recht sonderbare Geschichte, und immerhin könnte sie dartun, dass Mut oft nichts anderes ist als eine umgedrehte Schwäche. Übrigens – ich hätte kein Bedenken, sie Ihnen noch jetzt kerzengrad zu erzählen. Was ein Vierteljahrhundert in einem Menschen zurückliegt, geht nicht mehr ihn an, sondern längst einen andern. Hätten Sie Zeit? Und langweilt Sie's nicht?«

Selbstverständlich hatte ich Zeit; wir gingen noch lange auf und nieder in den schon verlassenen Straßen und waren noch in den folgenden Tagen ausgiebig beisammen. In seinem Bericht habe ich nur weniges verändert, vielleicht

Ulanen gesagt statt Husaren, die Garnisonen, um sie unkenntlich zu machen, ein wenig auf der Landkarte herumgeschoben und vorsorglich alle richtigen Namen wegschraffiert. Aber nirgends habe ich Wesentliches hinzuerfunden, und nicht ich, sondern der Erzähler beginnt jetzt zu erzählen. [...]

*

»Und jetzt zu Ihnen! Am bequemsten für mich wäre natürlich, die ganze Schuld auf Sie abzuschieben. Zu sagen, Sie hätten mich missverstanden, Sie hätten übertrieben oder phantasiert. Nun, das werde ich nicht tun, sondern lieber alles auf meine Kappe nehmen. Nur – das sage ich Ihnen gleich – ganz kann ich Sie nicht aus dem Spiel lassen. Sie kennen den alten Mann und seine schreckliche Zähigkeit. Wenn ich ihm auch hundertmal die Sache erklärte und den Brief zeigte, würde er immer von neuem jammern:

›Aber Sie haben doch dem Herrn Leutnant versprochen ...‹ und ›Herr Leutnant hat doch gesagt ...‹ – Ununterbrochen würde er sich auf Sie berufen, um sich und mir vorzutäuschen, es bestehe trotz alledem noch irgendwelche Hoffnung. Ohne Sie als Zeugen werde ich mit ihm nicht fertig. Illusionen kann man nicht so leicht herunterschütteln wie das Quecksilber im Thermometer. Hat man einmal einem jener Kranken, die man so grausamerweise unheilbar nennt, einen Strohhalm Hoffnung gezeigt, so zimmert er sich sofort daraus einen Balken und aus dem Balken ein ganzes Haus. Aber derlei Luftschlösser sind höchst ungesund für Kranke, und es ist meine Pflicht als Arzt, dieses Luftschloss schleunigst umzulegen, ehe sich exaltierte Hoffnungen drin heimisch machen. Wir müssen unbedingt die Sache scharf angehen und ohne Zeit zu verlieren.«

Condor hielt inne. Er wartete offenbar auf meine Zustimmung. Aber ich wagte nicht, seinem Blick zu begegnen; innen jagten jetzt, vom pochenden Herzschlag aufgetrieben, die Bilder des gestrigen Tags vorüber. Wie wir heiter über das sommerliche

Land gefahren waren und das Gesicht der Kranken strahlte von Sonne und Glück. Wie sie die kleinen Fohlen streichelte, wie sie als Königin bei dem Feste saß, wie immer und immer wieder dem Alten die Tränen niederliefen in den lachenden und zuckenden Mund. Das alles mit einem einzigen Hieb zerstören! Die Verwandelte wieder rückverwandeln, die so herrlich ihrer Verzweiflung Entrissene mit einem Wort in alle Höllen der Ungeduld wieder zurückstoßen! Nein, ich wusste, nie würde ich dazu die Hand bieten können. So äußerte ich zaghaft:

»Aber könnte man nicht lieber …« und stockte schon wieder unter seinem prüfenden Blick.

»Was?«, fragte er scharf.

»Ich meinte nur, ob man … ob man mit dieser Eröffnung nicht lieber warten sollte … wenigstens ein paar Tage, weil … weil … ich hatte gestern den Eindruck, als hätte sie sich schon völlig auf diese Kur eingestellt … ich meine, innerlich eingestellt … und sie hätte jetzt, wie Sie damals sagten, die … die psychischen Kräfte … ich meine, sie wäre jetzt imstande, viel mehr aus sich herauszuholen, wenn … wenn man sie nur noch einige Zeit in dem Glauben beließe, diese neue Kur, von der sie alles erwartet, würde sie endgültig heilen … Sie … Sie haben ja nicht gesehen, Sie … Sie können sich gar nicht vorstellen, wie schon die bloße Ankündigung auf sie gewirkt hat … ich hatte wirklich den Eindruck, dass sich sofort viel besser fortbewegen konnte … und ich meine, ob man das nicht erst sich auswirken lassen sollte … Natürlich …« – ich flüchtete mit der Stimme zurück, weil ich spürte, wie überrascht Condor zu mir aufblickte – »natürlich, ich verstehe nichts davon …«

Condor blickte mich noch immer an. Dann knurrte er:

»Sieh mal – Saul unter den Propheten! Sie scheinen sich ja äußerst gründlich in die Sache hineingekniet zu haben – sogar das von den ›psychischen Kräften‹ haben Sie sich gemerkt! Und dazu noch Ihre klinischen Feststellungen – ohne dass ich's wusste, hab ich mir da in aller Stille einen Assistenten und

Konsiliarius herangezogen! – Übrigens« – er kraulte sich mit nervöser Hand nachdenklich im Haar – »was Sie da vorbrachten, wäre an sich gar nicht so dumm – Verzeihung, ich meine natürlich: im medizinischen Sinne dumm. Sonderbar, wirklich sonderbar – als ich den exaltierten Brief Ediths bekam, habe ich mich selbst einen Augenblick gefragt, ob man, nachdem Sie ihr einmal eingeredet haben, die Genesung rückte jetzt mit Siebenmeilenstiefeln heran, diese leidenschaftliche Einstellung nicht ausnützen sollte ... Gar nicht so übel gedacht, Herr Kollege! Zu inszenieren wäre die Sache ja kinderleicht – ich schicke sie ins Engadin, wo ich einen befreundeten Arzt habe, wir lassen sie im seligen Glauben, es sei die neue Kur, während es in Wirklichkeit die alte ist. Auf den ersten Hieb wäre der Effekt wahrscheinlich famos und wir würden schockweise begeisterte, dankbare Briefe kriegen. Die Illusion, die Luftveränderung, die Ortsveränderung, der verstärkte Energieeinsatz, all das würde ja tatsächlich wacker mithelfen und mitschwindeln: schließlich möchten vierzehn Tage Engadin auch Sie und mich überraschend aufpulvern. Aber, lieber Herr Leutnant, ich als Arzt muss nicht nur an den Anfang denken, sondern auch an den Fortgang und vor allem den Ausgang. Ich muss den Rückschlag in Rechnung stellen, der bei so irrsinnig überspannten Hoffnungen unvermeidlich – jawohl, unvermeidlich! – einsetzen würde; auch als Arzt bleibe ich Schachspieler, Geduldspieler, und darf nicht Hasardeur werden und am wenigsten, wenn ein anderer den Einsatz bezahlen muss.«

»Aber ... aber Sie sind doch selbst der Ansicht, man könnte eine wesentliche Besserung erzielen ...«

»Gewiss – im ersten Anlauf würden wir ein gutes Stück vorwärtskommen, Frauen reagieren doch immer in erstaunlicher Weise auf Gefühle, auf Illusionen. Aber denken Sie sich selber die Situation in ein paar Monaten aus, wenn die sogenannten psychischen Kräfte, von denen wir sprachen, erschöpft sind, der aufgepeitschte Wille verbraucht, die Leidenschaft vertan, und noch immer, nach Wochen und Wochen aufzehrendster Anspannung, stellt sich die Genesung nicht ein, jene totale Genesung, mit der sie doch jetzt rechnet wie mit einer Gewissheit. – Bitte, denken Sie sich das aus in seiner katastrophalen Wirkung auf ein sensibles, ohnehin von Ungeduld schon ganz aufgezehrtes Geschöpf! Es handelt sich bei unserer Sache doch nicht um eine kleine Besserung, sondern um etwas Fundamentales, um die Umstellung von der langsamen und sicheren Methode der Geduld auf die verwegene und gefährliche der Ungeduld! Wie sollte sie je noch Vertrauen haben zu mir, zu einem anderen Arzt, zu irgendeinem Menschen, wenn sie sich vorsätzlich getäuscht sieht? Lieber also die Wahrheit, so grausam sie scheint: in der Medizin ist das Messer oft die mildere Methode. Nur nichts hinausschieben! Mit gutem Gewissen könnte ich eine solche Hinterhältigkeit nicht verantworten. Überlegen Sie selbst! Hätten Sie an meiner Stelle den Mut?«

»Ja«, antwortete ich unbedenklich, und erschrak schon im selben Augenblick über das rasche Wort. »Das heißt ...«, fügte ich vorsichtig bei, »ich würde ihr den ganzen Sachverhalt erst eingestehen, sobald sie wenigstens etwas vorwärtsgekommen ist ... Verzeihen Sie, Herr Doktor ... es klingt ziemlich unbescheiden ... aber Sie haben nicht so wie ich in der letzten Zeit beobachten können, wie notwendig diese Menschen etwas brauchen, um sich weiterzuhelfen und ... gewiss, man muss ihr die Wahrheit sagen ... aber doch erst, wenn sie sie ertragen kann ... nicht jetzt, Herr Doktor, ich beschwöre Sie ... nur nicht jetzt ... nur nicht sofort.«

Ich zögerte. Das neugierige Staunen seines Blicks verwirrte mich.

»Aber wann denn? ...«, überlegte er. »Und vor allem: wer soll das riskieren? Einmal wird die Aufklärung doch nötig werden, und die Enttäuschung dann hundertmal gefährlicher, ja lebensgefährlich sein. Würden Sie wirklich eine solche Verantwortung übernehmen?«

»Ja«, sagte ich fest (ich glaube, einzig die Angst, sonst sofort mit ihm hinausfahren zu müssen, gab mir diese jähe Entschlossenheit). »Diese Verantwortung übernehme ich voll und ganz. Ich weiß bestimmt, dass es Edith jetzt unermesslich helfen würde, wenn man ihr vorläufig die Hoffnung auf eine völlige, endgültige Heilung ließe. Wird es dann nötig sein, sie aufzuklären, dass wir ... dass ich vielleicht zu viel versprochen habe, so werde ich mich ehrlich dazu bekennen, und ich bin überzeugt, sie wird alles verstehen.«

Condor blickte mich starr an. »Donnerwetter«, murmelte er schließlich, »Sie muten sich allerhand zu! Und das Merkwürdigste ist, dass Sie uns andere mit Ihrem Gottesglauben infizieren – erst die draußen und, ich fürchte, allmählich auch mich! – Nun, wenn Sie wirklich diese Verantwortung auf sich nehmen, Edith wieder ins Gleichgewicht zu bringen, falls eine Krise eintreten sollte, dann ... dann bekommt die Sache natürlich ein anderes Gesicht ... dann könnte man vielleicht wirklich riskieren, noch paar Tage zuzuwarten, bis ihre Nerven etwas besser sitzen ... Aber bei solchen Verpflichtungen gibt es kein Zurück, Herr Leutnant! Es ist meine Pflicht, Sie zuvor gründlich zu warnen. Wir Ärzte sind vor jeder Operation gebunden, die Beteiligten auf alle möglichen Gefahren aufmerksam zu machen – einer schon so lange Gelähmten zu versprechen, sie werde in kürzester Zeit völlig geheilt werden, bedeutet einen nicht minder verantwortlichen Eingriff als den mit dem Skalpell. Überlegen Sie also genau, was Sie auf sich nehmen – es gehört unermessliche Kraft dazu, einen Menschen wieder aufzurichten, den man einmal betrogen hat! Ich liebe keine Undeutlichkeiten. Ehe ich von meiner eigentlichen Absicht abstehe, die Kekesfalvas sofort und ehrlich aufzuklären, dass jene Methode in unserem Fall unanwendbar ist und wir leider noch viel Geduld von ihr fordern müssen, muss ich wissen, ob ich mich auf Sie verlassen kann. Kann ich unbedingt darauf zählen, dass Sie mich dann nicht im Stich lassen?«

»Unbedingt.«

»Gut.« Condor schob das Glas mit einem Ruck von sich. Wir hatten keiner einen Tropfen getrunken. »Oder vielmehr: hoffen wir, dass es gut ausgeht, denn ganz behaglich fühl ich mich bei diesem Hinausschieben nicht. Ich werde Ihnen jetzt genau sagen, wie weit ich gehe – keinen Schritt über die Wahrheit hinaus. Ich rate zu einer Kur im Engadin, aber ich erkläre, dass die Methode Viennots keineswegs ausgeprobt ist und betone ausdrücklich, dass sie beide keine Wunder erwarten sollen. Benebeln sie sich im Vertrauen auf Sie trotzdem mit unsinnigen Hoffnungen, so wird es an Ihnen sein – ich habe Ihre Zusage – die Sache, Ihre Sache, rechtzeitig ins Reine zu bringen. Vielleicht begehe ich ein gewisses Wagnis, wenn ich Ihnen mehr vertraue als meinem ärztlichen Gewissen – nun, das will ich auf mich nehmen. Schließlich meinen wir es beide mit dieser armen Kranken gleich gut.«

Condor erhob sich. »Wie gesagt, ich rechne auf Sie, wenn irgendeine Krise der Enttäuschung eintreten sollte; hoffentlich erreicht Ihre Ungeduld mehr als meine Geduld. Lassen wir also dem armen Kind noch ein paar Wochen Zuversicht! Und bringen wir sie wirklich inzwischen ein anständiges Stück vorwärts, dann haben Sie ihr geholfen und nicht ich. Erledigt! Es ist höchste Zeit. Ich werde draußen erwartet.«

Wir verließen das Lokal. Der Wagen stand vor dem Hause für ihn bereit. Im letzten Augenblick, da Condor schon eingestiegen war, zuckte mir noch die Lippe, als wollte sie ihn zurückrufen. Aber schon zogen die Pferde an. Der Wagen und damit das Unabänderliche waren in vollem Gang. Drei Stunden später fand ich auf meinem Tisch in der Kaserne ein Billett, hastig geschrieben und von dem Chauffeur gebracht. »Kommen Sie morgen möglichst früh. Es ist furchtbar viel zu erzählen. Eben war Doktor Condor hier. In zehn Tagen fahren wir weg. Ich bin schrecklich glücklich.

Edith.«

Sternstunden der Menschheit

Der Kampf um den Südpol

Kapitän Scott, 90. Breitegrad,
16. Januar 1912

Der Kampf um die Erde

Das zwanzigste Jahrhundert blickt nieder auf geheimnislose Welt. Alle Länder sind erforscht, die fernsten Meere zerpflügt. Landschaften, die vor einem Menschenalter noch selig frei im Namenlosen dämmerten, dienen schon knechtisch Europas Bedarf, bis zu den Quellen des Nils, den langgesuchten, streben die Dampfer; die Viktoriafälle, erst vor einem halben Jahrhundert vom ersten Europäer erschaut, mahlen gehorsam elektrische Kraft, die letzte Wildnis, die Wälder des Amazonenstromes, ist gelichtet, der Gürtel des einzig jungfräulichen Landes, Tibets, gesprengt. Das Wort »Terra incognita« der alten Landkarten und Weltkugeln ist von wissenden Händen überzeichnet, der Mensch des zwanzigsten Jahrhunderts kennt seinen Lebensstern. Schon sucht sich der forschende Wille neuen Weg, hinab zur phantastischen Fauna der Tiefsee muss er steigen oder empor in die unendliche Luft. Denn unbetretene Bahn ist nur noch im Himmel zu finden, und schon schießen im Wettlauf die stählernen Schwalben der Aeroplane empor, neue Höhen und neue Fernen zu erreichen, seit die Erde der irdischen Neugier brach ward und geheimnislos.

Aber ein letztes Rätsel hat ihre Scham noch vor dem Menschenblick bis in unser Jahrhundert geborgen, zwei winzige Stellen ihres zerfleischten und gemarterten Körpers gerettet vor der Gier ihrer eigenen Geschöpfe. Südpol und Nordpol, das Rückgrat ihres Leibes, diese beiden fast wesenlosen, unsinnlichen Punkte, durch die ihre Achse seit Jahrtausenden schwingt, sie hat die Erde sich rein gehütet und unentweiht. Barren von Eis hat sie vor dieses letzte Geheimnis geschoben, einen ewigen Winter als Wächter den Gierigen entgegengestellt. Frost und Sturm halten herrisch den Zugang ummauert, Grauen und Gefahr scheuchen mit Todesdrohung den Kühnen. Flüchtig nur darf selbst die Sonne diese verschlossene Sphäre schauen und niemals ein Menschenblick.

Seit Jahrzehnten folgen einander die Expeditionen. Keine erreicht das Ziel. Irgendwo, erst jetzt entdeckt, ruht im gläsernen Sarge des Eises, 33 Jahre, die Leiche des Kühnsten der Kühnen, Andrées, der im Ballon den Pol überfliegen wollte und niemals wiederkam. Jeder Ansturm zerschellte an den blanken Wällen des Frostes. Seit Jahrtausenden bis in unsern Tag verhüllt hier die Erde ihr Antlitz, zum letzten Mal siegreich gegen die Leidenschaft ihrer Geschöpfe. Jungfräulich und rein trotzt ihre Scham der Neugier der Welt.

Aber das junge zwanzigste Jahrhundert reckt ungeduldig seine Hände. Es hat neue Waffen geschmiedet in Laboratorien, neue Panzer gefunden gegen die Gefahr, und alle Widerstände mehren nur seine Gier. Es will alle Wahrheit wissen, sein erstes Jahrzehnt schon will erobern, was alle Jahrtausende vor ihm nicht zu erreichen vermochten. Dem Mut des Einzelnen gesellt sich die Rivalität der Nationen. Nicht um den Pol allein kämpfen sie mehr, auch um die Flagge, die zuerst über dem Neuland wehen soll: ein Kreuzzug der Rassen und Völker hebt an um die durch Sehnsucht geheiligte Stätte. Von allen Erdteilen erneut sich der Ansturm. Ungeduldig harrt schon die Menschheit, sie weiß, es gilt das letzte Geheimnis unseres Lebensraumes. Von Amerika rüsten Peary und Cook gegen den Nordpol, nach Süden steuern zwei Schiffe: das eine befehligt der Norweger Amundsen, das andere ein Engländer, der Kapitän Scott.

SCOTT

Scott: irgendein Kapitän der englischen Marine. Irgendeiner. Seine Biographie identisch mit der Rangliste. Er hat gedient zur Zufriedenheit seiner Vorgesetzten, hat später an Shackletons Expedition teilgenommen. Keine sonderliche Konduite deutet den Helden an, den Heros. Sein Gesicht, rückgespiegelt von der Photographie, das von tausend Engländern, von zehntausend, kalt, energisch, ohne Muskelspiel, gleichsam hartgefroren von verinnerlichter Energie. Stahlgrau die Augen, starr geschlossen der Mund. Nirgends eine romantische Linie, nirgends ein Glanz von Heiterkeit in diesem Antlitz aus Willen und praktischem Weltsinn. Seine Schrift: irgendeine englische Schrift, ohne Schatten und Schnörkel, rasch und sicher. Sein Stil: klar und korrekt, packend in den Tatsächlichkeiten und doch phantasielos wie ein Rapport. Scott schreibt Englisch wie Tacitus Latein, gleichsam in unbehauenen Quadern. Man spürt einen völlig traumlosen Menschen, einen Fanatiker der Sachlichkeit, einen echten Menschen also der englischen Rasse, bei der selbst Genialität sich in die kristallene Form der gesteigerten Pflichterfüllung presst. Dieser Scott war schon hundertmal in der englischen Geschichte, er hat Indien erobert und namenlose Inseln im Archipel, er hat Afrika kolonisiert und die Schlachten gegen die Welt geschlagen, immer mit der gleichen ehernen Energie, dem gleichen kollektiven Bewusstsein und dem gleichen kalten verhaltenen Gesicht.

Stahlhart aber dieser Wille: das spürt man schon vor der Tat. Scott will vollenden, was Shackleton begonnen. Er rüstet eine Expedition, aber die Mittel reichen nicht aus. Das hindert ihn nicht. Er opfert sein Vermögen und macht Schulden in der Sicherheit des Gelingens. Seine junge Frau schenkt ihm einen

Sohn – er zögert nicht, ein anderer Hektor, Andromache zu verlassen. Freunde und Gefährten sind bald gefunden, nichts Irdisches kann den Willen mehr beugen. »Terra Nova« heißt das seltsame Schiff, das sie bis an den Rand des Eismeeres bringen soll. Seltsam, weil so zwiefach in seiner Ausrüstung, halb Arche Noah, voll lebenden Getiers, und dann wieder modernes Laboratorium mit tausend Instrumenten und Büchern. Denn alles muss mitgebracht werden, was der Mensch für die Notdurft des Körpers und Geistes bedarf, in diese leere unbewohnte Welt, sonderbar gattet sich hier das primitive Wehrzeug des Urmenschen, Felle und Pelze, lebendiges Getier, dem letzten Raffinement des neuzeitlich komplizierten Rüstzeuges. Und phantastisch wie dies Schiff auch das Doppelantlitz der ganzen Unternehmung: ein Abenteuer, aber doch eins, das kalkuliert ist wie ein Geschäft, eine Verwegenheit mit allen Künsten der Vorsicht – eine Unendlichkeit von genauer einzelner Berechnung gegen die noch stärkere Unendlichkeit des Zufalls.

Am ersten Juni 1910 verlassen sie England. In diesen Tagen leuchtet das angelsächsische Inselreich. Saftig und grün blühen die Wiesen, warm liegt und glänzend die Sonne über der nebellosen Welt. Erschüttert fühlen sie die Küste fortschwinden, wissen sie doch alle, dass sie Wärme und Sonne Abschied sagen auf Jahre, manche vielleicht für immer. Aber dem Schiff zu Haupte weht die englische Flagge, und sie trösten sich in dem Gedanken, dass ein Weltzeichen mitwandert zum einzig noch herrenlosen Strich der eroberten Erde.

Universitas Antarctica

Im Januar landen sie nach kurzer Rast in Neuseeland bei Kap Evans, am Rande des ewigen Eises, und rüsten ein Haus zum Überwintern. Dezember und Januar heißen dort die Sommermonate, weil einzig im Jahre dort die Sonne ein paar Stunden des Tages auf dem weißen metallenen Himmel glänzt. Aus Holz

Der Kampf um den Südpol

sind die Wände gezimmert, ganz wie bei den früheren Expeditionen, aber innen spürt man den Fortschritt der Zeit. Während ihre Vorgänger damals noch mit stinkenden, schwelenden Tranlampen im Halbdunkel saßen, müde ihres eigenen Gesichts, ermattet von der Eintönigkeit der sonnenlosen Tage, haben diese Menschen des zwanzigsten Jahrhunderts die ganze Welt, die ganze Wissenschaft in Abbreviatur zwischen ihren vier Wänden. Eine Azetylenanlage spendet weißwarmes Licht, Kinematographen zaubern ihnen Bilder der Ferne, Projektionen tropischer Szenen aus linderen Landschaften vor, ein Pianola vermittelt Musik, das Grammophon die menschliche Stimme, die Bibliothek das Wissen ihrer Zeit. In einem Raum hämmert die Schreibmaschine, der zweite dient als Dunkelkammer, in der kinematographische und farbige Aufnahmen entwickelt werden. Der Geologe prüft das Gestein auf seine Radioaktivität, der Zoologe entdeckt neue Parasiten bei den gefangenen Pinguinen, meteorologische Observationen wechseln mit physikalischen Experimenten; jedem Einzelnen ist Arbeit zugeteilt für die Monate der Dunkelheit, und ein kluges System verwandelt die isolierte Forschung in gemeinsame Belehrung. Denn diese zwanzig Menschen halten sich allabendlich Vorträge, Universitätskurse in Packeis und arktischem Frost, jeder sucht seine Wissenschaft dem andern zu vermitteln, und im regen Austausch des Gespräches rundet sich ihnen die Anschauung der Welt. Die Spezialisierung der Forschung gibt hier ihren Hochmut auf und sucht Verständigung in der Gemeinsamkeit. Inmitten einer elementaren Urwelt, ganz einsam im Zeitlosen tauschen da dreißig Menschen die letzten Resultate des zwanzigsten Jahrhunderts miteinander, und hier innen spürt man nicht nur die Stunde, sondern die Sekunde der Weltuhr. Es ist rührend zu lesen, wie diese ernsten Menschen dazwischen sich freuen können an ihrer Christbaumfeier, an den kleinen Späßen der »South Polar Times«, der Scherzzeitung, die sie herausgeben, wie das Kleine – ein Wal, der auftaucht, ein Pony, das stürzt – zum Erlebnis wird und anderseits das Ungeheure – das glühende

Nordlicht, der entsetzliche Frost, die gigantische Einsamkeit – zum Alltäglichen und Gewohnten.

Dazwischen wagen sie kleine Vorstöße. Sie proben ihre Automobilschlitten, sie lernen Skilaufen und dressieren die Hunde. Sie rüsten ein Depot für die große Reise, aber langsam, ganz langsam nur blättert der Kalender ab bis zum Sommer (dem Dezember), der ihnen das Schiff durch das Packeis bringt mit Briefen von zu Hause. Kleine Gruppen wagen auch jetzt schon inmitten des grimmigsten Winters abhärtende Tagesreisen, die Zelte werden geprobt, die Erfahrungen befestigt. Nicht alles gelingt, aber gerade die Schwierigkeiten geben ihnen neuen Mut. Wenn sie zurückkommen von ihren Expeditionen, erfroren und abgemüdet, so empfängt sie Jubel und warmer Herdglanz, und dies kleine behagliche Haus am 77. Breitegrad scheint ihnen nach den Tagen der Entbehrung der seligste Aufenthalt der Welt.

Aber einmal kehrt eine Expedition von Westen zurück, und ihre Botschaft wirft Stille ins Haus. Sie haben auf ihrer Wanderung Amundsens Winterquartier entdeckt: mit einem Mal weiß nun Scott, dass außer dem Frost und der Gefahr noch ein anderer ihm den Ruhm streitig macht, als Erster das Geheimnis der störrischen Erde entrafft zu haben: Amundsen, der Norweger. Er misst nach auf den Karten. Und man spürt sein Entsetzen aus den Zeilen nachschwingen, als er gewahr wird, dass Amundsens Winterquartier um hundertzehn Kilometer näher zum Pole postiert ist als das seine. Er erschrickt, aber ohne darum zu verzagen. »Auf zur Ehre meines Landes!«, schreibt er stolz in sein Tagebuch.

Ein einziges Mal taucht dieser Name Amundsens in seinen Tagebuchblättern auf. Und dann nicht mehr. Aber man spürt: seit jenem Tage liegt ein Schatten von Angst über dem einsam umfrorenen Haus. Und es gibt fortan keine Stunde mehr, wo dieser Name nicht seinen Schlaf verängstigt und sein Wachen.

Aufbruch zum Pol

Eine Meile von der Hütte, auf dem Beobachtungshügel, löst sich ständig eine Wache ab. Ein Apparat ist dort aufgerichtet, einsam auf steiler Erhebung, einer Kanone ähnlich gegen unsichtbaren Feind: ein Apparat, um die ersten Wärmeerscheinungen der nahenden Sonne zu messen. Tagelang harren sie auf ihr Erscheinen. Über den morgendlichen Himmel zaubern Reflexe schon glühende Farbenwunder hin, aber noch schwingt sich die runde Scheibe nicht bis zum Horizont empor. Doch dieser Himmel schon, erfüllt mit dem magischen Licht ihrer Nähe, dieser Vorspiegel von Widerschein befeuert die Ungeduldigen. Endlich klingelt das Telephon von der Hügelspitze herüber zu den Beglückten: die Sonne ist erschienen, zum ersten Mal seit Monaten hat sie für eine Stunde ihr Haupt erhoben in die winterliche Nacht. Ganz schwach ist ihr Schimmer, ganz blässlich, kaum vermag er die eisige Luft zu beleben, kaum rühren ihre schwingenden Wellen in dem Apparat regere Zeichen an, doch der bloße Anblick löst schon Beglückung aus. Fieberhaft wird die Expedition gerüstet, um restlos die kurze Spanne Licht, die Frühling, Sommer und Herbst in einem bedeutet und für unsere lauen Lebensbegriffe noch immer ein grausamer Winter wäre, zu nützen. Voran sausen die Automobilschlitten. Hinter ihnen die Schlitten mit den sibirischen Ponys und Hunden. In einzelne Etappen ist der Weg vorsorglich aufgeteilt, alle zwei Tagereisen wird ein Depot errichtet, um für die Rückkehrenden neue Bekleidung, Nahrung und das Wichtigste, Petroleum, zu bewahren, kondensierte Wärme im unendlichen Frost. Gemeinsam rückt die ganze Schar aus, um in einzelnen Gruppen allmählich zurückzukehren und so der letzten kleinen Gruppe, den erwählten Eroberern des Pols, das Maximum an Befrachtung, die frischesten Zugtiere und die besten Schlitten zu hinterlassen.

Meisterhaft ist der Plan ausgedacht, selbst das Missgeschick im Einzelnen vorausgesehen. Und das bleibt nicht aus. Nach zwei Tagereisen brechen die Motorschlitten nieder und bleiben liegen, ein unnützer Ballast. Auch die Ponys halten nicht so gut, wie man erwarten konnte, aber hier triumphiert das organische über das technische Werkzeug, denn die Niedergebrochenen, die unterwegs erschossen werden müssen, geben den Hunden willkommene heiße, blutkräftige Nahrung und stärken ihre Energie.

Am ersten November 1911 brechen sie auf in einzelnen Trupps. Auf den Bildern sieht man die wundersame Karawane dieser erst dreißig, dann zwanzig, dann zehn und schließlich nur noch fünf Menschen durch die weiße Wüste einer leblosen Urwelt wandern. Vorn immer ein Mann, eingemummt in Pelze und Tücher, ein wildbarbarisches Wesen, dem nur der Bart und die Augen frei aus der Umhüllung lugen. Die bepelzte Hand hält am Halfter ein Pony, das seinen schwerbeladenen Schlitten schleppt, und hinter ihm wieder ein anderer, in gleicher Kleidung und gleicher Haltung, und hinter ihm wieder einer, zwanzig schwarze Punkte in wandelnder Linie in einem unendlichen blendenden Weiß. Nachts wühlen sie sich in Zelte ein, Schneewälle werden gegraben in der Richtung des Windes, um die Ponys zu schützen, und morgens beginnt wieder der Marsch, eintönig und trostlos, durch die eisige Luft, die seit Jahrtausenden zum ersten Mal menschlicher Atem trinkt. Aber die Sorgen mehren sich. Das Wetter bleibt unfreundlich, statt vierzig Kilometer können sie manchmal nur dreißig zurücklegen, und jeder Tag wird ihnen zur Kostbarkeit, seit sie wissen, dass unsichtbar in dieser Einsamkeit von einer anderen Seite ein anderer gegen das gleiche Ziel vorrückt. Jede Kleinigkeit schwillt hier zur Gefahr. Ein Hund ist entlaufen, ein Pony will nicht fressen – all dies ist beängstigend, weil hier in der Öde die Werte so furchtbar sich verwandeln. Hier wird jedes Lebensding tausendwertig, ja unersetzlich sogar. An den vier Hufen eines einzelnen Ponys hängt vielleicht die Unsterblichkeit, ein verwölkter Himmel mit Sturm kann eine Tat für die Ewigkeit verhindern. Dabei beginnt der Gesundheitszustand der Mannschaft zu leiden, einige sind schneeblind geworden, anderen sind Gliedmaßen erfroren, immer matter werden die Ponys, denen man die Nahrung kürzen muss, und schließlich, knapp vor dem Beardmoregletscher, brechen sie zusammen. Die traurige Pflicht muss erfüllt werden, diese wackeren Tiere, die hier in der Einsamkeit und darum Gemeinsamkeit zweier Jahre zu Freunden geworden sind, die jeder beim Namen kennt und hundertmal mit Zärtlichkeiten überhäufte, zu töten. Das »Schlachthauslager« nennen sie den traurigen Ort. Ein Teil der Expedition spaltet sich an der blutigen Stätte ab und kehrt zurück, die andern rüsten nun zur letzten Anstrengung, zum grausamen Weg über den Gletscher, den gefährlichen Eiswall, mit dem sich der Pol umgürtet und den nur die Glut eines leidenschaftlichen Menschenwillens zersprengen kann.

Immer geringer werden ihre Marschleistungen, denn der Schnee körnt sich hier krustig, nicht ziehen müssen sie mehr den Schlitten, sondern schleppen. Das harte Eis schneidet die Kufen, die Füße reiben sich wund im Wandern durch den lockeren Eissand. Aber sie geben nicht nach. Am 30. Dezember ist der siebenundachtzigste Breitegrad erreicht, Shackletons äußerster Punkt. Hier muss die letzte Abteilung umkehren: nur fünf Erlesene dürfen mit bis zum Pol. Scott mustert die Leute aus. Sie wagen nicht zu widerstreben, aber das Herz wird ihnen schwer, so griffnah vom Ziel umkehren zu müssen und den Gefährten den Ruhm zu lassen, als Erste den Pol gesehen zu haben. Doch der Würfel der Wahl ist gefallen. Einmal noch schütteln sie einander die Hände, mit männlicher Anstrengung bemüht, ihre Rührung zu verbergen, dann löst sich die Gruppe. Zwei kleine, winzige Züge ziehen sie, die einen nach Süden zum Unbekannten, die anderen nach Norden, in die Heimat zurück. Immer wieder wenden sie von hüben und drüben den Blick, um noch die letzte Gegenwart eines Befreundet-Belebten zu spüren. Bald entschwindet die letzte Gestalt. Einsam ziehen sie weiter ins Unbekannte, die fünf Auserwählten der Tat: Scott, Bowers, Oates, Wilson und Evans.

Der Südpol

Unruhiger werden die Aufzeichnungen in diesen letzten Tagen, wie die blaue Nadel des Kompasses beginnen sie zu zittern an der Nähe des Pols. »Wie endlos lang dauert das, bis die Schatten langsam um uns herumkriechen, von unserer rechten Seite nach vorne rücken und dann von vorne wieder nach links hinüberschleichen!« Aber zwischendurch funkelt immer heller die Hoffnung. Immer leidenschaftlicher verzeichnet Scott die bewältigten Distanzen: »Nur noch 150 Kilometer zum Pol, wenn das so weitergeht, halten wirs nicht aus«, so meldet noch die Müdigkeit. Und zwei Tage später: »Noch 137 Kilometer zum Pol, aber sie werden uns bitter schwer werden.« Aber dann plötzlich ein neuer sieghafterer Ton: »Nur noch 94 Kilometer vom Pol! Wenn wir nicht hingelangen, so kommen wir doch verteufelt nahe.« Am 14. Januar wird die Hoffnung zur Sicherheit: »Nur noch 70 Kilometer, das Ziel liegt vor uns!« Und am nächsten Tage lodert schon heller Jubel, fast Heiterkeit aus den Aufzeichnungen: »Nur noch lumpige 50 Kilometer, wir müssen hinkommen, koste es, was es wolle!« Man spürt bis ins Herz aus den beflügelten Zeilen, wie straff ihre Sehnen von der Hoffnung gespannt sind, wie alles in ihren Nerven bebt von Erwartung und Ungeduld. Die Beute ist nahe; schon recken sie die Hände nach dem letzten Geheimnis der Erde. Nur noch ein letzter Ruck, und das Ziel ist erreicht.

Der sechzehnte Januar

»Gehobene Stimmung«, verzeichnet das Tagebuch. Morgens sind sie ausgerückt, früher als sonst, die Ungeduld hat sie aus ihren Schlafsäcken gerissen, eher das Geheimnis, das furchtbar schöne, zu schauen. 14 Kilometer legen die fünf Unentwegten bis nachmittags zurück, heiter marschieren sie durch die seelenlose weiße Wüste dahin: nun ist das Ziel nicht mehr zu verfehlen, die entscheidende Tat für die Menschheit fast getan. Plötzlich wird einer der Gefährten, Bowers, unruhig. Sein Auge brennt sich fest an einem kleinen dunklen Punkt in dem ungeheuren Schneefeld. Er wagt seine Vermutung nicht auszusprechen, aber allen zittert nun der gleiche furchtbare Gedanke im Herzen, dass Menschenhand hier ein Wegzeichen aufgerichtet haben könnte. Künstlich versuchen sie sich zu beruhigen. Sie sagen sich – so wie Robinson die fremde Fußspur auf der Insel vergebens erst als die eigene erkennen will –, dies müsse ein Eisspalt sein oder vielleicht eine Spiegelung. Mit zuckenden Nerven marschieren sie näher, noch immer versuchen sie sich gegenseitig zu täuschen, so sehr sie alle schon die Wahrheit wissen: dass die Norweger, dass Amundsen ihnen zuvorgekommen ist.

Bald zerbricht der letzte Zweifel an der starren Tatsache einer schwarzen Fahne, die an einem Schlittenständer hoch aufgerichtet ist, über den Spuren eines fremden, verlassenen Lagerplatzes – Schlittenkufen und die Abdrücke vieler Hundepfoten: Amundsen hat hier gelagert. Das Ungeheure, das Unfassbare in der Menschheit ist geschehen: der Pol der Erde, seit Jahrtausenden unbeseelt, seit Jahrtausenden und vielleicht seit allem Anbeginn ungeschaut vom irdischen Blick, ist in einem Molekül Zeit, ist innerhalb von fünfzehn Tagen zweimal entdeckt worden. Und sie sind die Zweiten – um einen einzigen Monat von Millionen Monaten zu spät – die Zweiten in einer Menschheit, für die der erste alles ist und der zweite nichts. Vergebens also alle Anstrengung, lächerlich die Entbehrungen, irrsinnig die Hoffnungen von Wochen, von Monaten, von Jahren. »All die Mühsal, all die Entbehrung, all die Qual – wofür?«, schreibt Scott in sein Tagebuch. »Für nichts als Träume, die jetzt zu Ende sind.« Tränen treten ihnen in die Augen, trotz ihrer Übermüdung können sie die Nacht nicht schlafen. Missmutig, hoffnungslos, wie Verurteilte treten sie den letzten Marsch zum Pol an, den sie jubelnd zu erstürmen gedachten. Keiner versucht den andern zu trösten, wortlos schleppen sie sich weiter. Am 18. Januar erreicht Kapitän Scott mit seinen vier Gefährten den Pol. Da die Tat, der Erste gewesen zu sein, ihm nicht mehr den Blick blendet, sieht er nur mit stumpfen Augen das Traurige der Landschaft. »Nichts ist hier zu sehen, nichts, was sich von der schauerlichen Eintönigkeit der letzten Tage unterschiede« – das ist die ganze Beschreibung, die Robert F. Scott vom Südpol gibt. Das einzige Seltsame, das sie dort entdecken, ist nicht von Natur gestaltet, sondern von feindlicher Menschenhand: Amundsens Zelt mit der norwegischen Flagge, die frech und siegesfroh auf dem erstürmten Walle der Menschheit flattert. Ein Brief des Konquistadors wartet hier auf jenen unbekannten Zweiten, der nach ihm diese Stelle betreten würde, und bittet, das Schreiben an König Haakon von Norwegen zu befördern. Scott nimmt es auf sich, diese härteste Pflicht treulich zu erfüllen: Zeuge zu sein vor der Welt für eine fremde Tat, die er als eigene glühend erstrebt.

Traurig stecken sie die englische Flagge, den »zu spät gekommenen Union Jack« neben Amundsens Siegeszeichen. Dann verlassen sie den »treulosen Ort ihres Ehrgeizes«, kalt fährt der Wind ihnen nach. Mit prophetischem Argwohn schreibt Scott in sein Tagebuch: »Mir graut vor dem Rückweg.«

Der Zusammenbruch

Der Heimmarsch verzehnfacht die Gefahren. Am Wege zum Pol wies sie der Kompass. Nun müssen sie achten, bei der Rückkehr außerdem noch die eigene Spur nicht zu verlieren, wochenlang nicht ein einziges Mal zu verlieren, um nicht von den Depots abzukommen, wo ihre Nahrung liegt, ihre Kleidung und die aufgestaute Wärme in den paar Gallonen Petroleum. Unruhe überkommt sie darum bei jedem Schritt, wenn Schneetreiben ihnen den Blick verklebt, denn jede Abirrung geht geradeaus in den sicheren Tod. Dabei fehlt schon ihren Körpern die unabgenützte Frische des ersten Marsches, da sie noch geheizt waren von den chemischen Energien reichlicher Nahrung, vom warmen Quartier ihrer antarktischen Heimat.

Der Kampf um den Südpol

Und dann: die Stahlfeder des Willens ist gelockert in ihrer Brust. Beim Hinmarsche straffte die überirdische Hoffnung, einer ganzen Menschheit Neugier und Sehnsucht zu verkörpern, ihre Energien heroisch zusammen, Übermenschliches an Kraft ward ihnen durch das Bewusstsein unsterblicher Tat. Nun kämpfen sie um nichts als die heile Haut, um ihre körperliche, ihre sterbliche Existenz, um eine ruhmlose Heimkehr, die ihr innerster Wille vielleicht mehr fürchtet als ersehnt.

Furchtbar sind die Notizen aus jenen Tagen zu lesen. Das Wetter wird ständig unfreundlicher, früher als sonst hat der Winter eingesetzt, der weiche Schnee krustet sich dick unter ihren Schuhen zur Fußangel, darin sich ihre Schritte verfangen, und der Frost zermürbt die ermüdeten Körper. Immer ists ein kleiner Jubel darum, wenn sie wieder ein Depot erreichen nach tagelangem Irren und Zagen, immer flackert dann wieder eine flüchtige Flamme von Vertrauen in ihren Worten auf. Und nichts bezeugt grandioser den geistigen Heroismus dieser paar Menschen in der ungeheuren Einsamkeit, als dass Wilson, der Forscher, selbst hier, haarbreit vom Tod, seine wissenschaftlichen Beobachtungen fortsetzt und auf seinem eigenen Schlitten zu all der notwendigen Last noch sechzehn Kilogramm seltener Gesteinsarten mitschleppt.

Aber allmählich unterliegt der menschliche Mut der Übermacht der Natur, die hier unerbittlich und mit durch Jahrtausende gestählter Kraft gegen die fünf Verwegenen alle Mächte des Unterganges, Kälte, Frost, Schnee und Wind, heraufbeschwört. Längst sind die Füße zerschunden, und der Körper, ungenügend geheizt von der einmaligen warmen Mahlzeit, geschwächt durch die verminderten Rationen, beginnt zu versagen. Mit Schrecken erkennen die Gefährten eines Tages, dass Evans, der Kräftigste unter ihnen, plötzlich phantastische Dinge unternimmt. Er bleibt am Wege zurück, klagt unaufhörlich über wirkliche und eingebildete Leiden; schaudernd entnehmen sie seinem seltsamen Gerede, dass der Unglückselige infolge eines

Sturzes oder der entsetzlichen Qualen wahnsinnig geworden ist. Was mit ihm beginnen? Ihn verlassen in der Eiswüste? Aber anderseits müssen sie das Depot ohne Verzögerung erreichen, sonst – Scott selbst zögert noch, das Wort hinzuschreiben. Um ein Uhr nachts, am 17. Februar, stirbt der unglückliche Offizier, knapp einen Tagesmarsch vor jenem »Schlachthauslager«, wo sie zum ersten Mal wieder reichlichere Mahlzeit von dem vormonatigen Massaker ihrer Ponys vorfinden.

Zu viert nun nehmen sie den Marsch auf, aber Verhängnis!, das nächste Depot bringt neue herbe Enttäuschung. Es enthält zu wenig Öl, und das heißt: sie müssen mit dem Notwendigsten, mit Brennmaterial, haushalten, müssen mit Wärme sparen, der einzigen wehrhaften Waffe gegen den Frost. Eiskalte, sturmumrüttelte Nacht und mutloses Erwachen, kaum haben sie die Kraft mehr, die Filzschuhe sich über die Füße zu stülpen. Aber sie schleppen sich weiter, der eine von ihnen, Oates, schon auf abfrierenden Zehen. Der Wind weht schärfer als je, und im nächsten Depot, am 2. März, wiederholt sich die grausame Enttäuschung: wiederum ist zu wenig Brennmaterial vorhanden. Nun fährt die Angst bis in die Worte hinein. Man spürt, wie Scott sich bemüht, das Grauen zu verhalten, aber immer wieder stößt schrill ein Schrei der Verzweiflung nach dem andern seine künstliche Ruhe durch. »So darf es nicht weiter gehn«, oder »Gott steh uns bei! Diesen Anstrengungen sind wir nicht mehr gewachsen«, oder »Unser Spiel geht tragisch aus«, und schließlich die grauenhafte Erkenntnis: »Käme uns doch die Vorsehung zu Hilfe! Von Menschen haben wir jetzt keine mehr zu erwarten.« Aber sie schleppen sich weiter und weiter, ohne Hoffnung, mit verbissenen Zähnen. Oates kann immer schlechter mitwandern, er ist für seine Freunde immer mehr Last als Hilfe. Sie müssen bei einer Mittagstemperatur von 42 Grad den Marsch verzögern, und der Unglückselige spürt und weiß, dass er seinen Freunden Verhängnis bringt. Schon bereiten sie sich auf das Letzte vor. Sie lassen sich von Wilson, dem Forscher, jeder zehn Morphiumtabletten aushändigen, um gegebenenfalls ihr Ende zu beschleunigen. Noch einen Tagemarsch versuchen sie es mit dem Kranken. Dann verlangt der Unglückliche selbst, sie mögen ihn in seinem Schlafsack zurücklassen und ihr Schicksal von dem seinen trennen. Sie weisen den Vorschlag energisch zurück, wiewohl sie alle darüber klar sind, dass er für sie nur Erleichterung bedeuten würde. Ein paar Kilometer taumelt der Kranke auf seinen erfrorenen Beinen noch mit bis zum Nachtquartier. Er schläft mit ihnen bis zum nächsten Morgen. Sie blicken hinaus: draußen tobt ein Orkan.

Plötzlich erhebt sich Oates: »Ich will ein wenig hinausgehen«, sagt er zu den Freunden. »Ich bleibe vielleicht eine Weile draußen.« Die andern zittern. Jeder weiß, was dieser Rundgang bedeutet. Aber keiner wagt ein Wort, um ihn zurückzuhalten. Keiner wagt, ihm die Hand zum Abschied zu bieten, denn sie fühlen alle mit Ehrfurcht, dass der Rittmeister Lawrence J. E. Oates von den Inniskillingdragonern wie ein Held dem Tode entgegengeht.

Drei müde, geschwächte Menschen schleppen sich durch die endlose eisig-eiserne Wüste, müde schon, hoffnungslos, nur der dumpfe Instinkt der Selbsterhaltung spannt noch die Sehnen zu wankendem Gang. Immer furchtbarer wird das Wetter, bei jedem Depot höhnt sie neue Enttäuschung, immer zu wenig Öl, zu wenig Wärme. Am 21. März sind sie nur noch zwanzig Kilometer von einem Depot entfernt, aber der Wind weht mit so mörderischer Kraft, dass sie ihr Zelt nicht verlassen dürfen. Jeden Abend hoffen sie auf den nächsten Morgen, um das Ziel zu erreichen, indes schwindet der Proviant und die letzte Hoffnung mit ihm. Der Brennstoff ist ihnen ausgegangen, und das Thermometer zeigt vierzig Grad unter Null. Jede Hoffnung erlischt: sie haben jetzt nur noch die Wahl zwischen Tod durch Hunger oder Frost. Acht Tage kämpfen diese drei Menschen in einem kleinen Zelt inmitten der weißen Urwelt gegen das unabwendbare Ende. Am 29. März wissen sie, dass kein Wunder mehr sie retten kann. So beschließen sie, keinen Schritt dem Verhängnis entgegenzugehen und den Tod stolz wie alles andere Unglück zu erdulden.

Sie kriechen in ihre Schlafsäcke, und von ihren letzten Leiden ist nie ein Seufzer in die Welt gedrungen.

Die Briefe des Sterbenden

In diesen Augenblicken, einsam gegenüber dem unsichtbaren und doch atemnahen Tod, während außen der Orkan an die dünnen Zeltwände wie ein Rasender anrennt, besinnt sich Kapitän Scott aller Gemeinsamkeit, der er verbunden ist. Allein im eisigsten Schweigen, das noch nie die Stimme eines Menschen durchatmet, wird ihm die Brüderschaft zu seiner Nation, zur ganzen Menschheit heroisch bewusst. Eine innere Fata Morgana des Geistes beschwört in diese weiße Wüste die Bilder all jener, die ihm durch Liebe, Treue und Freundschaft jemals verbunden waren, und er richtet das Wort an sie. Mit erstarrenden Fingern schreibt Kapitän Scott, schreibt Briefe aus der Stunde seines Todes an alle Lebendigen, die er liebt.

Wundervoll sind diese Briefe. Alles Kleinliche ist in ihnen von der gewaltigen Nähe des Todes abgetan, die kristallene Luft dieses unbelebten Himmels scheint in sie eingedrungen. An Menschen sind sie gerichtet und sprechen doch zur ganzen Menschheit. An eine Zeit sind sie geschrieben und sprechen für die Ewigkeit.

Er schreibt an seine Frau. Er mahnt sie, das höchste Vermächtnis, seinen Sohn, zu hüten, er legt ihr nahe, ihn vor allem vor Schlappheit zu bewahren, und bekennt von sich selbst, am Ende einer der erhabensten Leistungen der Weltgeschichte: »Ich musste mich, wie du weißt, zwingen, strebsam zu werden – ich hatte immer Neigung zur Trägheit.« Eine Handbreit vor dem Untergang rühmt er noch, statt zu bedauern, den eigenen Entschluss: »Was könnte ich dir alles von dieser Reise erzählen. Und wieviel besser war sie doch, als daheim zu sitzen in zu großer Bequemlichkeit!«

Und er schreibt in treuester Kameradschaft an die Frau und die Mutter seiner Leidensgefährten, die mit ihm den Tod erlitten haben, um Zeugnis abzulegen für ihr Heldentum. Er tröstet, selbst ein Sterbender, die Hinterbliebenen der andern mit seinem starken und schon übermenschlichen Gefühl für die Größe des Augenblicks und das Denkwürdige dieses Unterganges.

Und er schreibt an die Freunde. Bescheiden für sich selbst, aber voll herrlichen Stolzes für die ganze Nation, als deren Sohn und würdigen Sohn er sich in dieser Stunde begeistert fühlt. »Ich weiß nicht, ob ich ein großer Entdecker gewesen bin«, bekennt er, »aber unser Ende wird ein Zeugnis sein, dass der Geist der Tapferkeit und die Kraft zum Erdulden aus unserer Rasse noch nicht entschwunden sind.« Und was männliche Starre, seelische Keuschheit ihm ein Leben lang zu sagen wehrte, dies Bekenntnis der Freundschaft entringt ihm nun der Tod. »Ich bin nie in meinem Leben einem Menschen begegnet«, schreibt er an seinen besten Freund, »den ich so bewundert und geliebt habe wie Sie, aber ich konnte Ihnen niemals zeigen, was Ihre Freundschaft für mich bedeutete, denn Sie hatten viel zu geben und ich Ihnen nichts.«

Und er schreibt einen letzten Brief, den schönsten von allen, an die englische Nation. Er fühlt sich bemüßigt, Rechenschaft zu geben, dass er in diesem Kampfe um den englischen Ruhm ohne eigene Schuld unterlegen. Er zählt die einzelnen Zufälle auf, die sich gegen ihn verschworen, und ruft mit der Stimme, der der Widerhall des Todes ein wundervolles Pathos gibt, alle Engländer mit der Bitte auf, seine Hinterbliebenen nicht zu verlassen. Sein letzter Gedanke reicht noch über das eigene Schicksal hinaus. Sein letztes Wort spricht nicht vom eigenen Tode, sondern vom fremden Leben: »Um Gottes willen, sorgt für unsere Hinterbliebenen!« Dann bleiben die Blätter leer.

Bis zum äußersten Augenblick, bis die Finger ihm festfroren und der Stift seinen steifen Händen entglitt, hat Kapitän Scott sein Tagebuch geführt. Die Hoffnung, dass man bei seiner Leiche die Blätter finden würde, die für ihn und für den Mut der englischen Rasse zeugen könnten, hat ihn zu so übermenschlicher

Anstrengung befähigt. Als letztes zittern die schon erfrierenden Finger noch den Wunsch hin: »Schickt dies Tagebuch meiner Frau!« Aber dann streicht seine Hand in grausamer Gewißheit das Wort »meiner Frau« aus und schreibt darüber das furchtbare »meiner Witwe«.

Die Antwort

Wochenlang hatten die Gefährten in der Hütte gewartet. Zuerst vertrauensvoll, dann leise besorgt, mit steigender Unruhe schließlich. Zweimal waren Expeditionen zur Hilfe entgegengesandt worden, doch das Wetter peitscht sie zurück. Den ganzen langen Winter verweilen die Führerlosen zwecklos in der Hütte, der Schatten der Katastrophe fällt schwarz in ihr Herz. In diesen Monaten ist das Schicksal und die Tat Kapitän Robert Scotts in Schnee und Schweigen verschlossen. Das Eis hält sie im gläsernen Sarg versiegelt, erst am 29. Oktober, im Polarfrühling, bricht eine Expedition auf, um wenigstens die Leichen der Helden und ihre Botschaft zu finden. Und am 12. November erreichen sie das Zelt; sie finden die Leichen der Helden erfroren in den Schlafsäcken, Scott, der noch im Tode Wilson brüderlich umschlingt, sie finden die Briefe, die Dokumente und schichten den tragischen Helden ein Grab. Ein schlichtes schwarzes Kreuz über einem Schneehügel ragt nun einsam in die weiße Welt, die unter sich das Zeugnis jener heroischen Leistung der Menschheit für immer verbirgt.

Aber nein! Eine Auferstehung geschieht ihren Taten, unerwartet und wunderbar: herrliches Wunder unserer neuzeitlichen technischen Welt! Die Freunde bringen die Platten und Filme nach Hause, im chemischen Bad befreien sich die Bilder, noch einmal sieht man Scott mit seinen Gefährten auf seiner Wanderschaft und die Landschaft des Pols, die außer ihm nur jener andere, Amundsen, gesehn. Auf elektrischem Draht springt die Botschaft seiner Worte und Briefe in die aufstaunende Welt, in der Kathedrale des Reiches neigt der König dem Gedächtnis der Helden das Knie. So wird, was vergebens schien, noch einmal fruchtbar, das Versäumte zu rauschendem Anruf an die Menschheit, ihre Energien dem Unerreichbaren entgegenzustraffen; in großartigem Widerspiel ersteht aus einem heroischen Tode gesteigertes Leben, aus Untergang Wille zum Aufstieg ins Unendliche empor. Denn nur Ehrgeiz entzündet sich am Zufall des Erfolges und leichten Gelingens, nichts aber erhebt dermaßen herrlich das Herz als der Untergang eines Menschen im Kampfe gegen die unbesiegbare Übermacht des Geschicks, diese allezeit großartigste aller Tragödien, die manchmal ein Dichter und tausendmal das Leben gestaltet.

Cicero

CICEROS TOD ODER DAS HAUPT AUF DER ROSTRA

Das Weiseste, was ein kluger und nicht sehr tapferer Mann tun kann, wenn er einem Stärkeren begegnet, ist, ihm auszuweichen und ohne Beschämung die Wende abzuwarten, bis ihm selbst die Bahn wieder frei wird. Marcus Tullius Cicero, der erste Humanist des römischen Weltreiches, der Meister der Rede, der Verteidiger des Rechts, hat drei Jahrzehnte lang um den Dienst vor dem ererbten Gesetz und die Erhaltung der Republik sich gemüht; seine Reden sind eingemeißelt in die Annalen der Geschichte, seine literarischen Werke in die Quadern der lateinischen Sprache. Er hat in Catilina die Anarchie, in Verres die Korruption, in den siegreichen Generälen die drohende Diktatur befeindet, und sein Buch »De republica« gilt längst als der sittliche Kodex der idealen Staatsform. Aber nun ist ein Stärkerer gekommen. Julius Cäsar, den er als der Ältere und Berühmtere anfänglich ohne Misstrauen gefördert, hat sich über Nacht mit seinen gallischen Legionen zum Herrscher Italiens gemacht; als unumschränkter Gebieter der militärischen Macht brauchte er nur die Hand auszustrecken, um die Königskrone zu fassen, die Antonius ihm vor dem versammelten Volke angeboten. Vergebens hat Cicero Cäsars Alleinherrschaft bekämpft, seit dieser zugleich mit dem Rubikon das Gesetz überschritt. Vergebens hat er versucht, die letzten Verteidiger der Freiheit gegen den Vergewaltiger aufzurufen. Aber die Kohorten erwiesen sich wie immer stärker als die Worte. Cäsar, Geistmensch und Tatmensch zugleich, hat restlos triumphiert, und wäre er wie die meisten der Diktatoren rachsüchtig, so könnte er nun nach seinem schmetternden Siege leichthin diesen starrsinnigen Verteidiger des Gesetzes beseitigen oder zumindest in die Acht tun. Jedoch mehr als durch alle seine militärischen Triumphe ehrt sich Julius Cäsar durch seine Großmut nach dem Siege. Er schenkt Cicero, dem erledigten Widersacher, mit einer milden Mahnung das Leben, einzig ihm bedeutend, er möge von der politischen Bühne abtreten, auf der von nun an jedem andern bloß die Rolle eines stummen und gehorsamen Statisten zugeteilt bliebe. Nun kann einem geistigen Menschen nichts Glücklicheres geschehen als die Ausschaltung vom öffentlichen, vom politischen Leben; sie treibt den Denker, den Künstler aus einer Sphäre, die nur mit Brutalität oder Verschlagenheit zu bemeistern ist, in seine innere unberührbare und unzerstörbare zurück. Jede Form des Exils wird für einen geistigen Menschen Antrieb zur inneren Sammlung, und Cicero begegnet dieses gesegnete Missgeschick in dem besten und glücklichsten Augenblick. Der große Dialektiker nähert sich mählich der Alterswende eines Lebens, das mit ständigen Stürmen und Spannungen ihm wenig Zeit zu schöpferischer Übersicht gelassen hat. Wieviel und wieviel Gegensätzliches hat der Sechzigjährige im engen Raum seiner Zeit durchlebt! Durch Zähigkeit, Wendigkeit und geistige Überlegenheit vorstoßend hat er, der homo novus, der Reihe nach alle öffentlichen Stellen und Ehren errungen, die sonst einem nieder Geborenen verwehrt und eifersüchtig der angestammten Adelsclique vorbehalten waren. Er hat das höchste Hoch und das tiefste Tief der öffentlichen Gunst erfahren, nach der Niederschlagung Catilinas im Triumph die Stufen des Capitols emporgeführt, vom Volk bekränzt, vom Senat mit dem ruhmreichen Titel eines »pater patriae« geehrt. Und er hat andererseits über Nacht in die Verbannung fliehen müssen, von dem gleichen Senat verurteilt und von demselben Volke im Stiche gelassen. Kein Amt, in dem er nicht gewirkt, kein Rang, den er sich nicht kraft seiner Unermüdlichkeit errungen hätte. Er hat Prozesse geführt auf dem Forum, er hat Legionen kommandiert im Felde, er hat als Konsul die Republik, als Prokonsul Provinzen verwaltet, Millionen Sesterzen sind durch seine Hände gegangen und unter seinen Händen zu Schulden zerflossen. Er hat das schönste Haus am Palatin besessen und hat es in Trümmern gesehen, verbrannt und verwüstet von seinen Feinden. Er hat denkwürdige Traktate geschrieben und klassische Reden gehalten. Er hat Kinder gezeugt und Kinder verloren, er ist mutig gewesen und schwach, eigenwillig und dann wieder lobdienerisch, viel bewundert und viel gehasst, ein wetterwendischer Charakter voll Brüchigkeit und Glanz, in summa die anziehendste und wiederum erregendste Persönlichkeit seiner Zeit, weil allen Geschehnissen dieser vierzig überfüllten Jahre von Marius bis Cäsar unlösbar verknüpft. Zeitgeschichte, Weltgeschichte, sie hat Cicero wie kein anderer erlebt und durchlebt; nur für eines – für das Wichtigste – war ihm nie Muße geblieben: zum Blick in das eigene Leben. Nie hat der Rastlose in seinem Ehrgeiztumult Zeit gefunden, sich still und gut zu besinnen und die Summe seines Wissens, seines Denkens zu ziehen.

Nun endlich ist ihm durch Cäsars Staatsstreich, der ihn ausschaltet von der res publica, Gelegenheit gegeben, diese res privata, die wichtigste der Welt, fruchtbar zu pflegen; wortlos überlässt Cicero Forum, Senat und das Imperium der Diktatur Julius Cäsars. Eine Unlust vor allem Öffentlichen beginnt den Zurückgestoßenen zu überwältigen. Er resigniert: mögen andere die Rechte eines Volkes verteidigen, dem Gladiatorenkämpfe und Spiele wichtiger sind als seine Freiheit, für ihn gilt es jetzt nur mehr, die eigene, die innere Freiheit zu suchen, zu finden und zu gestalten. So blickt Marcus Tullius Cicero zum ersten Mal still sinnend in sich, um der Welt zu erweisen, wofür er gewirkt und gelebt.

Als der geborene Künstler, der nur versehentlicherweise aus der Welt der Bücher in die brüchige der Politik geraten war, sucht Marcus Tullius Cicero sein Leben weise seinem Alter und seinen innersten Neigungen anzupassen. Er zieht sich von Rom, der lärmenden Metropole, nach Tusculum, dem heutigen Frascati zurück und stellt damit eine der schönsten Landschaften Italiens rings um sein Haus. In linden, dunkel bewaldeten Wellen fluten die Hügel hinab in die Campagna, mit silbernem Ton musizieren die Quellen in die abseitige Stille. Nach all den Jahren auf dem Markte, dem Forum, im Kriegszelt und Reisewagen ist dem schöpferischen Nachsinnen endlich die Seele hier voll aufgetan. Die Stadt, die verführerische, die ermüdende, sie liegt fern wie ein bloßer Rauch am Horizont und liegt doch nah genug, dass oftmals Freunde kommen zu geistig anregendem Gespräch, Atticus, der innig vertraute, oder der junge Brutus, der junge Cassius, und einmal sogar – gefährlicher Gast! – der große Diktator selbst, Julius Cäsar. Aber bleiben auch die römischen Freunde aus, so sind doch immer andere zur Stelle, herrliche, nie enttäuschende Gefährten, gleich willig zum Schweigen wie zur Rede: die Bücher. Eine wundervolle Bibliothek, eine wahrhaft unerschöpfliche Gabe der Weisheit, baut sich Marcus Tullius Cicero in sein ländliches Haus ein, die Werke der griechischen Weisen anreihend den römischen Chroniken und den Kompendien der Gesetze; mit solchen Freunden aus allen Zeiten und allen Sprachen kann kein Abend mehr einsam sein. Der Morgen gehört der Arbeit. Immer wartet gehorsam der gelehrte Sklave zum Diktat, zu den Mahlzeiten kürzt ihm die Tochter Tullia, die innig geliebte, die Stunden, die Erziehung des Sohnes bringt täglich neue Anregung oder Abwechslung. Und dann, letzte Weisheit: der Sechzigjährige begeht noch die süßeste Torheit des Alters, er nimmt eine junge Frau, jünger als seine Tochter, um als Künstler Schönheit statt in Marmor oder Versen auch in ihrer sinnlichsten und bezauberndsten Form zu genießen.

So scheint in seinem sechzigsten Jahre Marcus Tullius Cicero endgültig heimgekehrt zu sich selbst, Philosoph nur mehr und nicht mehr Demagog, Schriftsteller und nicht mehr Rhetor, Herr seiner Muße und nicht mehr geschäftiger Diener der Volksgunst. Statt auf dem Markte vor bestechlichen Richtern zu perorieren, legt er lieber das Wesen der Rednerkunst in seinem »De oratore« vorbildlich für alle seine Nachahmer fest und sucht gleichzeitig in seinem Traktat »De senectute« sich selbst zu belehren, dass ein wirklich Weiser als die wahre Würde des Alters und seiner Jahre Resignation zu erlernen hat. Die schönsten, die harmonischesten seiner Briefe stammen aus jener Zeit der inneren Sammlung, und selbst als das niederschmetternde Unglück ihn betrifft, der Tod seiner geliebten Tochter Tullia, hilft ihm seine Kunst zu philosophischer Würde; er schreibt jene »Consolationes«, die noch durch Jahrhunderte Tausende in gleichem Schicksal getröstet haben. Nur dem Exil dankt die Nachwelt den großen klassischen Schriftsteller in dem einstigen geschäftigen Redner. Denn innerhalb dieser stillen drei Jahre schafft Cicero mehr für sein Werk und seinen Nachruhm als vordem in den dreißig, die er verschwenderisch der res publica hingegeben. Der Lehrer des irdischen Rechts hat endlich das bittre Geheimnis erlernt, das jeder im öffentlichen Wirken schließlich erfahren muss: dass man auf die Dauer nie die Freiheit von Massen verteidigen kann, sondern immer nur die eigene, die innere.

So verbringt, Weltbürger, Humanist, Philosoph, Marcus Tullius Cicero einen gesegneten Sommer, einen schöpferischen Herbst, einen italienischen Winter, abseits – und wie er meint: für immer abseits – vom zeitlichen, vom politischen Getriebe. Die täglichen Nachrichten und Briefe aus Rom beachtet er kaum, gleichgültig gegen ein Spiel, das ihn nicht mehr als Partner benötigt. Schon scheint er vom eitlen Öffentlichkeitsgelüst des Literaten gänzlich genesen, Bürger nur mehr der unsichtbaren Republik und nicht jener korrumpierten und vergewaltigten mehr, die sich dem Terror widerstandslos unterworfen. Da, an einem Mittag des März 44, stürzt ein Bote ins Haus, staubbedeckt, mit pochenden Lungen. Gerade noch kann er die Nachricht melden: Julius Cäsar, der Diktator, ist ermordet worden auf dem Forum von Rom, dann keucht er zu Boden.

Cicero schrickt auf. Vor Wochen ist er mit dem großmütigen Sieger noch an der gleichen Tafel gesessen, und so gehässig er auch in Gegnerschaft gegen diesen gefährlich Überlegenen gestanden, so misstrauisch er seine militärischen Triumphe betrachtet, immer doch war er genötigt, innerlich den souveränen Geist, das organisatorische Genie und die Humanität dieses einzig respektablen Feindes heimlich zu ehren. Aber bei allem Abscheu vor dem gemeinen Argument des Mörderdolches – hat dieser Ermordete mit allen seinen Vorzügen und Leistungen nicht selbst die fluchwürdigste Art des Mordes begangen, parricidium patriae, den Mord des Sohnes am Vaterland? War Julius Cäsar nicht eben gerade dank seines Genies die gefährlichste Gefahr für die römische Freiheit? Mag also der Tod dieses Mannes menschlich bedauerlich sein, diese Untat fördert doch den Sieg der heiligsten Sache; nun, da Cäsar tot ist, kann die Republik wieder auferstehen: durch diesen Tod eines großen Diktators triumphiert die erhabenste Idee, die Idee der Freiheit.

So überwindet Cicero sein erstes Erschrecken. Er hat die heimtückische Tat nicht gewollt, vielleicht nicht einmal im Traum sie zu wünschen gewagt. Brutus und Cassius, obwohl Brutus, während er den blutigen Dolch aus Cäsars Brust reißt, seinen Namen, den Namen Ciceros aufgerufen und damit den Lehrer der republikanischen Gesinnung als Zeugen seiner Tat gefordert, hatten sich gehütet, ihn vorher in die Verschwörung einzuweihen. Aber nun, da die Tat unwiderruflich geschehen ist, muss sie wenigstens zu Gunsten der Republik ausgewertet werden. Cicero erkennt: der Weg zur alten römischen Freiheit geht über diese königliche Leiche, und es ist seine Pflicht, den andern diesen Weg zu weisen. Ein solcher einmaliger Augenblick darf nicht vergeudet werden. Noch am selben Tage verlässt Marcus Tullius Cicero seine Bücher, seine Schriften und das heilige Otium des Künstlers. In pochender Eile des Herzens eilt er nach Rom, um die Republik als den wahren Erben Cäsars gleicherweise vor seinen Mördern wie vor seinen Rächern zu schützen.

In Rom trifft Cicero auf eine verwirrte, bestürzte und ratlose Stadt. Schon in der Stunde ihres Geschehens hat sich die Tat der Ermordung Julius Cäsars größer erwiesen als ihre Täter. Nur zu morden, zu beseitigen wusste der zusammengewürfelte Klüngel der Verschwörer den ihnen allen überlegenen Mann. Aber nun, da es gilt, die Tat auszunützen, stehen sie hilflos und wissen nicht, was zu beginnen. Die Senatoren schwanken, ob sie dem Morde beipflichten oder ihn verurteilen sollen, das Volk, längst gewöhnt, von einer rücksichtslosen Hand gegängelt zu werden, wagt keine Meinung. Antonius und die andern Freunde Cäsars fürchten sich vor den Verschworenen und zittern um ihr Leben. Die Verschworenen wiederum fürchten sich vor den Freunden Cäsars und deren Rache.

In dieser allgemeinen Bestürzung erweist sich Cicero als der Einzige, der Entschlossenheit zeigt. Sonst zögernd und ängstlich wie immer der Nerven- und Geistmensch, stellt er sich, ohne zu zögern, hinter die Tat, an der er selbst keinen Anteil gehabt. Aufrecht tritt er auf die Fliesen, die noch feucht sind vom Blute des Ermordeten und rühmt vor dem versammelten Senat die Beseitigung des Diktators als einen Sieg der republikanischen Idee. »O mein Volk, noch einmal bist du zur Freiheit zurückgekehrt!«, ruft er aus.

»Ihr, Brutus und Cassius, ihr habt die größte Tat nicht nur Roms, sondern der ganzen Welt vollbracht!« Aber gleichzeitig verlangt er, dass dieser an sich mörderischen Tat nun ihr höherer Sinn gegeben werde. Die Verschworenen sollen energisch die Macht ergreifen, die nach Cäsars Tode brachliegt, und sie schleunig zur Rettung der Republik, zur Wiederherstellung der alten römischen Verfassung nützen. Antonius solle das Konsulat genommen, Brutus und Cassius die Exekutive übertragen werden. Zum ersten Mal rät er, der Mann des Gesetzes, für eine kurze Weltstunde das starre Gesetz zu brechen, um die Diktatur der Freiheit für immer zu erzwingen.

Aber nun zeigt sich die Schwäche der Verschwörer. Nur ein Komplott wussten sie anzuzetteln, nur einen Mord zu vollbringen. Sie hatten nur Kraft, fünf Zoll tief ihre Dolche in den Leib eines Wehrlosen zu stoßen; damit war ihre Entschlossenheit zu Ende. Statt die Macht zu ergreifen und für die Wiederherstellung der Republik zu nutzen, mühen sie sich um eine billige Amnestie und verhandeln mit Antonius; sie lassen den Freunden Cäsars Zeit, sich zu sammeln und versäumen damit die kostbarste Zeit. Cicero erkennt hellsichtig die Gefahr. Er merkt, dass Antonius den Gegenschlag vorbereitet, der nicht nur die Verschwörer, sondern auch den republikanischen Gedanken erledigen soll. Er warnt und eifert und agitiert und spricht, um die Verschworenen, um das Volk zu entschlossenem Handeln zu zwingen. Aber – welthistorischer Fehler! – er selbst handelt nicht. Alle Möglichkeiten lägen jetzt offen in seiner Hand. Der Senat ist bereit, ihm beizupflichten, das Volk wartet eigentlich nur auf einen, der entschlossen und kühn die Zügel anreißt, die Cäsars starken Händen entfallen. Niemand würde widerstreben, alle erleichtert aufatmen, ergriffe er jetzt die Regierung und schaffte Ordnung im Chaos.

Marcus Tullius Ciceros welthistorische Stunde, die er seit seinen catilinarischen Reden so glühend ersehnt, nun ist sie endlich gekommen mit diesen Iden des März, und wüsste er sie zu nützen, wir alle hätten anders Geschichte in unseren Schulen gelernt. Nicht bloß als der eines ansehnlichen Schriftstellers, sondern als derjenige des Retters der Republik, als des wahren Genius der römischen Freiheit wäre der Name Ciceros in den Annalen des Livius und Plutarch überliefert. Sein wäre der unsterbliche Ruhm: die Macht eines Diktators besessen und sie freiwillig dem Volke wieder zurückgegeben zu haben. Doch unablässig wiederholt sich innerhalb der Geschichte die Tragödie, dass gerade der geistige Mensch, weil innerlich von Verantwortung beschwert, in entscheidender Stunde selten zum Tatmenschen wird. Immer wieder erneut sich derselbe Zwiespalt im geistigen, im schöpferischen Menschen: weil er besser die Torheiten der Zeit sieht, drängt es ihn einzugreifen, und für eine Stunde des Enthusiasmus wirft er sich leidenschaftlich in den politischen Kampf. Aber gleichzeitig zögert er, Gewalt mit Gewalt zu erwidern. Seine innere Verantwortung schrickt zurück, Terror zu üben und Blut zu vergießen, und dieses Zögern und Rücksichtnehmen gerade in jenem einzigen Augenblick, der Rücksichtslosigkeit nicht nur verstattet, sondern sogar erfordert, lähmt seine Kraft. Nach dem ersten Impuls der Begeisterung blickt Cicero mit gefährlicher Klarsichtigkeit auf die Situation. Er blickt auf die Verschwörer, die er gestern noch als Helden gerühmt und sieht, dass es nur schwachmütige Menschen sind, flüchtend vor dem Schatten der eigenen Tat. Er blickt auf das Volk und sieht, dass es längst nicht mehr das alte populus romanus ist, jenes heldische Volk, von dem er geträumt, sondern ein entarteter Plebs, einzig nur auf Vorteil und Vergnügen bedacht, auf Futter und Spiel, panem et circenses, einen Tag Brutus und Cassius, den Mördern, zujubelnd und am nächsten Antonius, der zur Rache aufruft und am dritten wieder Donabella, der die Bildnisse Cäsars niederschlagen lässt. Niemand, erkennt er, in dieser entarteten Stadt dient noch ehrlich der Idee der Freiheit. Vergebens ist Cäsar beseitigt, sinnlos ist der Mord gewesen und geworden, denn nur um sein Erbe, um sein Geld, seine Legionen, seine Macht buhlen und schachern und streiten sie alle; nur für sich selbst und nicht für die einzig heilige, die römische Sache suchen sie Vorteil und Gewinn.

Immer müder, immer skeptischer wird Cicero in diesen zwei Wochen nach seiner voreiligen Begeisterung. Er kann sich nicht länger einer Täuschung über die Ohnmacht seines Worts hingeben, er muss sich eingestehen, dass seine konziliatorische Rolle ausgespielt ist, dass er entweder zu schwach oder zu mutlos gewesen, um seine Heimat vor dem drohenden Bürgerkrieg zu retten. So überlässt er sie ihrem Schicksal. Anfang April verlässt er Rom und kehrt – abermals enttäuscht, abermals besiegt – zu den geliebten Büchern in seine einsame Villa in Puteoli am Golf von Neapel zurück.

Zum zweiten Mal ist Marcus Tullius Cicero aus der Welt in seine Einsamkeit geflüchtet. Nun ist er endgültig gewahr, dass er als Gelehrter, als Humanist, als Wahrer des Rechts von Anfang an fehl in einer Sphäre gewesen, wo Macht als Recht gilt und Skrupellosigkeit mehr fördert als Weisheit und Versöhnlichkeit. Aber da er die rettende Tat in der widerspenstigen Materie der Wirklichkeit nicht vollbringen konnte, will er seinen Traum wenigstens für eine weisere Nachwelt retten; nicht völlig ohne Wirkung sollen die Mühen und Erkenntnisse eines sechzigjährigen Lebens verloren sein. So besinnt sich der Gedemütigte seiner eigentlichen Kraft und als Vermächtnis für andere Generationen verfasst er in diesen einsamen Tagen sein letztes und zugleich sein größtes Werk »De officiis«, die Lehre von den Pflichten, die der unabhängige, der moralische Mensch gegen sich selbst und gegen den Staat zu erfüllen hat. Es ist sein politisches, sein moralisches Testament, das Marcus Tullius Cicero im Herbst des Jahres 44 und zugleich im Herbst seines Lebens in Puteoli aufzeichnet.

Dass dieser Traktat über das Verhältnis des Individuums zum Staate ein Testament ist, das endgültige Wort eines abgedankten und aller öffentlichen Leidenschaften entsagenden Menschen, beweist schon die Ansprache dieser Schrift. »De officiis« ist an seinen Sohn gerichtet; Cicero gesteht freimütig seinem Kinde ein, dass er nicht aus Gleichgültigkeit von dem öffentlichen Leben sich zurückgezogen habe, sondern weil er als freier Geist, als römischer Republikaner es unter seiner Würde und Ehre halte, einer Diktatur zu dienen. »Solange der Staat noch von Männern verwaltet war, die er selbst sich erwählte, habe ich meine Kraft und Gedanken der res publica gewidmet. Aber seit alles unter die dominatio unius geriet, war länger kein Raum mehr für öffentlichen Dienst oder Autorität.« Seit der Senat abgeschafft sei und die Gerichtshöfe geschlossen, was habe er da mit einigem Selbstrespekt noch im Senat oder auf dem Forum zu suchen? Bis jetzt habe ihm die öffentliche, die politische Tätigkeit zu sehr seine eigene Zeit entwendet. »Scribendi otium non erat«, niemals konnte er in geschlossener Form seine Weltanschauung niederlegen. Nun aber, da er zur Untätigkeit gezwungen sei, wolle er sie wenigstens nützen, im Sinne von Scipios großartigem Wort, der von sich gesagt hatte, er sei »nie tätiger gewesen, als wenn er nichts zu tun hatte, und nie weniger einsam, als wenn er allein mit sich selbst war«. Die Gedanken über das Verhältnis des Einzelnen zum Staate, die Marcus Tullius Cicero seinem Sohne als sein geistiges Vermächtnis darlegt, sind vielfach nicht originell. Sie verbinden Angelesenes mit sonst Übernommenem; auch im sechzigsten Jahre wird ein Dialektiker nicht plötzlich zum Dichter und ein Kompilator nicht zum ursprünglichen Schöpfer. Aber Ciceros Ansichten gewinnen diesmal ein neues Pathos durch den mitschwingenden Ton der Trauer und Erbitterung; inmitten von blutigen Bürgerkriegen und einer Zeit, wo Prätorianerhorden und Parteibanditen um die Macht kämpfen, träumt hier ein wahrhaft humaner Geist wieder einmal – wie immer die Edelsten in solchen Zeiten – den ewigen Traum einer Weltbefriedung durch sittliche Erkenntnis und Konzilianz. Gerechtigkeit und Gesetz, sie allein sollen die ehernen Grundpfeiler des Staates sein. Die innerlich Redlichen, nicht die Demagogen müssten die Gewalt und damit das Recht im Staate erhalten. Niemand dürfe versuchen, seinen persönlichen Willen und damit seine Willkür dem Volke aufzuprägen, und es sei Pflicht, jedem dieser Ehrgeizigen, die dem Volk die Führung entreißen, »hoc omne genus pestiferum acque impium«, den Gehorsam zu verweigern; erbittert weist Cicero als unbeugsam Unabhängiger jede Gemeinschaft mit einem Diktator und jeden Dienst unter ihm ein für alle Mal zurück. »Nulla est enim societas nobis cum tyrannis et potius summa distractio est.« Denn jede Gewaltherrschaft eines Einzelnen, so argumentiert er, vergewaltigt notwendigerweise das gemeinsame Recht. Wahre Harmonie kann in einem Gemeinwesen nur entstehen, wenn der Einzelne, statt persönlichen Vorteil zu ziehen aus seiner öffentlichen Stellung, seine privaten Interessen hinter jenen der Gemeinschaft zurückstellt. Wie alle Humanisten ein Lobredner der Mitte, fordert Cicero den Ausgleich der Gegensätze. Rom brauche keine Sullas und keine Cäsars und andererseits keine Gracchen; die Diktatur sei gefährlich und ebenso die Revolution.

Vieles von dem, was Cicero sagt, war vordem schon im Staatstraum Platos zu finden und wird wieder bei Jean Jacques Rousseau und allen idealistischen Utopisten zu lesen sein. Aber was dies sein Testament so erstaunlich über seine Zeit hebt, ist, dass hier ein halbes Jahrhundert vor dem Christentum ein erhabener Gedanke zum ersten Mal zu Worte kommt: die Idee der Humanität. In einer Epoche brutalster Grausamkeit, wo selbst ein Cäsar bei der Eroberung einer Stadt noch gleichmütig zweitausend Gefangenen die Hände abhacken lässt, wo Martern und Gladiatorenkämpfe, Kreuzigungen und Niederschlachtungen tägliche und selbstverständliche Geschehnisse sind, erhebt als Erster und Einziger im römischen Kulturkreise Cicero Protest gegen jeden Missbrauch der Gewalt. Er verurteilt den Krieg als die Methode der beluarum, der Bestien, er verurteilt Militarismus wie Imperialismus seines eigenen Volkes, er prangert die Ausbeutung der fremden Provinzen an und fordert, dass einzig durch Kultur und Sitte, niemals aber durch das Schwert Länder dem römischen Reiche einverleibt werden sollten. Mit prophetischem Blick sieht er Roms Niedergang durch die allzu rasche Folge seiner Siege und seiner unmoralischen, weil nur militärischen Welteroberung voraus: immer wenn ein Volk andern Völkern seine Freiheit gewaltsam nehme, verliere es dabei in geheimnisvoller Rache seine eigene. Zu eben derselben Zeit, da die gerüsteten Söldnerlegionen gleichzeitig nach Parthien und Persien, nach Germanien und Britannien, nach Spanien und Mazedonien marschieren, um dem vergänglichen Wahn eines Imperiums zu dienen, beschwört dieser eine machtlose Sachwalter der Menschlichkeit seinen Sohn, die adiumenta hominum, das Zusammenwirken der Menschen, als das höchste und wichtigste Ideal zu ehren. Und so wird – höchster Triumph seines Lebens – knapp vor seinem Ende Marcus Tullius Cicero, bisher nur ein kultivierter Humanist, der erste Anwalt der Humanität und damit Wortführer der wahrhaft geistigen Kultur.

Während Cicero dieserart in seinem Abseits ruhig und gelassen Sinn und Form einer moralischen Staatsverfassung durchdenkt, wächst die Unruhe im römischen Reiche. Noch immer hat sich der Senat, hat sich das Volk nicht entschieden, ob sie die Mörder Cäsars lobpreisen oder verbannen sollen. Antonius rüstet zum Kriege gegen Brutus und Cassius und unvermutet ist überdies ein dritter Prätendent zur Stelle, Octavian, den Cäsar zu seinem Erben ernannt und der dies Erbe nun wirklich antreten möchte. Kaum dass er in Italien gelandet ist, schreibt er an Cicero, um seinen Beistand zu gewinnen, aber gleichzeitig bittet ihn Antonius, er solle nach Rom kommen, und ebenso rufen ihn von ihren Kriegsplätzen Brutus und Cassius. Alle buhlen sie um den großen Verteidiger, dass er ihre Sache verteidige, alle werben sie um den berühmten Rechtslehrer, dass er ihr Unrecht zum Recht machen solle; aus einem richtigen Instinkt suchen wie immer die Politiker, die an die Macht wollen, solange sie diese Macht noch nicht an sich gerafft haben, den geistigen Menschen, den sie dann verächtlich zur Seite stoßen werden, als Stütze ihrer schlimmen Sache. Und wäre Cicero noch der eitle, ambitiöse Politiker von vordem, er ließe sich verleiten.

Aber Cicero ist halb müde und halb weise geworden, zwei Gefühle, die oftmals einander gefährlich gleichen. Er weiß, dass nur eines ihm jetzt wahrhaft nottut: sein Werk zu vollenden, Ordnung zu machen in seinem Leben, Ordnung in seinen Gedanken. Wie Odysseus seinen Schiffern vor dem Gesang der Sirenen, verschließt er sein inneres Ohr den Lockungen der Machthaber, er folgt nicht dem Ruf des Antonius, nicht jenem des Brutus und selbst nicht dem des Senats, sondern schreibt in dem Gefühl, stärker zu sein im Wort als in der Tat und klüger allein als inmitten eines Klüngels, weiter und weiter an seinem Buche, ahnend, dass es sein Abschiedswort an diese Welt sein wird.

Erst wie er dies sein Testament vollendet hat, blickt er auf. Es ist ein schlimmes Erwachen. Das Land, seine Heimat, steht vor dem Bürgerkrieg; Antonius, der die Kassen Cäsars und des Tempels geplündert hat, ist es gelungen, mit dem gestohlenen Gelde Söldner zu sammeln, und gegen ihn stehen drei Armeen und jede in Waffen, die des Octavian, des Lepidus und jene des Brutus und Cassius. Es ist zu spät geworden für Versöhnung und Vermittlung: jetzt muss entschieden werden, ob ein neues Cäsarentum unter Antonius über Rom herrschen soll oder die Republik weiter bestehen. Jeder muss sich in solcher Stunde entscheiden. Und auch dieser Vorsichtigste und Behutsamste, der immer den Ausgleich suchend, über den Parteien gestanden oder zwischen ihnen zaghaft gependelt hatte, auch Marcus Tullius Cicero muss sich endgültig entscheiden.

Und nun geschieht das Sonderbare. Seit Cicero »De officiis«, sein Testament seinem Sohne übermittelt hat, ist – aus Verachtung des Lebens – gleichsam ein neuer Mut über ihn gekommen. Er weiß, dass seine politische, seine literarische Karriere abgeschlossen ist. Was er zu sagen hatte, hat er gesagt, was ihm zu erleben bleibt, ist nicht mehr viel. Er ist alt, er hat sein Werk getan, wozu da noch diesen kläglichen Rest feige verteidigen? Wie ein müdegehetztes Tier, wenn es die kläffenden Rüden schon knapp hinter sich weiß, plötzlich sich umwendet und, um das Ende zu beschleunigen, sich den Hetzhunden entgegenstürzt, so wirft sich Cicero mit wahrhaftem Todesmut noch einmal mitten in den Kampf und an seine gefährlichste Stelle. Der Monate und Jahre nur mehr den stummen Griffel geführt, nimmt wieder den Donnerkeil der Rede auf und schleudert ihn gegen die Feinde der Republik.

Erschütterndes Schauspiel! Im Dezember steht der grauhaarige Mann wieder auf dem Forum Roms, um noch einmal das römische Volk aufzurufen, sich der Ehre seiner Ahnen, ille mos virtusque maiorum, würdig zu zeigen.

Vierzehn »Philippicas« donnert er gegen den Usurpator Antonius, der Senat und Volk den Gehorsam versagt hat, vollkommen der Gefahr bewusst, die es bedeutet, waffenlos gegen einen Diktator aufzutreten, der seine marschbereiten und mordbereiten Legionen bereits um sich versammelt hat. Aber wer andere zum Mute aufrufen will, hat nur dann überzeugende Kraft, wenn er selbst diesen Mut vorbildlich erweist; Cicero ist sich völlig im Klaren, dass er nicht wie einst auf dem selben Forum müßig mit Worten ficht, sondern diesmal sein Leben für seine Überzeugung einzusetzen hat. Entschlossen bekennt er von der Rostra:

»Schon als junger Mann habe ich die Republik verteidigt. Ich werde sie nicht im Stich lassen, nun da ich alt geworden bin. Gern bin ich bereit, mein Leben hinzugeben, wenn die Freiheit dieser Stadt durch meinen Tod wiederhergestellt werden kann. Mein einziger Wunsch ist, dass ich sterbend das römische Volk frei zurücklassen möge. Keine größere Gunst als dies könnten die unsterblichen Götter mir gewähren.« Jetzt sei keine Zeit mehr, verlangt er nachdrücklich, mit Antonius zu verhandeln. Man müsse Octavian stützen, der, obwohl Blutsverwandter und Erbe Cäsars, die Sache der Republik vertrete. Es gehe nicht mehr um Menschen, es gehe um eine Sache, um die heiligste Sache – res in extremum est adducta discrimen: de libertate decernitur. – Die Sache sei zur letzten und äußersten Entscheidung gekommen: es gehe um die Freiheit. Wo aber dieser heiligste Besitz bedroht sei, sei jedes Zögern verderbnisvoll. So verlangt der Pazifist Cicero Armeen der Republik gegen die Armeen der Diktatur. Und der wie sein später Schüler Erasmus, den »tumultus«, den Bürgerkrieg, über alles hasst, beantragt den Ausnahmezustand für das Land und die Acht gegen den Usurpator.

In diesen vierzehn Reden findet, seit er nicht mehr Advokat zweifelhafter Prozesse ist, sondern Anwalt einer erhabenen Idee,

Cicero wirklich großartige und lodernde Worte. »Mögen andere Völker in Sklaverei leben!«, ruft er seine Mitbürger an. »Wir Römer wollen es nicht. Können wir nicht die Freiheit erobern, so lasst uns sterben.« Sei der Staat wirklich zu seiner letzten Erniedrigung gekommen, dann gezieme es einem Volk, das die ganze Welt beherrsche – nos principes orbium terrarum gentiumque omnium –, so zu handeln, wie es selbst die versklavten Gladiatoren in der Arena täten: lieber mit dem Antlitz gegen den Feind zu sterben als sich hinschlachten zu lassen.

»Ut cum dignitate potius cadamus quam cum ignominia serviamus«, um lieber in Ehren zu sterben als in Schande zu dienen.

Staunend lauscht der Senat, lauscht das versammelte Volk diesen Philippicas. Manche ahnen vielleicht, es werde für Jahrhunderte zum letzten Mal sein, dass solche Worte am Markte ausgesprochen werden dürfen. Bald wird man sich nur mehr lautlos vor den marmornen Statuen der Imperatoren verbeugen dürfen, bloß Schmeichlern und Angebern wird ein hinterhältiges Flüstern statt der einstmaligen freien Rede im Reiche der Cäsaren erlaubt sein. Ein Schauer überkommt die Hörer, halb Schauer der Angst und halb der Bewunderung für diesen alten Mann, der einsam, mit dem Mute eines Desperados, eines innerlich verzweifelten, die Unabhängigkeit der schon zerstückten und zerrissenen Republik verteidigt. Aber auch der Feuerbrand der beredtesten Worte kann den vermorschten Stamm des römischen Stolzes nicht mehr entflammen. Und während dieser einsame Idealist am Markte Aufopferung predigt, schließen hinter seinem Rücken die skrupellosen Machthaber der Legionen bereits den schmählichsten Pakt der römischen Geschichte.

Derselbe Octavian, den Cicero als den Verteidiger der Republik gerühmt, derselbe Lepidus, für den er eine Statue für seine Verdienste um das römische Volk gefordert, weil sie beide ausgezogen waren, um den Usurpator Antonius zu vernichten, beide ziehen sie vor, ein privates Geschäft zu machen. Da keiner von den drei Rottenführern, nicht Octavian und nicht Antonius und nicht Lepidus stark genug sind, um allein sich des römischen Reiches als einer persönlichen Beute zu bemächtigen, kommen die drei Todfeinde überein, lieber das Erbe Cäsars privat unter sich zu verteilen; an Stelle des großen Cäsar hat Rom über Nacht drei kleine Cäsaren.

Es ist eine welthistorische Stunde, da die drei Generäle, statt dem Senat zu gehorchen und die Gesetze des römischen Volkes zu achten, sich einigen, ihr Triumvirat zu bilden und ein riesiges Reich, das drei Erdteile umspannt, als billige Kriegsbeute zu teilen. Auf einer kleinen Insel nahe von Bologna, wo der Rheno und der Lavino zusammenfließen, wird ein Zelt errichtet, in dem sich die drei Banditen treffen sollen. Selbstverständlich traut keiner der großen Kriegshelden dem andern. Zu oft haben sie sich gegenseitig in ihren Proklamationen Lügner, Schurken, Usurpatoren, Staatsfeinde, Räuber und Diebe genannt, um nicht einer über den Zynismus des andern genau Bescheid zu wissen. Aber Machthungrigen ist nur ihre Macht wichtig und nicht Gesinnung, nur die Beute und nicht die Ehre. Mit allen Vorsichtsmaßregeln nähern die drei Partner sich einer nach dem andern dem verabredeten Platz; erst nachdem sich die zukünftigen Herrscher der Welt gegenseitig überzeugt haben, dass keiner von ihnen Waffen mit sich führt, um den allzu neuen Verbündeten zu ermorden, lächeln sie sich freundlich zu und betreten gemeinsam das Zelt, um dort ihr blutiges Geschäft abzuschließen. Drei Tage verbleiben Antonius, Octavian und Lepidus ohne Zeugen in diesem Zelt. Sie haben dreierlei zu tun. Über den ersten Punkt – wie sie die Welt teilen sollen – einigen sie sich rasch. Octavian soll Afrika und Numidien; Antonius Gallien und Lepidus Spanien erhalten. Auch die zweite Frage macht ihnen wenig Sorge: wie das Geld aufzubringen für den Sold, den sie ihren Legionen und Parteilumpen seit Monaten schuldig sind. Dieses Problem löst sich flink nach einem seitdem oftmals nachgeahmten System: man wird einfach den reichsten Männern im Lande das Vermögen rauben, und damit sie nicht allzu laut darüber klagen können, sie gleichzeitig beseitigen. Gemächlich setzen an ihrem Tisch die drei Männer eine Proskriptionsliste auf mit den zweitausend Namen der reichsten Leute Italiens, darunter hundert Senatoren. Jeder nennt diejenigen, die er kennt und dazu noch seine persönlichen Feinde und Gegner. Mit ein paar hastigen Griffelstrichen hat das neue Triumvirat nach der territorialen auch die ökonomische Frage vollkommen gelöst.

Nun kommt der dritte Punkt zur Sprache. Wer eine Diktatur begründen will, muss, um seiner Herrschaft sicher zu bleiben, vor allem die ewigen Gegner jeder Tyrannei zum Schweigen bringen – die allzeit kleine Zahl der wahrhaft unabhängigen Menschen, die Verteidiger jener unausrottbaren Utopie: der geistigen Freiheit. Als ersten Namen für diese letzte Liste fordert Antonius Marcus Tullius Cicero. Dieser Mann hat ihn in seinem wahren Wesen erkannt und bei seinem wahren Namen genannt. Er ist gefährlicher als alle, weil er geistige Kraft hat und den Willen zu Unabhängigkeit. Er muss aus dem Wege.

Octavian erschrickt und weigert sich. Als junger Mensch noch nicht ganz verhärtet und vergiftet von der Perfidie der Politik, scheut er sich, seine Herrschaft mit der Beseitigung des berühmtesten Schriftstellers Italiens zu beginnen. Cicero ist sein getreuester Sachwalter gewesen, er hat ihn gerühmt vor dem Volke und Senat, vor wenigen Monaten noch hat Octavian seine Hilfe, seinen Rat demütig angesprochen und den alten Mann ehrfürchtig seinen »wahren Vater« genannt. Octavian schämt sich und beharrt in seinem Widerstand. Aus einem richtigen Instinkt, der ihm Ehre macht, will er diesen erlauchtesten Meister der lateinischen Sprache nicht dem schmählichen Dolch bezahlter Mörder hingeben. Aber Antonius beharrt, er weiß, dass zwischen Geist und Gewalt eine ewige Feindschaft ist und niemand der Diktatur gefährlicher werden kann als der Meister des Worts.

Drei Tage währt der Kampf um Ciceros Haupt. Schließlich gibt Octavian nach, und so beschließt Ciceros Name das vielleicht schmählichste Dokument der römischen Geschichte. Mit dieser letzten Proskription ist das Todesurteil der Republik erst völlig besiegelt.

In der Stunde, da Cicero von der Einigung der früheren drei Erzfeinde erfährt, weiß er, dass er verloren ist. Er weiß genau, dass er in dem Gewaltmenschen Antonius, den Shakespeare zu Unrecht ins Geistige emporgeadelt hat, zu schmerzhaft die niederen Instinkte der Hassgier, der Skrupellosigkeit, der Eitelkeit, der Grausamkeit mit der Heißglut des Wortes gebrandmarkt hat, als dass er von ihm Cäsars Großmut erhoffen könnte. Das einzig Logische, falls er sein Leben retten wollte, wäre rasche Flucht. Cicero müsste hinüber nach Griechenland zu Brutus, zu Cassius, zu Cato in das letzte Heerlager der republikanischen Freiheit; und tatsächlich, zweimal, dreimal scheint der Geächtete schon zur Flucht entschlossen; dort wäre er zumindest vor den bereits ausgesandten Meuchelmördern gesichert. Er bereitet alles vor. Er verständigt seine Freunde, er schifft sich ein, er macht sich auf den Weg. Aber immer wieder hält er im letzten Augenblick inne; wer einmal die Trostlosigkeit des Exils gekannt, spürt selbst in der Gefahr die Wollust der heiligen Erde und die Unwürdigkeit eines Lebens in ewiger Flucht. Ein geheimnisvoller Wille jenseits der Vernunft und sogar wider die Vernunft zwingt ihn, sich dem Schicksal zu stellen, das ihn erwartet. Nur noch ein paar Tage Rast begehrt der müde Gewordene von seinem schon erledigten Dasein. Nur noch ein wenig still nachsinnen, noch ein paar Briefe schreiben, ein paar Bücher lesen – möge dann kommen, was ihm bestimmt ist. In diesen letzten Monaten verbirgt sich Cicero bald in dem einen, bald in dem anderen seiner Landgüter, immer wieder aufbrechend, sobald eine Gefahr droht, aber niemals ihr vollkommen entflüchtend. Wie ein Fieberkranker die Kissen, so wechselt er diese halben Verstecke, nicht ganz entschlossen, seinem Schicksal entgegenzutreten und nicht auch entschlossen, ihm auszuweichen, als wollte er mit dieser passiven Todesbereitschaft unbewusst die Maxime erfüllen, die er in seinem »De senectute« niedergelegt, dass ein alter Mann den Tod weder suchen dürfe noch ihn verzögern; wann immer er komme, müsse man ihn gelassen empfangen. Neque turpis mors forti viro potest accedere: für den Seelenstarken gibt es keinen schmählichen Tod.

In diesem Sinn befiehlt Cicero, der zu Winteranfang schon nach Sizilien unterwegs gewesen, plötzlich seinen Leuten, noch einmal den Kiel zum heimischen Italien zurückzuwenden und in Cajeta, dem heutigen Gaeta, zu landen, wo er ein Gütchen besitzt. Eine Müdigkeit, die nicht bloß eine der Glieder oder der Nerven ist, sondern Müdigkeit des Lebens und geheimnisvolles Heimweh nach dem Ende, nach der Erde, hat ihn übermannt. Nur rasten noch einmal. Noch einmal die süße Luft der Heimat atmen, noch einmal Abschied nehmen, Abschied von der Welt. Aber ruhen und rasten, sei es ein Tag oder eine Stunde nur. Ehrfürchtig begrüßt er, kaum gelandet, die heiligen Laren des Hauses. Er ist müde, der vierundsechzigjährige Mann, und die Seefahrt hat ihn erschöpft; so streckt er sich hin auf das cubiculum, die Augen geschlossen, um in lindem Schlafe die Vorlust des ewigen Ausruhens zu genießen.

Aber kaum hat Cicero sich hingestreckt, so stürzt schon ein getreuer Sklave herein. Es seien verdächtige bewaffnete Männer in der Nähe; ein Angestellter seines Hauses, dem er zeitlebens viele Freundlichkeiten erwiesen, habe um der Belohnung willen seinen Aufenthalt den Mördern verraten. Cicero möge flüchten, rasch flüchten, eine Sänfte stehe bereit und sie selbst, die Sklaven des Hauses, wollten sich bewaffnen und ihn verteidigen, während der kurzen Strecke bis zum Schiff, wo er dann gesichert sei. Der alte erschöpfte Mann wehrt ab. »Was soll es«, sagt er, »ich bin müde zu fliehen und müde zu leben. Lass mich hier in diesem Lande sterben, das ich gerettet habe.« Schließlich überredet ihn doch der alte getreue Diener; bewaffnete Sklaven tragen die Sänfte auf Umwegen durch das kleine Wäldchen zu der rettenden Barke.

Aber der Verräter in seinem Hause will sich um sein Schandgeld nicht betrügen lassen. Hastig ruft er einen Centurio und ein paar Bewaffnete zusammen. Sie jagen dem Zuge nach durch den Wald und erreichen noch rechtzeitig ihre Beute.

Sofort scharen sich die bewaffneten Diener um die Sänfte und machen sich zum Widerstand bereit. Jedoch Cicero befiehlt ihnen, abzulassen. Sein eigenes Leben ist abgelebt, wozu noch fremde und jüngere opfern? In dieser letzten Stunde fällt von diesem ewig schwankenden, unsicheren und nur selten mutigen Mann alle Angst. Er fühlt, dass er als Römer sich an dieser letzten Probe nur bewähren könne, wenn er – sapientissimus quisque aequissimo animo moritur – aufrecht dem Tode entgegengeht. Auf sein Geheiß weichen die Diener zurück; unbewaffnet und ohne Widerstand bietet Cicero sein graues Haupt den Mördern dar mit dem großartig überlegenen Wort: »Non ignoravi me mortalem genuisse«, ich habe immer gewusst, dass ich sterblich bin. Die Mörder aber wollen nicht Philosophie, sondern ihren Sold. Sie zögern nicht lange. Mit einem mächtigen Hieb schlägt der Centurio den Wehrlosen nieder.

So stirbt Marcus Tullius Cicero, der letzte Anwalt der römischen Freiheit, heroischer, mannhafter und entschlossener in dieser seiner letzten Stunde als in den tausenden und tausenden seines abgelebten Lebens.

Auf die Tragödie folgt das blutige Satyrspiel. Aus der Dringlichkeit, mit der Antonius gerade diesen Mord anbefohlen, mutmaßen die Mörder, dass dieser Kopf einen besonderen Wert haben müsse. Nicht natürlich den Wert im geistigen Gefüge der Welt und der Nachwelt vermögen sie zu ahnen, wohl aber den besonderen für den Auftraggeber der blutigen Tat. Um sich die Prämie nicht streitig machen zu lassen, beschließen sie einen sprechenden Beweis des vollzogenen Befehls Antonius zu überbringen. Unbedenklich hackt der Banditenführer der Leiche Haupt und Hände ab, stopft sie in einen Sack und eilt, diesen Sack, aus dem noch das Blut des Gemordeten tropft, auf den Rücken geschultert, eiligst nach Rom, um den Diktator mit der Nachricht zu erfreuen, dass der ruhmreichste Anwalt der römischen Republik auf übliche Weise erledigt worden sei. Und der kleine Bandit, der Banditenführer, hat richtig gerechnet. Der große Bandit, der diesen Mord anbefohlen, münzt seine Freude über die begangene Untat in fürstliche Belohnung um. Nun, nachdem er die zweitausend reichsten Leute Italiens ausplündern und morden ließ, kann Antonius endlich freigebig sein. Eine blanke Million Sesterzen zahlt er dem Centurio für den blutigen Sack mit Ciceros abgeschlagenen Händen und geschändetem Haupt. Aber noch immer ist damit seine Rache nicht gekühlt; so ersinnt der stupide Hass dieses Blutmenschen für diesen Toten noch eine besondere Schmach, ahnungslos, dass sie ihn selbst erniedrigen wird für alle Zeiten. Antonius befiehlt, dass Haupt und Hände Ciceros an die Rostra, an dieselbe Rednerbühne genagelt werden sollen, von der herab er das Volk gegen ihn und zur Verteidigung der römischen Freiheit aufgerufen.

Dies schmählichste Schauspiel erwartet am nächsten Tage das römische Volk. An der Rednerkanzel, der gleichen, von der Cicero seine unsterblichen Reden gehalten, hängt fahl das abgeschlagene Haupt des letzten Anwalts der Freiheit. Ein wuchtiger rostiger Nagel geht quer durch die Stirn, die tausend Gedanken gedacht; fahl und bitter verklammen sich die Lippen, die schöner als alle das metallische Wort der lateinischen Sprache geformt, verschlossen decken die bläulichen Lider das Auge, das durch sechzig Jahre über die Republik gewacht, machtlos spreizen sich die Hände, die die prachtvollsten Briefe der Zeit geschrieben. Aber dennoch – keine Anklage, die der großartige Redner gegen Brutalität, gegen Machtkoller, gegen Gesetzlosigkeit von dieser

Tribuna gesprochen, keine seiner unsterblichen Reden hat je so beredt gegen das ewige Unrecht der Gewalt zu seinem Volke gesprochen als nun die blutlosen Lippen, und was die zeitlichen Herren der Gewalt ihm als Schande zugedacht, wird Ciceros unvergänglichster Triumph.

Biographien

Joseph Fouché

VORWORT

Joseph Fouché, einer der mächtigsten Männer seiner Zeit, einer der merkwürdigsten aller Zeiten, hat wenig Liebe gefunden bei seiner Mitwelt und noch weniger Gerechtigkeit bei der Nachwelt. Napoleon auf St. Helena, Robespierre bei den Jakobinern, Carnot, Barras, Talleyrand in ihren Memoiren, allen französischen Geschichtsschreibern, ob royalistisch, republikanisch oder bonapartistisch, läuft sofort Galle in die Feder, sobald sie nur seinen Namen hinschreiben. Geborener Verräter, armseliger Intrigant, glatte Reptiliennatur, gewerbsmäßiger Überläufer, niedrige Polizeiseele, erbärmlicher Immoralist – kein verächtliches Schimpfwort wird an ihm gespart, und weder Lamartine noch Michelet noch Louis Blanc versuchen ernstlich, seinem Charakter oder vielmehr seiner bewundernswert beharrlichen Charakterlosigkeit nachzuspüren. Zum ersten Mal erscheint seine Gestalt in wirklichem Lebensumriss in jener monumentalen Biographie Louis Madelins (der diese wie jede andere Studie den Großteil ihres Tatsachenmaterials verdankt); sonst hat die Geschichte einen Mann, der innerhalb einer Weltwende alle Parteien geführt und als einziger sie überdauert, der im psychologischen Zweikampf einen Robespierre und einen Napoleon besiegte, ganz still in die rückwärtige Reihe der unbeträchtlichen Figuranten abgeschoben. Ab und zu geistert seine Gestalt noch durch ein Napoleonstück oder eine Napoleonoperette, aber dann meist in der abgegriffenen schematischen Charge des gerissenen Polizeiministers, eines vorausgeahnten Sherlock Holmes; flache Darstellung verwechselt ja immer eine Rolle des Hintergrunds mit einer Nebenrolle.

Ein einziger hat diese einzigartige Figur groß gesehen aus seiner eigenen Größe, und zwar nicht der Geringste: Balzac. Dieser hohe und gleichzeitig durchdringende Geist, der nicht nur auf die Schaufläche der Zeit, sondern immer auch hinter die Kulissen blickte, hat rückhaltlos Fouché als den psychologisch interessantesten Charakter seines Jahrhunderts anerkannt. Gewöhnt, alle Leidenschaften, die sogenannten heroischen ebenso wie die sogenannten niedrigen, in seiner Chemie der Gefühle als vollkommen gleichwertige Elemente zu betrachten, einen vollendeten Verbrecher, einen Vautrin, ebenso zu bewundern wie ein moralisches Genie, einen Louis Lambert, niemals unterscheidend zwischen sittlich und unsittlich, sondern immer nur den Willenswert eines Menschen messend und die Intensität seiner Leidenschaft, hat Balzac sich gerade diesen einen verachtetsten, geschmähtesten Menschen der Revolution und der Kaiserzeit aus seiner beabsichtigten Verschattung geholt. »Den einzigen Minister, den Napoleon jemals besessen«, nennt er dieses »singulier génie«, dann wieder »la plus forte tête que je connaisse«, und andern Ortes »eine derjenigen Gestalten, die so viel Tiefe unter jeder Oberfläche haben, dass sie im Augenblick ihres Handelns undurchdringlich bleiben und erst nachher verstanden werden können.« – Das klingt bedeutend anders als jene moralistischen Verächtlichkeiten! Und mitten in seinem Roman »Une ténébreuse affaire« widmet er diesem »düstern, tiefen und ungewöhnlichen Geist, der wenig bekannt ist«, ein besonderes Blatt: »Sein eigenartiges Genie,« schreibt er, »das Napoleon eine Art von Furcht einjagte, offenbarte sich nicht auf einmal. Dieses unbekannte Konventmitglied, einer der außerordentlichsten und zugleich

Joseph Fouché

der am falschesten beurteilten Männer seiner Zeit, wurde erst in den Krisen zu dem, was er nachher war. Er erhob sich unter dem Direktorium zu jener Höhe, von der aus tiefe Männer die Zukunft zu erkennen wissen, indem sie die Vergangenheit richtig beurteilen; dann gab er mit einem Mal, wie manche mittelmäßige Schauspieler, durch eine plötzliche Erleuchtung aufgeklärt, ausgezeichnete Darsteller werden, während des Staatsstreiches am 18. Brumaire Beweise seiner Geschicklichkeit. Dieser Mann mit dem blassen Gesicht, unter klösterlicher Zucht aufgewachsen, welcher alle Geheimnisse der Bergpartei kannte, der er anfangs angehörte, und ebenso die der Royalisten, zu denen er schließlich überging, dieser Mann hatte die Menschen, die Dinge und die Praktiken des politischen Schauplatzes langsam und schweigsam studiert; er durchschaute Bonapartes Geheimnisse, gab ihm nützliche Ratschläge und kostbare Auskünfte; ... weder seine neuen noch seine ehemaligen Kollegen ahnten in diesem Augenblick den Umfang seines Genies, das im Wesentlichen ein Regierungsgenie war: treffend in allen seinen Prophezeiungen und von unglaublichem Scharfblick.« So Balzac. Seine Huldigung hatte mich zuerst auf Fouché aufmerksam gemacht, und seit Jahren blickte ich nun gelegentlich dem Manne nach, dem ein Balzac nachrühmte, er habe »mehr Macht über Menschen besessen als selbst Napoleon«. Aber Fouché hat es, wie zeitlebens, auch in der Geschichte gut verstanden, eine Hintergrundfigur zu bleiben: er lässt sich nicht gerne ins Gesicht und in die Karten sehen. Fast immer steckt er innerhalb der Ereignisse, innerhalb der Parteien hinter der anonymen Hülle seines Amtes so unsichtbar tätig verborgen wie das Uhrwerk in der Uhr, und nur ganz selten gelingt es im Tumult der Geschehnisse, an den schärfsten Kurven seiner Bahn, sein wegflüchtendes Profil zu erhaschen. Und noch sonderbarer! Keins dieser fliehend gefassten Profile Fouchés stimmt auf den ersten Blick zum andern. Es kostet einige Anstrengung, sich vorzustellen, dass der gleiche Mensch, mit gleicher Haut und gleichen Haaren 1790 Priesterlehrer und

Biographien

1792 schon Kirchenplünderer, 1793 Kommunist und fünf Jahre später schon mehrfacher Millionär und abermals zehn Jahre später Herzog von Otranto war. Aber je verwegener in seinen Verwandlungen, umso interessanter trat mir der Charakter oder vielmehr Nichtcharakter dieses vollkommensten Machiavellisten der Neuzeit entgegen, immer anreizender wurde mir sein ganz in Hintergründe und Heimlichkeit gehülltes politisches Leben, immer eigenartiger, ja dämonischer seine Figur. So kam ich ganz unvermutet, aus rein seelenwissenschaftlicher Freude dazu, die Geschichte Joseph Fouchés zu schreiben als einen Beitrag zu einer noch ausständigen und sehr notwendigen Biologie des Diplomaten, dieser noch nicht ganz erforschten, allergefährlichsten geistigen Rasse unserer Lebenswelt.

Solche Lebensbeschreibung einer durchaus amoralischen Natur, selbst einer so einzigartigen und bedeutungsvollen wie Joseph Fouchés – sie ist, ich weiß es, gegen den unverkennbaren Wunsch der Zeit. Unsere Zeit will und liebt heute heroische Biographien, denn aus der eigenen Armut an politisch schöpferischen Führergestalten sucht sie sich höheres Beispiel aus den Vergangenheiten. Ich verkenne nun durchaus nicht die seelenausweitende, die kraftsteigernde, die geistig erhebende Macht der heroischen Biographien. Sie sind seit den Tagen Plutarchs nötig für jedes steigende Geschlecht und jede neue Jugend. Aber gerade im Politischen bergen sie die Gefahr einer Geschichtsfälschung, nämlich als ob damals und immer die wahrhaft führenden Naturen auch das tatsächliche Weltschicksal bestimmt hätten. Zweifellos beherrscht eine heroische Natur durch ihr bloßes Dasein noch für Jahrzehnte und Jahrhunderte das geistige Leben, aber nur das geistige. Im realen, im wirklichen Leben, in der Machtsphäre der Politik entscheiden selten – und dies muss zur Warnung vor aller politischer Gläubigkeit betont werden – die überlegenen Gestalten, die Menschen der reinen Ideen, sondern eine viel geringwertigere, aber geschicktere Gattung: die Hintergrundgestalten. 1914 wie 1918 haben wir mitangesehen, wie die welthistorischen Entscheidungen des Krieges und des Friedens nicht von der Vernunft und der Verantwortlichkeit aus getroffen wurden, sondern von rückwärts verborgenen Menschen anzweifelbarsten Charakters und unzulänglichen Verstandes. Und täglich erleben wir es neuerdings, dass in dem fragwürdigen und oft frevlerischen Spiel der Politik, dem die Völker noch immer treugläubig ihre Kinder und ihre Zukunft anvertrauen, nicht die Männer des sittlichen Weitblicks, der unerschütterlichen Überzeugungen durchdringen, sondern dass sie immer wieder überspielt werden von jenen professionellen Hasardeuren, die wir Diplomaten nennen, diesen Künstlern der flinken Hände, der leeren Worte und kalten Nerven. Wenn also wirklich, wie Napoleon schon vor hundert Jahren sagte, die Politik »la fatalité moderne« geworden ist, das neue Fatum, so wollen wir zu unserer Gegenwehr versuchen, die Menschen hinter diesen Mächten zu erkennen, und damit das gefährliche Geheimnis ihrer Macht. Ein solcher Beitrag zur Typologie des politischen Menschen sei diese Lebensgeschichte Joseph Fouchés.

Salzburg, Herbst 1929

DER ENDKAMPF MIT NAPOLEON

1815, Die hundert Tage
Immerhin, man kann verstehen, dass Napoleon dieses zweideutige Spiel seines Ministers rasend macht. Denn er weiß, diesmal geht es um seinen Kopf. Jeden Morgen tritt wie seit mehr als einem Jahrzehnt der hagere, magere Mann, fahl und blutleer das Gesicht über dem dunkeln, gestickten Palmenrock, in sein Zimmer und erstattet Bericht, ausgezeichneten, klaren, unwiderleglichen Bericht über die Situation. Niemand übersieht die Ereignisse besser, niemand weiß klarer die Weltlage darzustellen, alles durchdringt und alles sieht – so fühlt Napoleon – dieser überlegene Geist. Und doch fühlt er zugleich auch, dass Fouché ihm nicht alles sagt, was er weiß. Ihm ist bekannt: es gehen Boten hin

zum Herzog von Otranto von den fremden Mächten, vormittags, mittags und nachts empfängt sein eigener Kabinettsminister verdächtige Royalistenagenten hinter verschlossenen Türen, er hat Besprechungen und Beziehungen, über die er ihm, dem Kaiser, kein Wort referiert. Aber geschieht dies, wie Fouché ihn glauben machen will, wirklich nur, um Informationen zu gewinnen, oder spinnen sich da geheime Intrigen? Grässliche Unsicherheit für einen Gehetzten, von hundert Feinden Umstellten! Vergebens, dass er ihn bald freundschaftlich fragt, bald eindringlich mahnt, bald mit groben Verdächtigungen überschüttet: dieser dünne Mund bleibt unerschütterlich verschlossen, die Augen fühllos wie Glas. Man kann nicht an Fouché heran, man kann ihm sein Geheimnis nicht entreißen. Und so fiebert Napoleon: wie ihn fassen? Wie endlich wissen, ob der Mann, den man in alle Karten blicken lässt, Verräter an ihm ist oder Verräter an den Feinden? Wie ihn fassen, den Unfassbaren, wie ihn durchdringen, den Undurchdringlichen?

Endlich – Erlösung! – eine Spur, eine Fährte, beinahe ein Beweis. Im April entdeckt die geheime Polizei, das heißt jene Polizei, die der Kaiser eigens dazu beschäftigt, um seinen Polizeiminister zu überwachen, dass ein angeblicher Angestellter eines Wiener Bankhauses in Paris eingetroffen sei und geradeswegs den Herzog von Otranto aufgesucht habe. Sofort wird der Bote aufgespürt, verhaftet und – selbstverständlich ohne Wissen des Polizeiministers Fouché – in einen Pavillon des Elysees vor Napoleon gebracht. Dort droht man ihm mit sofortiger Füsilierung und schüchtert ihn so lange ein, bis er endlich gesteht, einen mit sympathetischer Tinte geschriebenen Brief Metternichs an Fouché überbracht zu haben, der eine Vertrauensmännerbesprechung in Basel einleiten soll. Napoleon schäumt vor Wut: Briefe mit solchen Praktiken vom Minister seiner Feinde an seinen Minister, das bedeutet Hochverrat. Und sein erster Gedanke ist der natürliche: den ungetreuen Diener sofort verhaften und seine Papiere beschlagnahmen zu lassen. Aber seine Vertrauten raten ihm ab,

Joseph Fouché

noch sei kein Beweis erbracht und zweifellos bei der oft erprobten Vorsicht des Herzogs von Otranto niemals in seinen Papieren eine Spur seiner Machenschaften zu finden. So beschließt der Kaiser zunächst die Probe auf Fouchés Ergebenheit. Er lässt ihn rufen und spricht mit einer ihm sehr ungewohnten Verstellung, die er von seinem eigenen Minister gelernt hat, sondierend über die Lage, ob es nicht doch möglich sei, mit Österreich in Verhandlungen zu kommen? Fouché, ahnungslos, dass jener Bote längst die ganze Sache ausgeplaudert, erwähnt mit keinem Wort das Billett Metternichs, und gleichmütig, scheinbar gleichmütig, entlässt ihn der Kaiser, nun vollkommen von der Schurkerei seines Ministers überzeugt. Aber um ihn ganz zu überführen, inszeniert er – mitten in der erbittertsten Stimmung – eine raffinierte Komödie mit dem ganzen Quiproquo eines Molièrischen Lustspiels. Durch den Agenten weiß man das Stichwort für die Zusammenkunft mit dem Vertrauten Metternichs. So schickt der Kaiser einen Vertrauten hin, der als Vertrauter Fouchés auftreten soll – ihm wird der österreichische Agent zweifellos alle Konfidenzen machen, und endlich wird der Kaiser wissen, nicht nur dass, sondern auch wie weit ihn Fouché verraten hat. Noch am selben Abend reist der Bote Napoleons: in zwei Tagen muss Fouché entlarvt und in seiner eigenen Falle gefangen sein.

Aber so rasch man greift – einen Aal oder eine Schlange, die richtigen Kaltbluttiere fängt man nicht mit der bloßen Hand. Die Komödie, die der Kaiser aufführen lässt, hat, wie jedes vollendete Lustspiel, auch eine Gegenhandlung, quasi einen doppelten Boden. So wie Napoleon hinter dem Rücken Fouchés eine geheime Polizei, so hat wieder Fouché im Rücken Napoleons seine gekauften Schreiber und geheimen Berichterstatter: seine Kundschafter arbeiten nicht minder flink als die des Kaisers. Noch am selben Tage, da der Agent Napoleons zu jenem Maskenspiel ins Hotel »Drei Könige« in Basel abreist, hat Fouché bereits Lunte gerochen, einer der »Vertrauten« Napoleons hat ihm die Komödie anvertraut. Und der überrascht werden sollte, überrascht nun seinen Herrn gleich am nächsten Morgen beim täglichen Vortrag. Mitten im Gespräch fährt er sich plötzlich an die Stirn mit der Nachlässigkeit eines Mannes, dem irgendeine ganz, ganz unwichtige Belanglosigkeit entfallen ist: »Ach, richtig, Sire, ich habe vergessen, Ihnen zu sagen, dass ich ein Billett von Metternich bekommen habe, man ist ja mit wichtigeren Dingen beschäftigt. Und dann, sein Gesandter hat mir nicht das Pulver übergeben, um die Schrift lesbar zu machen, und ich vermutete zuerst eine Mystifikation. So kann ich Ihnen erst heute berichten.«

Nun kann sich der Kaiser nicht mehr halten: »Sie sind ein Verräter, Fouché«, schreit er ihn an, »ich sollte Sie hängen lassen.«

Und kühl: »Ich bin nicht dieser Meinung Eurer Majestät«, antwortet der unerschütterlichste, kaltblütigste Minister.

Napoleon bebt vor Wut. Wieder ist ihm durch dieses unerwünscht vorzeitige Geständnis der Fra Diavolo entschlüpft. Und der Agent, der zwei Tage später ihm den Bericht über die Unterredung in Basel überbringt, hat wenig Entscheidendes zu melden und viel Unerfreuliches. Wenig Entscheidendes: denn aus dem Verhalten des österreichischen Agenten ergibt sich, dass Fouché, der Vorsichtige, viel zu raffiniert war, sich nachweislich bindend einzulassen, dass er nur hinter dem Rücken seines Herrn sein Lieblingsspiel spielte: alle Möglichkeiten in einer Hand. Aber viel Unerfreuliches auch bringt der Bote mit: nämlich, dass die Mächte mit jeder Regierungsform in Frankreich einverstanden seien, nur mit einer nicht, mit Napoleon Bonaparte. Zornig beißt der Kaiser die Zähne in die Lippen. Seine Schlagkraft ist gelähmt. Er hat den Schattengänger von rückwärts heimlich treffen wollen und bei diesem Zweikampf aus dem Dunkel selbst eine tödliche Wunde empfangen.

Der richtige Augenblick ist durch die Parade Fouchés versäumt, Napoleon weiß es: »Es liegt auf der flachen Hand, dass er mich verrät«, äußert er zu seinen Vertrauten, »und ich bedaure, ihn nicht weggejagt zu haben, ehe er mir die Eröffnung seines Verkehrs mit Metternich mitteilte. Jetzt ist der Augenblick versäumt und es fehlt an einem Vorwand. Er würde überall ausstreuen, ich sei ein Tyrann, der alles seinem Argwohn opfere.« Mit voller Hellsichtigkeit erkennt der Kaiser seine Unterlegenheit, aber er kämpft weiter bis zur letzten Minute, ob man den Doppelseitigen nicht doch zu sich herüberreißen könne oder irgendeinmal überraschen und zerschmettern. Alle Register zieht er auf. Er versucht es mit Vertrauen, mit Freundlichkeit, mit Nachsicht und mit Vorsicht, aber sein starker Wille prallt ohnmächtig von diesem nach allen Facetten hin gleich kalt und blendend geschliffenen Stein ab: Diamanten kann man zertrümmern oder wegschleudern, nie durchdringen. Schließlich reißen dem von Argwohn Gepeinigten die Nerven durch; Carnot erzählt die Szene, in der sich die Ohnmacht des Kaisers gegen seinen Peiniger dramatisch enthüllt. »Sie verraten mich, Herzog von Otranto, ich habe Beweise dafür«, schreit Napoleon einmal inmitten des Ministerrats den Unerschütterlichen an, und ein elfenbeinernes Messer, das auf dem Tisch liegt, erfassend: »Da, nehmen« Sie das Messer, und stoßen Sie es mir in die Brust, es wäre loyaler als das, was Sie tun. Es liegt nur an mir, Sie erschießen zu lassen, und die ganze Welt würde einem solchen Akt zustimmen. Aber wenn Sie mich fragen, warum ich es nicht tue, so ist es, weil ich Sie verachte und Sie nicht eine Unze schwer in meiner Waage wiegen.« Man sieht, sein Misstrauen ist schon zu Wut geworden, seine Gequältheit zu Hass. Nie wird er diesem Mann vergessen, ihn dermaßen herausgefordert zu haben, und das weiß Fouché. Aber er rechnet klar die armseligen Machtmöglichkeiten des Kaisers durch. »In vier Wochen wird mit diesem Wütenden alles zu Ende sein«, sagt er hellsehend und verächtlich zu seinem Freund. Darum denkt er gar nicht daran, jetzt zu paktieren; einer muss nach der Entscheidungsschlacht aus dem Wege: Napoleon oder er. Er weiß, Napoleon hat angekündigt, der erste Bote vom siegreichen Schlachtfeld werde seine Entlassung nach Paris bringen, vielleicht auch den Befehl zu seiner Verhaftung. Und mit einem Ruck springt die Uhr zwanzig Jahre zurück, 1793, wo gleichfalls der Mächtigste seiner Zeit, Robespierre, ebenso entschlossen gesagt, in vierzehn Tagen müsse ein Kopf fallen: der Fouchés oder der seine. Aber der Herzog von Otranto ist seitdem selbstbewusst geworden. Und überlegen erinnert er einen seiner Freunde, der ihn vor Napoleons Zorn warnt, an jene Drohung von einst und fügt lächelnd hinzu: »Aber der seine ist gefallen.«

Am 18. Juni beginnen plötzlich die Kanonen vor dem Invalidendom zu dröhnen. Die Bevölkerung von Paris zuckt begeistert auf. Sie kennt seit fünfzehn Jahren diese eherne Stimme. Ein Sieg ist erfochten, erfolgreiche Schlacht geschlagen – vollständige Niederlage Blüchers und Wellingtons meldet der »Moniteur«. Begeistert fluten die Menschenscharen über die sonntäglich überfüllten Boulevards, die allgemeine Stimmung, schwankend noch vor wenigen Tagen, springt plötzlich in Kaisertreue und Begeisterung um. Nur der feinste Gradmesser, die Rente, sinkt um vier Punkte, denn jeder Sieg Napoleons bedeutet Verlängerung des Krieges. Und nur ein Mann zittert vielleicht im Innersten bei diesem erzenen Schall: Fouché. Ihn kann der Sieg des Despoten den Kopf kosten.

Aber tragische Ironie: zur gleichen Stunde, da in Paris französische Kanonen Salut schießen, schmettern die englischen bei Waterloo längst die Kolonnen der Infanterie und der Garde zusammen, und während die Hauptstadt ahnungslos illuminiert, jagen staubwirbelnd die Rosse der preußischen Kavallerie die letzte lose Spreu der flüchtenden Armee vor sich her.

Noch einen zweiten Tag des Vertrauens hat das ahnungslose Paris. Erst am zwanzigsten sickern unheimliche Nachrichten durch. Blass, mit zuckenden Lippen flüstert der eine dem andern beunruhigendes Gerücht zu. In den Kammern, auf der Straße, an der Börse, in den Kasernen, überall raunen und reden die Leute von einer Katastrophe, obwohl die Zeitungen wie gelähmt schweigen. Alles redet, zaudert, murrt, klagt und hofft in der plötzlich verschüchterten Hauptstadt.

Nur einer handelt: Fouché. Kaum dass er (natürlich allen anderen voraus) die Nachricht von Waterloo erfahren hat, betrachtet er Napoleon nur noch als einen lästigen Kadaver, den es schleunigst wegzuschaffen gilt. Und sofort setzt er den Spaten an, um sein Grab zu schaufeln. Unverzüglich schreibt er an den Herzog von Wellington, um von vornherein mit dem Sieger in Fühlung zu kommen, gleichzeitig prophezeit er mit einer psychologischen Voraussicht ohnegleichen den Abgeordneten, dass Napoleon als erste Handlung versuchen werde, sie alle nach Hause zu schicken. »Er wird wütender als je zurückkommen und sofort die Diktatur verlangen.« Rasch ihm also einen Prügel in den Weg! Am Abend ist das Parlament bereits eingespielt, der Ministerrat gegen den Kaiser gewonnen, die letzte Möglichkeit, die Macht wieder zu ergreifen, Napoleon aus der Hand geschlagen, und all dies, noch ehe er den Fuß nach Paris gesetzt hat. Der Herr der Stunde ist nicht mehr Napoleon Bonaparte, sondern endlich, endlich, endlich Joseph Fouché.

Knapp vor dem Frührot noch, den schwarzen Mantel der Nacht wie ein Leichentuch um sich geschlagen, rollt eine schlechte Karosse (die eigene mit dem Thronschatz, dem Degen und den Papieren hat Blücher erbeutet) durch das Tor von Paris und dem Elysee zu. Der vor sechs Tagen in seinem Armeebefehl pathetisch geschrieben: »Für jeden Franzosen, welcher Mut hat, ist der Augenblick gekommen, zu siegen oder zu sterben«, hat weder gesiegt, noch ist er gestorben, wohl aber sind bei Waterloo und Ligny noch einmal sechzigtausend Menschen für ihn gefallen. Jetzt ist er nur rasch heimgereist wie seinerzeit von Ägypten, wie von Russland, um die Macht zu retten: mit Absicht hat er die Fahrt verlangsamen lassen, nur um heimlich, vom Dunkel gedeckt, einzutreffen. Und statt geradeswegs in die Tuilerien zu treten zu den Volksvertretern Frankreichs in seinen kaiserlichen Palast, verbirgt er seine zerschlagenen Nerven in dem kleineren und abseitigeren Elysee.

Ein müder, zerschmetterter Mensch steigt aus dem Wagen, zusammenhanglose, verwirrte Worte stammelnd, nachträgliche Erklärungen und Entschuldigungen suchend für das Unvermeidliche. Ein heißes Bad lockert ihn auf, dann erst beruft er seinen Rat. Unruhig, zwischen Zorn und Mitleid schwankend, respektvoll ohne inneren Respekt, hören sie den wirren und fiebrigen Reden des Geschlagenen zu, der von neuem von hunderttausend Mann phantasiert, die er ausheben will, von der Requirierung der Luxuspferde, der ihnen (die genau wissen, dass man keine hundert Mann mehr aus dem ausgepressten Land herausholen kann) vorrechnet, in vierzehn Tagen könne er den Verbündeten wieder zweihunderttausend Mann entgegenstellen. Die Minister, darunter Fouché, stehen mit gesenkten Stirnen. Sie wissen, dass derartige Fieberreden nur noch die letzten Zuckungen jenes riesigen Machtwillens sind, der in diesem Giganten noch immer und immer nicht sterben will. Genau, was Fouché vorausgesagt hat, fordert er: die Diktatur, Vereinigung aller militärischen und politischen Macht in eine, in seine Hand – und er fordert sie vielleicht nur, um sie sich von den Ministern ablehnen zu lassen, um ihnen einmal später vor der Geschichte die Schuld zuzuschieben, eine letzte Möglichkeit des Sieges versäumt zu haben (die Gegenwart kennt Analogien für solche Umstellungen!).

Aber alle Minister äußern sich vorsichtig, jeder voll Scham, diesem Leidenden, diesem wahnwitzig Fiebernden durch ein hartes Wort wehzutun. Nur Fouché braucht nicht zu reden. Er schweigt, denn er hat längst gehandelt und alle Vorkehrungen getroffen, um diesen letzten Ansturm Napoleons auf die Macht zu hindern. Mit sachlicher Neugier, der eines Arztes, wenn er die wilden letzten Zuckungen eines Sterbenden klinisch kalt betrachtet und im Voraus berechnet, wann der Puls stocken, der Widerstand zerbrechen wird, hört er ohne Mitleid diesen vergeblichen

Krampfreden zu: kein Wort kommt über seine eigene, dünne, blutlose Lippe. Moribundus, ein Verlorener, ein Aufgegebener, was zählen dessen verzweifelte Reden noch! Er weiß, während der Kaiser sich hier selbst berauscht, um mit gewaltsamen Phantastereien auch die anderen zu berauschen, entscheidet tausend Schritte weiter, in den Tuilerien, schon die Ratsversammlung unbarmherzig logisch nach seinem, Fouchés, endlich ungehemmten Geheiß und Willen.

Er selbst freilich erscheint, genau wie am 9. Thermidor, an diesem 21. Juni nicht in der Deputiertenversammlung. Er hat – und das genügt – im Dunkel seine Batterien aufgefahren, den Schlachtplan entworfen, den rechten Mann und die rechte Minute für den Angriff gewählt: Napoleons tragischen und beinahe grotesken Gegenspieler, Lafayette. Als Held des amerikanischen Freiheitskrieges vor einem Vierteljahrhundert heimgekehrt, ein blutjunger Edelmann und doch schon mit dem Ruhm zweier Welten gekrönt, Fahnenschwinger der Revolution, Bahnbrecher der neuen Idee, Liebling seines Volkes, hatte Lafayette früh, allzu früh, alle Ekstasen der Macht gekannt. Und dann war plötzlich aus dem Nichts, aus dem Schlafzimmer Barras' ein kleiner Korse gekommen, irgendein Leutnant mit halbzerrissenem Mantel und abgetretenen Schuhen, und hatte in zwei Jahren alles an sich gerissen, was er aufgebaut und begonnen, ihm seinen Platz raubend, seinen Ruhm; derlei vergisst man nicht. Grollend bleibt der gekränkte Edelmann auf seinem Landgut, während jener im gestickten Kaisermantel die Fürsten Europas zu seinen Füßen empfängt und eine neue Despotie, die härtere des Genies, einführt für die einstige des Adels. Keinen Sonnenstrahl Gunst wirft diese aufsteigende Sonne hinüber in das entlegene Landgut; und wenn der Marquis de Lafayette in seinem schlichten Kleid einmal nach Paris kommt, beachtet der Emporkömmling ihn kaum, die goldgestickten Röcke der Generale, die Uniformen der im Blutbrei gebackenen Marschälle überglänzen seinen schon verstaubten Ruhm. Lafayette ist vergessen, niemand nennt seinen Namen zwanzig Jahre lang. Das Haar wird ihm grau, hager und ausgetrocknet die kühne Gestalt, und niemand ruft ihn, nicht zur Armee, nicht in den Senat, verächtlich lässt man ihn in La Grange Rosen pflanzen und dicke Kartoffeln. Nein, derlei vergisst ein Ehrgeiziger nicht. Und als nun das Volk, 1815 der Revolution sich erinnernd, seinen einstigen Liebling wieder als Vertreter wählt und Napoleon gezwungen ist, das Wort an ihn zu richten, antwortet Lafayette nur kühl und abwehrend – zu stolz, zu ehrlich, zu aufrichtig, um seine Feindschaft zu verbergen.

Jetzt aber, von Fouché im Rücken gestoßen, tritt er vor, der rückgestaute Hass in ihm wirkt beinahe wie Klugheit und Kraft. Zum ersten Mal hört man wieder die Stimme des alten Bannerträgers von der Tribüne: »Wenn ich seit so viel Jahren zum ersten Mal wieder meine Stimme erhebe, welche die alten Freunde der Freiheit wieder erkennen werden, fühle ich mich gedrängt, von den Gefahren des Vaterlandes zu euch zu sprechen, dessen Rettung jetzt allein in eurer Gewalt steht.« Zum ersten Male ist das Wort Freiheit wieder ausgesprochen, und das bedeutet in dieser Minute: Befreiung von Napoleon. Lafayettes Antrag pariert im Voraus jeden Versuch, die Kammer aufzulösen, noch einmal einen Staatsstreich zu versuchen; begeistert wird beschlossen, dass die Volksvertretung sich in Permanenz erkläre und jeden als Verräter des Vaterlandes betrachte, der sich des Versuches schuldig macht, sie aufzulösen.

An welche Adresse solche harte Botschaft sich wendet, ist nicht zu verkennen; kaum ist sie ihm überbracht, fühlt Napoleon schon den Faustschlag mitten ins Gesicht. »Ich hätte diese Leute vor meiner Abreise wegschicken sollen«, sagt er wütend, »jetzt ist es vorbei.« In Wahrheit ist es weder vorbei noch zu spät. Noch könnte er mit dem Federstrich rechtzeitiger Abdankung seinem Sohn die Kaiserkrone retten, sich selber die Freiheit, noch könnte er aber auch die tausend Schritte vom Élysée hinüber in den Sitzungssaal tun und dort durch seine Gegenwart der unsicheren Hammelherde seinen Willen aufzwingen; aber immer wieder zeigt die Weltgeschichte das gleiche verblüffende Phänomen, dass gerade die energischsten Gestalten im Scheitelpunkt der Entscheidung eine seltsame Unentschlossenheit überfällt, gleichsam eine Lähmung der Seele. Wallenstein vor dem Abfall, Robespierre in der Nacht vom 9. Thermidor und nicht zum mindesten die Führer des letzten Krieges, sie alle zeigen gerade dort, wo selbst Voreiligkeit geringerer Irrtum wäre, eine verhängnisvolle Unentschlossenheit. Napoleon parlamentiert, er diskutiert vor den paar Ministern, die ihn gleichgültig anhören, er beredet gerade in der Stunde, die seine Zukunft entscheiden soll, fruchtlos alle Fehler der Vergangenheit, er klagt an, er phantasiert, er holt Pathos aus sich, echtes und theatralisches, aber keinen Mut. Er redet, aber er handelt nicht. Und als ob Geschichte innerhalb eines Lebenskreises je sich wiederholte, als ob nicht immer Analogien die gefährlichsten Denkfehler in der Politik wären, schickt er wie am 18. Brumaire seinen Bruder Lucien statt seiner als Redner hinüber, um die Abgeordneten zu gewinnen. Aber damals stand Lucien der Sieg des Bruders als beredter Anwalt zur Seite und harthändige Grenadiere, entschlossene Generale als Komplizen. Und ferner, das hat Napoleon verhängnisvollerweise vergessen: zwischen diesen fünfzehn Jahren liegen zehn Millionen Tote. Und als Lucien jetzt auf die Tribüne tritt und das französische Volk beschuldigt, es lasse die Sache seines Bruders undankbar im Stich, da bricht plötzlich in Lafayette der zurückgestaute Zorn der enttäuschten Nation gegen ihren Schlächter aus, unvergessliche Worte, die, wie Funken ins Pulverfass geworfen, mit einem Schlage die letzte Hoffnung Napoleons zersprengen: »Wie«, donnert er Lucien an, »Sie wagen uns den Vorwurf zu machen, wir hätten nicht genug für Ihren Bruder getan? Haben Sie vergessen, dass die Gebeine unserer Söhne, unserer Brüder überall von unserer Treue Zeugnis geben? In den Sandwüsten Afrikas, an den Ufern des Guadalquivir und des Tajo, an den Gestaden der Weichsel und auf den Eisfeldern von Moskau sind seit mehr als zehn Jahren drei Millionen Franzosen für einen Mann umgekommen! Für einen Mann, der noch heute mit unserm Blut gegen Europa kämpfen will. Das ist genug, übergenug für einen Mann! Jetzt ist unsere Pflicht, das Vaterland zu retten.« Der donnernde Beifall von allen, denkt man, könnte Napoleon belehren, dass es nun höchste Zeit wäre, freiwillig zu entsagen. Aber nichts scheint schwieriger auf Erden, als Abschied zu nehmen von der Macht. Napoleon zögert. Und dieses Zögern kostet seinen Sohn das Kaiserreich und ihn selbst die Freiheit.

Nun aber reißt Fouché die Geduld. Will der Unbequeme nicht freiwillig gehen, dann weg mit ihm; nur rasch die Hebel richtig ansetzen, dann stürzt auch so kolossalischer Nimbus. In der Nacht bearbeitet er die ihm ergebenen Abgeordneten, und prompt am nächsten Morgen verlangt die Kammer befehlshaberisch die Abdankung. Aber auch dies scheint nicht deutlich genug für einen, dem die Welle der Macht im Blut braust. Noch immer parlamentiert Napoleon hin und her, bis auf einen Fingerdruck Fouchés hin Lafayette das entscheidende Wort ausspricht: »Wenn er mit der Abdankung zögert, werde ich die Absetzung vorschlagen.«

Eine Stunde Zeit geben sie dem Herrn der Welt zu ehrenvollem Abgang, eine Stunde dem Machtmenschen zu endgültigem Verzicht; aber er nützt sie genau wie 1814 vor seinen Generalen in Fontainebleau bloß theatralisch, statt politisch. »Wie«, ruft er empört aus, »Gewalt? Wenn es so aussieht, werde ich nicht abdanken. Die Kammer ist nur eine Rotte von Jakobinern und Ehrgeizigen, die ich der Nation hätte denunzieren und auseinanderjagen sollen! Aber die Zeit, die ich verloren habe, lässt sich wieder einbringen.« In Wirklichkeit will er sich noch dringlicher bitten lassen, um das Opfer zu erhöhen, und tatsächlich, genau wie 1814 die Generale, sprechen ihm nun seine Minister rücksichtsvoll zu. Nur Fouché schweigt. Nachrichten auf Nachrichten kommen, die Zeiger laufen unbarmherzig weiter auf dem Zifferblatt. Endlich wirft der Kaiser einen Blick auf Fouché, einen, wie die Zeugen erzählen, zugleich spöttischen und von leidenschaftlichem Hass erfüllten Blick. »Schreiben Sie den Herren«, herrscht er ihn verächtlich an, »sie sollen sich ruhig verhalten, ich werde sie zufriedenstellen.« Sofort wirft Fouché mit Bleistift ein paar Zeilen auf einen Zettel an seine Drahtzieher in der Kammer, der Eselstritt sei nicht mehr nötig; und Napoleon begibt sich in ein abgelegenes Zimmer, um seinem Bruder Lucien die Abdankung zu diktieren.

Nach einigen Minuten tritt er wieder in das Hauptkabinett zurück. Wem das inhaltsschwere Blatt übergeben? Furchtbare Ironie: gerade dem, der es ihm in die Feder gezwungen und nun unbeweglich wartend steht wie Hermes, der unerbittliche Bote. Ohne ein Wort reicht der Kaiser es ihm hin. Ohne ein Wort nimmt Fouché die schwer erkämpfte Urkunde und verbeugt sich.

Dies aber war seine letzte Verbeugung vor Napoleon. […]

Triumph und Tragik
des Erasmus von Rotterdam

DER GROSSE GEGNER

Selten treten die entscheidenden Mächte, das Schicksal und der Tod, ohne Warnung an den Menschen heran. Jedes Mal senden sie einen leisen Boten voraus, aber verhüllten Antlitzes, und fast immer überhört der Angesprochene den geheimnisvollen Ruf. Unter den unzählbaren Briefen der Zustimmung und der Verehrung, die Erasmus in jenen Jahren das Pult überfüllten, findet sich auch einer vom 11. Dezember 1516 von Spalatinus, dem Sekretär des Kurfürsten von Sachsen. Mitten zwischen bewundernden Formeln und gelehrten Mitteilungen erzählt Spalatin, in seiner Stadt fühle sich ein junger Augustinermönch, der Erasmus aufs höchste verehre, in der Frage der Erbsünde nicht gleichen Sinnes mit ihm. Er pflichte nicht der Ansicht des Aristoteles bei, man werde gerecht, indem man gerecht handle, sondern er glaube seinerseits, nur dadurch, dass man gerecht sei, käme man in den Stand, richtig zu handeln; »erst muss die Person umgewandelt sein, dann erst folgen die Werke«.

Dieser Brief stellt ein Stück Weltgeschichte dar. Denn zum ersten Mal richtet Doktor Martin Luther – kein anderer ist jener ungenannte und noch unberühmte Augustinermönch – an den großen Meister das Wort, und sein Einwand berührt merkwürdigerweise bereits jetzt das Zentralproblem, in dem sich später diese beiden großen Paladine der Reformation als Feinde gegenüberstehen werden. Freilich, Erasmus liest damals jene Zeilen nur mit halber Aufmerksamkeit. Wie fände der vielbeschäftigte, von der ganzen Welt umworbene Mann auch Zeit, mit einem namenlosen Mönchlein irgendwo im Sächsischen ernsthaft über theologica zu disputieren; er liest vorbei, ahnungslos, dass mit dieser Stunde eine Wende in seinem Leben und in der Welt begonnen.

Bisher stand er allein, Herr Europas und Meister der neuen evangelischen Lehre, nun aber ist der große Gegenspieler aufgestanden. Mit leisem, kaum hörbarem Finger hat er an sein Haus und an sein Herz geklopft, Martin Luther, der hier sich noch nicht mit Namen nennt, den aber bald die Welt den Erben und Besieger des Erasmus nennen wird.

Dieser ersten Begegnung zwischen Luther und Erasmus im geistigen Weltraum ist zeit ihres Lebens niemals eine persönliche im irdischen gefolgt; aus Instinkt sind von der ersten bis zur letzten Stunde diese beiden Männer einander ausgewichen, die in unzähligen Schriften und auf zahllosen Kupferstichen Bild an Bild und Name an Name als die Befreier vom römischen Joch, als die ersten redlichen deutschen Evangelisten gemeinsam gefeiert wurden. Die Geschichte hat uns damit um einen großen dramatischen Effekt gebracht, denn welche versäumte Gelegenheit, diese beiden großen Gegenspieler einander Auge in Auge und Stirn gegen Stirn zu betrachten! Selten hat das Weltschicksal zwei Menschen charakterologisch und körperlich so sehr zu vollkommenem Kontrast herausgearbeitet wie Erasmus und Luther. In Fleisch und Blut, in Norm und Form, in Geisteshaltung und Lebenshaltung, vom äußeren Leib bis zum innersten Nerv gehören sie gleichsam verschiedenen, feindgeborenen Charakterrassen an: Konzilianz gegen Fanatismus, Vernunft gegen Leidenschaft, Kultur gegen Urkraft, Weltbürgertum gegen Nationalismus, Evolution gegen Revolution.

Dieser Gegensatz tritt schon im Körperlichen sinnlich zutage: Luther, Bergmannssohn und Bauernnachfahr, gesund und übergesund, bebend und geradezu gefährlich bedrängt von seiner gestauten Kraft, vital und mit aller groben Lust an dieser Vitalität – »Ich fresse wie ein Böhme und saufe wie ein Deutscher« –, ein prallvolles und übervolles, ein fast berstendes Stück Leben, Wucht und Wildheit eines ganzen Volkes, gesammelt in einer Überschussnatur. Wenn er seine Stimme erhebt, dröhnt eine ganze Orgel in seiner Sprache, jedes Wort ist schmackhaft und derb gesalzen wie braunes frischgebackenes Bauernbrot, alle Elemente der Natur spürt man darin, die Erde mit ihrem Ruch und Quell, mit ihrer Jauche und ihrem Dung, – wie Gewittergewalt wild und zerstörend, stürmt diese Feuerrede über das deutsche Land. Luthers Genie liegt tausendmal mehr in dieser seiner vollsinnlichen Vehemenz als in seiner Intellektualität; so wie er Volkssprache spricht, aber mit einem ungeheuren Zuschuss an bildnerischer Kraft, so denkt er unbewusst aus der Masse heraus und stellt ihren Willen in einer bis zum höchsten Leidenschaftsgrad gesteigerten Potenz dar. Seine Person ist gleichsam der Durchbruch alles Deutschen, aller protestierenden und rebellierenden deutschen Instinkte ins Bewusstsein der Welt, und indem die Nation auf seine Ideen eingeht, geht er gleichzeitig ein in die Geschichte seiner Nation. Er gibt seine elementare Urkraft zurück an das Element.

Blickt man von diesem stämmigen, grobfleischigen, hartknochigen, vollblütigen Erdenkloß Luther, diesem Mann, dem von der niedern Stirn drohend die geballten Buckel des Willens vorspringen, gemahnend an die Moseshörner Michelangelos, blickt man von diesem Blutmenschen hinüber zum Geistmenschen Erasmus, zu dem pergamentfarbenen, feinhäutigen, dünnen, gebrechlichen, behutsamen Menschen, blickt man die beiden nur körperlich an, so weiß das Auge schon vor dem Verstand: zwischen solchen Antagonisten wird dauernde Freundschaft oder Verständnis niemals möglich sein. Immer kränklich, immer fröstelnd im Schatten seines Zimmers, immer in seine Pelze gehüllt, eine ewige Untergesundheit, wie Luther eine fast schmerzhaft drängende Übergesundheit, hat Erasmus von allem zu wenig, was jener zu viel; ständig muss diese zarte Natur ihr armes, blasses Blut mit starkem Burgunder in Wärme halten, während – die Gegensätze im Kleinen sind die anschaulichsten – Luther täglich sein »stark wittenbergisch Bier« braucht, um seine hitzig und rot schwellenden Adern abends zu gutem schwarzen Schlaf abzudämpfen. Wenn Luther spricht, so donnert das Haus, bebt die Kirche, schwankt die Welt, aber auch bei Tisch unter Freunden kann er gut und dröhnend lachen, und gerne hebt er, nächst der theologia der musica am meisten zugetan, die Stimme zu männlich sonorem Gesang. Erasmus wiederum redet schwach und zart wie ein Brustkranker, künstlich schleift und rundet er die Sätze und spitzt sie zu feinen Pointen, während jenem die Rede strömt und auch die Feder vorstürmt »wie ein blind Pferd«. Von Luthers Person geht Gewalt atmosphärisch aus: alle, die um ihn sind, Melanchthon, Spalatin und die Fürsten sogar, hält er durch sein herrisch-männliches Wesen in einer Art dienstbarer Hörigkeit. Erasmus' Macht dagegen äußert sich am stärksten, wo er selbst unsichtbar bleibt: in der Schrift, im Brief, im geschriebenen Wort. Er dankt nichts seinem kleinen, armen, vernachlässigten Leibe und alles nur seiner hohen, weiten, seiner weltumfassenden Geistigkeit.

Aber auch die Geistigkeit dieser beiden stammt aus ganz verschiedenen Rassen der Denkwelt. Erasmus ist zweifellos der Weitsichtigere, der Vielwissendere, kein Ding des Lebens bleibt ihm fremd. Klar und farblos wie Tageslicht dringt sein abstrakter Verstand durch alle Ritzen und Fugen der Geheimnisse und erhellt jeden Gegenstand. Luther wiederum besitzt unendlich weniger Horizont als Erasmus, aber mehr Tiefe; seine Welt ist enger, unermesslich enger als die erasmische, aber jedem seiner Gedanken, jeder seiner Überzeugungen weiß er den Schwung seiner Persönlichkeit zu geben. Er reißt alles nach innen und hitzt es dort in seinem roten Blut, er schwängert jede Idee mit seiner vitalen Kraft, er fanatisiert sie, und was er einmal erkannt und bekannt hat, das lässt er niemals los; jede Behauptung verwächst mit seinem ganzen Wesen und gewinnt von ihm ungeheure dynamische Stärke. Dutzende Male haben Luther und Erasmus die gleichen Gedanken ausgesprochen, aber was bei Erasmus bloß einen feinen geistigen Reiz auf die Geistigen ausübt, eben das gleiche

Biographien

wird bei Luther dank seiner mitreißenden Art sofort Parole, Feldruf, plastische Forderung, und diese Forderungen peitscht er so grimmig wie die biblischen Füchse mit ihren Feuerbränden in die Welt, dass sie das Gewissen der ganzen Menschheit entzünden. Alles Erasmische zielt im Letzten auf Ruhe und Befriedung des Geistes, alles Lutherische auf Hochspannung und Erschütterung des Gefühls; darum ist Erasmus, der »Skeptikus«, dort am stärksten, wo er am klarsten, am nüchternsten, am deutlichsten redet, Luther wiederum, der »Pater exstaticus«, wo der Zorn und Hass ihm am wildesten von der Lippe springt.

Ein solcher Gegensatz muss organisch zu Gegnerschaft selbst bei gleichem Kampfziel führen. Am Anfang wollen Luther und Erasmus dasselbe, aber ihr Temperament will es auf so völlig gegensätzliche Art, dass es an ihrem Wesen zum Widerspruch wird. Die Feindseligkeiten gehen von Luther aus. Von allen genialen Menschen, welche die Erde getragen, war Luther vielleicht der fanatischeste, der unbelehrbarste, unfügsamste und unfriedsamste. Er konnte nur Jasager um sich brauchen, um ihrer sich zu bedienen, und Neinsager, um seinen Zorn an ihnen zu entzünden und sie zu zermalmen. Für Erasmus wieder war Nichtfanatismus geradezu Religion geworden, und der harte diktatorische Ton Luthers – gleichgültig, was immer er sagte – schnitt ihm wie ein böses Messer in die Seele. Ihm war dieses Faustaufschlagen und Mit-schäumendem-Munde-Reden, ihm, dem weltbürgerliche Verständigung zwischen geistigen Naturen als höchstes Ziel galt, einfach körperlich unerträglich, und die Selbstsicherheit Luthers (die dieser seine Gottessicherheit nannte) erschien ihm als aufreizende und beinahe blasphemische Überheblichkeit in unserer dem Irrtum und Wahn doch notwendig immer wieder verfallenden Welt. Selbstverständlich musste Luther seinerseits wieder das Laue und Unentschiedene in Glaubensdingen an Erasmus hassen, dies Sich-nicht-entscheiden-Wollen, das Glatte, Nachgiebige, Glitschige einer Überzeugung, die niemals eindeutig festzulegen war, und gerade das ästhetisch Vollkommene, die »künstliche Rede« statt des klaren Bekennens erregte seine Galle. Im tiefsten Wesen des Erasmus war etwas, das Luther, und im tiefsten Wesen Luthers etwas, das Erasmus elementar aufreizen musste. Töricht darum die Auffassung, es hätte nur an Äußerlichkeiten und Zufällen gelegen, dass diese beiden ersten Apostel der neuen evangelischen Lehre, dass Luther und Erasmus sich nicht zu gemeinsamem Werk verbanden. Selbst das Ähnlichste musste bei so verschiedenem Farbstoff ihres Bluts und ihres Geistes andersfarbig werden, denn ihre Verschiedenheit war organisch. Sie drang von der Oberwelt des Hirns bis ins Geflecht des Instinkts und durch die Kanäle des Bluts in jene Tiefe, die der bewusste Denkwille nicht mehr beherrscht. Darum konnten sie aus Politik und um der gemeinsamen Sache willen einander lange schonen, sie konnten wie zwei Baumstämme eine Zeitlang nebeneinander in derselben Strömung schwimmen, aber an der ersten Biegung und Wegwende mussten sie schicksalhaft gegeneinander schmettern: dieser welthistorische Konflikt war ein unausweichlicher.

Der Sieger in diesem Kampf, dies war von vornherein gewiss, musste Luther sein, nicht bloß weil er der stärkere Genius war, sondern auch der kriegsgewohntere und kriegsfrohere Streiter. Luther war und blieb zeitlebens eine kämpferische Natur, ein geborener Raufbold mit Gott, Mensch und Teufel. Kampf war für ihn nicht nur Lust und Entladungsform seiner Kraft, sondern geradezu Rettung für seine überfüllte Natur. Dreinschlagen, Zanken, Schimpfen, Streiten bedeutete für ihn eine Art Aderlass, denn erst im Aus-sich-Herausfahren, im Losdreschen spürt und erfüllt er sein ganzes menschliches Maß; mit einer leidenschaftlichen Lust stürzt er sich darum in jede gerechte oder ungerechte Sache hinein. »Fast tödlich durchschauert's mich«, schreibt Bucer, sein Freund, »wenn ich an die Wut denke, die in dem Manne kocht sobald er mit einem Gegner zu schaffen hat.« Denn unleugbar, Luther kämpft wie ein Besessener, wenn er kämpft, und immer nur mit ganzem Leib, mit entzündeter Galle, mit blutunterlaufenen Augen, mit schäumender Lippe; es ist, als ob er mit diesem furor teutonicus gleichsam ein fieberndes Gift aus dem Körper hetzte. Und tatsächlich, immer erst, wenn er so recht blindwütig zugeschlagen und seinen Zorn entladen, wird ihm leicht, »da erfrischt sich mir das ganze Geblüt, das ingenium wird hell und die Anfechtungen weichen«. Auf dem Kampfplatz wird der hochgebildete Doctor theologiae sofort zum Landsknecht: »Wenn ich komm, schlage ich mit Keulen drein«, ein rasender Grobianismus, eine berserkerische Besessenheit erfasst ihn, er greift rücksichtslos zu jeder Waffe, die ihm zur Hand kommt, zum feinfunkelnden dialektischen Schwert ebenso wie zur Mistgabel voll Schimpf und Dreck; rücksichtslos schaltet er jede Hemmung aus und schreckt auch notfalls vor Unwahrheit und Verleumdung zur Austilgung des Gegners nicht zurück. »Um des Besseren und der Kirche willen muss man auch eine gute, starke Lüge nicht scheuen.« Das Ritterliche ist diesem Bauernkämpfer völlig fremd. Auch gegen den schon besiegten Gegner übt er weder Noblesse noch Mitleid, selbst auf den wehrlos am Boden Liegenden drischt er in blindwütigem Zorn weiter zu. Er jubelt, als Thomas Münzer und Zehntausende Bauern schandbar hingeschlachtet werden, und rühmt sich mit heller Stimme, »dass ihr Blut auf seinem Halse ist«, er frohlockt, dass der »säuische« Zwingli und Karlstadt und alle anderen, die je ihm widerstrebten, elend zugrunde gehen – niemals hat dieser hassgewaltige und heiße Mensch einem Feinde auch nach dem Tode gerechte Nachrede gegönnt. Auf der Kanzel eine hinreißend menschliche Stimme, im Hause ein freundlicher Familienvater, als Künstler und Dichter der Ausdruck höchster Kultur, wird Luther sofort, wenn eine Fehde beginnt, zum Werwolf, der Besessene eines riesenhaften Zorns, den keine Rücksicht und Gerechtigkeit hemmt. Aus diesem wilden Muss seiner Natur sucht er zeitlebens immer wieder diesen Krieg, denn Kampf scheint ihm nicht nur lustvollste Form des Lebens, sondern auch die moralisch richtigste. »Ein Mensch, sonderlich ein Christ, muss ein Kriegsmann sein«, sagt er stolz in den Spiegel blickend, und in einem späten Brief (1541) hebt er dies Bekenntnis bis in die Himmel hinein mit der geheimnisvollen Behauptung »gewiss ist, dass Gott kämpft«.

Erasmus aber kennt als Christ und Humanist keinen streitbaren Christus und keinen kämpfenden Gott. Hass und Rachsucht dünkten ihn, den Kulturaristokraten, ein Rückfall ins Plebejische und Barbarische. Alles Getümmel, Geraufe, jedes wilde Gezänke widert ihn an. Als konziliant geborene Natur hat er eben so viel Unlust am Streit, wie dieser Zustand Luther Lust bereitet; charakteristisch sagt er einmal von seiner Streitscheu: »Wenn ich ein großes Landgut bekommen könnte und dazu einen Prozess führen müsste, würde ich lieber auf das Landgut verzichten.« Zweifelsohne, als Geistmensch liebt Erasmus die Diskussion mit Gleichgelehrten, aber so wie der Ritter das Turnier als adeliges Spiel, wo der Feine, der Kluge, der Geschmeidige vor dem Forum der humanistisch Gebildeten seine im klassischen Feuer gestählte Fechtkunst dartun kann. Ein paar Funken sprühen lassen, ein paar frische wendige Finten schlagen, einen schlechten Lateinreiter aus dem Sattel heben, solches geistesritterliche Spiel ist Erasmus keineswegs fremd, aber niemals wird er Luthers Lust begreifen, einen Feind zu zertrampeln und zu zerstampfen, nie in einem seiner zahlreichen Federkriege die Höflichkeit außer Acht lassen und dem »mörderischen« Hass sich hingeben, mit dem Luther seine Gegner angreift. Erasmus ist zum Kämpfer nicht geboren, schon weil er im letzten Sinne keine starre Überzeugung hat, für die er kämpft; objektive Naturen besitzen wenig Sicherheit. Sie zweifeln leicht an der eigenen Ansicht und sind bereit, die Argumente des Gegners zumindest zu überlegen. Den Gegner aber zu Worte kommen lassen, heißt schon, ihm Raum geben – gut kämpft nur der Blindwütige, der sich die Haube des Trotzes über die Ohren zieht, um nichts zu hören, und den seine eigene Besessenheit im Kampf schützt wie eine hürnene Haut. Für den ekstatischen Mönch Luther ist jeder seiner Gegenredner schon ein Sendling der Hölle, ein Feind Christi, den auszutilgen Pflicht ist, während dem humanen Erasmus selbst die tollste Übertreibung der Gegner höchstens ein mitleidiges Bedauern abnötigt. Ausgezeichnet hat schon Zwingli den Charaktergegensatz der beiden Rivalen in ein Bild gefasst, indem er Luther mit Ajax, Erasmus mit Odysseus verglich, Ajax-Luther, der Mut- und Kriegsmensch, zum Kampf geboren und nirgends anders daheim, Odysseus-Erasmus, eigentlich nur durch Zufall auf das Schlachtfeld verschlagen, und glücklich, wieder heimzukehren in sein stilles Ithaka, zu der seligen Insel der Kontemplation, aus der Tatwelt in die Geistwelt, wo zeitliche Siege oder Niederlagen wesenlos scheinen gegenüber der unbesiegbaren, unverrückbaren Gegenwart der platonischen Ideen.

Castellio gegen Calvin

Einleitung

> »*Celui qui tombe obstiné en son courage, qui, pour quelque danger de la mort voisine, ne relâche aucun point de son assurance, qui regarde encore, en rendant l'âme, son ennemi d'une vue ferme et dédaigneuse, il est battu, non pas de nous, mais de la fortune; il est tué, non pas vaincu: les plus vaillants sont parfois les plus infortunés. Aussi y a-t-il des pertes triomphantes à l'envi des victoires ...*«
> Montaigne

»Die Mücke gegen den Elefanten«, zunächst wirkt sie befremdlich, diese eigenhändige Inschrift Sebastian Castellios in dem Basler Exemplar seiner Kampfschrift gegen Calvin, und es läge nahe, bloß eine der üblichen Humanistenübertreiblichkeiten darin zu vermuten. Aber Castellios Worte waren weder hyperbolisch noch ironisch gemeint. Mit einem so schroffen Vergleich wollte dieser Tapfere seinem Freunde Amerbach nur deutlich dartun, wie sehr und wie tragisch er selber im Klaren war, welchen riesigen Gegner er herausforderte, wenn er Calvin öffentlich anklagte, aus fanatischer Rechthaberei einen Menschen und damit die Gewissensfreiheit innerhalb der Reformation ermordet zu haben. Von der ersten Stunde an, da Castellio die Feder wie eine Lanze hebt zu diesem gefährlichen Streit, weiß er genau um die Ohnmacht jedes rein geistigen Krieges gegen die Übermacht einer geharnischten und gepanzerten Diktatur und damit um die Aussichtslosigkeit seines Unterfangens. Denn wie könnte ein einzelner, ein Unbewehrter Calvin noch bekriegen und besiegen, hinter dem Tausende und Zehntausende stehen und dazu noch der militante Apparat der Staatsgewalt! Dank einer großartigen organisatorischen Technik ist es Calvin gelungen, eine ganze Stadt, einen ganzen Staat mit tausenden bisher freien Bürgern in eine starre

Gehorsamsmaschinerie zu verwandeln, jede Selbständigkeit auszurotten, jede Denkfreiheit zugunsten seiner alleinigen Lehre zu beschlagnahmen. Alles, was Macht hat in Stadt und Staat, untersteht seiner Allmacht, sämtliche Behörden und Befugnisse, Magistrat und Konsistorium, Universität und Gericht, die Finanzen und die Moral, die Priester, die Schulen, die Büttel, die Gefängnisse, das geschriebene, das gesprochene und sogar das heimlich geflüsterte Wort. Seine Lehre ist Gesetz geworden, und wer wider sie gelindesten Einspruch wagt, den belehren baldigst Kerker, Verbannung oder Scheiterhaufen, diese blank alle Diskussion erledigenden Argumente jeder geistigen Tyrannei, dass in Genf nur eine Wahrheit geduldet ist und Calvin ihr Prophet. Aber noch weit über die Stadtmauern hinaus reicht die unheimliche Macht dieses unheimlichen Mannes; die Schweizer Bundesstädte erblicken in ihm den wichtigsten politischen Verbündeten, der Weltprotestantismus wählt sich den violentissimus Christianus zum geistigen Feldherrn, Fürsten und Könige bemühen sich um die Gunst des Kirchenführers, der neben der römischen die mächtigste Organisation des Christentums in Europa aufgebaut hat. Kein zeitpolitisches Geschehnis vollzieht sich mehr ohne sein Wissen, kaum eines gegen seinen Willen: schon ist es ebenso gefährlich geworden, den Prediger von St. Pierre zu befeinden wie Kaiser oder Papst.

Und sein Gegenredner Sebastian Castellio, der als einsamer Idealist im Namen der menschlichen Denkfreiheit dieser und jedweder geistigen Tyrannis Fehde ansagt, wer ist er? Wahrhaftig – verglichen mit der phantastischen Machtfülle Calvins – die Mücke gegen den Elefanten! Ein nemo, ein Niemand, ein Nichts im Sinne öffentlichen Einflusses und obendrein noch ein Habenichts, ein bettelarmer Gelehrter, der mit Übersetzungen und Hauslehrerstunden Weib und Kinder mühsam ernährt, ein Flüchtling im Fremdland ohne Bleibe- und Bürgerrecht, ein zwiefacher Emigrant: wie immer in den Zeiten des Weltfanatismus steht der Humane machtlos und völlig allein zwischen den streitenden Zeloten. Jahrelang lebt im Schatten der Verfolgung, im Schatten der Armut dieser große und bescheidene Humanist ein kärglichstes Dasein dahin, ewig beengt, aber ewig auch frei, weil keiner Partei verbunden und keinem Fanatismus verschworen. Erst als er durch den Mord an Servet sein Gewissen mächtig angerufen fühlt und er aufsteht von seinem friedlichen Werke, um Calvin im Namen der geschändeten Menschenrechte anzuklagen, erst dann wächst diese Einsamkeit ins Heldische. Denn nicht wie seinen kriegsgewohnteren Gegner Calvin deckt und umschart Castellio eine brutal geschlossene und planhaft organisierte Gefolgschaft, keine Partei, weder die katholische noch die protestantische, bietet ihm Beistand, keine hohen Herren, keine Kaiser und Könige halten über ihn wie einst über Luther und Erasmus die schirmende Hand, und selbst die wenigen Freunde, die ihn bewundern, selbst sie wagen nur heimlich, ihm Mut zuzuflüstern. Denn wie gefährlich, wie lebensgefährlich, sich öffentlich an die Seite eines Mannes zu stellen, der unerschrocken, während in allen Ländern die Ketzer vom Wahne der Zeit gleich Treibvieh gejagt und gefoltert werden, für diese Entrechteten und Geknechteten das Wort erhebt und über den Einzelfall hinaus allen Machthabern der Erde ein für alle Mal das Recht bestreitet, irgendeinen Menschen ebendieser Erde um seiner Weltanschauung willen zu verfolgen! Der es wagt, in einem jener furchtbaren Augenblicke der Seelenverfinsterung, wie sie von Zeit zu Zeit über die Völker fallen, sich den Blick klar und menschlich zu bewahren und alle diese frommen Schlächtereien, obwohl angeblich zu Gottes Ehre vollzogen, mit ihrem wahren Namen: Mord, Mord und abermals Mord zu nennen! Der, im tiefsten Gefühl seiner Menschlichkeit herausgefordert, als einziger das Schweigen nicht mehr erträgt und bis in die Himmel seine Verzweiflung über die Unmenschlichkeiten schreit, allein für alle kämpfend und gegen alle allein! Denn immer wird, wer gegen die Machthaber und Machtausteiler der Stunde das Wort erhebt, wenig Gefolgschaft erwarten dürfen bei der unsterblichen Feigheit unseres irdischen

Geschlechts; so hat auch Sebastian Castellio in entscheidender Stunde niemanden hinter sich als seinen Schatten und mit sich keine Habe als das einzige unveräußerliche Eigentum des kämpfenden Künstlers: ein unbeugsames Gewissen in einer unerschrockenen Seele.

Gerade dies aber, dass Sebastian Castellio von Anfang an die Aussichtslosigkeit seines Kampfes vorauswusste und ihn, gehorsam gegen sein Gewissen, dennoch unternahm, dies heilige Dennoch und Trotzalledem rühmt für alle Zeiten diesen »unbekannten Soldaten« im großen Befreiungskriege der Menschheit als Helden; schon um solchen Mutes willen, als einzelner und einziger leidenschaftlichen Protest gegen einen Weltterror erhoben zu haben, sollte die Fehde Castellios gegen Calvin für jeden geistigen Menschen denkwürdig bleiben. Aber auch in ihrer innern Problemstellung überschwingt diese historische Diskussion weithin ihren zeitlichen Anlass. Denn hier geht es nicht um ein enges Theologicum, nicht um den einen Menschen Servet und nicht einmal um die entscheidende Krise zwischen dem liberalen und orthodoxen Protestantismus: in dieser entschlossenen Auseinandersetzung ist eine viel weitläufigere, eine überzeitliche Frage aufgeworfen, nostra res agitur, ein Kampf ist eröffnet, der unter anderen Namen und unter anderen Formen immer neu wird ausgekämpft werden müssen. Theologie bedeutet hier nichts als eine zufällige Zeitmaske, und selbst Castellio und Calvin erscheinen nur als sinnlichste Exponenten eines unsichtbaren, aber unüberwindbaren Gegensatzes. Gleichgültig, wie man die Pole dieser ständigen Spannung benennen will – ob Toleranz gegen Intoleranz, Freiheit gegen Bevormundung, Humanität gegen Fanatismus, Individualität gegen Mechanisierung, das Gewissen gegen die Gewalt –, alle diese Namen drücken im Grunde eine letzte allerinnerlichste und persönlichste Entscheidung aus, was wichtiger sei für jeden einzelnen – das Humane oder das Politische, das Ethos oder der Logos, die Persönlichkeit oder die Gemeinsamkeit.

Diese immer wieder notwendige Abgrenzung zwischen Freiheit und Autorität bleibt keinem Volke, keiner Zeit und keinem denkenden Menschen erspart: denn Freiheit ist nicht möglich ohne Autorität (sonst wird sie zum Chaos) und Autorität nicht ohne Freiheit (sonst wird sie zur Tyrannei). Zweifellos lebt im Grunde der menschlichen Natur ein geheimnisvolles Verlangen nach Selbstauflösung in der Gemeinschaft, unaustilgbar bleibt unser Urwahn, es könne ein bestimmtes religiöses, nationales oder soziales System gefunden werden, das allgerecht für alle der Menschheit endgültig Friede und Ordnung schenke. Dostojewskis Großinquisitor hat es mit grausamer Dialektik bewiesen, dass die Mehrzahl der Menschen die eigene Freiheit eigentlich fürchtet, und tatsächlich sehnt sich aus Müdigkeit angesichts der erschöpfenden Vielfalt der Probleme, angesichts der Kompliziertheit und Verantwortlichkeit des Lebens die große Masse nach einer Mechanisierung der Welt durch eine endgültige, eine allgültige, eine definitive Ordnung, die ihr jedwede Denkarbeit abnimmt. Diese messianische Sehnsucht nach einer Entproblematisierung des Daseins bildet das eigentliche Ferment, das allen sozialen und religiösen Propheten die Wege ebnet: immer braucht nur, wenn die Ideale einer Generation ihr Feuer, ihre Farben verloren haben, ein suggestiver Mann aufzustehen und peremptorisch zu erklären, er und nur er habe die neue Formel gefunden oder erfunden, und schon strömt das Vertrauen von Tausenden dem angeblichen Volkserlöser oder Welterlöser entgegen – immer erschafft eine neue Ideologie (und dies ist wohl ihr metaphysischer Sinn) zunächst einen neuen Idealismus auf Erden. Denn jeder, der Menschen einen neuen Wahn der Einheit und Reinheit schenkt, holt zunächst aus ihnen die heiligsten Kräfte heraus: ihren Opferwillen, ihre Begeisterung. Millionen sind wie in einer Bezauberung bereit, sich nehmen, befruchten, ja vergewaltigen zu lassen, und je mehr ein solcher Verkünder und Versprecher von ihnen fordert, desto mehr sind sie ihm verfallen. Was gestern noch ihre höchste Lust, ihre Freiheit gewesen, das werfen sie ihm zuliebe willig weg, um sich nur noch widerstandsloser führen zu lassen, und das alte taciteische »ruere in servitium« erfüllt sich aber und abermals, dass in einem feurigen Rausch der Solidarität die Völker sich freiwillig in Knechtschaft stürzen und die Geißel noch rühmen, mit der man sie schlägt.

Nun läge an sich für jeden geistigen Menschen ein Erhebendes in dem Gedanken, dass es immer wieder eine Idee ist, diese immateriellste Kraft auf Erden, welche solche unwahrscheinliche Suggestionswunder in unserer alten, nüchternen und technisierten Welt vollbringt, und man geriete leicht in Versuchung, diese Weltbetörer zu bewundern und zu rühmen, weil es ihnen gelingt, vom Geiste her die stumpfe Materie zu verwandeln. Aber verhängnisvollerweise entlarven sich gerade diese Idealisten und Utopisten sofort nach ihrem Sieg fast immer als die schlimmsten Verräter am Geist. Denn Macht treibt zur Allmacht, Sieg zum Missbrauch des Siegs, und statt sich zu begnügen, viele Menschen so sehr für ihren persönlichen Wahn begeistert zu haben, dass sie freudig bereit sind, für ihn zu leben und sogar zu sterben, fallen diese Konquistadoren alle der Versuchung anheim, Majorität in Totalität zu verwandeln und auch den Parteilosen ihr Dogma aufzwingen zu wollen; nicht genug haben sie an ihren Gefügigen, ihren Trabanten, ihren Seelensklaven, an den ewigen Zuläufern jeder Bewegung – nein, auch die Freien, die wenigen Unabhängigen wollen sie als ihre Lobpreiser und Knechte, und um ihr Dogma als alleiniges durchzusetzen, brandmarken sie von Staats wegen jede Andersmeinung als Verbrechen. Ewig erneut sich dieser Fluch aller religiösen und politischen Ideologien, dass sie in Tyranneien ausarten, sobald sie sich in Diktaturen verwandeln. Im Augenblick aber, da ein Geistiger nicht mehr der immanenten Gewalt seiner Wahrheit vertraut, sondern zur Brachialgewalt greift, erklärt er der menschlichen Freiheit den Krieg. Gleichgültig, welche Idee immer – jede und jedwede ist von der Stunde an, da sie zum Terror greift, um fremde Überzeugungen zu uniformieren und zu reglementieren, nicht mehr Idealität, sondern Brutalität. Selbst die reinste Wahrheit, wenn andern mit Gewalt aufgezwungen, wird zur Sünde wider den Geist.

Doch der Geist ist ein geheimnisvolles Element. Ungreifbar und unsichtbar wie die Luft, scheint er nachgiebig in alle Formen und Formeln zu passen. Und dies verlockt immer wieder die despotischen Naturen zu dem Wahn, man könne ihn gänzlich niederpressen, verschließen, verstöpseln und gehorsam auf Flaschen ziehen. Aber mit jeder Unterdrückung wächst sein dynamischer Gegendruck, und gerade, wenn zusammengepresst und komprimiert, wird er zum Sprengstoff, zum Explosiv; jede Unterdrückung führt früher oder später zur Revolte. Denn die moralische Selbständigkeit der Menschheit bleibt auf die Dauer – ewiger Trost dies! – unzerstörbar. Nie ist es bisher gelungen, der ganzen Erde eine einzige Religion, eine einzige Philosophie, eine einzige Form der Weltanschauung diktatorisch aufzuzwingen, und nie wird es gelingen, denn immer wird der Geist sich jeder Knechtschaft zu erwehren wissen, immer sich weigern, in vorgeschriebenen Formen zu denken, sich verflachen und flau machen, sich kleinschalten und gleichschalten zu lassen. Wie banal und wie vergeblich darum jedes Bemühen, die göttliche Vielfalt des Daseins auf einen einzigen Nenner bringen zu wollen, die Menschheit schwarz oder weiß aufzuteilen in Gute und Böse, in Gottesfürchtige und Ketzer, in Staatsgehorsame und Staatsfeinde auf Grund eines bloß mit dem Faustrecht durchgesetzten Prinzips! Allezeit werden sich unabhängige Geister finden zur Auflehnung gegen eine solche Vergewaltigung der menschlichen Freiheit, die »conscientious objectors«, die entschlossenen Dienstverweigerer jedes Gewissenszwanges, und nie konnte eine Zeit so barbarisch sein, nie eine Tyrannei so systematisch, dass nicht immer einzelne es verstanden hätten, der Massenvergewaltigung zu entweichen und das Recht auf eine persönliche Überzeugung gegen die gewalttätigen Monomanen ihrer einen und einzigen Wahrheit zu verteidigen.

Auch das sechzehnte Jahrhundert, obzwar ähnlich überreizt in seinen gewalttätigen Ideologien wie das unsere, hat solche freie und unbestechliche Seelen gekannt. Liest man die Briefe der Humanisten aus jenen Tagen, so fühlt man brüderlich ihre tiefe Trauer über die Verstörung der Welt durch die Gewalt, ergriffen leidet man ihren Seelenabscheu vor den stupiden marktschreierischen Ankündigungen der Dogmatiker mit, deren jeder verkündet: »Was wir lehren, ist wahr, und was wir nicht lehren, ist falsch.« Ach, welches Grauen schüttelt diese abgeklärten Weltbürger vor diesen unmenschlichen Menschheitsverbesserern, die in ihre schönheitsgläubige Welt eingebrochen sind und mit Schaum vor dem Munde ihre gewalttätigen Orthodoxien proklamieren, oh, wie ekelt es sie zutiefst vor diesen Savonarolas und Calvins und John Knox', welche die Schönheit auf Erden abtöten wollen und die Erde in ein Moralseminar verwandeln! Mit tragischer Hellsichtigkeit erkennen alle jene weisen und humanen Menschen das Unheil, das diese rasenden Rechthaber über Europa bringen müssen, schon hören sie hinter diesen eifernden Worten die Waffen klirren und erahnen in diesem Hass den kommenden, den fürchterlichen Krieg. Aber wenn auch um die Wahrheit wissend, wagen diese Humanisten doch nicht, für sie zu kämpfen. Fast immer sind im Leben die Lose geschieden, die Erkennenden nicht die Täter, und die Täter nicht die Erkennenden. Alle diese tragischen und trauernden Humanisten schreiben einander rührende und kunstvolle Briefe, sie klagen hinter verschlossenen Türen in ihren Studierstuben, aber keiner tritt vor und dem Antichrist entgegen. Ab und zu wagt Erasmus, ein paar Pfeile aus dem Schatten zu entsenden, Rabelais schlägt grimmigen Lachens mit der Peitsche zu, vom Narrenkleid gedeckt; Montaigne, dieser noble und weise Philosoph, findet in seinen Essais beredteste Worte, aber keiner versucht, ernstlich einzugreifen und auch nur eine einzige dieser infamen Verfolgungen und Hinrichtungen zu verhindern. Mit Rasenden, so erkennen diese Welterfahrenen und darum vorsichtig Gewordenen, soll der Weise nicht streiten;

besser, man flüchtet in solchen Zeiten in den Schatten zurück, um nicht selber gefasst und geopfert zu werden.

Castellio aber – dies sein unvergänglicher Ruhm – tritt als einziger von all diesen Humanisten entschlossen vor und seinem Schicksal entgegen. Heldisch wagt er das Wort für die verfolgten Gefährten und damit sein eigenes Leben. Völlig unfanatisch, obwohl von den Fanatikern stündlich bedroht, durchaus leidenschaftslos, aber mit einer tolstoianischen Unerschütterlichkeit, hebt er wie ein Panier sein Bekenntnis über die grimmige Zeit, dass keinem Menschen eine Weltanschauung aufgezwungen werden und über das Gewissen eines Menschen keine irdische Macht auf Erden jemals Gewalt haben dürfe; und weil er dieses Bekenntnis nicht im Namen einer Partei, sondern aus dem unvergänglichen Geiste der Humanität gestaltet, sind seine Gedanken wie manche seiner Worte zeitlos geblieben. Immer bewahren, wenn von einem Künstler geformt, die allhumanen, die überzeitlichen Gedanken ihre Prägung, immer überdauert das weltverbindende Bekenntnis das einzelne doktrinäre und aggressive. Vorbildlich aber sollte vor allem im sittlichen Sinne für spätere Geschlechter der beispiellose und beispielgebende Mut dieses vergessenen Mannes bleiben. Denn wenn Castellio den von Calvin hingeopferten Servet allen Theologen der Welt zum Trotz einen unschuldig Gemordeten nennt, wenn er allen Sophismen Calvins das unsterbliche Wort entgegenschleudert: »Einen Menschen verbrennen heißt nicht, eine Lehre verteidigen, sondern: einen Menschen töten«, wenn er in seinem Manifest der Toleranz (lange vor Locke, Hume, Voltaire und viel großartiger als sie) ein für alle Mal das Recht auf Gedankenfreiheit proklamiert, dann setzt dieser Mann für seine Überzeugung sein Leben als Pfand. Nein, man versuche nicht, Castellios Protest gegen den Justizmord an Miguel Servet mit den tausendmal berühmteren Protesten Voltaires im Fall Calas' und Zolas in der Affäre Dreyfus zu vergleichen – diese Vergleiche erreichen nicht entfernt die moralische Höhe seiner Tat. Denn Voltaire, als er den Kampf für

Calas unternimmt, lebt schon in einem humaneren Jahrhundert; überdies steht hinter dem weltberühmten Dichter die Protektion von Königen, von Fürsten, und ebenso schart sich wie eine unsichtbare Armee hinter Emile Zola die Bewunderung ganz Europas, einer ganzen Welt. Beide wagen sie mit ihrer Hilfstat viel ihrer Reputation und ihrer Bequemlichkeit um eines fremden Schicksals willen, nicht aber – und dieser Unterschied bleibt der entscheidende – ihr eigenes Leben wie Sebastian Castellio, der in seinem Kampfe um die Humanität mit ihrer ganzen mörderischen Wucht die Unhumanität seines Jahrhunderts erlitten.

Voll und bis zur letzten Neige seiner Kraft hat Sebastian Castellio den Preis seines moralischen Heldentums gezahlt. Erschütternd, wie dieser Verkünder der Gewaltlosigkeit, der sich keiner als der bloß geistigen Waffe bedienen wollte, abgewürgt wurde von der brutalen Gewalt – ach, immer wieder wird man gewahr, wie aussichtslos jedes Mal der Kampf bleibt, wenn ein einzelner, ohne andere Macht hinter sich als das moralische Recht, gegen eine geschlossene Organisation sich zur Wehr setzt. Ist es einer Doktrin einmal gelungen, sich des Staatsapparats und all seiner Pressionsmittel zu bemächtigen, dann schaltet sie unbedenklich den Terror ein; wer ihre Allmacht in Frage stellt, dem würgt sie das Wort in der Kehle und meist noch die Kehle dazu. Calvin hat Castellio nie ernstlich geantwortet; er hat vorgezogen, ihn stumm zu machen. Man zerreißt, man verbietet, man verbrennt, man beschlagnahmt seine Bücher, man erzwingt mit politischer Erpressung im Nachbarkanton ein Schreibeverbot, und kaum kann er nicht mehr antworten, nicht mehr berichten, so fallen die Trabanten Calvins verleumderisch über ihn her: bald ist es kein Kampf mehr, sondern nur die erbärmliche Vergewaltigung eines Wehrlosen. Denn Castellio kann nicht sprechen, nicht schreiben, stumm liegen seine Schriften in der Lade, Calvin aber hat die Druckerpressen und die Kanzel, die Katheder und die Synoden, den ganzen Apparat der Staatsgewalt, und mitleidslos lässt er ihn spielen; jeder Schritt Castellios ist überwacht, jedes

Wort belauscht, jeder Brief abgefangen – was Wunder, dass eine solche hundertköpfige Organisation gegen den einzelnen die Oberhand behält; nur der vorzeitige Tod hat Castellio gerade noch vor dem Exil oder dem Brandstoß gerettet. Aber auch vor seiner Leiche macht der frenetische Hass der triumphierenden Dogmatiker nicht halt. Noch in die Grube werfen sie ihm wie fressenden Kalk Verdächtigungen und Verleumdungen nach und streuen Asche auf seinen Namen; das Angedenken an diesen Einen, der nicht nur Calvins Diktatur, sondern überhaupt das Prinzip jeder geistigen Diktatur bekämpft, soll für alle Zeiten vergessen und verloren sein.

Beinahe ist auch dies Äußerste der Gewalt wider den Gewaltlosen gelungen: nicht nur die zeitliche Wirkung dieses großen Humanisten hat jene methodische Unterdrückung erdrosselt, sondern für viele Jahre auch seinen Nachruhm; noch heute muss ein Gebildeter sich keineswegs schämen, den Namen Sebastian Castellios nie gelesen, nie vernommen zu haben. Denn wie ihn auch kennen, da die wesentlichsten seiner Werke von der Zensur für Jahrzehnte und Jahrhunderte dem Druck vorenthalten wurden! Kein Drucker in Calvins Nähe wagt sie zu veröffentlichen, und als sie dann lang nach seinem Tode erscheinen, da ist es schon zu spät für den gerechten Ruhm. Andere haben inzwischen Castellios Ideen übernommen, unter fremden Namen wird der Kampf weitergeführt, in dem er, der erste Führer, zu früh und fast unbemerkt gefallen. Manchen ist es verhängt, im Schatten zu leben, im Dunkel zu sterben – Nachfahren haben Sebastian Castellios Ruhm geerntet, und noch heute ist in jedem Schulbuch der Irrtum zu lesen, Hume und Locke seien die ersten gewesen, welche die Idee der Toleranz in Europa verkündet, als wäre Castellios Ketzerschrift nie geschrieben und nie gedruckt worden. Vergessen ist seine moralische Großtat, der Kampf um Servet, vergessen der Krieg gegen Calvin, »der Mücke gegen den Elefanten«, vergessen seine Werke – ein unzulängliches Bild in der holländischen Gesamtausgabe, ein paar Manuskripte in

Schweizer und holländischen Bibliotheken, ein paar dankbare Worte seiner Schüler, das ist alles, was von einem Manne geblieben ist, den seine Zeitgenossen einhellig nicht nur als einen der gelehrtesten, sondern auch der edelsten Männer seines Jahrhunderts gerühmt. – Welch eine Dankesschuld ist an diesem Vergessenen noch zu begleichen! Welch ein ungeheures Unrecht hier noch zu sühnen!

Denn die Geschichte, sie hat keine Zeit, um gerecht zu sein. Sie zählt als kalte Chronistin nur die Erfolge, selten aber misst sie mit moralischem Maß. Nur auf die Sieger blickt sie und lässt die Besiegten im Schatten; unbedenklich werden diese »unbekannten Soldaten« eingescharrt in die Grube des großen Vergessens, nulla crux, nulla corona, kein Kreuz und kein Kranz rühmt ihre verschollene, weil vergebliche Opfertat. In Wahrheit aber ist keine Anstrengung, die aus reiner Gesinnung unternommen war, vergeblich zu nennen, kein moralischer Einsatz von Kraft geht jemals völlig im Weltall verloren. Auch als Besiegte haben die Unterlegenen, die zu früh Gekommenen eines überzeitlichen Ideals ihren Sinn erfüllt; denn nur, indem sie sich Zeugen und Überzeugte schafft, die für sie leben und sterben, wird eine Idee auf Erden lebendig. Vom Geiste aus gewinnen die Worte »Sieg« und »Niederlage« einen andern Sinn, und darum wird es nottun, immer und immer wieder eine Welt, die bloß auf die Denkmäler der Sieger blickt, daran zu mahnen, dass nicht jene die wahrhaften Helden der Menschheit sind, die über Millionen von Gräbern und zerschmetterten Existenzen ihre vergänglichen Reiche errichten, sondern gerade diejenigen, die gewaltlos der Gewalt unterliegen, wie Castellio gegen Calvin in seinem Kampf um die Freiheit des Geistes und um die endliche Herankunft der Humanität auf Erden.

Marie Antoinette

Die letzte Fahrt

Um fünf Uhr morgens, während Marie Antoinette noch an ihrem letzten Briefe schreibt, werden bereits in allen achtundvierzig Sektionen von Paris die Trommeln gerührt. Um sieben Uhr steht die ganze bewaffnete Macht auf den Beinen, schussbereite Kanonen sperren die Brücken, die großen Straßenzüge; Wachposten durchziehen mit aufgepflanztem Bajonett die Stadt, Kavallerie bildet Spalier, – ein unermessliches Aufgebot von Soldaten gegen eine einzelne Frau, die selbst nichts mehr will als das Ende. Oft hat die Gewalt mehr Angst vor ihrem Opfer als das Opfer vor der Gewalt.

Um sieben Uhr schleicht das Küchenmädchen des Gefangenaufsehers leise in die Kerkerzelle. Auf dem Tisch brennen noch die beiden Wachslichter, in der Ecke sitzt, ein wachsamer Schatten, der Gendarmerieoffizier. Zuerst sieht Rosalie die Königin nicht, dann erst merkt sie erschrocken: Marie Antoinette liegt völlig angekleidet in ihrer schwarzen Witwenrobe auf dem Bett. Sie schläft nicht. Sie ist nur müde, von ihren ständigen Blutverlusten erschöpft.

Das kleine rührende Landmädchen steht zitternd, von zwiefachem Mitleid bewegt, vor der zum Tode Verurteilten, vor ihrer Königin. »Madame,« nähert sie sich ergriffen, »Sie haben gestern Abend nichts zu sich genommen und fast nichts während des Tages. Was wünschen Sie heute Morgen?«

»Mein Kind, ich brauche nichts mehr, für mich ist alles zu Ende«, antwortet die Königin, ohne sich aufzurichten. Aber da ihr das Mädchen noch einmal dringend eine Suppe anbietet, die sie für sie besonders bereitet habe, sagt die Erschöpfte: »Nun, Rosalie, bringen Sie mir die Bouillon.« Sie nimmt einige Löffel, dann beginnt das kleine Mädchen ihr beim Umkleiden zu helfen. Man hat Marie Antoinette nahegelegt, sie möge nicht in ihrem schwarzen Trauerkleid, das sie vor den Richtern getragen, zum Schafott gehen, die auffallende Witwentracht könnte das Volk aufreizen. Marie Antoinette – was gilt ihr jetzt noch ein Kleid! – leistet keinen Widerstand und entschließt sich, ein leichtes weißes Morgengewand zu nehmen.

Aber auch für diese letzte Mühe ist ihr noch eine letzte Erniedrigung aufgespart. In all diesen Tagen hat die Königin unablässig Blut verloren, alle ihre Hemden sind davon beschmutzt. Aus dem natürlichen Verlangen, körperlich rein ihren letzten Weg zu gehen, will sie jetzt ein frisches anlegen und bittet den wachhabenden Gendarmerieoffizier, sich ein wenig zurückzuziehen. Aber der Mann, der strengen Auftrag hat, sie nicht eine Sekunde aus den Augen zu verlieren, erklärt, er dürfe seinen Posten nicht verlassen. So hockt sich die Königin in dem schmalen Raum zwischen dem Bett und der Wand nieder, und während sie sich das Hemd überzieht, stellt sich das kleine Küchenmädchen mitfühlend vor sie, um ihre Blöße zu decken. Aber das blutige Hemd, wohin damit? Die Frau schämt sich, das befleckte Linnen angesichts des fremden Mannes und vor den neugierigen, indiskreten Blicken derjenigen zurückzulassen, die in wenigen Stunden schon kommen werden, ihren Nachlass aufzuteilen. So rollt sie es rasch zu einem kleinen Knäuel zusammen und stopft es in eine Vertiefung hinter der Ofenwand.

Mit besonderer Sorgfalt kleidet sich dann die Königin an. Seit mehr als einem Jahr hat sie die Straße nicht mehr betreten, nicht freien und weiten Himmel über sich gesehen: gerade dieser letzte Gang soll sie anständig und sauber gekleidet finden; nicht weibliche Eitelkeit ist es mehr, die sie bestimmt, sondern Gefühl für die Würde der historischen Stunde. Sorgfältig streift sie ihr weißes Morgenkleid zurecht, umhüllt den Nacken mit einem Tuch von leichtem Musselin, wählt ihre besten Schuhe; das weiß gewordene Haar versteckt eine zweiflügelige Haube.

Um acht Uhr pocht es an die Tür. Nein, es ist noch nicht der Henker. Es ist nur sein Vorbote, der Priester, aber einer von jenen, die den republikanischen Eid geleistet haben. Die Königin weigert sich höflich, ihm zu beichten, sie erkenne nur unvereidigte Priester als Gottesdiener an, und auf seine Frage, ob er sie auf ihrem letzten Gang begleiten solle, antwortet sie gleichgültig: »Wie Sie wollen.«

Diese scheinbare Gleichgültigkeit ist gewissermaßen die Schutzmauer, hinter der Marie Antoinette ihre innere Entschlossenheit für die letzte Fahrt vorbereitet. Als um zehn Uhr der Scharfrichter Samson, ein junger Mensch von riesenhaftem Wuchs, eintritt, um ihr die Haare zu schneiden, lässt sie sich ruhig die Hände auf den Rücken binden und leistet keinen Widerstand. Das Leben, sie weiß es, ist nicht mehr zu retten, einzig die Ehre. Nur jetzt vor niemandem Schwäche zeigen! Nur Festigkeit bewahren und allen, die es zu sehen begehren, zeigen, wie eine Tochter Maria Theresias stirbt.

Gegen elf Uhr werden die Türen der Conciergerie geöffnet. Draußen steht der Schinderkarren, eine Art Leiterwagen, dem ein mächtiges, schweres Pferd vorgespannt ist. Ludwig XVI. war noch in seiner geschlossenen Hofkarosse feierlich und respektvoll zum Tode geführt worden, beschützt durch die gläserne Wand vor der gröbsten Neugierde, dem schmerzhaftesten Hass. Inzwischen ist die Republik in ihrem feurigen Lauf unermesslich weiter geschritten; sie verlangt Gleichheit auch für die Fahrt zur Guillotine: eine Königin braucht nicht bequemer zu sterben als jeder andere Bürger, ein Leiterwagen ist gut genug für die Witwe Capet. Als Sitz dient einzig ein zwischen die Sprossen geschobenes Brett ohne Polster oder Decke: auch Madame Roland, Danton, Robespierre, Fouquier, Hébert, alle, die Marie Antoinette in den Tod schicken, werden auf dem gleichen harten Brette die letzte Fahrt machen; nur ein kurzes Stück Weges ist die Gerichtete ihren Richtern voraus.

Zuerst treten Offiziere aus dem düstern Gang der Conciergerie, hinter ihnen eine ganze Wachkompagnie, die Hand am

Gewehr, dann kommt ruhig und sicheren Schrittes Marie Antoinette. Der Henker Samson hält sie an dem langen Strick, mit dem man ihr die Hände auf den Rücken gebunden hat, als ob Gefahr bestünde, dass sein Opfer, umringt von Hunderten von Wächtern und Soldaten, ihm noch entlaufen könnte. Unwillkürlich sind die Umstehenden von dieser unvermuteten und unnötigen Erniedrigung überrascht. Keiner der üblichen höhnischen Schreie erhebt sich. Ganz lautlos lässt man die Königin bis zum Karren schreiten. Dort bietet ihr Samson die Hand zum Aufstieg. Neben sie setzt sich der Priester Girard im bürgerlichen Gewande, aufrecht aber bleibt mit unbeweglichem Gesicht der Henker stehen, den Strick in der Hand: wie Charon die Seelen der Verstorbenen, führt er unbewegten Herzens seine Fracht täglich zum andern Ufer des Lebens. Aber diesmal halten sowohl er wie seine Gehilfen während der ganzen Fahrt den Dreispitz unter dem Arm, als wollten sie sich vor der wehrlosen Frau, die sie zum Schafott bringen, für ihr trauriges Amt entschuldigen.

Der erbärmliche Wagen rattert langsam über das Pflaster. Man lässt sich absichtlich Zeit, jeder soll genau das einzigartige Schaustück betrachten können. Auf dem harten Sitz spürt die Königin jedes Holpern des groben Karrens über das schlechte Pflaster bis ins Mark, aber, unbewegt das blasse Gesicht, mit ihren rotgeränderten Augen starr vor sich hinschauend, gibt Marie Antoinette kein Zeichen von Angst oder Schmerz der enggereihten Neugier preis. Alle Seelenkraft strafft sie zusammen, um bis zum Ende stark zu bleiben, und vergebens spähen ihre grimmigsten Feinde, sie bei einem Augenblick des Versagens oder Verzagens zu ertappen. Doch nichts macht Marie Antoinette irre, nicht, dass bei der Kirche Saint-Roch die angesammelten Weiber sie mit den üblichen Hohnrufen empfangen, nicht, dass der Schauspieler Grammont, um Stimmung in die düstere Szene zu bringen, in der Uniform eines Nationalgardisten vor dem Totenkarren einherreitet und, den Säbel schwenkend, ausruft: »Da ist sie, die infame Antoinette! Jetzt wird sie hin, meine Freunde.« Ihr Antlitz bleibt ehern verschlossen, sie scheint nichts zu hören, nichts zu sehen. Die auf den Rücken gebundenen Hände steifen ihr nur den Nacken höher empor, geradeaus blickt sie vor sich hin, und all die bunten und wilden Bilder der Straße dringen nicht mehr ein in ihre Augen, die von innen her überschwemmt sind von Tod. Kein Zittern regt ihre Lippen, kein Schauer bebt über ihren Leib; ganz Herrin ihrer Kraft sitzt sie da, stolz und verächtlich, und selbst Hébert muss am nächsten Tage in seinem »Père Duchesne« gestehen: »Die Dirne ist übrigens kühn und frech bis zum Ende geblieben.«

An der Ecke der Rue Saint-Honoré, an der Stelle des heutigen Café de la Régence, wartet, den Bleistift gezückt, ein Mann, ein Blatt Papier in der Hand. Es ist Louis David, eine der feigsten Seelen, einer der größten Künstler der Zeit. Während der Revolution unter den Schreiern der lauteste, dient er den Mächtigen, solange sie an der Macht sind, und verlässt sie in der Gefahr. Er malt Marat auf dem Totenbett, am achten Thermidor schwört er pathetisch Robespierre, »den Kelch mit ihm bis zur Neige zu leeren«, aber am neunten schon, in der verhängnisvollen Sitzung, ist dieser heroische Durst ihm vergangen, der traurige Held zieht vor, sich zu Hause zu verstecken, und entwischt durch diese Feigheit der Guillotine. Erbitterter Feind der Tyrannen während der Revolution, wird er der erste sein, der zum neuen Diktator abschwenkt und dafür, dass er Napoleons Krönung malt, gegen den Titel »Baron« seinen Aristokratenhass von einst in Tausch gibt. Typus des ewigen Überläufers zur Macht, schmeichlerisch vor den Erfolgreichen, unbarmherzig gegen die Besiegten, malt er die Sieger bei der Krönung und die Unterlegenen am Weg zum Schafott. Von dem selben Schinderkarren herab, der jetzt Marie Antoinette führt, erspäht ihn später auch Danton, der um seine Erbärmlichkeit weiß, und peitscht ihm noch rasch das verächtliche Schimpfwort über: »Lakaienseele!«

Aber wenn auch eine Bedientenseele und ein feiges erbärmliches Herz, so hat dieser Mann ein herrliches Auge, eine fehllose Hand. In einem Riss hält er auf flüchtigem Blatt das Antlitz der Königin unvergänglich fest, wie sie zum Schafott fährt, eine grauenhaft großartige Skizze, mit unheimlicher Kraft ganz heiß aus dem Leben geholt: eine gealterte Frau, nicht mehr schön, nur noch stolz. Den Mund hochmütig verschlossen wie zu einem Schrei nach innen, die Augen gleichgültig und fremd, sitzt sie mit ihren rückgeschnürten Händen so herausfordernd aufrecht auf ihrem Schinderkarren, als wäre er ein Thronsessel. Eine unsägliche Verächtlichkeit spricht aus jeder Linie des versteinerten Gesichts, eine unerschütterliche Entschlossenheit aus der hochgebäumten Brust; Dulden, das sich in Trotz verwandelt, Leiden, das innen zur Kraft geworden ist, gibt dieser gequälten Gestalt eine neue und furchtbare Majestät. Selbst der Hass kann auf diesem Blatte die Hoheit nicht leugnen, mit der Marie Antoinette die Schmach des Schinderkarrens durch ihre großartige Haltung bezwingt.

Der riesige Revolutionsplatz, die heutige Place de la Concorde, ist schwarz von Menschen. Zehntausende stehen seit frühmorgens auf den Beinen, um das einmalige Schauspiel nicht zu versäumen, wie eine Königin, nach dem groben Worte Héberts, »vom nationalen Rasiermesser halbiert wird«. Stundenlang wartet schon die neugierige Menge. Um sich nicht zu langweilen, plaudert man ein wenig mit einer hübschen Nachbarin, man lacht, man schwätzt, man kauft den Ausrufern Journale oder Karikaturen ab, man durchblättert die neueste aktuelle Broschüre »Les Adieux de la Reine à ses mignons et mignonnes« oder »Grandes fureurs de la ci-devant Reine«. Man rät und munkelt, wessen Kopf morgen und übermorgen hier in den Korb fallen wird, und zwischendurch holt man sich Limonade, Brötchen oder Nüsse von den Straßenhändlern: die große Szene ist schon einige Geduld wert.

Über diesem neugierig wogenden schwarzen Gewühl erheben sich starr, das einzig Leblose im menschenbelebten Raum, zwei Silhouetten: die schlanke Linie der Guillotine, dieser hölzernen Brücke, die vom Diesseits ins Jenseits führt; von ihrem Stirnjoch blitzt in der trüben Oktobersonne der blanke Wegweiser, das frisch geschliffene Beil. Leicht und frei schneidet sie gegen den grauen Himmel, vergessenes Spielzeug eines schaurigen Gottes, und die Vögel, die nicht die finstere Bedeutung dieses grausamen Instrumentes ahnen, spielen in unbekümmertem Flug über sie hin.

Streng aber und ernst erhebt sich daneben, das Tor des Todes stolz überragend, das riesige Standbild der Freiheit auf dem Sockel, der früher das Denkmal Ludwigs XIV. getragen. Still sitzt sie da, die unnahbare Göttin, das Haupt gekrönt von der phrygischen Mütze, sinnend das Schwert in der Hand; sie sitzt da, steinern im Stein, die Göttin der Freiheit, und träumt vor sich hin. Ihre weißen Augen starren hinweg über die ewig unruhige Menge zu ihren Füßen und weit hinaus über die nachbarliche Mordmaschine, irgendetwas Fernem und Unsichtbarem entgegen. Sie sieht nicht das Menschliche um sich, nicht das Leben, nicht den Tod, die unbegreifliche und ewig geliebte Göttin mit den träumenden Augen aus Stein. Sie hört nicht die Schreie all derer, die sie anrufen, sie spürt nicht die Kränze, die man um ihre steinernen Knie legt, und nicht das Blut, das die Erde zu ihren Füßen düngt. Ein ewiger Gedanke, fremd unter den Menschen, sitzt sie stumm und starrt in die Ferne, auf ihr unsichtbares Ziel. Sie fragt nicht und weiß nicht, was in ihrem Namen geschieht.

Plötzlich regt sich die Menge, schäumt auf und wird mit einem Male stumm. In dieser Stille hört man jetzt wilde Rufe von der Rue Saint-Honoré her, man sieht die vorausrückende Kavallerie, und jetzt biegt um die Ecke der tragische Karren mit der gefesselten Frau, die einst Herrin von Frankreich war; hinter ihr steht, den Strick stolz in der einen Hand, den Hut demütig in der andern, Samson, der Henker. Völlig still wird es auf dem riesigen Platz. Die Ausrufer rufen nicht mehr, jedes Wort verstummt, so still wird es, dass man das schwere Stapfen des Pferdes und das Ächzen der Räder vernimmt. Die Zehntausende, die eben noch munter schwatzten und lachten, sehen plötzlich beklommen mit einem gebannten Gefühl des Grauens auf die blasse, gebundene Frau, die keinen von ihnen anblickt. Sie weiß: nur diese letzte Probe noch! Nur fünf Minuten Sterben noch und dann Unsterblichkeit.

Der Karren hält vor dem Schafott. Ruhig und ohne Hilfe, »mit einem noch steinerneren Gesicht als beim Verlassen des Gefängnisses«, tritt die Königin, jede Hilfe zurückweisend, die brettenen Stufen des Schafotts empor; sie schreitet genau so leicht und beschwingt in ihren schwarzen, hochstöckeligen Atlasschuhen diese letzten Stufen hinauf wie einst die marmornen Treppen von Versailles. Einen verlorenen Blick jetzt noch über das widrige Gewühl hinweg in den Himmel vor ihr! Erkennt sie drüben im herbstlichen Nebel die Tuilerien, in denen sie gewohnt und Unsägliches erlitten hat? Erinnert sie sich noch in dieser letzten, schon allerletzten Minute des Tages, da ebendieselben Massen sie begeistert im gleichen Garten als Thronfolgerin begrüßten? Man weiß es nicht. Niemand kennt die letzten Gedanken eines Sterbenden. Und schon ist es vorbei. Die Henker fassen sie rücklings an, ein rascher Wurf auf das Brett, den Kopf unter die Schneide, ein Riss am Strang, ein Blitz des niedersausenden Messers, ein dumpfer Schlag, und schon packt Samson an den Haaren ein entblutetes Haupt und hebt es sichtbar empor über den Platz. Mit einem Stoß rettet sich jetzt das atemstockende Grauen der Zehntausende in einen wilden Schrei. »Es lebe die Republik!« donnert es wie aus einer von rasendem Würgen befreiten Kehle. Dann zerstreut sich beinahe hastig die Menge. Parbleu, es ist wirklich schon ein Viertel über zwölf geworden, hohe Zeit zum Mittagbrot; jetzt rasch nach Hause. Wozu noch länger herumstehen! Morgen und alle die nächsten Wochen und Monate kann man doch auf dem gleichen Platz beinahe täglich dasselbe Schauspiel nochmals und nochmals sehen.

Es ist Mittag. Die Menge hat sich zerstreut. In einem kleinen Schubkarren fährt der Nachrichter die Leiche weg, den blutigen Kopf zwischen den Beinen. Ein paar Gendarmen bewachen noch das Schafott. Aber niemand kümmert sich um das langsam in die Erde sickernde Blut, der Platz wird wieder leer.

Nur die Göttin der Freiheit, in ihren weißen Stein gebannt, ist unbeweglich auf ihrem Platz geblieben und starrt weiter und weiter auf ihr unsichtbares Ziel. Sie hat nichts gesehen, nichts gehört. Streng blickt sie über das wilde und törichte Tun der Menschen hinweg in die ewige Ferne. Sie weiß nicht und will nicht wissen, was in ihrem Namen geschieht.

Maria Stuart

»IN MEINEM ENDE IST MEIN ANBEGINN«
(8. Februar 1587)

En ma fin est mon commencement, diesen damals noch nicht ganz verständlichen Spruch hatte Maria Stuart vor Jahren in eine brokatene Arbeit eingestickt. Nun wird ihre Ahnung wahr. Erst ihr tragischer Tod ist der wahre Anbeginn ihres Ruhms, nur er wird vor den Augen der Nachwelt ihre jugendliche Schuld tilgen, ihre Fehler verklären. Mit Umsicht und Entschlossenheit bereitet sich die Verurteilte seit Wochen auf diese äußerste Prüfung vor. Zweimal hatte sie selbst als junge Königin zusehen müssen, wie ein Edelmann unter dem Beil stirbt, also früh schon erfahren, dass das Grauen eines solchen unrettbaren unmenschlichen Aktes nur überwunden werden kann durch heroische Haltung. Die ganze Welt und die Nachwelt, Maria Stuart weiß es, werden ihre Haltung prüfen, wenn sie als die erste gesalbte Königin den Nacken über den Block beugt, jedes Zucken, jedes Zaudern, jedes feige Erblassen in dieser entscheidenden Minute wäre Verrat an ihrem königlichen Ruhm. So sammelt sie still in diesen Wochen des Wartens all ihre innere Kraft. Auf nichts im Leben hat sich die sonst impulsive Frau so ruhig und zielbewusst vorbereitet wie auf diese ihre letzte Stunde.

Kein Zeichen des Erschreckens oder nur des Erstaunens ist darum bei ihr wahrzunehmen, als Dienstag, den 7. Februar, ihre Diener melden, die Lords Shrewsbury und Kent seien mit einigen Magistratspersonen eingetroffen. Vorsorglich befiehlt sie ihre Frauen und die meisten ihres Gesindes heran. Erst dann empfängt sie die Abgesandten. Denn für jeden einzelnen Augenblick wünscht sie von nun ab die Gegenwart ihrer Getreuen, damit sie dereinst bezeugen können, dass die Tochter James' V., die Tochter Marias von Lothringen, dass sie, in deren Adern das Blut der Tudors und der Stuarts fließt, auch das Schwerste aufrecht und glorreich zu bestehen vermochte. Shrewsbury, der Mann, in dessen Hause sie nahezu zwanzig Jahre gewohnt, beugt das Knie und das graue Haupt. Ein wenig schwankt ihm die Stimme, da er ankündigt, Elisabeth habe nicht umhinkönnen, den dringlichen Bitten ihrer Untertanen nachzugeben und den Vollzug des Urteils anzuordnen. Maria Stuart scheint nicht erstaunt über die schlimme Nachricht; ohne das geringste Zeichen von Bewegung – sie weiß, jede Geste zeichnet sich in das Buch der Geschichte ein – lässt sie sich das Todesurteil vorlesen, dann bekreuzigt sie sich gelassen und sagt: »Gelobt sei Gott für die Nachricht, die Sie mir überbringen. Ich könnte keine bessere empfangen, da sie mir das Ende meiner Leiden ankündigt und die Gnade, die Gott mir erweist, für die Ehre seines Namens und seiner Kirche, der römisch-katholischen, zu sterben.« Mit keinem Wort bestreitet sie mehr das Urteil. Nicht mehr als Königin will sie sich gegen das von einer andern Königin verhängte Unrecht wehren, sondern als Christin das Leiden auf sich nehmen, und vielleicht liebt sie ihr Märtyrertum schon als den letzten Triumph, der ihr in diesem Leben noch geblieben ist. Nur zwei Bitten hat sie: dass ihr Beichtiger mit geistlichem Troste ihr beistehen dürfe und dass die Urteilsvollstreckung nicht schon am nächsten Morgen stattfinde, damit ihr Gelegenheit bleibe, ihre letzten Verfügungen mit Sorgfalt zu treffen. Beide Bitten werden abgeschlagen. Sie brauche keinen Priester der Irrlehre, antwortet der Graf von Kent, ein fanatischer Protestant, aber gerne wolle er einen reformierten Geistlichen senden, damit er sie in der wahren Religion unterweise. Selbstverständlich lehnt Maria Stuart ab, in der Stunde, da sie durch ihren Tod vor der ganzen katholischen Welt für ihr Bekenntnis zeugen will, sich noch Lektionen über den wahren Glauben von einem Ketzerpriester erteilen zu lassen. Weniger grausam als diese törichte Zumutung an eine Todgeweihte ist die Ablehnung der Bitte um Aufschub der Hinrichtung. Denn da nur eine Nacht zur Vorbereitung ihr gewährt wird, sind die wenigen ihr noch verstatteten Stunden dermaßen überfüllt, dass für Angst oder Unruhe kein Raum bleibt. Immer, und das ist ein Geschenk Gottes an den Menschen, wird einem Sterbenden die Zeit zu eng.

Mit einer Besonnenheit und Umsicht, wie sie ihr früher verhängnisvollerweise fremd waren, teilt Maria Stuart ihre letzten Stunden ein. Als große Fürstin will sie einen großartigen Tod, und mit dem makellosen Stilgefühl, das sie immer auszeichnete, mit dem ererbten künstlerischen Sinn und der eingeborenen hohen Haltung in gefährlichen Augenblicken bereitet Maria Stuart ihren Hingang wie ein Fest, wie einen Triumph, wie eine große Zeremonie vor. Nichts soll improvisiert, nichts dem Zufall, der Stimmung überlassen bleiben, alles in seiner Wirkung errechnet, alles königlich prächtig und imposant gestaltet sein. Jede Einzelheit ist genau und sinnvoll eingesetzt als eine rührende oder mächtig erschütternde Strophe in das Heldengedicht eines vorbildlichen Märtyrertodes. Etwas früher als sonst hat Maria Stuart, damit ihr Zeit bleibe, die notwendigen Briefe in Ruhe zu schreiben und ihre Gedanken zu sammeln, die Mahlzeit bestellt, und symbolisch gibt sie ihr die feierliche Form eines letzten Abendmahls. Nachdem sie selbst gegessen hat, versammelt sie das Hausgesinde um sich im Kreise und lässt sich einen Becher Wein reichen. Ernst und doch klaren Antlitzes hebt sie den gefüllten Kelch über ihre Getreuen, die alle in die Knie gesunken sind. Sie trinkt auf ihr Wohlergehen und hält dann eine Ansprache, in der sie alle dringlich ermahnt, der katholischen Religion treu zu bleiben und untereinander in Frieden zu leben. Sie bittet – es ist wie eine Szene aus der vita sanctorum – jeden einzelnen von ihnen um Vergebung für alles und jedes Unrecht, das sie ihm jemals bewusst oder unbewusst zugefügt haben sollte. Dann erst übergibt sie jedem ein besonders ausgewähltes Geschenk, Ringe und Steine und Ketten und Spitzen, alle die kleinen Köstlichkeiten, die ihr vergehendes Leben erheitert und geschmückt haben. Auf den Knien, schweigend und schluchzend, nehmen die Beschenkten die Gaben entgegen und wider ihren Willen wird die Königin selbst erschüttert von der schmerzlichen Liebe ihrer Getreuen.

Endlich erhebt sie sich und geht hinüber in ihr Zimmer, wo bereits die Wachskerzen vor dem Schreibtisch brennen. Es ist noch viel zu tun zwischen Nacht und Morgen: das Testament zu überlesen, die Anordnungen für den schweren Gang zu treffen und die letzten Briefe zu schreiben. Der erste, der dringlichste bittet ihren Beichtiger, die Nacht über wach zu bleiben und für sie zu beten; zwar weilt er nur zwei oder drei Zimmer weit im selben Schlosse, aber Graf Kent – Fanatismus ist immer mitleidlos – hat dem Tröster verboten, seinen Wohnraum zu verlassen, damit er nicht Maria Stuart die »papistische« Letzte Ölung erteilen könne. Dann schreibt die Königin an ihre Verwandten, an Heinrich III. und den Herzog von Guise; eine besondere Sorge, aber eine, die ihr auch besondere Ehre macht, bedrückt sie in dieser letzten Stunde: dass nach dem Erlöschen ihrer französischen Witwenpension ihr Hausgesinde unversorgt zurückbleiben sollte. So bittet sie den König von Frankreich, die Pflicht zu übernehmen, ihre Vermächtnisse einzulösen und Seelenmessen lesen zu lassen »für eine allerchristliche Königin, die als Katholikin und aller Habe entblößt« in den Tod geht. An Philipp II., an den Papst hat sie schon vordem Briefe gesandt. Nur an eine Herrin dieser Welt wäre noch zu schreiben, an Elisabeth. Aber an sie richtet Maria Stuart kein Wort mehr. Sie will um nichts mehr bitten und für nichts mehr danken; nur durch stolzes Schweigen kann sie die alte Gegnerin noch beschämen und durch einen großartigen Tod.

Es ist sehr lange nach Mitternacht, da sich Maria Stuart auf das Bett legt. Alles, was im Leben zu tun war, hat sie getan. Nur ein paar Stunden noch hat die Seele jetzt Gastrecht in dem abgemüdeten Leib. In der Ecke des Zimmers knien die Mägde und beten mit stummer Lippe; sie wollen die Schlafende nicht stören. Maria Stuart aber schläft nicht. Offenen Auges blickt sie in die große Nacht; nur die Glieder lässt sie ein wenig ruhen, damit sie morgen aufrechter und starker Seele hinzutreten vermöge vor den noch stärkeren Tod.

Biographien

Zu vielen Festen hat sich Maria Stuart gekleidet, zu Krönung und Taufe, zu Hochzeit und ritterlichem Spiel, zu Fahrten und Krieg und Jagd, zu Empfängen und Bällen und Turnieren, immer in Prunk gehüllt und wissend um die Macht, die das Schöne auf Erden verbreitet. Aber zu keinem Anlass hat sie sich sorgfältiger angetan als für die größte Stunde ihres Schicksals, für ihren Tod. Tage und Wochen vorher muss sie das würdigste Ritual des Sterbens sich ausgedacht und jede Einzelheit absichtsvoll gewählt haben. Stück für Stück muss sie ihre Garderobe durchgemustert haben nach einer würdigsten Etikette für diesen noch nie gebotenen Anlass: es ist, als wollte sie auch als Frau in einer letzten Eitelkeit für alle Zeiten das Vorbild geben, wie vollendet eine Königin auch dem Schafott entgegenzuschreiten hat. Zwei Stunden, von sechs bis acht Uhr morgens, kleiden sie ihre Dienerinnen. Nicht wie eine arme Sünderin, schlotternd in schlechtem Gewande, will sie vor den Block treten; ein Festkleid, ein Feiertagskleid wählt sie für ihren letzten Gang, ihr ernstestes und bestes aus dunkelbraunem Samt mit Zibelinmarder verbrämt, hochaufgestellt der weiße Kragen und niederwallend die Ärmel. Ein schwarzseidener Mantel umschließt diese würdevolle Pracht, und so lang schleift ihre schwere Schleppe nach, dass Melville, der Haushofmeister, sie ehrfürchtig nachtragen muss. Ein Witwenschleier weht weiß vom Scheitel bis zur Erde, erlesene Skapuliere und juwelengefasste Rosenkränze ersetzen allen irdischen Schmuck, Schuhe aus weißem Maroquin sollen den Schritt lautlos machen in der zu erwartenden Stille, wenn sie dem Schafott entgegenschreitet. Eigenhändig hat aus ihrem Schreine die Königin das Taschentuch ausgesucht, mit dem ihr die Augen verbunden werden sollen, ein spinndünnes Gewebe aus feinstem Batist mit goldenen Fransen, wahrscheinlich von ihr selbst gestickt. Jede Spange an ihrem Kleid ist sinnreich gewählt, jede Kleinigkeit geradezu musikalisch auf den Anlass abgestimmt und vorsorglich sogar daran gedacht, dass sie angesichts fremder Männer diese dunkle Pracht vor dem Block wird abstreifen müssen. Für diese letzte blutige Minute hat

Maria Stuart sich blutrote Unterkleidung anlegen und ärmellange brandrote Handschuhe vorbereiten lassen, damit, wenn das Beil ihr in den Nacken fährt, nicht zu krass die Farbe des vorspringenden Blutes von dem Gewande ableuchte. Nie hat eine verurteilte Frau künstlerischer und hoheitsvoller sich dem Tode bereit gemacht.

Um acht Uhr morgens klopft es an die Tür. Maria Stuart antwortet nicht, noch kniet sie vor ihrem Betstuhl und liest laut die Gebete für Sterbende. Erst nach vollendeter Andacht erhebt sie sich, und dem zweiten Pochen wird aufgetan. Der Sheriff tritt ein, den weißen Stab in der Hand – bald wird er zerbrochen sein –, und sagt respektvoll mit einer tiefen Verbeugung: »Madame, die Lords erwarten Sie und haben mich zu Ihnen gesandt.« »Gehen wir«, antwortet Maria Stuart. Sie macht sich bereit.

Nun beginnt der letzte Weg. Gestützt zur Rechten und zur Linken von einem ihrer Diener, schreitet sie langsam mit ihren rheumatisch gelähmten Gliedern aus. Dreifach hat sie sich bewehrt mit den Waffen des Glaubens, dass kein Ansturm der Angst sie zu erschüttern vermöge; um den Hals trägt sie ein goldenes Kruzifix, vom Gürtel hängt juwelenbesetzt eine Paternosterschnur herab, in der Hand trägt sie das fromme Schwert eines elfenbeinernen Kreuzes: die Welt soll sehen, wie eine Königin im katholischen Glauben und für den katholischen Glauben stirbt. Vergessen soll sein, welche Schuld und Torheit auf ihrer Jugend lastete und dass sie als Mitwisserin eines beabsichtigten Mordes vor den Henker geführt wird: für alle Zeiten will sie dartun, dass sie als Märtyrerin der katholischen Sache fällt, ein Schlachtopfer ihrer ketzerischen Feinde.

Nur bis zur Tür, so ist es berechnet und vereinbart, begleiten sie und stützen sie ihre eigenen Diener. Denn es soll nicht den Anschein haben, als ob sie teilhätten an der verhassten Tat und ihre Herrin selbst hinführten zum Schafott. Nur im eigenen Raum wollen sie ihr helfen und dienen, nicht aber Helfershelfer werden bei ihrem grausamen Tod. Von der Tür bis zum Fuß der Treppe müssen es zwei Untergebene Amyas Poulets übernehmen, sie zu stützen: ausschließlich Feinde, Gegner dürfen es sein, welche teilnehmen an dem Verbrechen, eine gesalbte Königin zum Richtblock zu führen. Unten, an der letzten Stufe der Treppe, vor dem Eingang in die große Halle, wo die Hinrichtung stattfinden soll, kniet Andrew Melville, ihr Haushofmeister; ihm als schottischem Adeligen fällt die Aufgabe zu, ihrem Sohn von der vollzogenen Hinrichtung Nachricht zu geben. Die Königin hebt ihn von den Knien empor und umarmt ihn. Willkommen ist ihr der treue Zeuge, denn seine Gegenwart kann sie nur bestärken in der festen Haltung, die sie sich zugeschworen. Und wie Melville sagt: »Es wird für mich die schwerste Aufgabe meines Lebens sein, mitzuteilen, dass meine verehrte Königin und Herrin tot ist«, antwortet sie ihm: »Du sollst dich vielmehr freuen, dass ich am Ende meiner Mühsal angelangt bin. Bringe nur die Nachricht, dass ich getreu meiner Religion gestorben bin, eine wahre Katholikin, eine wahre Schottin, eine wahre Prinzessin. Gott möge jenen verzeihen, die mein Ende verlangt haben. Und sage meinem Sohn, dass ich niemals etwas getan habe, was ihm hätte Schaden bringen können, und nie unser Hoheitsrecht preisgegeben habe.«

Nach diesen Worten wendet sie sich an die Grafen Shrewsbury und Kent und stellt das Ersuchen, dass auch die Frauen ihres Gefolges bei ihrer Hinrichtung anwesend sein dürften. Der Graf von Kent macht Einwendungen: die Frauen würden mit Weinen und Schreien Unruhe verursachen und vielleicht auch Ärgernis, indem sie Taschentücher in das Blut der Königin tauchten. Aber Maria Stuart lässt sich ihren letzten Willen nicht entwinden. »Ich nehme es auf mein Wort«, erwiderte sie, »sie werden nichts dergleichen tun, und ich bin sicher, dass Ihre Herrin nicht einer andern Königin verweigern würde, ihre Frauen im letzten Augenblick zur Beihilfe mit sich zu haben. Es ist ausgeschlossen, dass sie so harten Befehl erteilt hat. Selbst wenn ich von geringerem Rang wäre, würde sie mir dies bewilligen, und ich bin ihre nächste Verwandte, bin vom Blute Heinrichs VII., Königinwitwe von Frankreich und gesalbte Königin von Schottland.«

Die beiden Grafen beraten; schließlich wird ihr zugebilligt, sie dürfe sich von vieren ihrer Diener und zweien ihrer Frauen begleiten lassen. Das genügt Maria Stuart. Von dieser erlesensten und getreuesten Schar und Andrew Melville gefolgt, der ihre Schleppe trägt, betritt sie hinter dem Sheriff und Shrewsbury und Kent die große Halle von Fotheringhay.

Die ganze Nacht ist in dieser Halle gehämmert worden. Man hat die Tische und Stühle weggeräumt, am Ende des Saales ist eine Plattform errichtet, zwei Fuß hoch und mit schwarzer Leinwand überdeckt wie ein Katafalk. Vor dem schwarz ausgeschlagenen Block in der Mitte steht bereits vorsorglich ein schwarzer Schemel mit schwarzem Kissen, hier hat die Königin niederzuknien, um den tödlichen Schlag zu empfangen. Zur Rechten und zur Linken wartet je ein Sessel für die Grafen von Shrewsbury und Kent als Amtswalter Elisabeths, an der Wand aber stehen starr wie Erz, in schwarzen Samt gekleidet und mit schwarzen Masken verlarvt, zwei Gestalten ohne Gesichter: der Henker und sein Gehilfe. Diese grauenhaft großartige Bühne dürfen nur das Opfer und die Henker betreten: in der Tiefe des Saales jedoch drängt sich die Zuschauerschaft. Von Poulet und seinen Soldaten bewacht, ist dort eine Barriere gespannt, hinter der zweihundert Edelleute stehen, in aller Eile aus der Nachbarschaft gekommen, um das einmalige und bisher unerhörte Schauspiel zu sehen, wie eine gesalbte Königin hingerichtet wird. Vor den verschlossenen Türen des Schlosses drängen außerdem Hunderte und aber Hunderte des niederen Volkes, angelockt durch die Nachricht: aber ihnen ist der Zutritt verwehrt. Nur adeliges Blut darf zusehen, wie königliches vergossen wird.

Gelassen betritt Maria Stuart die Halle. Königin seit ihrem ersten Lebensjahr, hat sie von allem Anbeginn gelernt, sich königlich

Biographien

zu halten, und diese hohe Kunst verlässt sie auch nicht in diesem schwersten Augenblick. Erhobenen Hauptes steigt sie die zwei Stufen zum Schafott empor. So ist sie fünfzehnjährig emporgeschritten zu dem Thronsessel Frankreichs, so die Stufen des Altars von Reims. So wäre sie emporgeschritten zum Thronsessel Englands, wenn andere Gestirne über ihrem Geschick gestanden hätten. So demütig und stolz zugleich war sie niedergekniet an der Seite eines Königs von Frankreich, an der Seite eines Königs von Schottland, um den Segen des Priesters zu empfangen, wie sie jetzt ihr Haupt beugt, um des Todes Segnung hinzunehmen. Gleichgültig hört sie zu, wie der Sekretär noch einmal das Todesurteil verliest. Und ihre Züge zeigen dabei einen so freundlichen und fast freudigen Ausdruck, dass selbst Wingfield, ein grimmiger Gegner, in seinem Bericht an Cecil erwähnen muss, sie hätte der Verkündigung ihres Todesurteils zugehört wie einer Gnadenbotschaft.

Aber eine harte Probe steht ihr noch bevor. Maria Stuart will diese letzte Stunde rein und groß gestalten; als ein Fanal des Glaubens, als eine große Flamme katholischen Märtyrertums soll sie über die Welt leuchten. Doch den protestantischen Lords liegt daran, zu verhindern, dass die letzte Geste ihres Lebens sich zu einem eindrucksvollen Bekenntnis einer frommen Katholikin erhebe; so versuchen sie noch im letzten Augenblick, die Hoheitshaltung Maria Stuarts durch kleine Gehässigkeiten zu verkleinern. Mehrmals hatte die Königin auf dem knappen Weg aus ihrem Zimmer in die Hinrichtungshalle sich umgesehen, ob nicht doch ihr Beichtiger unter den Anwesenden sei, damit sie wenigstens durch ein stummes Zeichen Absolution und Segen empfangen könne. Jedoch vergebens. Ihr Beichtiger durfte sein Zimmer nicht verlassen. Nun aber, da sie sich schon vorbereitet, ohne religiösen Zuspruch die Hinrichtung zu erleiden, erscheint plötzlich auf dem Schafott der reformierte Pfarrer von Peterborough, Dr. Fletcher; bis in die letzte Sekunde des Lebens drängt sich der grauenhaft-grausame Kampf der beiden Religionen, der ihre Jugend verstört und ihr Schicksal zerstört hat. Zwar wissen die Lords aus ihrer dreimalig wiederholten Weigerung zur Genüge, dass die gläubige Katholikin Maria Stuart lieber ohne geistlichen Beistand sterben wolle als mit dem eines ketzerischen Priesters. Aber so wie vor dem Schafott Maria Stuart ihre Religion, wollen auch die Protestanten die eigene zu Ehren bringen, auch sie fordern ihres Gottes Gegenwart. Unter dem Vorwand zärtlicher Sorge für ihr Seelenheil beginnt der reformierte Pfarrer einen höchst mittelmäßigen Sermon, den Maria Stuart, ungeduldig, nur rasch zu sterben, vergebens zu unterbrechen sucht. Drei- bis viermal bittet sie Dr. Fletcher, er möge sich nicht bemühen, sie beharre im römisch-katholischen Glauben, für dessen Verteidigung sie jetzt durch Gottes Gnade ihr Blut vergießen dürfe. Aber das kleine Pfarrerchen hat wenig Ehrfurcht vor dem Willen einer Sterbenden und sehr viel Eitelkeit. Er hat seinen Sermon sauber vorbereitet und fühlt sich hochgeehrt, ihn vor so vornehmer Zuhörerschaft an den Mann zu bringen. Er schwätzt und leiert weiter, schließlich weiß Maria Stuart kein anderes Mittel gegen das widrige Gepredige, als dass sie wie eine Waffe in eine Hand ihr Kruzifix nimmt, in die andere ihr Gebetbuch, sich auf die Knie wirft und laut und lateinisch betet, um mit den heiligen Worten des Gesalbader zu übertönen. Statt gemeinsam für die Seele eines geopferten Menschen zum gemeinsamen Gott die Stimme zu erheben, kämpfen zwei Schritte vom Schafott die beiden Religionen gegeneinander; wie immer ist die Gehässigkeit stärker als die Ehrfurcht vor fremder Not. Shrewsbury und Kent und mit ihnen die meisten der Versammlung beten englisch, Maria Stuart und ihr Hausgesinde aber lateinisch. Erst da der Pfarrer endlich schweigt und es wieder still wird, nimmt Maria Stuart gleichfalls in englischer Sprache das Wort und spricht eine laute Fürbitte für die getroffene Kirche Christi. Sie sagt Dank für das Ende ihrer Leiden, laut bekennt sie, das Kruzifix an die Brust pressend, dass sie hoffe, durch das Blut Jesu Christi gerettet zu werden, dessen Kreuz sie in Händen halte und für den sie ihr Blut zu vergießen bereit sei. Noch einmal versucht der fanatische Earl of Kent ihre reine Andacht zu stören, er ermahnt sie, diese »popish trumperies«, diese papistischen Betrügereien, beiseite zu lassen. Aber zu weit ist diese Sterbende schon von allem irdischen Streit. Keinen Laut, keinen Blick gibt sie zur Antwort, sondern vernehmlich hebt sie die Stimme über den Saal, sie vergebe von ganzem Herzen allen ihren Feinden, die so lange nach ihrem Blut getrachtet, und bitte Gott, sie zur Wahrheit zu führen.

Stille tritt ein. Maria Stuart weiß, was jetzt kommen wird. Noch einmal küsst sie das Kruzifix, schlägt das Kreuz und sagt: »So wie Deine Arme, Jesus Christ, hier auf diesem Kreuz ausgebreitet sind, so empfange auch mich in diese Deine mitleidigen Arme und vergib mir alle Sünden. Amen.«

Das Mittelalter ist grausam und gewalttätig, aber es ist darum nicht seelenlos. Und in manchen seiner Gebräuche hat es ein tieferes Bewusstsein seiner Unmenschlichkeit bewahrt als unsere Zeit. Jede Hinrichtung, so barbarisch sie sein mag, hat damals einen kurzen Augenblick menschlicher Größe inmitten des Grauens; ehe der Henker Hand anlegt, um zu töten oder zu foltern, muss er sein Opfer um Vergebung bitten für das Vergehen an seinem lebendigen Leibe. So knien jetzt der Henker und sein Gehilfe in ihren verlarvten Masken nieder vor Maria Stuart und bitten um Verzeihung für den Tod, den sie ihr zu bereiten gezwungen sind. Und Maria Stuart antwortet: »Ich vergebe Euch von ganzem Herzen, denn ich hoffe, dieser Tod soll all meinen Leiden ein Ende bereiten.« Dann erst stehen der Henker und sein Gehilfe auf und bereiten sich vor für ihr Werk.

Gleichzeitig haben die beiden Frauen begonnen, Maria Stuart zu entkleiden; sie hilft selbst mit, die Kette mit dem Agnus Dei vom Nacken zu nehmen. Sie tut es mit fester Hand und – wie der Bote ihres Feindes Cecil sagt – »mit solcher Eile, als ob sie ungeduldig sei, diese Welt zu verlassen«. Wie der schwarze Mantel, wie das dunkle Kleid von ihren Schultern fällt, leuchtet die rotseidene Unterkleidung auf und, als ihr die Dienerinnen die roten Handschuhe über die Ärmel streifen, steht sie plötzlich da wie eine blutige Flamme, großartige, unvergessliche Gestalt. Und nun kommt der Abschied. Die Königin umarmt ihre Dienerinnen und mahnt sie, nicht laut zu schluchzen und zu klagen. Dann erst kniet sie nieder auf das Kissen und spricht mit lauter Stimme den lateinischen Psalm: »In te, Domine, confido, ne confundar in aeternum«.

Nun ist nicht mehr viel zu tun. Nur den Kopf hat sie noch niederzubeugen auf den Block, den sie mit beiden Armen, eine Liebende ihres Todes, umfasst. Bis zum letzten Augenblicke hat Maria Stuart die königliche Größe gewahrt. Mit keiner Regung, mit keinem Wort hat sie Furcht verraten. Würdig hat sich die Tochter der Stuarts, der Tudors, der Guisen bereitet zum Sterben. Aber was hilft alle menschliche Würde, alle erlernte und ererbte Haltung gegen das Grauen, das jedem Morde anhaftet! Niemals kann – und hier lügen alle Bücher und Berichte die Hinrichtung eines lebenden Menschen romantisch und rein ergreifend sein. Immer wird der Tod durch das Henkersbeil zum grässlichen Schrecknis und zur niedrigen Schlächterei. Der erste Hieb des Scharfrichters hat schlecht getroffen, nicht durch den Nacken ist er gefahren, sondern stumpf auf das Hinterhaupt. Ein Röcheln, ein Stöhnen bricht erstickt aus dem Munde der Gemarterten, aber nicht laut. Der zweite Schlag fährt tief in den Nacken und lässt das Blut grell aufspritzen. Aber erst der dritte löst das Haupt vom Rumpf. Und abermalige Grässlichkeit: als der Henker das Haupt an den Haaren aufheben und zeigen will, fasst er nur die Perücke, und das Haupt löst sich los. Wie eine Kegelkugel rollt und poltert es blutüberströmt auf den Bretterboden, und da der Henker es jetzt abermals fasst und aufhebt, erblickt man – gespenstiger Anblick – das einer alten Frau mit eisgrau geschorenem Haar. Einen Augenblick lähmt das Entsetzen vor der Schlächterei die Zuschauer, niemand atmet oder spricht.

Dann holt endlich der Pfarrer von Peterborough den Ruf mühsam aus sich heraus: »Es lebe die Königin.«

Blass sieht das fremde, kalkweiße Haupt mit den gebrochenen Augen auf die Edelleute, die, wenn die Würfel anders gefallen, ihre getreuesten Diener und eifrigsten Untertanen gewesen wären. Noch eine Viertelstunde lang zucken konvulsivisch die Lippen, die zu übermenschlich gewaltsam die Angst der Kreatur in sich verpresst, und die Zähne schlagen gegeneinander. Um das Grauen des Anblicks zu lindern, wirft man rasch ein schwarzes Tuch über den Rumpf und über das medusische Haupt. Und schon wollen inmitten des gelähmten Schweigens die Knechte die dunkle Last wegtragen, da löst ein kleiner Zwischenfall das fahle Entsetzen. Denn im Augenblick, da die Henker den blutüberströmten Rumpf aufheben, um ihn ins Nachbarzimmer zu schaffen, wo er einbalsamiert werden soll, rührt sich etwas unter den Kleidern. Unbemerkt von allen war ihr kleiner Lieblingshund der Königin nachgeschlichen und hatte sich gleichsam in Angst um ihr Schicksal an ihren Körper gedrückt. Jetzt springt er vor, überströmt und nass von dem vergossenen Blut. Er bellt und beißt und keift und klafft, er will von der Leiche nicht weichen. Mit Gewalt suchen ihn die Henker wegzureißen. Aber er lässt sich nicht fassen und nicht locken, wild springt er die fremden, großen schwarzen Bestien an, die ihn mit dem Blut seiner geliebten Herrin so brennend verwundet. Leidenschaftlicher als alle und besser als ihr Sohn und die Tausende, die ihr Treue geschworen, hat dies kleine Tier für seine Herrin gekämpft.

Baumeister der Welt:
Der Kampf mit dem Dämon

Friedrich Hölderlin

GEFÄHRLICHE BEGEGNUNG

Ach, wär ich nie in eure Schulen gegangen.
Hyperion

Das erste in Hölderlins Entschluss zur Freiheit ist der Gedanke an das Heroische des Lebens, der Wille, das »Große« zu suchen. Doch ehe er sich vermisst, es in der eigenen Brust zu entdecken, will er »die Großen« sehen, die Dichter, die heilige Sphäre. Nicht Zufall treibt ihn gerade nach Weimar: dort sind Goethe und Schiller und Fichte und ihnen zur Seite wie die leuchtenden Trabanten um die Sonne Wieland, Herder, Jean Paul, die Schlegels, Deutschlands ganzer geistiger Sternenhimmel. Solche gesteigerte Atmosphäre zu atmen, sehnt sich sein allem Unpoetischen geradezu gehässiger Sinn: hier hofft er antikische Luft nektarisch einzusaugen und in dieser Agora des Geistes, in diesem Kolosseum dichterischen Ringens die eigene Kraft zu erproben.

Solchem Ringen aber will er sich erst bereiten, denn der junge Hölderlin fühlt sich geistig, fühlt sich gedanklich und im Sinne der Bildung nicht vollwertig neben Goethes umspannendem Weltblick, neben Schillers »kolossalischem«, in gewaltigen Abstraktionen wirkendem Geiste. So meint er – der ewig waltende deutsche Irrtum! – sich systematisch »bilden«, Philosophie in Kollegien »belegen« zu müssen. Genau wie Kleist vergewaltigt auch er seine durchaus spontane, exaltive Natur durch den zwanghaften Versuch, seine Himmel, die er selig fühlt, sich metaphysisch zu erläutern, seine dichterischen Pläne mit Doktrinen zu unterlegen. Ich fürchte, es ist noch niemals mit dem notwendigen Freimut ausgesprochen worden, wie verhängnisvoll damals nicht nur für Hölderlin, sondern für die ganze deutsche dichterische Produktivität die Begegnung mit Kant, die Beschäftigung mit der Metaphysik geworden ist.

Und mag auch die traditionelle Literaturlehre es auch ferner noch als herrlichen Höhepunkt feiern, dass die deutschen Dichter damals Kants Ideen eilig in ihre dichterischen Bezirke aufnahmen – ein freier Blick muss endlich wagen, die verhängnisvollen Schäden dieser dogmatisch-grüblerischen Invasion festzustellen. Kant hat – ich spreche hier eine streng persönliche Überzeugung aus – die reine Produktivität der klassischen Epoche, die er mit der konstruktiven Meisterschaft seiner Gedanken überwältigte, unendlich gehemmt, der Sinnlichkeit, der Weltfreudigkeit, dem Freilauf der Phantasie bei allen Künstlern durch die Ablenkung auf einen ästhetischen Kritizismus unendlichen Abbruch getan. Er hat jeden Dichter, der sich ihm hingab, im rein Dichterischen dauerhaft gehemmt – und wie könnte auch ein Nur-Gehirn, ein Nur-Geist, ein solcher gigantischer Eisblock Denken jemals wirkliche Fauna und Flora der Phantasie befruchten, wie könnte von diesem lebenslosesten Menschen, der sich zum Automat des Denkens entpersönlicht hatte, von diesem Manne, der nie eine Frau berührte, nie den Umkreis seiner Provinzstadt überschritt, der jedes Zähnchen seines Tageräderwerkes um die gleiche Stunde durch fünfzig, nein durch siebzig Jahre automatisch kreisen ließ – wie könnte, so frage ich, eine solche Nichtnatur, ein dermaßen unspontaner, selbst zu einem starren System gewordener Geist (dessen Genialität eben in dieser fanatischen Konstruktivität beruht) jemals den Dichter fördern, den sinnlichen, vom heiligen Zufall des Einfalls beschwingten, von der Leidenschaft ständig ins Unbewusste getriebenen Menschen? Kants Einfluss zieht die Klassiker von ihrer herrlichsten, ursprünglichsten, renaissancehaft starken Leidenschaft ab und unmerklich in einen neuen Humanismus hinein, in eine Gelehrtenpoesie. Oder ist es im Letzten nicht unendlichster Blutverlust für die deutsche Dichtung gewesen, wenn Schiller, der Former der bildhaftesten deutschen Gestalten, sich ernst im Gedankenspiele abmüht, die Dichtung in Kategorien zu spalten, in naive und sentimentalische, und wenn Goethe mit den Schlegels über klassisch und romantisch dissertiert? Ohne es zu wissen, ernüchtern sich die Dichter an der Überhelle des Philosophen, an dem kalten rationalistischen Licht, das von diesem systematischen, kristallinisch gesetzhaften Geiste ausgeht: gerade wie Hölderlin nach Weimar kommt, hat Schiller schon die Rauschkraft seiner frühen, seiner dämonischen Inspiration verloren und Goethe (dessen gesunde Natur mit einem urtümlichen Feindschaftsinstinkt gegen alles systematisch Metaphysische tätig reagierte) sich mit seinem Hauptinteresse der Wissenschaft zugewandt. In welchen rationalistischen Sphären ihre Gedanken kreisen, zeugt heute noch ihr Briefwechsel, dieses herrliche Dokument vollendeten Welterfassens, aber doch unendlich eher der Briefwechsel zweier Philosophen oder Ästhetiker als dichterische Konfession: das Poetische ist in jenem Augenblick, wo Hölderlin zu den Dioskuren tritt, unter der magnetischen Konstellation Kants vom Mittelpunkte abgerückt und an die Außenperipherie ihrer Persönlichkeit geschoben. Eine Epoche des klassischen Humanismus hat begonnen, nur dass, im verhängnisvollen Gegensatz zu Italien, die gewaltigsten Geister der Epoche nicht wie Dante und Petrarca und Boccaccio aus der kühlen Welt der Gelehrsamkeit in die dichterische Sphäre flüchten, sondern dass Goethe und Schiller aus ihrer göttlichen Gestaltungswelt in die kältere der Ästhetik und Wissenschaft für (unwiederbringliche) Jahre zurücktreten.

So wächst auch in allen Jüngeren, die zu jenen als den Meistern aufgesehen haben, der verhängnisvolle Wahn, sie müssten

»gebildet«, müssten »philosophisch geschult« sein. Novalis, dieser engelhaft abstrakte Geist, Kleist, dieser schwelgerische Triebmensch, beides Naturen, denen die konkrete Geisteskälte Kants und all der Spekulativen nach ihm absolut kontrapunktisch entgegengesetzt war, werfen sich aus einem Unsicherheitsgefühl – nicht aus einem Instinkt – in das ihnen feindliche Element. Und auch Hölderlin, dieser durchaus inspirative, durchaus illogische Geist, dem alles Systematische wider die Natur sein musste, dieser Mensch des absoluten, von keinem Geistwillen beherrschten Weltgefühls, zwängt sich in den Schraubstock der abstrakten Begriffe, der intellektuellen Unterscheidungen: er meint, es sich verpflichtet zu sein, den ästhetisch-philosophischen Jargon der Zeit zu reden, und alle Briefe aus der Jenenser Epoche sind voll von schalen Begriffsdeuteleien, von jenen rührend kindlichen Anstrengungen des Philosophierenwollens, das so sehr wider sein tieferes Wissen, sein unendliches Ahnen war. Denn Hölderlin ist geradezu der Typus eines illogischen, ja unintellektuellen Geistes, seine Gedanken, oft großartig wie Blitze aus irgendeinem Himmel der Genialität niederzuckend, bleiben absolut paarungsunfähig, ihr magisches Chaos widerstrebt jeder Bindung und Verflechtung. Was er vom »bildenden Geiste« sagt:

Nur was blühet, erkenn ich,
Was er sinnet, erkenn ich nicht,

das deutet ahnungsvoll seine Grenze: nur die Ahnung des Werdens vermag er auszudrücken, nicht die Schemata, die Begriffe des Seins zu gestalten. Hölderlins Ideen sind Meteore – Himmelssteine und nicht Blöcke aus einem irdischen Steinbruch, mit geschliffenen Kanten zu einer starren Mauer (jedes System ist eine Mauer) zu schichten. Sie liegen frei in ihm, wie sie niederstürzen, er braucht sie nicht zu formen, nicht zu schleifen; und was Goethe einmal von Byron sagt, trifft tausendmal besser auf Hölderlin zu: »Er ist nur groß, wenn er dichtet. Wenn er reflektiert, ist er ein

Kind.« Dieses Kind aber setzt sich in Weimar auf Fichtens, auf Kantens Schulbank und würgt so verzweifelt mit Doktrinen, dass Schiller selbst ihn mahnen muss: »Fliehen Sie womöglich die philosophischen Stoffe, sie sind die undankbarsten ..., bleiben Sie der Sinnenwelt näher, so werden Sie weniger in Gefahr sein, die Nüchternheit in der Begeisterung zu verlieren.« Und es dauert lange, bis Hölderlin die Gefahr der Nüchternheit gerade im Irrgarten der Logik erkennt: der feinste Barometer seines Wesens, die sinkende Produktion erst zeigt ihm an, dass er, der Flugmensch, in eine Atmosphäre geraten ist, die auf seine Sinne drückt. Dann erst stößt er gewaltsam die systematische Philosophie von sich: »Ich wusste lange nicht, warum das Studium der Philosophie, das sonst den hartnäckigen Fleiß, den es erfordert, mit Ruhe belohnt, warum es mich, je uneingeschränkter ich mich ihm hingab, nur um so friedloser und selbst leidenschaftlich machte. Und ich erkläre es mir jetzt daraus, dass ich in höherem Grade, als es nötig war, mich von meiner eigentümlichen Neigung entfernte.«

Zum ersten Mal erkennt er die eifersüchtige Macht des Dichterischen in ihm, das ebenso wenig Hingabe an den reinen Geist dem ewigen Schwärmer gestattet wie an das sinnliche Leben. Sein Wesen forderte Schwebe zwischen dem obern und dem untern Element: weder im Abstrakten noch im Realen sollte sein bildnerischer Sinn Ruhe finden dürfen.

So betrügt die Philosophie den demütig Suchenden: sie gibt dem Schwankenden neuen Zweifel statt höherer Sicherheit. Aber die zweite, die gefährlichere Enttäuschung kommt von den Dichtern. Boten des Überschwangs waren sie ihm von ferne erschienen, Priester, die das Herz aufhoben zum Gotte: er hoffte erhöhte Begeisterung von ihnen, von Goethe und insbesondere von Schiller, den er nächtelang im Tübinger Stift gelesen und dessen »Carlos« die »Zauberwolke seiner Jugend« gewesen. Sie sollen ihm, dem Unsicheren, geben, was einzig das Leben verklärt, Aufschwung ins Unendliche, erhöhte Feurigkeit. Aber hier beginnt der ewige Irrtum des zweiten und dritten Geschlechts zu den Meistern: sie vergessen, dass die Werke ewig jung bleiben, dass am Vollendeten die Zeit vorbeirinnt wie Wasser am Marmor, ohne sich zu trüben, dass aber die Dichtermenschen selbst inzwischen altern. Schiller ist Hofrat geworden, Goethe Geheimrat, Herder Konsistorialrat, Fichte Professor, ihre Interessen sind eigentlich – ich hoffe, die Unterscheidung ist deutlich – nicht produktiv-dichterische, sondern eine poetische Problematik: sie sind alle schon in ihr Werk gebannt, im Leben verankert, und nichts ist dem vergesslichen Wesen, dem Menschen, vielleicht so fremd als die eigene Jugend. So wird das Missverstehen schon durch die Jahre prädestiniert: Hölderlin will von ihnen Begeisterung, und sie lehren ihn Bedächtigkeit, er begehrt an ihrer Nähe stärker zu flammen, und sie dämpfen ihn zu milderem Licht. Er will Freiheit von ihnen gewinnen, die geistige Existenz, und sie mühen sich, ihm eine bürgerliche Stellung zu besorgen. Er will sich ermutigen zu dem ungeheuren Schicksalskampf, und sie bereden ihn (gutmeinendst) zu einem billigen Frieden. Er will sich heiß, und sie wollen ihn kühl: so verkennt sich bei aller geistigen Neigung und privater Sympathie das erhitzte und das erkaltete Blut in ihren Adern.

Schon die erste Begegnung mit Goethe ist symbolisch. Hölderlin besucht Schillern, trifft dort einen älteren Herrn, der kühl eine Frage an ihn richtet, die er gleichgültig beantwortet – am Abend erst erschreckend erfahrend, dass er zum ersten Mal Goethe gesehen. Er hat Goethe nicht erkannt – damals nicht und im geistigen Sinn niemals – und Goethe niemals ihn: außer im Briefwechsel mit Schiller erwähnt ihn in fast vierzig Jahren Goethe nie mit einer Zeile. Und Hölderlin wiederum war so einseitig zu Schiller hingezogen, wie Kleist zu Goethe: beide zielen sie nur auf den einen der Dioskuren mit ihrer Liebe und missachten mit der eingeborenen Ungerechtigkeit der Jugend den andern. Nicht minder verkennt Goethe wiederum Hölderlin, wenn er schreibt, es drücke sich in seinen Gedichten »ein sanftes, in Genügsamkeit sich auflösendes Streben aus«, und er missversteht Hölderlins, des Ungenügsamsten tiefste Leidenschaft, wenn er an ihm »eine gewisse Lieblichkeit, Innigkeit, Mäßigkeit« rühmt und ihm, dem Schöpfer der deutschen Hymne, nahelegt, »besonders kleine Gedichte zu machen«. Die ungeheure Witterung für das Dämonische versagt hier bei Goethe vollkommen, deshalb entbehrt seine Beziehung zu Hölderlin auch der üblichen Heftigkeit der Abwehr: es bleibt bei einer milden gleichgültigen Bonhomie, ein kühles Vorbeistreifen ohne tieferen Blick, das Hölderlin so tief verletzte, dass noch der längst in Dunkelheit Verfallene (der im Wahnsinn noch dumpf vergangene Neigung und Antipathie unterschied) sich zornig abwandte, wenn ein Besucher Goethes Namen aussprach. Er hatte die gleiche Enttäuschung erlebt wie alle deutschen Dichter der Zeit, jene Enttäuschung, die Grillparzer, gekühlter im Empfinden und gewohnter, sich zu verbergen, endlich klar formulierte: »Goethe hat sich der Wissenschaft zugewandt und forderte in einem großartigen Quietismus nur das Gemäßigte und Wirkungslose, indes in mir alle Brandfackeln der Phantasie sprühten.« Selbst der Weiseste war nicht so weise, um alternd zu verstehen, dass Jugend nur ein anderes Wort ist für Überschwang.

Hölderlins Verhältnis zu Goethe ist also ein durchaus organisch unverbundenes: es hätte nur gefährlich werden können, wenn Hölderlins Demut Goethes Ratschläge befolgt und sein eingewachsenes Maß erniedert, wenn er sich zum Idyllischen, zum Bukolischen folgsam temperiert hätte; sein Widerstand gegen Goethe ist darum Selbstrettung im höchsten Sinn.

Heinrich von Kleist

PATHOLOGIE DES GEFÜHLS

Verflucht das Herz, das sich nicht mäßigen kann.
Penthesilea

Die Ärzte, die, von Berlin herbeigeeilt, den noch warmen Leichnam des Selbstmörders untersuchen, finden den Körper gesund und lebenskräftig. In keinem Organ ist ein Gebrest sichtbar und nirgends andere Todesursache erkennbar als die gewaltsame, als die Kugel, die sich der Verzweifelte mit zielsicherer Hand in den Schädel gejagt. Um aber den Befund mit irgendeinem gelehrten Wort zu verbrämen, schreiben sie in das Protokoll, der »p.p. Kleist« sei ein »sanguino-cholericus in summo gradu« gewesen und dass man »auf einen krankhaften Gemütszustand« schließen könne. Man sieht: verlegene Worte, ein Befund a posteriori ohne Zeugnis und Beweis. Nur die Vorbedingung ihres Protokolls bleibt uns psychologisch wesenhaft, nämlich, dass Kleist körperlich gesund und lebensfähig, dass seine Organe durchaus intakt waren. Dem widersprechen auch die anderen Zeugnisse seiner Biographie nicht, die von geheimnisvollen Nervenzusammenbrüchen, von der Stockigkeit seiner Verdauung, von mancherlei Leiden häufig berichten. Kleistens Krankheiten waren (um einen Terminus der Psychoanalyse zu gebrauchen) wahrscheinlich mehr Flucht in die Krankheit als eigentliches Gebrest, vehemente Ruhebedürfnisse des Leibes nach den ekstatischen Überspannungen der Seele. Seine preußischen Ahnen hatten ihm eine solide, fast allzu harte Physis vererbt: sein Verhängnis stak nicht im Fleisch, zuckte nicht im Blut, sondern schwärmte und gärte unsichtbar in seiner Seele.

Aber er war auch eigentlich nicht ein Seelenkranker, eine hypochondrische, misanthropisch-verdüsterte Natur (obwohl Goethe einmal absprechend sagt, »sein Hypochonder sei doch schon gar zu arg«). Kleist war nicht belastet, war nicht wahnsinnig, höchstens überspannt, wenn wir das Wort im sinnlichsten, wörtlichsten Sinn seines Ursprungs richtig aussprechen wollen (und nicht im verächtlichen, wie es der aufgeplusterte Primanerdichter Theodor Körner bei der Nachricht seines Freitodes vom »überspannten Wesen des Preußen« handhabt). Kleist war überspannt im Sinne von: zu viel gespannt, er war von seinen Gegensätzen ständig auseinandergerissen und beständig bebend in dieser Spannung, die, wenn der Genius sie berührte, gleich einer Saite schwang und klang. Er hatte zu viel Leidenschaft, eine maßlose, zügellose, ausschweifende, übertreiberische Leidenschaft des Gefühls, die beständig zum Exzess drängte und doch nie in Wort oder Tat durchbrechen konnte, weil eine ebenso stark aufgetriebene und übertriebene Sittlichkeit, ein kantisches überkantisches Pflichtmenschentum mit gewaltsamen Imperativen die Leidenschaft zurückstieß und versperrte. Er war leidenschaftlich bis zur Lasterhaftigkeit bei einem fast krankhaften Sauberkeitsempfinden, er wollte immer wahr sein und musste sich immer verschweigen. Daher dieser Zustand ständiger Spannung und Stauung, diese unerträgliche Qual seelischen Auftriebs bei verpressten Lippen. Er hatte zu viel Blut bei zu viel Hirn, zu viel Temperament bei zu viel Zucht, zu viel Gier bei zu viel Ethos und war ebenso übertreiberisch im Gefühl wie überwahrhaftig im Geist. So spannte sich der Konflikt immer gewaltsamer durch sein ganzes Leben; allmählich musste der Druck zur Explosion führen, wenn sich kein Ventil auftat. Und Kleist (das war sein Verhängnis im Letzten) hatte kein Ventil, keinen Ausstrom: im Wort gab er sich nicht her, nichts von seinen Spannungen floss ab in Gesprächen, in Spielen, in kleinen erotischen Abenteuern oder verschwemmte sich in Alkohol und Opium. Nur in den Träumen (in seinen Werken) tobten sich schwelgerisch seine wüsten Phantasien, seine überhitzten (und oft dunklen) Triebe aus; wenn er wach war, duckte er sie mit eherner Hand, ohne sie aber ganz töten zu können. Ein Schuss Laxheit, Indifferenz,

Knabenhaftigkeit, Sorglosigkeit: und seine Leidenschaften hätten das böse Gehaben eingesperrter Raubtiere verloren; aber er, der Ausschweifendste, Schwelgerischeste im Gefühl, war ein Fanatiker der Zucht, er übte preußischen Drill gegen sich selbst und stand mit sich ständig im Widerstreit. Sein Inneres war wie ein unterirdischer Käfig niedergeduckter, aber nicht gezähmter Gelüste, die er mit dem rotglühenden Eisen gehärteten Willens immer zurückstieß. Aber immer sprangen die hungrigen Bestien wieder in ihm auf. Und schließlich haben sie ihn zerrissen.

Dieses Missverhältnis zwischen wahrem und selbstgewolltem Wesen, diese ständige Überspannung von Trieb und Widertrieb schuf seine Qual in Schicksal um. Seine Hälften passten nicht zusammen und rieben sich ständig blutig: er war ein russischer Mensch, ein Maßloser, lechzend nach Überschwang und dabei eingeschnürt in den Waffenrock eines märkischen Adeligen; er hatte große Begierden und dabei das strikte imperativische Bewusstsein, er dürfe ihnen nicht nachgeben. Sein Intellekt verlangte nach Idealität, aber er forderte sie nicht wie Hölderlin (ein anderer Tragiker des Geistes) von der Welt: Kleist postulierte das Ethos nicht für die andern, sondern einzig für sich. Und wie alles, so übertrieb er – der furchtbarste Übertreiber jedes Gefühls, jedes Gedankens – auch diese Forderungen der Sittlichkeit: selbst die starre Norm hitzte er sich rotglühend bis zur Leidenschaft. Dass ihm keiner unter den Freunden, den Frauen, den Menschen genügte, hätte ihn nicht zerstört. Dass er sich selbst aber, diesem innern Schwall von Gier und bösem Gelüst nicht gewachsen war, dass er sich, so heiß er war, nicht formen konnte, das vernichtete immer wieder seinen Stolz: daher das Anklägerische seiner Briefe, dies Gefühl des Selbstekels und der Selbstverachtung, dies Verbrechergefühl, das ihm den Blick nach innen verdeckt, den Mund verschlossen und die Seele wund macht. Ewig führt er (immer nur Ankläger) Prozess mit sich selbst. Ständig hält er über sich Gericht, ein harter Richter – »es ging streng um ihn her«, wie die Rahel sagte, und am strengsten in ihm selbst. Wenn er in sich hineinsah − und Kleist hatte den Mut, wahr zu sehn und bis in die letzte Tiefe zu sehn −, dann graute ihm wie einem, der Medusa erblickt. Er war ganz anders, als er sich wollte: und niemand wollte mehr von sich; kaum hat je ein Mensch höhere moralische Prätensionen an sich gestellt (bei so geringer Fähigkeit, ein kategorisches Ideal zu erfüllen) als Heinrich von Kleist.

Denn wirklich: ein ganzes Schlangennest von Dämonien brütete unter dem kühlen, verdeckten, undurchdringlichen Fels seiner äußern Starre, und eine hitzte sich an der andern. Die Fremden haben niemals diesen höllischen Knäuel geahnt unter Kleistens kühler beherrschter Verschlossenheit, aber er selbst kannte es furchtbar gut, dies verknäuelte züngelnde Gezücht von Leidenschaft im untersten Schatten seiner Seele. Der Knabe schon hatte es entdeckt und blieb ein ganzes Leben davon verstört: die sinnliche Tragödie Kleistens beginnt früh, Überreiztheit war ihr Anfang, Überreiztheit ihr Ende. Es besteht kein Anlass, prüde dieser intimsten Krise seiner Jugend auszubiegen, nachdem er sie selbst seiner Braut und seinem Freunde vertraut; und dann: sie ist der dichterische Einstieg hinab ins Labyrinth seiner Leidenschaft. Als junger Kadett hatte er, vor der Kenntnis der Frau, das getan, was so ziemlich alle leidenschaftlichen Knaben seines Alters im Frühlingserwachen der Sexualität tun. Da er ein Kleist war, frönte er maßlos diesem Knabenlaster; da er ein Kleist war, litt er moralisch maßlos an dieser Schwäche seines Willens. Er fühlt sich von solcher Wollüstigkeit seelisch befleckt, körperlich schon zerrüttet, und seine grässlich übertreibende Phantasie, die immer in furchtbaren Bildern schwelgt, täuscht ihm entsetzliche Folgen seines Knabenlasters vor. Was andere leicht überwachsen wie eine nichtige Schramme der Jugend, das frisst sich bei ihm wie ein Krebsgeschwür bis tief hinein in die Seele: schon verzerrt der Einundzwanzigjährige den (wohl bloß imaginären) Defekt seines Sexus zu Gigantenmaßen. Er schildert in einem Brief jenen (gewiss erfundenen) Jüngling im Spital, der an den »Verirrungen seiner Jugend« zugrunde geht,

»mit nackten blassen ausgedörrten Gliedern, mit eingesenkter Brust, kraftlos niederhängendem Haupt« einzig sich selbst zu Warnung und Schrecknis; und man fühlt, wie dieser preußische Junker zerfressen sein muss von Selbstekel und Scham über die Erniedrigung, dass er sich nicht selbst gegen die eigene Lust zu verteidigen wusste. Und dazu kommt noch die wahrhaft tragische Steigerung, dass er, der sich sexuell unfähig fühlt, verlobt war mit einem keuschen, unwissenden Mädchen, dem er Sittlichkeit in spaltenlangen Exerzitien dozierte (indessen er sich selbst unsauber und beschmutzt empfand bis in den letzten Winkel seiner Seele), dass er ihr die ehelichen Pflichten erklärt und jene der künftigen Mutterschaft (indes er bezweifelt, je die eheliche Mannespflicht noch erfüllen zu können). Damals hebt jenes Doppelleben in Kleist an, der furchtbare Riss, der sein Leben in Spannung ohnegleichen verwandelt, so früh gischtet in dieser noch aufgeweiteten Brust das ganze Gegeneinander der Leidenschaften, dies wilde Gequirl von Scham und Stolz und Sinnlichkeit und Sittlichkeit. Schon damals beginnt jene entsetzliche Überfülltheit in Kleist, die er scheu und schamhaft niederwürgt, bis ihm doch einmal die Lippe aufspringt und er einem Freund den Wahngedanken, die vermeintliche Schmach anvertraut, die ihn entnervt. Der Freund – Brockes hieß er – war kein Kleist, kein Übertreiber. Er übersah die Situation sofort in ihren klaren natürlichen Maßen, wies Kleist an einen Arzt in Würzburg, und in wenigen Wochen befreite ihn der Chirurg – scheinbar durch Operation, wahrscheinlich aber durch Suggestion – von der vermeintlichen Minderwertigkeit des Geschlechts.

Sein Sexus war nun organisch geheilt. Aber Kleistens Erotik ist niemals ganz normal, ganz begrenzt geworden. Es tut sonst in einer menschlichen Biographie nicht not, an das »Geheimnis des Gürtels« zu rühren; aber gerade dieser Gürtel verschließt Kleistens geheimste Kräfte, und trotz seiner eminenten Geistigkeit ist sein Wesen urtümlich von seinem merkwürdig oszillierenden und doch durchaus typischen erotischen Habitus bestimmt. Seine ganze schwelgerische, übertreiberische, zügellos ausschweifende Orgiastik, die gerne in Bildern wühlt und in Überschwängen sich ergießt, hat unzweifelhaft ihre Wesensart von jenen verborgenen Exzessen; und vielleicht hat niemals in der ganzen Literatur eine dichterische Phantasie so klinisch deutlich die Form (ich sage ausdrücklich nicht: das Stigma) einer vorlusthaften, sich schon an Träumen erhitzenden und an Träumen sich aufreibenden und erschöpfenden Knaben-Männlichkeit gehabt. Dichterisch sonst der sachlichste, taghellste Schilderer, wird Kleist in erotischen Episoden sofort schwelgerisch exzessiv, orientalisch-üppig, seine Visionen zu erregten Lustträumen, die sich in traumhaften Übersteigerungen überbieten (die Schilderungen der Penthesilea, das ewig wiederholte Bild der Perserbraut, die nackt von Sandel triefend aus dem Bade steigt) – an diesem Nerv ist sein ganzer so furchtbar verborgener Organismus gleichsam offen und zuckt bei der leisesten Berührung. Hier spürt man, dass der erotische Überreizungszustand seiner Jugend ein unausrottbarer war, dass diese chronische Entzündlichkeit seines Eros fortbestand, sosehr er sie niederzwang und in späteren Jahren auch verschwieg. Aber etwas kam da niemals mehr ins Gleichgewicht, nie hat sich Kleistens Liebesleben (ein grässliches Wort, das ich nur unwillig anwende) jemals in irgendeiner Beziehung ganz einlinig, geradlinig auf der normalspurigen Bahn gesunder Männlichkeit bewegt. Es ist immer (wie damals) ein Defiziens da, der Mangel an gerader triebhafter Handlung, und immer ein Plus, ein Zuviel an Ekstase, ein Übertreibliches und Überhitztes: alle Beziehungen Kleistens behalten dieses Zuwenig und Zuviel in den wandelndsten Formen, sie schillern durcheinander in den seltsamsten und gefährlichsten Betonungen und Nuancierungen. Eben weil ihm die gerade Stoßkraft des Begehrens (vielleicht auch des Könnens) im Sexuellen fehlte, war er aller Vielfältigkeiten und Zwischengefühle fähig: darum auch seine magische Kenntnis aller Kreuzwege und Seitenschliche des Eros, all der Vermengungen und Verkleidungen des Gelüsts, dies merkwürdige Wissen um das

Transvestitentum des Triebs. In ihm schillern alle Übergänge und Verwandlungen, die verwirrendsten Möglichkeiten, immer aber undurchdringliche Unklarheit des erotischen Verlangens. Selbst die ursprüngliche Zielrichtung gegen die Frau ist nicht ganz unwandelbar; während bei Goethe und den meisten Dichtern der Pol ganz rein der Frau zugewandt ist, sosehr er auch in vielfacher Schwingung pendelt, tastet Kleistens unbeherrschter Trieb allen Zielrichtungen zu. Man lese die Briefe an Rühle, Lohse und Pfuel: »Ich habe Deinen schönen Leib oft, wenn Du in Thun ... in den See stiegest, mit wahrhaft mädchenhaften Gefühlen betrachtet«, oder noch deutlicher, »Du stelltest das Zeitalter der Griechen in meinem Herzen wieder her, ich hätte bei Dir schlafen können« – und würde einen Homosexuellen in ihm vermuten. Aber Kleist ist nicht invertiert, seine Liebesempfindung hat nur (durch den Mangel an aktivem, stoßhaftem Abfluss) exaltierte Gefühlsformen. Nicht minder glühend und voll jener erotischen Überhitzung der seelischen Empfindung schreibt er an die »Einzige«, an Ulrike, die aber seine Stiefschwester war (und seltsam das Weibische seines Empfindens parodierend, in Manneskleidern mit ihm reiste). Immer mengt er jeder Gefühlsregung das brennende Salz seiner übertriebenen Sinnlichkeit bei, immer verwirrt er so die Empfindungen. Bei Luise Wieland, der Dreizehnjährigen, kostet er den Reiz der geistigen Verführung ohne tätliche Beziehung, an Marie von Kleist drängt ihn mütterliches Gefühl, an die letzte Frau, an Henriette Vogel, bindet ihn gleichfalls kein Verhältnis (wie grässlich doch diese Worte sind), sondern nur die wütige Todeswollüstigkeit. Nie ist eine Beziehung Kleistens zu einer Frau, zu einem Manne klar und einfach, nie eine Liebe, sondern immer ein Vermengtes, Übertriebenes, immer jenes Zuviel und Zuwenig, das seines Eros eigentliches Stigma bildet, immer geht er – wie Goethe mit magisch durchleuchtendem Worte von ihm sagte – »auf eine Verwirrung des Gefühls« aus. Nie schöpft, nie erschöpft er, so tief er sich auch aufwühlt, in einem Erlebnis seine Liebesgewalt, nie wird er (wie Goethe) frei durch Tat oder Flucht, immer bleibt er verhakt, ohne ganz zu erfassen, der »sinnlich übersinnliche Freier«, gehitzt von den feinen Giften seines Blutes. Männisches und Weibisches, Begehren und Hingabe, Güte und Grausamkeit, Geistigkeit und Sinnlichkeit, alle konträren Elemente binden sich funkelnd zu einer einzigen glühenden Kette, an die er dann selbst geschmiedet ist. Auch in der Erotik ist Kleist niemals der Jäger, sondern der Gejagte, untertan dem Dämon der Leidenschaft.

Aber eben, weil Kleist sexuell so vieldeutig, so problemhaft, und gerade darum vielleicht, weil er da physisch nicht ganz vollwertig und einlinig war, übertrifft er alle andern Dichter um ihn an erotischem Wissen. Die überhitzte Atmosphäre seines Blutes, die ständig bis zum Zerreißen vehemente Straffung seiner Nerven treibt aus den Untergründen die geheimsten Rückstände des Gefühls heraus: die seltsamen Gelüste, die bei andern im Unbewussten verdämmern und versickern, brechen bei ihm fieberfarben vor und durchschwelen feurig den Eros seiner Gestalten. Durch die Übertreibung des Urelements – und Kleist ist Künstler einerseits durch Präzision der Beobachtung wie andererseits durch Übersteigerung des Maßes – reißt er jedes Gefühl bis ins Pathologische hinaus. All das, was man grobschlächtig die Pathologia sexualis nennt, wird in seinem Werke bildhaft in fast klinischen Bildern: Männlichkeit übertreibt er zur Männischkeit, zu Sadismus beinahe (Achill und Wetter vom Strahl), Leidenschaft zur Nymphomanie, Blutschwelgerei und Lustmord (Penthesilea), weibliche Hingabe zu Masochismus und Hörigkeit (Käthchen von Heilbronn); dazu mengt er noch all die dunklen Mächte der Seele wie Hypnotik, Somnambulismus, Wahrsagerei. Alles, was in der Naturgeschichte des Herzens auf dem äußersten Blatte verzeichnet ist, das Exzentrische des Gefühls, das Herausgebogensein des Menschen über seinen letzten Rand, dies und gerade dies lockt ihn zu dichterischem Gebilde. Immer waltet dieser Charakter wüster, sinnlich überhitzter Träume in seinem Werke vor: er wusste die Kakodämonen, die glühenden Mächte seines

Blutes, nicht anders zu beschwören, als dass er sie mit der Peitsche der Leidenschaft hineintrieb in seine Gestalten. Kunst ist für ihn Exorzismus, Austreibung der bösen Geister aus dem gefolterten Leib ins Imaginäre. Sein Eros lebt sich nicht aus, sondern träumt sich bloß aus: daher diese Verzerrungen ins Gigantische und Gefährliche, die Goethe erschreckt und manchen Unbelehrten abgestoßen haben.

Aber nichts Fehlerhafteres, als darum in Kleist einen Erotiker zu sehen (der Eros deutet bloß immer sinnlicher als die nur geistigen Leidenschaften den Habitus jeder Natur). Zum Erotiker – im Sinne des Genießers, des Wollüstigen – fehlt ihm vollkommen das Moment der Lustbetonung. Kleist ist das Gegenteil eines Genießers, er ist der Erleider, der Gequälte seiner Leidenschaften, der Nichtverwirklicher, der Nichterfüller seiner heißen Träume: daher das Gestaute, Gepresste, ewig Rückfließende und Aufkochende seiner Gelüste. Auch hier erscheint er wie überall als der Getriebene, als der Gejagte eines Dämons, ewig im Kampf mit seinen Zwängen und Drängen, entsetzlich leidend unter dieser Zwanghaftigkeit seiner Natur. Aber der Eros ist nur einer in der schäumenden Koppel, die ihn quer durch das Leben hetzt: seine andern Leidenschaftlichkeiten sind nicht minder gefährlich und blutgierig, denn jene treibt er ja – als der furchtbarste Übertreiber, den die neue Literatur kennt – bis in den Exzess, jede Not der Seele, jedes Gefühl fiebert er ins Manische, ins Klinische, ins Selbstmörderische hinein. Ein Pandämonium der Leidenschaften tut sich auf, wo immer der Blick an ein Werk, an eine Wesensäußerung Kleistens tastet. Er war voll Hass, voll Ressentiment, ja voll gepresster aggressiver Gereiztheit; und wie furchtbar diese enttäuschte Machtgier in ihm wühlte, spürt man, wo das Raubtier sich von der niederdrückenden Faust befreit und die Gewaltigsten, einen Goethe oder Napoleon, anspringt: »Ich will ihm den Kranz von der Stirne reißen«, das ist noch das mildeste Wort seines Hasses gegen den, zu dem er vordem »auf den Knien seines Herzens« gesprochen. Eine andere Bestie aus der fürchterlichen

Meute der exzedierenden Gefühle: der Ehrgeiz, verschwistert einem tollen, halsbrecherischen Stolz, der jeden Einwand mit der Fußsohle zertritt. Dann ein dunkler saugender Vampir in Blut und Hirn: eine finstere Schwermut, aber nicht wie jene Leopardis und Lenaus ein passiver Seelenzustand, eine musikalische Dämmerung des Herzens, sondern »ein Gram, über den ich nicht Meister zu werden vermag«, wie er schreibt, eine aggressive glühende Todesfiebrigkeit, eine brennende Qual, die ihn wie Philoktet mit vergifteter Wunde in die Einsamkeit zurückjagt. Und daraus wieder eine neue Not: die Qual der Ungeliebtheit, die er im »Amphitryon« dem Gott der Schöpfung der Natur anvertrauen lässt, auch sie gesteigert zu einer Raserei der Einsamkeit. Was immer ihn bewegt, wird zu Krankheit und Exzess: selbst die geistigen, die intellektuellen Neigungen zu Sittlichkeit, Wahrheit und Rechtlichkeit verzerrt sein Übermaß zu Leidenschaften, aus Rechtliebe wird Rechthaberei (Kohlhaas), aus Wahrheitsdrang ein wühlerischer Fanatismus, aus Sittlichkeitsbedürfnis eine eiskalte überspitzte Dogmatik. Immer schießt er über sich hinaus, immer bleibt der Widerhaken des rückstürzenden Pfeils im Fleische, das allmählich durchätzt wird von allen Laugen und Bitternissen der Enttäuschung. Denn all diese passionierten Triebe, diese aufreizenden virulenten Gifte können nicht aus ihm ganz heraus und geraten in gefährliche Gärung: es fehlt (wie in seinem Eros) die Entladung in die Tat. Sein Hass gegen Napoleon schwelgt im Gedanken, ihn zu ermorden, die Franzosen niederzuknüppeln – aber er fasst nicht den Dolch und nicht einmal in Reih und Glied das Gewehr. Sein Ehrgeiz will im »Guiskard« Sophokles und Shakespeare in einem überbieten – aber das Stück bleibt Ohnmacht und Fragment. Seine Schwermut drängt sich an die andern und sucht durch zehn Jahre vergebens Begleiter in den Tod – aber er wartet zehn Jahre, bis er endlich in einer krebskranken enttäuschten Frau die Gefährtin findet. Sein Tatdrang, seine Kraft füttern nur seine Träume und machen sie wild und blutrünstig. So wächst alle Leidenschaft in ihm, von der

Phantasie unablässig gehitzt, tropisch auf zu einer Überreiztheit und Spannung, die ihm manchmal die Nerven durchriss, aber doch, nach Hamlets Wort, »dies allzu harte Fleisch« nicht zu schmelzen vermag. Vergebens stöhnt er »Ruhe, Ruhe vor den Leidenschaften«, aber sie lassen ihn nicht, und bis in das letzte Rinnsal seiner Werke zischt der heiße Dampf, die Hypertrophie des Gefühls. Sein Dämon lässt nicht die Peitsche von ihm: er muss weiter durch das Gestrüpp seines Schicksals in ewiger Jagd bis zum Abgrund.

Ein von allen Leidenschaften Gejagter – das ist Kleist wie keiner. Aber nichts wäre irrtümlicher, als in ihm darum einen zügellosen Menschen zu sehn, denn das ist ja seine äußerste Qual, seine ureigene Tragik, dass er sich, mit allen Geißeln und Nattern seiner Leidenschaften fortgepeitscht, ständig zügelt, dass dieser starre Zaum seines Willens ihn zurückreißt, während er vorwärts will, und sein Trieb ihn weiterstößt, indes er in sich nach innerer Reinheit strebt. Sonst steht bei jener ihm so tief verwandten Art der sich selbst zerstörenden Dichter, bei Günther, bei Verlaine, Marlowe, einer überschwingenden Leidenschaft ein ganz schwacher weibischer Wille entgegen, und sie werden überflutet und zermalmt von ihren Trieben. Sie vertrinken, verspielen, vergeuden, verlieren sich, sie werden zerrieben von dem innern Wirbel ihres Wesens: sie stürzen nicht jählings ab, sondern rutschen allmählich hinunter, sie fallen von Stufe zu Stufe mit immer schwächerem Widerstand des Willens. Bei Kleist aber steht – und hier, nur hier ist die Wurzel der Kleistischen Tragödie – einer dämonisch starken Leidenschaftlichkeit der Natur ein gleich dämonischer Wille des Geistes entgegen (so wie im Werk ein wilder, berauschter Visionär sich einem kalten, nüchternen, unerhört klarsichtigen Könner und Errechner paart). Auch sein Gegenwille gegen das Triebhafte ist überstark wie der Trieb selbst, und diese widersätzliche Doppelstärke steigert seinen innern Kampf ins Heroische. Manchmal erscheint er selbst wie sein Guiskard, der in seinem innersten Zelte (in seiner Seele) durchschwärt von

Beulen, durchfiebert von allen bösen Säften, leidet, aber durch die Kraft seines Willens sich aufrafft und, mit ungeheurer Geste seinem Geheimnis die Kehle verschließend, vor die Menschen tritt. Kleist gibt sich nicht einen Fußbreit nach, er lässt sich nicht willenlos in den eigenen Abgrund hinabziehen: ehern stemmt sich der Wille gegen dies ungeheure Ziehen seiner Leidenschaft:

Steh, stehe fest wie das Gewölbe steht,
Weil seiner Blöcke jeder stürzen will.
Beut deine Scheitel, einem Schlussstein gleich,
Der Götter Blitzen dar und rufe: trefft!
Und lass dich bis zum Fuß herab zerspalten,
Solang ein Atem Mörtel und Gestein
In dieser jungen Brust zusammenhält.

– diese heilige Hybris setzt er dem Schicksal entgegen, und gegen die heiße Wut seiner Selbstvernichtung dämmt er herrisch und stark den leidenschaftlichen Trieb zur Selbsterhaltung, zur Selbsterhöhung. So wird Kleistens Leben zu einer Gigantomachie, zum Riesenkampf einer übersteigerten Natur: seine Tragik ist nicht, dass er wie die meisten Menschen von dem einen zu viel und von dem andern zu wenig hatte, sondern er hatte von beidem zu viel; zu viel Geist bei zu viel Blut, zu viel Sittlichkeit bei zu viel Leidenschaft, zu viel Zucht bei zu viel Zügellosigkeit. Er war einer der überfülltesten Menschen, und die »unheilbare Krankheit«, von der dieser »schön intentionierte Körper« ergriffen war (wie Goethe sagt), eigentlich Überkraft. Die Natur hatte ihm eben mehr von all ihren Ingredienzien gegeben, als ein einzelner Mann für ein Leben zu ertragen vermag: so wütete die Fülle gegeneinander, und die Überdosierung ward zu Gift und Verhängnis, unendlich mehr als die schwache Rinde eines irdischen Leibes an solchen Säften und Kräften in sich bewältigen kann. Darum musste er sich selbst zersprengen wie ein überhitzter Kessel: sein Dämon war nicht das Unmaß, sondern sein Übermaß.

Friedrich Nietzsche

TRAGÖDIE OHNE GESTALTEN

*Den größten Genuss vom Dasein
einzuernten heißt: gefährlich leben.*

Die Tragödie Friedrich Nietzsches ist ein Monodram: sie stellt keine andere Gestalt auf die kurze Szene seines Lebens als ihn selbst. In allen den lawinenhaft abstürzenden Akten steht der einsam Ringende unter dem Gewitterhimmel seines Schicksals allein, niemand tritt ihm zur Seite, niemand ihm entgegen, keine Frau mildert mit weicher Gegenwart die gespannte Atmosphäre. Alle Bewegung geht einzig von ihm aus und stürzt einzig auf ihn zurück: die wenigen Figuren, die anfangs in seinem Schatten auftreten, begleiten nur mit stummen Gesten des Staunens und Erschreckens sein heroisches Unterfangen und weichen allmählich wie vor etwas Gefährlichem zurück. Kein einziger Mensch wagt sich nahe und voll in den innern Kreis dieses Geschickes, immer spricht, immer kämpft, immer leidet Nietzsche für sich allein. Er redet zu niemandem, und niemand antwortet ihm. Und was noch furchtbarer ist: niemand hört ihm zu.

Sie hat keine Menschen, keine Partner, keine Hörer, diese einzig heroische Tragödie Friedrich Nietzsches: aber sie hat auch keinen eigentlichen Schauplatz, keine Landschaft, keine Szenerie, kein Kostüm, sie spielt gleichsam im luftleeren Raum der Idee. Basel, Naumburg, Nizza, Sorrent, Sils-Maria, Genua, diese Namen sind nicht seine wirklichen Hausungen, sondern nur leere Meilensteine längs eines mit brennenden Flügeln durchmessenen Weges, kalte Kulissen, sprachlose Farbe. In Wahrheit ist die Szenerie der Tragödie immer dieselbe: Alleinsein, Einsamkeit, jene entsetzliche wortlose, antwortlose Einsamkeit, die sein Denken wie eine undurchlässige Glasglocke um sich, über sich trägt, eine Einsamkeit ohne Blumen und Farben und Töne und Tiere und Menschen, eine Einsamkeit selbst ohne Gott, die steinern ausgestorbene Einsamkeit einer Urwelt vor oder nach aller Zeit. Aber was ihre Öde, ihre Trostlosigkeit so grauenhaft, so grässlich und zugleich so grotesk macht, ist das Unfassbare, dass dieser Gletscher, diese Wüste Einsamkeit geistig mitten in einem amerikanisierten Siebzig-Millionen-Lande steht, mitten in dem neuen Deutschland, das klirrt und schwirrt von Bahnen und Telegraphen, von Geschrei und Gedränge, mitten in einer sonst krankhaft neugierigen Kultur, die vierzigtausend Bücher jährlich in die Welt wirft, an hundert Universitäten täglich nach Problemen sucht, in hunderten Theatern täglich Tragödie spielt und doch nichts weiß und nichts ahnt und nichts fühlt von diesem mächtigsten Schauspiel des Geistes in ihrer eigenen Mitte, in ihrem innersten Kreis.

Denn gerade in ihren größten Augenblicken hat die Tragödie Friedrich Nietzsches in der deutschen Welt keinen Zuschauer, keinen Zuhörer, keinen Zeugen mehr. Anfangs, solange er noch als Professor vom Katheder spricht und Wagners Lichtkraft ihn sichtbar macht, bei seinen ersten Worten, weckt seine Rede noch eine kleine Aufmerksamkeit. Aber je tiefer er in sich selbst, je tiefer er in die Zeit hinabgreift, umso weniger findet er Resonanz. Einer nach dem andern von den Freunden, von den Fremden steht während seines heroischen Monologs verschüchtert auf, von den immer wilderen Verwandlungen, von den immer glühenden Ekstasen des Einsamen erschreckt, und lässt ihn auf der Szene seines Schicksals entsetzlich allein. Allmählich wird der tragische Schauspieler unruhig, so ganz ins Leere zu sprechen, er redet immer lauter, immer schreihafter, immer gestikulativer, um sich Widerklang oder wenigstens Widerspruch zu entzünden. Er erfindet sich zu seinem Wort eine Musik, eine strömende, rauschende, dionysische Musik – aber niemand hört ihm mehr zu. Er zwingt sich zu Harlekinaden, zu einer spitzen, schrillen, gewaltsamen Heiterkeit, er lässt seine Sätze Kapriolen springen und sich in Lazzi überschlagen, nur um mit künstlichem Spaß für seinen furchtbaren Ernst Hörer heranzuködern – aber niemand rührt zum Beifall die Hand. Er erfindet sich schließlich einen Tanz, einen Tanz zwischen Schwertern, und übt verwundet, zerfetzt, blutend seine neue tödliche Kunst vor den Menschen, aber niemand ahnt den Sinn dieser schreienden Scherze und die todwunde Leidenschaft in dieser aufgespielten Leichtigkeit. Ohne Hörer und Widerhall endet vor leeren Bänken das unerhörteste Schauspiel des Geistes, das unserem stürzenden Jahrhundert geschenkt war. Niemand wendet nur lässig den Blick, wie der auf stählerner Spitze hinschwirrende Kreisel seiner Gedanken zum letzten Mal herrlich aufspringt und endlich taumelnd zu Boden fällt: »tot vor Unsterblichkeit«.

Dieses Mit-sich-allein-Sein, dieses Gegen-sich-selbst-allein-Sein ist der tiefste Sinn, die einzig heilige Not der Lebenstragödie Friedrich Nietzsches: nie war so ungeheure Fülle des Geistes, so aufgetriebene Orgie des Gefühls gegen so ungeheure Leere der Welt, gegen ein so metallen undurchdringliches Schweigen gestellt. Nicht einmal die Gnade bedeutender Gegner ist ihm gegeben – so muss der stärkste Denkwille »in sich selber eingehöhlt, sich selber angrabend« aus der eigenen tragischen Seele sich Antwort und Widerstand holen. Nicht aus der Welt, sondern in blutenden Fetzen von der eigenen Haut reißt sich der Schicksalsrasende wie Herakles sein Nessushemd, die brennende Glut, um nackt gegen die letzte Wahrheit, gegen sich selbst zu stehen. Aber welcher Frost um diese Nacktheit, welches Schweigen um diesen ungeheuersten Schrei des Geistes, welch entsetzlicher Himmel voll Wolken und Blitze über dem »Mörder Gottes«, der nun, da keine Gegner ihn finden und er keinen mehr findet, sich selber anfällt, »Selbstkenner, Selbsthenker ohne Mitleid«! Von seinem Dämon hinausgetrieben über Zeit und Welt, hinaus selbst über den äußersten Rand seines Wesens,

Geschüttelt ach von unbekannten Fiebern,
Zitternd vor spitzen eisigen Frostpfeilen,

Von dir gejagt, Gedanke!
Unnennbarer! Verhüllter! Entsetzlicher!

schaudert er manchmal mit einem ungeheuren Schreckblick zurück, da er erkennt, wie weit ihn sein Leben über alles Lebendige und alles Gewesene hinausgeschleudert hat. Aber ein so übergewaltiger Anlauf kann nicht mehr zurück: mit voller Bewusstheit und gleichzeitig der äußersten Ekstase des Selbstrausches erfüllt er das Schicksal, das sein geliebter Hölderlin ihm vorausgedacht, sein Empedokles-Schicksal.

Heroische Landschaft ohne Himmel, gigantisches Spiel ohne Zuschauer, Schweigen und immer gewaltsameres Schweigen um den fürchterlichsten Schrei geistiger Einsamkeit – das ist die Tragödie Friedrich Nietzsches: man müsste sie als eine der vielen sinnlosen Grausamkeiten der Natur verabscheuen, hätte er ihr nicht selbst ein ekstatisches Ja gesagt und die einzige Härte um ihrer Einzigkeit willen gewählt und geliebt. Denn freiwillig, aus gesicherter Existenz und mit klarem Sinn hat er sich dies »besondere Leben« aus dem tiefsten tragischen Instinkt gebaut und mit einer einzigen Kraft des Mutes die Götter herausgefordert, an ihm »den höchsten Grad der Gefährlichkeit zu erproben, mit der ein Mensch sich lebt.« »Χαίρετε δαίμονες!« »Seid gegrüßt, Dämonen!« Mit diesem heitern Ruf der Hybris beschwören einmal in studentisch froher Nacht Nietzsche und seine philologischen Freunde die Mächte: zur Geisterstunde schwenken sie vom Fenster aus den gefüllten Gläsern roten Wein in die schlafende Straße der Baseler Stadt hinab als Opfergabe an die Unsichtbaren. Es ist ein phantastischer Scherz nur, der mit tieferer Ahnung sein Spiel treibt: aber die Dämonen hören den Ruf und folgen dem, der sie gefordert, bis aus dem Spiel einer Nacht grandios die Tragödie eines Schicksals wird. Nie aber verwehrt sich Nietzsche dem ungeheuren Verlangen, von dem er sich übermächtig erfasst und fortgeschleudert fühlt: je härter ihn der Hammer trifft, umso heller klingt der eherne Block seines Willens.

Und auf diesem rotglühenden Amboss des Leidens wird härter und härter mit jedem verdoppelten Schlag die Formel geschmiedet, die seinen Geist dann ehern umpanzert, die »Formel für die Größe am Menschen, amor fati: dass man nichts anders haben will, vorwärts nicht, rückwärts nicht, in alle Ewigkeit nicht. Das Notwendige nicht bloß ertragen, noch weniger verhehlen, sondern es lieben«. Dieser sein inbrünstiger Liebesgesang an die Mächte überklingt dithyrambisch den eigenen Schmerzensschrei: zu Boden geknickt, zerdrückt vom Schweigen der Welt, zerfressen von sich selber, geätzt mit allen Bitterkeiten des Leidens, hebt er niemals die Hände, das Schicksal möchte endlich von ihm lassen. Nur um mehr noch bittet er, um stärkere Not, um tiefere Einsamkeit, um volleres Leiden, um die äußerste Fülle seiner Fähigkeit; nicht in der Abwehr, einzig im Gebet hebt er die Hände, im herrlichsten Gebet des Helden: »Du Schickung meiner Seele, die ich Schicksal nenne, Du In-mir! Über-mir! Bewahre mich und spare mich einem großen Schicksal.«

Wer aber so groß zu beten weiß, der wird erhört.

DER DON JUAN DER ERKENNTNIS

Auf die ewige Lebendigkeit kommt es an, nicht auf das ewige Leben.

Immanuel Kant lebt mit der Erkenntnis wie mit einem ehelich angetrauten Weibe, beschläft sie vierzig Jahre lang im gleichen geistigen Bette und zeugt mit ihr ein ganzes deutsches Geschlecht philosophischer Systeme, von denen Nachkommen noch heute in unserer bürgerlichen Welt wohnen. Seine Beziehung zur Wahrheit ist absolut monogam und ebenso jene all seiner intellektuellen Söhne: Schelling, Fichte, Hegel und Schopenhauer. Was sie zur Philosophie treibt, ist ein durchaus undämonischer höherer Ordnungswille, ein guter deutscher, fachlicher und sachlicher Wille zur Disziplinierung des Geistes, zu einer ordnungshaften

Architektonik des Daseins. Sie haben Liebe zur Wahrheit, eine ehrliche, dauerhafte, durchaus beständige Liebe: aber in dieser Liebe fehlt vollkommen die Erotik, die flackernde Gier des Zehrens und Sich-selber-Verzehrens; sie fühlen die Wahrheit, ihre Wahrheit als Gattin und gesicherten Besitz, von der sie sich bis zur Stunde des Absterbens nie loslösen und gegen die sie niemals untreu sind. Darum bleibt ewig etwas Hausbackenes, etwas Haushälterisches in ihrer Beziehung zur Wahrheit, und tatsächlich hat jeder von ihnen über Braut und Bett sich ein eigenes Haus erbaut: sein gesichertes System. Und diesen ihren eigenen Bezirk, ihren eroberten Acker des Geistes, den sie aus dem urweltlichen Dickicht des Chaos für die Menschheit ausgerodet haben, bestellen sie meisterlich mit Egge und Pflug. Vorsichtig schieben sie die Gemarken ihrer Erkenntnis weiter hinaus in die Kultur der Zeit und mehren mit Fleiß und Schweiß die geistige Frucht.

Nietzsches Leidenschaft zur Erkenntnis dagegen kommt aus ganz anderem Temperament, aus einer geradezu antipodischen Welt des Gefühls. Seine Einstellung zur Wahrheit ist eine durchaus dämonische, eine zitternde atemheiße, nervengejagte, neugierige Lust, die sich nie befriedigt und nie erschöpft, die nirgends stehen bleibt bei einem Resultat und über alle Antworten hin sich immer wieder ungeduldig und unbändig weiterfragt. Niemals zieht er eine Erkenntnis dauernd an sich und macht sie mit Eid und Treuschwur zu seinem Weibe, zu seinem »System«, zu seiner »Lehre«. Alle reizen ihn an, und keine kann ihn halten. Sobald ein Problem die Jungfräulichkeit, den Reiz und das Geheimnis der erbrochenen Scham verloren hat, lässt er es mitleidslos, eifersuchtslos den andern nach ihm, so wie Don Juan, sein Bruder im Triebe, seine mille e tre, ohne sich weiter um sie zu bekümmern. Denn wie jeder große Verführer durch alle Frauen hindurch die Frau, so sucht Nietzsche durch alle Erkenntnis hindurch die Erkenntnis, die ewig irreale und nie ganz erreichbare; ihn reizt bis zum Schmerz, bis zur Verzweiflung nicht das Erobern, nicht das Halten und Haben, sondern immer nur das Fragen, das Suchen und Jagen. Unsicherheit, nicht Gewissheit ist seine Liebe, also eine ins Metaphysische gewandte Lust am »Amour plaisir« der Erkenntnis, eine dämonische Lust am Verführen, an der Entblößung und lusthaften Durchdringung und Vergewaltigung jeden geistigen Gegenstandes – Erkenntnis im Sinne der Bibel, wo der Mann das Weib »erkennt« und damit gleichsam geheimnislos macht. Er weiß, der ewige Relativist der Werte, dass keiner dieser Erkenntnisakte, dieser Besitzergreifungen mit heißem Geist schon ein wirkliches »Zu-Ende-Kennen« ist, dass sich Wahrheit im letzten Sinn nicht besitzen lässt: denn »wer da empfindet, ich bin im Besitz der Wahrheit, wie vieles lässt der nicht fahren«. Darum richtet sich Nietzsche niemals haushälterisch ein im Sinne des Sparens und Bewahrens und baut kein geistiges Haus: er will – oder er muss vielmehr aus dem nomadischen Zwang seiner Natur – der ewig Besitzlose bleiben, der mit der Waffe einsam schweifende Nimrod in allen Wäldern des Geistes, der nicht Dach hat und Weib und Kind und Gesind, aber dafür die Lust und die Freude der Jagd: er liebt gleich Don Juan nicht die Dauer des Gefühls, sondern die »großen und verzückten Augenblicke«, ihn locken einzig die Abenteuer des Geistes, jene »gefährlichen Vielleichts«, die heiß machen und anspornen, solange man sie jagt, und nicht satt machen, sobald man sie greift – er will keine Beute, sondern (wie er sich selbst im Don Juan der Erkenntnis schildert) nur den »Geist, Kitzel und Genuss an Jagd und Intriguen der Erkenntnis – bis an die höchsten und fernsten Sterne der Erkenntnis hinauf –, bis ihm zuletzt nichts mehr zu erjagen übrig bleibt als das absolut Wehetuende der Erkenntnis, gleich dem Trinker, der am Ende Absinth und – Scheidewasser trinkt«.

Denn der Don Juan im Geiste Nietzsches ist kein Epikureer, kein üppiger Genießer: dazu fehlt diesem Aristokraten, diesem feinnervigen Edelmann das dumpfe Behagen des Verdauens, das träge Ausruhen in der Sattheit, das Prahlen mit seinen Triumphen, das jemals Zufriedensein. Der Jäger der Frauen ist – wie der Nimrod des Geistes – selbst der ewig Gejagte eines unstillbaren Triebes, der rücksichtslose Verführer selbst ein Verführer seiner brennenden Neugier, ein Versucher, der versucht ist, alle Frauen in ihrer unerkannten Unschuld immer wieder zu versuchen, so wie Nietzsche fragt um der Frage willen, um der unstillbaren psychologischen Lust. Für Don Juan ist das Geheimnis in allen und in keiner, in jeder für eine Nacht und in keiner für immer: genauso für den Psychologen die Wahrheit in allen Problemen für einen Augenblick und in keinem für immer.

Balzac

Balzac außen und innen

Aus jenen Jahren haben wir eine Unzahl Schilderungen von Balzac, amüsante, boshafte, herablassende, witzige und giftige, alle aus dem engen und überblendeten Fokus der Pariser Gesellschaft und Journalistik gesehen: Balzac im blauen Rock mit den ziselierten Goldknöpfen und der kostbaren Keule seines Stockes, Balzac en pantoufles, Balzac im Tilbury mit Groom und Diener, Balzac der Flaneur, der alle Ladenschilder abliest, um den richtigen Namen für seine Helden zu finden, Balzac der Sammler, der jeden Bric-à-brac-Laden durchstöbert, um für sieben Franken einen Rembrandt und für zwölf Sous eine Schale von Benvenuto Cellini zu entdecken, Balzac, der Schrecken seiner Verleger, der Beelzebub der Setzer, die für jede Manuskriptseite Stunden fronen müssen, Balzac der Lügner, der Aufschneider, der Mystifikator, der Keuschheit predigt als die einzige Vorbedingung des Schaffens und der die Frauen häufiger wechselt als seine Hemden, Balzac der Fresser, der auf einen Sitz hundert Austern schlingt und ein Steak und Geflügel hinterdrein, Balzac, der von Millionen erzählt, die ihm seine Erzgruben, sein Garten, seine Geschäfte eintragen sollen, und sich unter falschem Namen wochenlang verstecken muss, weil er nicht eine Rechnung von tausend Franken bezahlen kann.

Es ist kein Zufall, dass drei Viertel all der von ihm überlieferten Bilder Karikaturen und nicht Porträts sind, dass seine

Zeitgenossen zweitausend Anekdoten über ihn verzeichnet, aber keine einzige richtige und gewichtige Lebensdarstellung geschrieben haben. All diese Fakten tun deutlich dar, dass Balzacs Persönlichkeit auf Paris nicht als die eines Genies, sondern als die eines exzentrischen Menschen gewirkt hat, und in gewissem Sinne mögen seine Zeitgenossen richtig gesehen haben. Balzac musste in der Öffentlichkeit exzentrisch wirken, weil er im wahrsten Sinne des Worts aus seinem Zentrum getreten ist, sobald er sein Zimmer, seinen Schreibtisch, seine Arbeit verlässt. Der wirkliche Balzac, der unermüdlichste Werkmann, den die Weltliteratur kennt, musste all diesen Gozlans und Werdets und Janins unsichtbar bleiben, den Nichtstuern und Flaneuren, weil sie ihn nur kannten in der »einen Stunde am Tag, die er der Welt zu geben hatte,« und nicht in den dreiundzwanzig verborgenen Stunden seiner schöpferischen Einsamkeit. Wenn er unter Menschen ging, so war es die halbe Stunde oder Stunde, die es einem Gefangenen erlaubt ist, im Hof seines Zuchthauses Atem zu schöpfen; wie die Gespenster mit dem letzten Glockenschlag der Geisterstunde in das Dunkel der Erde, so muss er nach dieser kurzen Frist des Übermuts und Überschwangs wieder zurück in seinen Kerker, zurück an seine Arbeit, deren Größe und Strenge alle diese Nichtstuer und ironischen Skribler nie auch nur zu ahnen vermögen. Der wirkliche Balzac ist jener, der in zwanzig Jahren nebst einer Unzahl von Dramen, Novellen, Aufsätzen vierundsiebzig fast immer vollwichtige Romane geschrieben und in diesen vierundsiebzig Romanen eine eigene Welt mit hundert Landschaften, Häusern und Straßen und zweitausend Gestalten geschaffen hat.

Nur an diesem Maß darf Balzac gemessen werden, nur an diesem Werk wird sein wirkliches Leben erkenntlich. Der seinen Zeitgenossen als Narr erschien, war in Wirklichkeit die disziplinierteste Kunstintelligenz der Epoche; der Mann, den sie als einen maßlosen Verschwender verspotteten, ein Asket mit der unverbrüchlichen Beharrlichkeit eines Anachoreten, der großartigste Arbeiter der modernen Literatur. Der Übertreiber, den sie, die Normalen, die

Maßvollen, verhöhnen, weil er vor Leuten flunkert und protzt, hat in Wahrheit aus seinem Hirn mehr herausgetrieben als alle seine Pariser Kollegen zusammengenommen; der einzige vielleicht, von dem man ohne Übertreibung sagen kann, er habe sich zu Tode gearbeitet. Nie ist Balzacs Kalender derselbe gewesen wie der seiner Zeit; wo für andere Tag, ist für ihn Nacht, wo für andere Nacht, ist für ihn Tag. Nicht in der alltäglichen Welt, sondern in der eigenen und selbstgeschaffenen ist seine wahre Existenz; den wirklichen Balzac hat niemand gekannt, beobachtet, belauscht als die vier Wände seines Arbeitskerkers. Seine wahre Biographie konnte kein Zeitgenosse schreiben; seine Werke haben es für ihn getan.

Ein Tag darum aus diesem wirklichen Leben Balzacs – und tausend, zehntausend Tage waren wie dieser Tag. Acht Uhr abends: die anderen Menschen haben längst ihre Arbeit zu Ende getan, sie haben ihre Büros, ihre Geschäfte, die Fabriken verlassen, sie haben in ihrem Kreise, ihrer Familie oder allein diniert. Nun schwärmen sie aus zum Vergnügen. Sie schlendern auf den Boulevards, sie sitzen in den Cafés, sie stehen vor den Spiegeln, um Toilette zu machen für die Theater und die Salons – er, der eine Balzac, schläft im verdunkelten Zimmer, niedergeschlagen von der Keule der sechzehnstündigen, der siebzehnstündigen Arbeit.

Neun Uhr abends: die Theater haben begonnen, in den Ballsälen wirbeln die Paare, in den Spielhäusern klirrt das Gold, die Liebenden drücken sich tiefer in die Schatten der Alleen – noch immer schläft Balzac.

Zehn Uhr abends: in einzelnen Häusern verlöschen schon die Lichter, die älteren Leute begeben sich zur Ruhe, seltener rollen die Wagen über das Pflaster, leiser werden die Stimmen der Stadt – Balzac schläft noch immer.

Elf Uhr: die Theater gehen zu Ende, in den Gesellschaften, in den Salons geleiten die Diener die letzten Gäste nach Hause, die Restaurants dunkeln ab, die Spaziergänger verschwinden, nur eine letzte Welle von Heimkehrenden schwemmt noch lärmend über die Boulevards, um in kleinen Seitenstraßen völlig zu versickern – Balzac schläft noch immer.

Endlich – Mitternacht: Paris ist verstummt. Millionen Augen haben sich geschlossen, tausend und aber tausend Lichter sind verloschen. Nun, da die anderen ruhen, wird es Zeit für Balzac zur Arbeit, nun, da die andern träumen, wird es Zeit für ihn, zu wachen. Jetzt, da der Tag beendet ist für die Welt, beginnt sein Tag. Jetzt kann niemand kommen und ihn stören, keine Besucher, die ihn belästigen, keine Briefe, die ihn beunruhigen; die Gläubiger, die ihn verfolgen, können nicht an die Tür pochen, die Boten der Druckerei nicht ihn um Arbeit drängen. Ein riesiger Raum, acht Stunden, zehn Stunden vollendetster Einsamkeit liegen vor ihm, und Balzac braucht für seine riesige Arbeit so riesen Raum. Er weiß: wie Hochöfen, die das kalte brüchige Erz umschmelzen zu unzerbrechlichem Stahl, nicht auskühlen dürfen, so darf die visionäre Spannung in ihm nicht stocken. Eine so vollendete Halluzination wie die seine darf nicht innehalten in dem feurigen Fluge.

Die Gedanken müssen mir von der Stirn triefen wie das Wasser eines Springbrunnens. Es ist ein völlig unbewusster Prozess.

Wie jeder große Künstler kennt Balzac nur das Gesetz seiner Arbeit:

Es ist mir unmöglich, zu arbeiten, wenn ich mich unterbrechen und ausgehen muss. Ich arbeite nie nur eine oder zwei Stunden.

Nur die Nacht, die unbegrenzte, die unzerteilte, er weiß es, erlaubt ihm diese Kontinuität der Arbeit, und um dieser Arbeit willen verrückt er den Uhrzeiger der Zeit und schafft, Demiurg in seiner eigenen Sphäre, Nacht zum Tag und Tag zur Nacht.

Ein leises Pochen des Dieners an der Tür hat ihn geweckt. Balzac ist aufgestanden und nimmt seine Kutte. Aus jahrelanger Erfahrung hat er sich diese Kleidung als die geeignetste für seine Arbeit gewählt. Wie der Krieger seine Rüstung, wie der Bergmann sein Ledergewand, gemäß der Forderung seines Berufs, hat der Schriftsteller sich diese weiße, lange Robe aus warmem Kaschmir im Winter, aus feiner Leinwand im Sommer gewählt, weil sie leicht jeder Bewegung sich anschmiegt, den Hals frei lässt zum Atmen, gleichzeitig wärmend und doch nicht drückend, und vielleicht auch, weil sie, ähnlich wie die Kutte den Mönch, ihn daran erinnern mag, dass er im Dienst ist, zugeschworen einem höheren Gebot und abgeschworen, solange er sie trägt, der wirklichen Welt und ihrer Verführung. Eine geflochtene Schnur (später eine goldene Kette) hält diese weiße Dominikanerkutte locker über dem Leibe zusammen; und wie der Mönch das Kreuz und das Skapulier trägt, die Waffen des Gebets, so hängen bei ihm Schere und Falzbein daran, die Utensilien seiner Arbeit. Ein paar Schritte noch auf und nieder in dem weichen nachgiebigen Kleide, damit der letzte Schatten Schlafs von ihm fällt und das Blut reger in den Adern zirkuliert. Dann ist Balzac bereit.

Der Diener hat auf dem Tisch die sechs Kerzen in den silbernen Leuchtern angezündet und die Vorhänge völlig zusammengeschoben, als wollte er damit sichtlich die äußere Welt abschalten. Denn Balzac will Zeit jetzt nicht mehr messen mit ihrem wirklichen Maß, sondern nur mit dem seiner Arbeit; er will nicht wissen, wann es dämmert, wann es Tag wird, wann Paris, wann die übrige Welt erwacht. Nichts soll mehr vom Wirklichen um ihn sein, und im Dunkel des Raums ertrinken ringsum die Bücher an den Wänden, die Wände und Türen und Fenster und alles, was dahinterliegt. Nur die Menschen, die er jetzt aus sich schafft, sollen sprechen und handeln und leben, seine Welt, seine eigene, ersteht und besteht.

Balzac setzt sich an den Tisch, an diesen Tisch,
wo ich mein Leben in den Schmelztigel werfe wie der Alchimist sein Gold.
Es ist ein kleiner, unscheinbarer rechteckiger Tisch, und doch liebt er ihn mehr als das Kostbarste seiner Habe. Nicht den goldenen Stock mit den Türkisen, nicht das mühsam zusammengekaufte Silbergerät, nicht die pomphaft gebundenen Bücher, nicht seinen Ruhm liebt er so sehr wie dieses kleine, stumme, vierbeinige Gerät, das er herübergerettet hat aus einer Wohnung in die andere, aus Konkurses und Katastrophen, wie ein Soldat seinen

Blutsbruder aus dem Kampfgewühl. Denn dieser Tisch ist der einzige Vertraute seiner tiefsten Lust, seiner bittersten Qual, der allein ist der stumme Zeuge seines wahrhaften Lebens. *Er hat all mein Elend gesehen, er weiß um alle meine Pläne, er hat meine Gedanken belauscht; mein Arm hat ihn fast gewalttätig gebraucht, wenn ich mich im Schreiben auf ihm erging.* Kein Freund, kein irdischer Mensch weiß so viel von ihm, keiner Frau hat er so viele Nächte glühendster Gemeinschaft gegönnt. An diesem Tisch hat Balzac gelebt, an ihm sich zu Tode gearbeitet.

Ein letzter Blick noch: ist alles bereit? Wie jeder wahrhaft fanatische Arbeiter ist Balzac pedantisch in seiner Arbeit, er liebt sein Werkzeug wie ein Soldat seine Waffe und muss es, ehe er sich in den Kampf wirft, geschliffen bereit wissen. Zur Linken liegen die unbeschriebenen Blätter geschichtet, Blätter eines ganz bestimmten, sorgfältig ausgewählten Papiers gleichmäßigen Formats. Das Papier muss leicht bläulich sein, um den Blick nicht zu blenden und bei der vielstündigen Arbeit zu ermüden. Die Blätter müssen besonders glatt sein, um dem fliegenden Kiel keinen Widerstand zu bieten, sie müssen dünn sein, denn wie viele hat er noch zu beschreiben in dieser Nacht, zehn, zwanzig, dreißig, vierzig! Ebenso sorglich sind die Federn vorbereitet, Rabenfedern (er will keine andern); neben dem Tintenfass – nicht dem kostbaren aus Malachit, das ihm Verehrer geschenkt haben, sondern dem einfachen seiner Studentenjahre – stehen noch zur Reserve ein bis zwei Flaschen Tinte. Jede Vorsorge muss getroffen werden, damit der ständige Fortgang der Arbeit nicht Abbruch leide. Auf der rechten Seite des engen Tisches noch ein kleines Notizbuch, in das er zwischendurch Einfälle und Gedanken für spätere Kapitel vorausnotiert. Sonst nichts: keine Bücher, keine Behelfe, kein aufgehäuftes Material. Alles ist innerlich beendet, ehe Balzac seine Arbeit beginnt.

Balzac lehnt sich zurück und streift den Ärmel der Kutte empor, um der rechten Hand, der Schreibhand, mehr Leichtigkeit zu geben. Dann feuert er sich noch, wie ein Kutscher sein Ross, mit halb spaßhaften Selbstzurufen an. Es ist, wie wenn ein Schwimmer noch einmal die Arme hochreckt und die Gelenke spielen lässt, ehe er sich kopfüber in die Flut wirft.

Balzac schreibt und schreibt und schreibt, ohne Pause, ohne Stocken. Einmal entzündet, flammt und lodert seine Phantasie weiter, es ist wie ein Waldbrand, wo von Stamm zu Stamm, immer heißer, immer hitziger, immer schneller die Lohe um sich greift. Die Feder läuft in der feinen weibischen Hand so rasch über das Papier, dass das Wort den Gedanken kaum zu folgen vermag. Je mehr er schreibt, des mehr kürzt Balzac die Silben ab, nur weiter, nur weiter, nur nicht zögern, nicht stocken; er kann nicht innehalten, nicht die innere Vision unterbrechen, und er wird nicht aufhören, ehe nicht die Hand im Schreibkrampf stockt oder dem Blick, dem vor Müdigkeit erblindeten, das Geschriebene verlischt.

Ein Uhr, zwei Uhr, drei Uhr, vier Uhr, fünf Uhr, sechs Uhr und manchmal sieben Uhr und acht. Kein Wagen mehr in der Gasse, kein Geräusch im Haus und im Zimmer als das leise Surren und Knistern des Kiels über das Papier und ab und zu das Rascheln eines weggelegten Blattes. Schon dämmert draußen der Tag, Balzac weiß es nicht. Für ihn ist Tag nur dieser kleine runde Kreis Kerzenschimmer, und es gibt keine Menschen als diejenigen, die er eben erschafft, es gibt keine Schicksale als die, die er schreibend erfindet. Es gibt keinen Raum, es gibt keine Zeit, es gibt keine Welt als die eine und einzige seines eigenen Kosmos.

Manchmal droht die Maschine zu stocken. Auch der maßloseste Wille vermag nichts gegen das natürliche Maß der Kräfte. Nach vier, nach sechs Stunden ununterbrochenen Schreibens und Schaffens spürt Balzac, dass er nicht weiterkann. Die Hand erlahmt, die Augen beginnen zu tränen, der Rücken schmerzt, das Blut pocht drohend an die überhitzten Schläfen, die Spannung in den Nerven versagt. Ein anderer würde jetzt aufhören, würde ausruhen, würde mit so vollwichtiger Leistung sich dankbar bescheiden. Aber Balzac, dieser Dämon des Willens, gibt nicht nach. Das vorgesetzte Ziel muss erreicht werden, und wenn der Renner darüber zu Schanden geritten wird! Die Peitsche her, wenn der träge Kadaver nicht vorwärts will! Balzac steht auf – es sind dies seine einzigen knappen Pausen inmitten der Arbeit –, tritt an den Tisch und entzündet die Cafetière.

Denn Kaffee ist das schwarze Öl, das allein diese phantastische Arbeitsmaschine immer wieder in Gang bringt, und darum für Balzac, dem nur die Arbeit etwas bedeutet, wichtiger als Essen, Schlafen und jeder andere Genuss. Während er den Tabak hasst, weil er nicht stimuliert, nicht zu jenem Übermaß führt, das für ihn das einzige Maß ist –

Tabak schädigt den Körper, greift den Verstand an und macht ganze Nationen stumpfsinnig –,

hat er dem schönen Kaffee den schönsten Hymnus eines Dichters gesungen.

Der Kaffee gleitet hinab in den Magen, und dann gerät alles in Bewegung: die Ideen rücken an wie Bataillone der großen Armee auf dem Schlachtfeld; der Kampf beginnt. Erinnerungen treffen im Sturmschritt ein als Fähnriche des Aufmarsches. Die leichte Kavallerie entwickelt sich in einem prachtvollen Galopp. Die Artillerie der Logik braust heran mit ihrem Train und ihren Kartuschen. Die geistreichen Einfälle greifen als Tirailleurs ins Gefecht ein. Die Gestalten kostümieren sich, das Papier bedeckt sich mit Tinte, die Schlacht hebt an und endet unter Strömen schwarzer Flut, so wie die wirkliche Feldschlacht in schwarzem Pulverrauch ertrinkt.

Ohne Kaffee keine Arbeit, oder wenigstens nicht jene unablässige Arbeit, der sich Balzac verschworen hat. Nebst Papier und Feder nimmt er überallhin als drittes Arbeitsutensil seine Kaffeemaschine mit, an die er gewöhnt ist wie an seinen Tisch, wie an seine Kutte. Niemandem überlässt er die Zubereitung, denn niemand anders würde dieses stimulierende Gift in solcher aufpeitschenden Schwärze und Stärke für ihn bereiten. Und so wie er mit einem abergläubischen Fetischismus nur eine gewisse Art Papier, nur eine bestimmte Form der Federn wählt, so dosiert und mischt er die Kaffeesorten nach einem besonderen Ritus. »Dieser Kaffee setzte sich aus drei Sorten von Bohnen zusammen, Bourbon, Martinieque, Mokka. Den Bourbon kaufte er in der Rue de Montblanc, den Martinique in der Rue des Vieilles Audriettes bei einem Krämer, der dieses glorreiche Rezept noch nicht vergessen haben dürfte, und den Mokka in Faubourg Saint-Germain bei einem Händler in der Rue de l'Université, doch wüsste ich nicht mehr zu sagen, bei welchem, obwohl ich Balzac wiederholt auf seinen Einkaufsexpeditionen begleitet habe. Es war jedes Mal eine halbe Tagesreise quer durch Paris, aber ein guter Kaffee war ihm so viel Mühe wert.«

Da Kaffee wie jedes Stimulans immer stärkere Steigerungen erfordert, um zu wirken, so muss Balzac, je mehr seine Nerven der Überspannung zu erliegen drohen, immer mehr von diesem mörderischen Elixier sich zumuten. Von einem Buche schreibt er, dass er es nur dank »Strömen von Kaffee« zu Ende geschrieben habe. 1845, nach fast zwanzigjährigem übertriebenem Genuss, gesteht er, dass sein ganzer Organismus durch dieses fortwährende »doping« vergiftet sei, und klagt, dass die Wirkung immer geringer werde.

Der Zeitraum, in dem die Inspiration durch den Kaffee vorhält, wird immer kürzer; er regt mein Gehirn jetzt nur noch fünfzehn Stunden lang an – eine verhängnisvolle Erregung; sie verursacht mir schreckliche Magenschmerzen.

Und wenn die fünfzigtausend Tassen überstarken Kaffees (auf so viel hat es ein Statistiker geschätzt) das gigantische Werk der *Comédie humaine* beschleunigten, so haben sie damit doch gleichzeitig sein urgesundes Herz vorzeitig zum Bersten gebracht. Ausdrücklich wird Dr. Nacquart, der ihn als Freund und Arzt sein ganzes Leben hindurch beobachtend begleitete, als die eigentliche Todesursache feststellen: »Ein altes Herzleiden, verschärft durch Nachtarbeit und den Gebrauch oder besser Missbrauch von Kaffee, zu dem er seine Zuflucht nehmen musste, um das natürliche menschliche Schlafbedürfnis zu bekämpfen.«

Endlich, acht Uhr, ein leichtes Anklopfen an der Tür. Der Diener Auguste tritt ein und bringt auf einem Tablett ein bescheidenes Frühstück. Balzac steht auf von seinem Tisch. Er hat von zwölf Uhr nachts die Feder nicht abgesetzt; nun kommt ein Augenblick Rast. Der Diener zieht die Vorhänge zurück, Balzac tritt ans Fenster und wirft einen Blick auf das Paris, das er erobern will. In dieser Minute wird er zum ersten Mal nach Stunden und Stunden wieder gewahr, dass es neben seiner Welt noch eine andere, neben dem Paris seiner Phantasie noch das wirkliche gibt, das an die Arbeit geht, nun, da die seine vorläufig geendet hat. Jetzt öffnen sich die Geschäfte, jetzt eilen die Kinder zur Schule. Wagen heben an zu fahren, in Tausenden Zimmern setzen Beamte und Geschäftsleute sich an ihre Tische. Nur er, nur einer unter den Hunderttausenden, hat schon sein Werk getan.

Um den erschöpften Körper zu entspannen und ihm für die neue Arbeit, die auf ihn wartet, wieder Frische zu geben, nimmt Balzac ein heißes Bad. Gewöhnlich bleibt er – auch darin seinem großen Gegenspieler Napoleon ähnlich – eine Stunde lang in der Wanne; es ist der einzige Ort, wo er ungestört nachdenken kann – nachdenken, ohne sofort niederzuschreiben, nackt der Lust des gestaltenden Schaffens und Träumens hingegeben, ohne die gleichzeitige physische Arbeit. Kaum aber hat er die Kutte wieder angelegt, so gehen vor der Tür schon Schritte. Die Boten aus den verschiedenen Druckereien, die er gleichzeitig beschäftigt, sind gekommen – wie die Meldereiter Napoleons während der Schlacht den Kontakt aufrechterhalten zwischen der Kommandostelle und den Bataillonen, die die Befehle ausführen. Der erste fordert neues Manuskript ein, das frische und noch nicht ganz trockene Manuskript dieser Nacht. Denn alles, was Balzac schreibt, muss sofort in Druck gehen, nicht nur weil die Zeitung oder der Verleger darauf wartet wie auf fällige Schuld – immer ist der ungeschriebene Roman schon im Voraus verkauft und verpfändet –, sondern auch, weil Balzac in seinem Trancezustand des visionären Schaffens nicht weiß, was er schreibt und was er geschrieben hat. Selbst sein eigenes Auge kann nicht das Dickicht seines geschriebenen Manuskriptes prüfend überschauen. Erst wenn es in gesetzten Kolumnen Absatz für Absatz, Bataillon hinter Bataillon aufmarschiert, weiß der Feldherr in Balzac, ob er die Schlacht schon gewonnen hat oder noch einmal den Ansturm erneuern muss.

Andere Boten von den Druckereien, der Zeitung oder vom Verlag bringen frische Korrekturen der Manuskripte, die Balzac vorgestern geschrieben und gestern in Druck gegeben hat, und zugleich die Korrekturen der vorigen Korrekturen. Ganze Stöße frisch bedruckten, noch feuchten Papiers, zwei Dutzend, drei Dutzend, oft fünf und sechs Dutzend Korrekturfahnen überfluten und bedecken den kleinen Tisch und fordern nochmalige und abermalige Durchsicht.

Neun Uhr: die Rast ist zu Ende. »In der einen Arbeit erhole ich mich von der anderen« – innerhalb der ungeheuren Hast und Kontinuität seiner Produktion erhält Balzac seine Kraft nur dadurch, dass er die Art der Arbeit innerhalb der Arbeit wechselt.

Aber Lesen von Korrekturen ist nicht wie für die meisten der anderen Autoren die leichtere Arbeit, nicht nur ein Nachbessern und Nachfeilen, sondern ein völliges Umschaffen und Neuschaffen. Korrekturen lesen oder vielmehr sie umschreiben bedeutet bei ihm einen ebenso entscheidenden Schöpfungsakt, wie es der primäre war; denn Balzac korrigiert eigentlich gar nicht die schon gedruckten Fahnen, sondern er benutzt nur die erste gedruckte Form als Handhabe. Was der Visionär rauschhaft in fiebriger Hast entworfen, das betrachtet, wertet, ändert und verwandelt nun der verantwortungsvolle Künstler. An nichts hat Balzac mehr Mühe, Leidenschaft und Kraft gewandt als an diese sich erst allmählich Schicht um Schicht ausformende Plastizität seiner Prosa. Da in allem, was seiner innersten Aufgabe, seiner Arbeit gilt, diese sonst verschwenderische und großzügige Natur tyrannisch und pedantisch ist, müssen ihm die Korrekturfahnen von den Druckereien nach besonderen Vorschriften geliefert werden. Vor allem müssen die Blätter groß und lang sein, jedes in Doppelfolio, damit die gedruckte Spalte darinnen sitzt wie ein Atout in der Karte und zur Rechten, zur Linken, oben und unten der vierfache und achtfache Raum bleibt für Veränderungen und Verbesserungen. Außerdem müssen die Korrekturen statt auf das gewöhnliche, billige und gelbliche Papier auf weißes gesetzt werden, damit jede Letter sich deutlich vom Untergrunde abhebt und somit das Auge nicht ermüdet.

Und nun an die Arbeit! Ein rascher Blick – Balzac hat die Gabe seines Louis Lambert, sechs bis sieben Zeilen mit einem Augenblick zu umfassen –, und zornig fährt schon die Hand mit der Feder heran. Balzac ist unzufrieden. Schlecht, alles schlecht, was er gestern, was er vorgestern geschrieben, der Sinn unklar, die Sätze verworren, der Stil fehlerhaft, die Anordnung zu schwerfällig! Alles muss anders gemacht werden, besser, deutlicher, klarer; eine Art Furor – man spürt es an der spritzenden Feder, an den wilden Rissen und Strichen quer über das ganze Blatt – überkommt ihn. Mit der Wucht einer Kavallerieattacke stürzt er sich auf das gedruckte Karree. Da ein Säbelhieb mit der Feder, rücksichtslos wird ein Satz nach rechts geschleudert, links ein Wort aufgespießt, ganze Absätze wie mit einer Löwenpranke herausgerissen, andere wieder hineingestopft. Bald genügen – so viele Korrekturen macht er – die gewöhnlichen Weisungszeichen an den Setzer nicht mehr. Er muss neue erfinden. Bald wird auch der Platz zu eng, denn längst steht am Rande mehr als innen in dem gedruckten Text. Nach oben, nach unten, nach rechts und links fahren, mit magischen Zeichen versehen, Ergänzungen an Stelle der Kürzungen heraus; wie mit einem Spinnennetz von sich überquerenden, überschneidenden, sich wieder selbst korrigierenden Strichen ist die ursprünglich reine und übersichtliche Seite überzogen, so dass er, um neuen Raum zu finden, das Blatt umwendet und auf der Rückseite die Ergänzungen weiterschreibt. Aber nicht genug! Die Feder findet keinen Raum mehr, die Ziffern und Zahlen, die den unseligen Setzer orientieren sollen, genügen nicht. Die Schere her also und einige überflüssige Absätze herausgeschnitten. Frisches Manuskriptpapier her, diesmal kleineren Formats, um es deutlich vom ersten Manuskript unterscheidbar zu machen, und mit Kleister angeheftet. Was Anfang war, wird in die Mitte gestopft, ein neuer Anfang geschrieben, wie mit Schaufel und Hacke das ganze Erdreich umgewühlt. Und so Schicht über Schicht, Schrift zwischen Druck, beziffert, verschmiert; als vollkommener Wirrwarr geht die Korrekturfahne – hundertmal unverständlicher und unleserlicher als das frühere Manuskript – an die Druckerei zurück.

In den Redaktionen, in den Druckereien drängt sich immer alles lachend zusammen, wenn eine solche Klecksographie anlangt. »Unmöglich!«, erklären die geschultesten Setzer, und obwohl man ihnen doppelte Bezahlung bietet, weigern sie sich, mehr als »une heure de Balzac« pro Tag zu machen. Es dauert Monate, bis immer der eine oder der andere die Wissenschaft erlernt, diese Hieroglyphen zu entziffern, und ein besonderer Korrektor muss dann ihre oft sehr hypothetischen Versuche noch einmal revidieren.

Aber welcher Irrtum, wenn sie meinen, ihr Werk damit getan zu haben! Denn wenn am nächsten oder übernächsten Tag die vollkommen neu gesetzten Fahnen zu Balzac zurückwandern, wirft er sich mit gleicher Wut auf diesen neugedruckten Text wie auf den erstmalig gesetzten. Noch einmal reißt er das ganze mühsame Gefüge auf, noch einmal übersät und bekleckst er das Blatt von oben bis unten, um das neue genauso unleserlich und chaotisch zurückzusenden wie das alte. Und so geht es oft noch ein drittes, ein viertes, ein fünftes, ein sechstes, ein siebentes Mal, nur dass er jetzt nicht mehr ganze Absätze aufbricht, zerstört und verändert, sondern nur mehr Zeilen und schließlich nur mehr Worte. Von manchen Werken hat Balzac bis zu fünfzehn- und sechzehnmal die Fahnen umkorrigiert, und nur dann bekommt man eine Ahnung von der mit nichts auf Erden zu vergleichenden Produktionskraft Balzacs, wenn man an diesem Maße berechnet, dass er in zwanzig Jahren seine vierundsiebzig Romane, alle seine Erzählungen und Skizzen nicht nur einmal geschrieben hat, sondern dass die endgültigen Werke tatsächlich das Sieben- bis Zehnfache dieser an sich schon gigantischen Leistung bedeuten.

Keine finanzielle Not, keine Beschwörungen der Verleger, die ihn bald mit freundschaftlichen Vorwürfen, bald mit gerichtlichen Klagen bedrängen, können Balzac von dieser kostspieligen Methode abbringen; Dutzende Male hat er sich um die halben oder sogar ganzen Honorare seiner Werke gebracht, indem er die riesigen Kosten für diesen Umsatz und Nachsatz aus eigener Tasche bezahlte. Aber in diesem Punkte der innersten künstlerischen Moral ist Balzac unerbittlich. Als einmal ein Zeitungsherausgeber eine Romanfortsetzung bringt, ohne die letzte dieser unzähligen Korrekturen und das endgültige Imprimatur abzuwarten, kündigt Balzac ihm für immer die Beziehung. Der allen andern leichtfertig erscheint, überhastig und geldgierig, ist hier, wo es die Vollendung des Werks und seine künstlerische Ehre gilt, der gewissenhafteste, zäheste, unnachgiebigste, energischste Kämpfer der neuen Literatur. Und weil nur er die ganze phantastische Summe von Energie, Aufopferung, Vollendungsbesessenheit kennt, weil dieser fünfmalige, zehnmalige Umbildungsprozess sich im Dunkel des Laboratoriums vollzieht, unbekannt allen, die nur das fertige Produkt sehen, darum liebt er diese Korrekturfahnen als die einzig treuen und verlässlichen Zeugen. Sie sind sein Stolz, der Stolz nicht so sehr des Künstlers in ihm als des Arbeitsmenschen, des unermüdlichen Handwerkers, und von jedem Werke stellt er darum ein Exemplar dieser revidierten, zerarbeiteten Blätter zusammen, den ersten Zustand, den zweiten, den dritten bis zum letzten, und lässt sie mit dem Manuskript je einen massiven Band binden (der dann oft etwa zweitausend Seiten umfasst statt der bloß zweihundert der endgültigen Ausgabe). Wie Napoleon – sein Vorbild – die Fürstentitel und Herzogswappen an seine Feldmarschälle und getreuesten Diener, so verleiht er je ein Manuskript aus seinem riesigen Reich, dem Reich der *Comédie humaine*, als das Kostbarste, was er zu vergeben hat.

Ich machte diese Bände nur denen zum Geschenk, die mich lieben; sie sind Zeugnisse meiner langen Arbeit und jener Geduld, von der ich Ihnen sprach. Über diesen furchtbaren Seiten habe ich meine Nächte verbracht.

Den Hauptteil erhält Frau von Hanska, aber auch Madame de Castries, der Gräfin Visconti, der Schwester wird ein solcher Orden zugedacht. Dass er sie nur an die wenigen zu geben weiß, die diese einzigartigen Dokumente richtig zu bewerten wissen, zeigt die Antwort des Dr. Nacquart, als er für seine jahrelangen ärztlichen und freundschaftlichen Dienste von Balzac den Band der Korrekturen der *Lys dans la vallée* empfängt. Dr. Nacquart schreibt:

Das sind wahrhaft denkwürdige Monumente, und jenen, die noch an eine Vervollkommnung des Schönen in der Kunst glauben, müssten sie sichtbar gemacht werden. Wie lehrreich wäre das auch für das Publikum, das immer glaubt, die Erzeugnisse des Geistes seien so leicht empfangen und geschaffen, wie man sie dann liest! Ich wünschte, meine Bibliothek könnte mitten auf dem Vendôme-Platz aufgestellt werden, damit die Freunde Ihres Genies auch wirklich zu würdigen verständen, mit welcher Gewissenhaftigkeit und Zähigkeit Sie arbeiten.

In der Tat, kaum in irgendwelchen Dokumenten außer den Skizzenbüchern Beethovens hat der Jakobskampf des Künstlers greifbarer seinen Ausdruck gefunden als in diesen Bänden. Stärker als auf jedem Porträt, eindrucksvoller als in allen Anekdoten seiner Zeitgenossen wird hier die eigentliche Urkraft Balzacs erkenntlich, die titanische Energie seiner Arbeit. Nur wer sie kennt, kennt den wirklichen Balzac.

Drei Stunden, vier Stunden arbeitet Balzac an seinen Korrekturen, verändert, verbessert; dieses »faire sa cuisine littéraire«, wie er es spaßhaft nennt, füllt jedes Mal den ganzen Vormittag und geschieht ebenso pausenlos, ebenso erbittert und leidenschaftlich wie die Arbeit der Nacht. Erst mittags schiebt Balzac den Stoß

Blätter zur Seite, um eine Kleinigkeit zu essen, ein Ei, ein Butterbrot oder eine leichte Pastete. Seiner Natur nach ein genießerischer Mensch, der von seiner heimischen Touraine her die fetten und schweren Dinge liebt, die schmackhaften Rillettes, die knusprigen Kapaune, das rote volle Fleisch, und der die dunklen und hellen Weine seiner Heimat kennt wie der Musiker seiner Klaviatur –, verbietet er sich während der Arbeit jeden Genuss. Er weiß, essen macht müde, und er hat keine Zeit, müde zu sein. Er darf, er will es sich nicht erlauben, auszuruhen. Schon rückt er wieder den Fauteuil vor den kleinen Tisch und weiter, weiter, weiter, Korrekturen oder Skizzen oder Notizen oder Briefe, aber immer Arbeit, ohne Pause, ohne Unterbrechung.

Endlich, gegen fünf Uhr, wirft Balzac die Feder weg und damit die Peitsche, die ihn vorwärtstreibt. Genug! Balzac hat den ganzen Tag – und dies oft durch Wochen – keinen Menschen gesehen, keinen Blick aus dem Fenster getan, keine Zeitung gelesen. Jetzt darf der überanstrengte Körper, das überhitzte Gehirn endlich rasten. Der Diener serviert das Abendessen. Manchmal kommt für eine halbe Stunde oder Stunde ein Verleger, den er zu sich zitiert hat, oder eine Freund. Meist bleibt er allein, nachsinnend und schon vorträumend, was er morgen zu schaffen hat. Nie oder fast nie betritt er die Straße; die Müdigkeit ist zu groß nach so ungeheurem Tun. Um acht Uhr, jetzt, da die anderen auszuschwärmen beginnen, legt er sich zu Bett und schläft sofort, fest, traumlos und tief; er schläft, wie er alles tut: exzessiv – und vehementer als jeder andere. Er schläft, um zu vergessen, dass all die getane Arbeit ihn nicht erlösen wird von der, die morgen, übermorgen und bis zu seiner letzten Lebensstunde getan werden muss. Er schläft bis Mitternacht, wo der Diener eintritt, die Kerzen entzündet und die Arbeit abermals ihren Anfang nimmt.

So arbeitet Balzac wochen- und monatelang ohne Unterbrechung und gönnt sich keine Pause, solange nicht ein Werk vollendet ist. Und auch diese Zeiten der Unterbrechung sind immer kurz bemessen; »eine Schlacht folgt auf die andere«, ein Werk dem anderen wie Nadelstich auf Nadelstich in dem ungeheuren Gewebe, das sein Lebenswerk ist:

Es ist immer dasselbe: Nächte um Nächte und immer neue Bände! Was ich aufbauen will, ist so hoch und weit ...

stöhnt er verzweifelt auf. Oft fürchtet er, dass er über dieser Arbeit das wirkliche Leben versäume; er rüttelt an den Ketten, die er sich selber geschmiedet.

In einem Monat muss ich schaffen, was andere in einem ganzen Jahr oder mehr nicht zu Ende brächten.

Aber arbeiten ist für ihn schon Zwang geworden, er kann davon nicht mehr lassen.

In der Arbeit vergesse ich meine Leiden; Arbeit ist meine Rettung.

Die Verschiedenheit seiner Arbeit unterbricht nicht deren Kontinuität.

Wenn ich nicht an meinen Manuskripten arbeite, denke ich über meine Pläne nach, und wenn ich nicht nachdenke oder schreibe, dann habe ich Korrekturfahnen zu verbessern. Das ist mein Leben.

Und er lebt sein Leben lang mit dieser Kette der Arbeit am Fuß. Selbst wenn er flieht, klirrt sie ihm nach. Keine Reise ohne Manuskript, und selbst wenn er verliebt ist und einer Frau nachreist, muss die erotische Leidenschaft sich unterordnen dieser höheren Hörigkeit. Wenn er sich ansagt bei Frau von Hanska, bei der Herzogin von Castries in Genf, brennend vor Ungeduld, trunken vor Begier, warnt gleichzeitig ein Brief die Geliebte, vor fünf Uhr abends würde sie ihn niemals sehen. Erst nach den unerbittlichen zwölf oder fünfzehn Stunden, die dem Schreibtisch gehören, gönnt er sich den Frauen. Erst das Werk, dann die Liebe; erst die *Comédie humaine* und dann die Welt; erst die Arbeit und dann – oder eigentlich niemals – der Genuss.

Nur dieser Furor, dieser selbstzerstörerische, monomanische Arbeitsexzess vermag das Wunder zu erklären, dass er in nicht ganz zwanzig Jahren die *Comédie humaine* geschaffen hat. Aber dies kaum Verständliche der Balzacschen Produktionskraft wird noch unverständlicher, wenn man der rein künstlerischen Arbeit noch die praktische, private und geschäftliche Schreibleistung zurechnet. Während Goethe oder Voltaire ständig zwei bis drei Sekretäre zur Hand haben und selbst eine Sainte-Beuve sich alle Vorarbeiten von einem eigenen Angestellten erledigen lässt, hat Balzac seine ganze Korrespondenz, seine Geschäfte alle allein besorgt. Außer dem letzten erschütternden Dokument auf dem Totenbett, da die Hand nicht mehr die Feder zu führen vermag und er dem von seiner Frau geschriebenen Brief nur noch das Postskriptum anfügt:

Ich kann nicht mehr lesen und nicht mehr schreiben,

ist jede Seite seines Werkes, jede Zeile seiner Korrespondenz eigenhändig geschrieben. Alle Verträge, alle Käufe und Verkäufe, alle Geschäfte und Besorgungen, Schuldscheine und Wechsel und die ihm anhängenden Klagen und Gegenklagen erledigt er ohne Amanuensis, ohne Verwalter und Berater. Er besorgt die Einkäufe im Haus, bestellt bei den Tapezierern und Lieferanten in eigener Person, er besorgt sogar in späterer Zeit noch dazu die Finanzen der Frau von Hanska und berät seine Familie. Es ist eine Kraftverschwendung, eine Arbeitsübertreibung, die bis ins Pathologische reicht. In manchen Augenblicken ist er sich dessen bewusst, dass ein solcher widernatürlicher Selbstverbrauch zwanghaft zur Selbstzerstörung führen müsse.

Manchmal kommt es mir vor, als ob mein Gehirn sich entzündete, als ob es mir bestimmt sei, auf den Trümmern meines Verstandes zu sterben.

Rast nach solchen Exzessen zweiwöchiger, dreiwöchiger pausenloser Arbeit, während deren er nicht die Straße betritt, ist darum immer einem Zusammenbruch gefährlich ähnlich. Wie ein verwundeter Held nach dem Siege stürzt er zusammen:

Ich schlafe achtzehn Stunden am Tag; in den übrigen sechs Stunden tue ich nichts.

Es ist ein Exzess, wenn Balzac ausruht vom Exzess seiner Arbeit, und ebenso Exzess, wenn er noch Kraft genug hat, sich nach Vollendung eines Werks ins Vergnügen zu stürzen. Wenn er aufsteht vom Rausch seiner Arbeit und aus seiner Zelle unter die Menschen tritt, so ist noch die Trunkenheit in ihm; wenn er in Gesellschaft kommt, in die Salons, spricht und rodomontiert er, der wochenlang keine fremde und nicht die eigene Stimme gehört, ohne auf die andern zu achten; wie aus einem aufgespeicherten Drang strömt es spottend, lachend, schäumend dahin. Wenn er, der in seinen Romanen Millionen den einen geschaffen und den anderen erlaubt, ein Geschäft betritt, wirft er, noch in der anderen Zahlenwelt, mit dem Gelde sinnlos um sich, ohne zu rechnen, ohne zu zählen. Jede seiner Handlungen hat noch etwas von der Phantastik und Übersteigerung der Romane, alles muss lustvoll geschehen. Wie einer jener rüden, mächtigen, vitalen Seemänner vergangener Zeiten, nachdem er ein Jahr kein Land gesehen in keinem Bett geschlafen und keine Frau gefühlt, wenn das Schiff nach tausend Gefahren heimkehrt, die volle Börse auf den Tisch haut, sich vollsäuft, spektakelt und aus explosiver Lebenslust die Fensterscheiben zerschlägt; wie ein Vollblutpferd, das zu lange im Stall gestanden, nicht gleich braven Trab geht, sondern zunächst einmal raketenhaft losschießt, um die Spannung der Muskeln zu entladen und den Rausch der Freiheit zu fühlen – so entlädt Balzac seine Askese, seine Spannungen, seine Verschlossenheit in den kurzen Intervallen, die er sich zwischen Arbeit und Arbeit gönnt.

Und dann kommen die kleinen Laffen, die Gozlans, die Werdets, die schäbigen Journalisten, die ihre kärglichen Tröpfchen Witz tagtäglich für ein paar Sous verschleißen, und spotten wie die Zwerge von Liliput über den losgelassenen Riesen. Sie notieren die Anekdötchen und lassen sie emsig drucken, was für ein lächerlicher, eitler, kindischer Laffe doch dieser große Balzac sei, und jeder Dummkopf fühlt sich klüger als er. Keiner von ihnen versteht, dass nach einer so ungeheuerlichen Übersteigerung in der Arbeit es anormal wäre, wenn ein solcher Halluzinant sich normal benähme. Wenn er säuberlich Buch führte über jeden Franken und wie ein Krämer die Ersparnisse in vierprozentiger

Rente anlegte. Wenn er, eben noch Herrscher, Magier und Gebieter einer Traumwelt, in der wirklichen sich nach den mondänen Regeln der Salons bewegte. Wenn er, dessen Genie in der schöpferischen Übertreibung liegt, so geschickt, so diplomatisch und so kühl kalkulierend wäre wie sie selbst. Nur den grotesken Schatten, den im Vorübergehen seine riesige Gestalt an die Wand der Zeit wirft, können sie karikaturistisch nachzeichnen. Um sein wirkliches Wesen hat keiner der Zeitgenossen gewusst, denn wie den Gespenstern des Märchens nur für eine Stunde verstattet ist, schattenhaft über die Erde zu streifen, die ihnen nicht zugehört, so sind Balzac nur kurze Atemzüge der Freiheit vergönnt, und immer wieder muss er in den Kerker der Arbeit zurück.

Die Welt von Gestern

Eros Matutinus

Während dieser acht Jahre der höheren Schule ereignete sich für jeden von uns ein höchst persönliches Faktum: wir wurden aus zehnjährigen Kindern allmählich sechzehnjährige, siebzehnjährige, achtzehnjährige mannbare junge Menschen, und die Natur begann ihre Rechte anzumelden. Dieses Erwachen der Pubertät scheint nun ein durchaus privates Problem, das jeder heranwachsende Mensch auf seine eigene Weise mit sich auszukämpfen hat, und für den ersten Blick keineswegs zu öffentlicher Erörterung geeignet. Für unsere Generation aber wuchs jene Krise über ihre eigentliche Sphäre hinaus. Sie zeitigte zugleich ein Erwachen in einem anderen Sinne, denn sie lehrte uns zum ersten Mal, jene gesellschaftliche Welt, in der wir aufgewachsen waren, und ihre Konventionen mit kritischerem Sinn zu beobachten. Kinder und selbst junge Leute sind im Allgemeinen geneigt, sich zunächst den Gesetzen ihres Milieus respektvoll anzupassen. Aber sie unterwerfen sich den ihnen anbefohlenen Konventionen nur in solange, als sie sehen, dass diese auch von allen andern ehrlich innegehalten werden. Eine einzige Unwahrhaftigkeit bei Lehrern oder Eltern treibt den jungen Menschen unvermeidlich an, seine ganze Umwelt mit misstrauischem und damit schärferem Blick zu betrachten. Und wir brauchten nicht lange, um zu entdecken, dass alle jene Autoritäten, denen wir bisher Vertrauen geschenkt, dass Schule, Familie und die öffentliche Moral in diesem einen

Punkte der Sexualität sich merkwürdig unaufrichtig gebärdeten – und sogar mehr noch: dass sie auch von uns in diesem Belange Heimlichkeit und Hinterhältigkeit forderten.

Denn man dachte anders über diese Dinge vor dreißig und vierzig Jahren als in unserer heutigen Welt. Vielleicht auf keinem Gebiete des öffentlichen Lebens hat sich durch eine Reihe von Faktoren – die Emanzipation der Frau, die Freud'sche Psychoanalyse, den sportlichen Körperkult, die Verselbständigung der Jugend – innerhalb eines einzigen Menschenalters eine so totale Verwandlung vollzogen wie in den Beziehungen der Geschlechter zueinander. Versucht man den Unterschied der bürgerlichen Moral des neunzehnten Jahrhunderts, die im Wesentlichen eine victorianische war, gegenüber den heute gültigen, freieren und unbefangeneren Anschauungen zu formulieren, so kommt man der Sachlage vielleicht am nächsten, wenn man sagt, dass jene Epoche dem Problem der Sexualität aus dem Gefühl einer inneren Unsicherheit ängstlich auswich. Frühere, noch ehrlich religiöse Zeitalter, insbesondere die streng puritanischen, hatten es sich leichter gemacht. Durchdrungen von der redlichen Überzeugung, dass sinnliches Verlangen der Stachel des Teufels sei und körperliche Lust Unzucht und Sünde, hatten die Autoritäten des Mittelalters das Problem gerade angegangen und mit schroffem Verbot und – besonders im calvinistischen Genf – mit grausamen Strafen ihre harte Moral durchgezwungen. Unser Jahrhundert dagegen als eine tolerantere, längst nicht mehr teufelsgläubige und kaum mehr gottgläubige Epoche brachte nicht mehr den Mut auf zu einem solchen radikalen Anathema, aber es empfand die Sexualität als ein anarchisches und darum störendes Element, das sich nicht in ihre Ethik eingliedern ließ, und das man nicht am lichten Tage schalten lassen dürfe, weil jede Form einer freien, einer außerehelichen Liebe dem bürgerlichen »Anstand« widersprach. In diesem Zwiespalt erfand nun jene Zeit ein sonderbares Kompromiss. Sie beschränkte ihre Moral darauf, dem jungen Menschen zwar nicht zu verbieten, seine vita sexualis auszuüben, aber sie forderte, dass er diese peinliche Angelegenheit in irgendeiner unauffälligen Weise erledigte. War die Sexualität schon nicht aus der Welt zu schaffen, so sollte sie wenigstens innerhalb ihrer Welt der Sitte nicht sichtbar sein. Es wurde also die stillschweigende Vereinbarung getroffen, den ganzen ärgerlichen Komplex weder in der Schule noch in der Familie noch in der Öffentlichkeit zu erörtern und alles zu unterdrücken, was an sein Vorhandensein erinnern könnte.

Für uns, die wir seit Freud wissen, dass, wer natürliche Triebe aus dem Bewusstsein zu verdrängen sucht, sie damit keineswegs beseitigt, sondern nur ins Unterbewusstsein gefährlich verschiebt, ist es leicht, heute über die Unbelehrtheit jener naiven Verheimlichungstechnik zu lächeln. Aber das neunzehnte Jahrhundert war redlich in dem Wahn befangen, man könne mit rationalistischer Vernunft alle Konflikte lösen, und je mehr man das Natürliche verstecke, desto mehr temperiere man seine anarchischen Kräfte; wenn man also junge Leute durch nichts über ihr Vorhandensein aufkläre, würden sie ihre eigene Sexualität vergessen. In diesem Wahn, durch Ignorieren zu temperieren, vereinten sich alle Instanzen zu einem gemeinsamen Boykott durch hermetisches Schweigen. Schule und kirchliche Seelsorge, Salon und Justiz, Zeitung und Buch, Mode und Sitte vermieden prinzipiell jedwede Erwähnung des Problems, und schmählicherweise schloss sich sogar die Wissenschaft, deren eigentliche Aufgabe es doch sein sollte, an alle Probleme gleich unbefangen heranzutreten, diesem »naturalia sunt turpia« an. Auch sie kapitulierte unter dem Vorwand, es sei unter der Würde der Wissenschaft, solche skabröse Themen zu behandeln. Wo immer man in den Büchern jener Zeit nachblättert, in den philosophischen, juristischen und sogar in den medizinischen, wird man übereinstimmend finden, dass jeder Erörterung ängstlich aus dem Wege gegangen wird. Wenn Strafrechtsgelehrte bei Kongressen die Humanisierungsmethoden in den Gefängnissen und die moralischen Schädigungen des Zuchthauslebens diskutierten, huschten sie an dem eigentlich zentralen Problem scheu vorbei. Ebenso wenig wagten die Nervenärzte, obwohl sie sich in vielen Fällen über die Ätiologie mancher hysterischer Erkrankungen vollkommen im Klaren waren, den Sachverhalt zuzugeben, und man lese bei Freud nach, wie selbst sein verehrter Lehrer Charcot ihm privatim gestand, dass er die wahre Causa zwar wohl kenne, nie aber öffentlich verlautbart habe. Am allerwenigsten durfte sich die – damals so benannte – »schöne« Literatur an aufrichtige Darstellung wagen, weil ihr ausschließlich das Ästhetisch-Schöne als Domäne zugewiesen war. Während in früheren Jahrhunderten der Schriftsteller sich nicht scheute, ein ehrliches und umfassendes Kulturbild seiner Zeit zu geben, während man bei Defoe, bei Abbé Prévost, bei Fielding und Rétif de la Bretonne noch unverfälschten Schilderungen der wirklichen Zustände begegnet, meinte jene Epoche nur das »Gefühlvolle« und das »Erhabene« zeigen zu dürfen, nicht aber auch das Peinliche und das Wahre. Von allen Fährnissen, Dunkelheiten, Verwirrungen der Großstadtjugend findet man darum in der Literatur des neunzehnten Jahrhunderts kaum einen flüchtigen Niederschlag. Selbst wenn ein Schriftsteller kühn die Prostitution erwähnte, so glaubte er sie veredeln zu müssen und parfümierte die Heldin zur »Kameliendame«. Wir stehen also vor der sonderbaren Tatsache, dass, wenn ein junger Mensch von heute, um zu wissen, wie die Jugend der vorigen und vorvorigen Generation sich durchs Leben kämpfte, die Romane auch der größten Meister jener Zeit aufschlägt, die Werke von Dickens und Thackeray, Gottfried Keller und Björnson, er – außer bei Tolstoi und Dostojewski, die als Russen jenseits des europäischen Pseudo-Idealismus standen – ausschließlich sublimierte und temperierte Begebnisse dargestellt findet, weil diese ganze Generation durch den Druck der Zeit in ihrer freien Aussage gehemmt war. Und nichts zeigt deutlicher die fast schon hysterische Überreiztheit dieser Vorvätermoral und ihre heute schon unvorstellbare Atmosphäre, als dass selbst diese literarische Zurückhaltung noch nicht genügte.

Denn kann man es noch fassen, dass ein so durchaus sachlicher Roman wie »Madame Bovary« von einem öffentlichen französischen Gericht als unzüchtig verboten wurde? Dass in der Zeit meiner eigenen Jugend Zolas Romane als pornographisch galten oder ein so ruhiger klassizistischer Epiker wie Thomas Hardy Stürme der Entrüstung in England und Amerika erregte? So zurückhaltend sie waren, diese Bücher hatten schon zu viel verraten von den Wirklichkeiten.

Aber in dieser ungesund stickigen, mit parfümierter Schwüle durchsättigten Luft sind wir aufgewachsen. Diese unehrliche und unpsychologische Moral des Verschweigens und Versteckens war es, die wie ein Alp auf unserer Jugend gelastet hat, und da die richtigen literarischen und kulturgeschichtlichen Dokumente dank dieser solidarischen Verschweigetechnik fehlen, mag es nicht leicht sein, das schon unglaubwürdig Gewordene zu rekonstruieren. Ein gewisser Anhaltspunkt ist allerdings gegeben; man braucht bloß auf die Mode zu blicken, denn jede Mode eines Jahrhunderts verrät mit ihrer optisch gewordenen Geschmacksrichtung unwillkürlich auch seine Moral. Es kann nun wahrhaftig nicht Zufall genannt werden, dass heute, 1940, wenn im Kino Frauen und Männer der Gesellschaft von 1900 in ihren damaligen Kostümen auf der Leinwand erscheinen, das Publikum in jeder Stadt, jedem Dorf Europas oder Amerikas unisono in unaufhaltsame Heiterkeit ausbricht. Als Karikaturen belachen auch die naivsten Menschen von heute diese sonderbaren Gestalten von gestern – als unnatürlich, unbequem, unhygienisch, unpraktisch kostümierte Narren; sogar uns, die wir unsere Mütter und Tanten und Freundinnen in diesen absurden Roben noch gekannt haben, die wir selbst in unserer Knabenzeit ebenso lächerlich gewandet gingen, scheint es gespenstischer Traum, dass eine ganze Generation sich widerspruchslos solch einer stupiden Tracht unterwerfen konnte. Schon die Männermode der hohen steifen Kragen, der »Vatermörder«, die jede lockere Bewegung unmöglich machten, der schwarzen schweifwedelnden

Bratenröcke und der an Ofenröhren erinnernden Zylinderhüte fordert zur Heiterkeit heraus, aber wie erst die »Dame« von einst in ihrer mühseligen und gewaltsamen, ihrer in jeder Einzelheit die Natur vergewaltigenden Aufmachung! In der Mitte des Körpers wie eine Wespe abgeschnürt durch ein Korsett aus hartem Fischbein, den Unterkörper wiederum weit aufgebauscht zu einer riesigen Glocke, den Hals hoch verschlossen bis an das Kinn, die Füße bedeckt bis hart an die Zehen, das Haar mit unzähligen Löckchen und Schnecken und Flechten aufgetürmt unter einem majestätisch schwankenden Hutungetüm, die Hände selbst im heißesten Sommer in Handschuhe gestülpt, wirkt dies heute längst historische Wesen »Dame« trotz des Parfüms, das seine Nähe umwölkte, trotz des Schmucks, mit dem es beladen war, und der kostbaren Spitzen, der Rüschen und Behänge als ein unseliges Wesen von bedauernswerter Hilflosigkeit. Auf den ersten Blick wird man gewahr, dass eine Frau, einmal in eine solche Toilette verpanzert wie ein Ritter in seine Rüstung, nicht mehr frei, schwunghaft und grazil sich bewegen konnte, dass jede Bewegung, jede Geste und in weiterer Auswirkung ihr ganzes Gehaben in solchem Kostüm künstlich, unnatürlich, widernatürlich werden musste. Schon die bloße Aufmachung zur »Dame« – geschweige die gesellschaftliche Erziehung –, das Anziehen und Ausziehen dieser Roben bedeutete eine umständliche Prozedur, die ohne fremde Hilfe gar nicht möglich war. Erst mussten hinten von der Taille bis zum Hals unzählige Haken und Ösen zugemacht werden, das Korsett mit aller Kraft der bedienenden Zofe zugezogen, das lange Haar – ich erinnere junge Leute daran, dass vor dreißig Jahren außer ein paar Dutzend russischer Studentinnen jede Frau Europas ihr Haar bis zu den Hüften entrollen konnte – von einer täglich berufenen Friseuse mit einer Legion von Haarnadeln, Spangen und Kämmen unter Zuhilfenahme von Brennschere und Lockenwickeln gekräuselt, gelegt, gebürstet, gestrichen, getürmt werden, ehe man sie mit den Zwiebelschalen von Unterröcken,

Kamisolen, Jacken und Jäckchen so lange umbaute und gewandete, bis der letzte Rest ihrer fraulichen und persönlichen Formen völlig verschwunden war. Aber dieser Unsinn hatte seinen geheimen Sinn. Die Körperlinie einer Frau sollte durch diese Manipulationen so völlig verheimlicht werden, dass selbst der Bräutigam beim Hochzeitsmahl nicht im Entferntesten ahnen konnte, ob seine künftige Lebensgefährtin gerade oder krumm gewachsen war, füllig oder mager, kurzbeinig, krummbeinig oder langbeinig; diese »moralische« Zeit betrachtete es auch keineswegs als unerlaubt, zum Zwecke der Täuschung und zur Anpassung an das allgemeine Schönheitsideal künstliche Verstärkungen des Haars, des Busens oder anderer Körperteile vorzunehmen. Je mehr eine Frau als »Dame« wirken sollte, umso weniger durften ihre natürlichen Formen erkennbar sein; im Grunde diente die Mode mit diesem ihrem sichtlichen Leitsatz doch nur gehorsam der allgemeinen Moraltendenz der Zeit, deren Hauptsorge das Verdecken und Verstecken war.

Aber diese weise Moral vergaß völlig, dass, wenn man dem Teufel die Tür versperrt, er sich meist durch den Rauchfang oder eine Hintertür Einlass erzwingt. Was unserem unbefangeneren Blick heutigen Tages an diesen Trachten auffällt, die verzweifelt jede Spur nackter Haut und ehrlichen Wuchses verdecken wollten, ist keineswegs ihre Sittlichkeit, sondern im Gegenteil, wie bis zur Peinlichkeit provokatorisch jene Mode die Polarität der Geschlechter herausarbeitete. Während der junge Mann und die junge Frau unserer Zeit, beide hochgewachsen und schlank, beide bartlos und kurzen Haars, schon in ihrer äußeren Erscheinung sich kameradschaftlich einander anpassen, distanzierten sich in jener Epoche die Geschlechter, sosehr sie es nur vermochten. Die Männer trugen lange Bärte zur Schau oder zwirbelten zum mindesten einen mächtigen Schnurrbart als weithin erkennbares Attribut ihrer Männlichkeit empor, während bei der Frau das Korsett das wesentlich weibliche Geschlechtsmerkmal des Busens ostentativ sichtbar machte.

Überbetont war das sogenannte starke Geschlecht gegenüber dem schwachen Geschlecht auch in der Haltung, die man von ihm verlangte, der Mann forsch, ritterlich und aggressiv, die Frau scheu, schüchtern und defensiv, Jäger und Beute, statt gleich und gleich. Durch diese unnatürliche Auseinanderspannung im äußeren Habitus musste auch die innere Spannung zwischen den Polen, die Erotik, sich verstärken, und so erreichte dank ihrer unpsychologischen Methode des Verhüllens und Verschweigens die Gesellschaft von damals genau das Gegenteil. Denn da sie in ihrer unablässigen Angst und Prüderie dem Unsittlichen in allen Formen des Lebens, Literatur, Kunst, Kleidung ständig nachspürte, um jede Anreizung zu verhüten, war sie eigentlich gezwungen, unablässig an das Unsittliche zu denken. Da sie ununterbrochen forschte, was unpassend sein könnte, befand sie sich in einem unablässigen Zustand des Aufpassens; immer schien der damaligen Welt der »Anstand« in tödlicher Gefahr: bei jeder Geste, bei jedem Wort. Vielleicht wird man heute noch verstehen, dass es jener Zeit als Verbrechen gegolten, wenn eine Frau bei Sport oder Spiel eine Hose angelegt hätte. Aber wie die hysterische Prüderie begreiflich machen, dass eine Dame das Wort »Hose« damals überhaupt nicht über die Lippen bringen durfte? Sie musste, wenn sie schon der Existenz eines so sinnengefährlichen Objekts wie einer Männerhose überhaupt Erwähnung tat, dafür das unschuldigere »Beinkleid« oder die eigens erfundene ausweichende Bezeichnung »Die Unaussprechlichen« wählen. Dass etwa ein paar junge Leute gleichen Standes, aber verschiedenen Geschlechtes unbewacht einen Ausflug hätten unternehmen dürfen, war völlig undenkbar – oder vielmehr, der erste Gedanke war, es könnte dabei etwas »passieren«. Ein solches Zusammensein wurde höchstens zulässig, wenn irgendwelche Aufsichtspersonen, Mütter oder Gouvernanten die jungen Leute Schritt für Schritt begleiteten. Dass junge Mädchen auch im heißesten Sommer Tennis in fußfreien Kleidern oder gar mit nackten Armen spielten, hätte als skandalös gegolten, und wenn eine wohlgesittete Frau in Gesellschaft die Füße überschlug, empfand die »Sitte« dies als grauenhaft anstößig, weil dadurch ihre Knöchel unter dem Kleidsaum hätten entblößt werden können. Selbst den Elementen der Natur, selbst Sonne, Wasser und Luft, war es nicht gegönnt, die nackte Haut einer Frau zu berühren. Im freien Meer quälten sie sich mühsam vorwärts in schweren Kostümen, bekleidet vom Hals bis zur Ferse, in den Pensionaten und Klöstern mussten die jungen Mädchen, um zu vergessen, dass sie einen Körper besaßen, sogar ihr häusliches Bad in langen weißen Hemden nehmen. Es ist durchaus keine Legende oder Übertreibung, dass Frauen als alte Damen starben, von deren Körper außer dem Geburtshelfer, dem Gatten und Leichenwäscher niemand auch nur die Schulterlinie oder das Knie gesehen. All das erscheint heute nach vierzig Jahren als Märchen oder humoristische Übertreibung. Aber diese Angst vor allem Körperlichen und Natürlichen war tatsächlich von den obersten Ständen bis tief in das ganze Volk mit der Vehemenz einer wirklichen Neurose eingedrungen. Denn kann man es sich heute noch vorstellen, dass um die Jahrhundertwende, als die ersten Frauen sich auf das Fahrrad oder gar beim Reiten in den Herrensitz wagten, die Bauern mit Steinen auf die Verwegenen warfen? Dass in einer Zeit, da ich noch zur Schule ging, die Wiener Zeitungen spaltenlange Diskussionen führten über die vorgeschlagene, grauenhaft unsittliche Neuerung, die Ballerinen der Hofoper sollten ohne Trikotstrümpfe tanzen? Dass es eine Sensation ohnegleichen wurde, als Isidora Duncan in ihren doch höchst klassischen Tänzen zum ersten Mal unter der weißen, glücklicherweise tief hinabwallenden Tunika statt der üblichen Seidenschühchen ihre nackten Sohlen zeigte? Und nun denke man sich junge Menschen, die in einer solchen Zeit wachen Blicks heranwuchsen, und wie lächerlich ihnen diese Ängste um den ewig bedrohten Anstand erscheinen mussten, sobald sie einmal erkannt hatten, dass das sittliche Mäntelchen, das man geheimnisvoll um all diese Dinge hängen wollte, doch höchst fadenscheinig und voller Risse und Löcher war. Schließlich ließ es sich doch nicht vermeiden, dass einer von den fünfzig Gymnasiasten seinen Professor in einer jener dunklen Gassen traf oder man im Familienkreise erlauschte, dieser oder jener, der vor uns besonders hochachtbar tat, habe verschiedene Sündenfälle auf dem Kerbholz. In Wirklichkeit steigerte und verschwülte nichts unsere Neugier dermaßen wie jene ungeschickte Technik des Verbergens; und da man dem Natürlichen nicht frei und offen seinen Lauf lassen wollte, schuf sich die Neugier in einer Großstadt ihre unterirdischen und meist nicht sehr sauberen Abflüsse. In allen Ständen spürte man durch diese Unterdrückung bei der Jugend eine unterirdische Überreizung, die sich in kindischer und hilfloser Art auswirkte. Kaum fand sich ein Zaun oder ein verschwiegenes Gelass, das nicht mit unanständigen Worten und Zeichnungen beschmiert war, kaum ein Schwimmbad, in dem die Holzwände zum Damenbad nicht von sogenannten Astlochguckern durchbohrt waren. Ganze Industrien, die heute durch die Vernatürlichung der Sitten längst zugrunde gegangen sind, standen in heimlicher Blüte, vor allem die jener Akt- und Nacktphotographien, die in jedem Wirtshaus Hausierer unter dem Tisch den halbwüchsigen Burschen anboten. Oder die der pornographischen Literatur »sous le manteau« – da die ernste Literatur zwangsweise idealistisch und vorsichtig sein musste –, Bücher allerschlimmster Sorte, auf schlechtem Papier gedruckt, in schlechter Sprache geschrieben und doch reißenden Absatz findend, sowie Zeitschriften »pikanter Art«, wie sie ähnlich widerlich und lüstern heute nicht mehr zu finden sind. Neben dem Hoftheater, das dem Zeitideal mit all seinem Edelsinn und seiner schneeweißen Reinheit zu dienen hatte, gab es Theater und Kabaretts, die ausschließlich der ordinärsten Zote dienten; überall schuf sich das Gehemmte Abwege, Umwege und Auswege. So war im letzten Grunde jene Generation, der man jede Aufklärung und jedes unbefangene Beisammensein mit dem anderen Geschlecht prüde untersagte, tausendmal erotischer disponiert als die Jugend von heute mit ihrer höheren Liebesfreiheit. Denn nur das Versagte beschäftigt das Gelüst, nur das Verbotene irritiert das Verlangen, und je weniger die Augen zu sehen, die Ohren zu hören bekamen, umso mehr träumten die Gedanken. Je weniger Luft, Licht und Sonne man an den Körper heranließ, umso mehr verschwülten sich die Sinne. In summa hat jener gesellschaftliche Druck auf unsere Jugend statt einer höheren Sittlichkeit nur Misstrauen und Erbitterung in uns gegen alle diese Instanzen gezeitigt. Vom ersten Tag unseres Erwachens fühlten wir instinktiv, dass mit ihrem Verschweigen und Verdecken diese unehrliche Moral uns etwas nehmen wollte, was rechtens unserem Alter zugehörte und dass sie unseren Willen zur Ehrlichkeit aufopferte einer längst unwahr gewordenen Konvention.

Diese »gesellschaftliche Moral«, die einerseits das Vorhandensein der Sexualität und ihren natürlichen Ablauf privatim voraussetzte, anderseits öffentlich um keinen Preis anerkennen wollte, war aber sogar doppelt verlogen. Denn während sie bei jungen Männern ein Auge zukniff und sie mit dem andern sogar zwinkernd ermutigte, »sich die Hörner abzulaufen«, wie man in dem gutmütig spottenden Familienjargon jener Zeit sagte, schloss sie gegenüber der Frau ängstlich beide Augen und stellte sich blind. Dass ein Mann Triebe empfinde und empfinden dürfe, musste sogar die Konvention stillschweigend zugeben. Dass aber eine Frau gleichfalls ihnen unterworfen sein könne, dass die Schöpfung zu ihren ewigen Zwecken auch einer weiblichen Polarität bedürfe, dies ehrlich zuzugeben hätte gegen den Begriff der »Heiligkeit der Frau« verstoßen. Es wurde also in der vorfreudianischen Zeit die Vereinbarung als Axiom durchgesetzt, dass ein weibliches Wesen keinerlei körperliches Verlangen habe, solange es nicht vom Manne geweckt werde, was aber selbstverständlich offiziell nur in der Ehe erlaubt war. Da aber die Luft – besonders in Wien – auch in jenen moralischen Zeiten voll gefährlicher erotischer Infektionsstoffe war, musste ein Mädchen aus gutem Hause von der Geburt bis zu dem Tage, da es mit seinem Gatten den Traualtar verließ, in einer völlig sterilisierten Atmosphäre leben. Um die jungen Mädchen zu schützen, ließ man sie nicht einen Augenblick allein. Sie bekamen eine Gouvernante, die dafür zu sorgen hatte, dass sie gottbewahre nicht einen Schritt unbehütet vor die Haustür taten, sie wurden zur Schule, zur Tanzstunde, zur Musikstunde gebracht und ebenso abgeholt. Jedes Buch, das sie lasen, wurde kontrolliert, und vor allem wurden die jungen Mädchen unablässig beschäftigt, um sie von möglichen gefährlichen Gedanken abzulenken. Sie mussten Klavier üben und Singen und Zeichnen und fremde Sprachen und Kunstgeschichte und Literaturgeschichte lernen, man bildete und überbildete sie. Aber während man versuchte, sie so gebildet und gesellschaftlich wohlerzogen wie nur denkbar zu machen, sorgte man gleichzeitig ängstlich dafür, dass sie über alle natürlichen Dinge in einer für uns heute unfassbaren Ahnungslosigkeit verblieben. Ein junges Mädchen aus guter Familie durfte keinerlei Vorstellung haben, wie der männliche Körper geformt sei, nicht wissen, wie Kinder auf die Welt kommen, denn der Engel sollte ja nicht nur körperlich unberührt, sondern auch seelisch völlig »rein« in die Ehe treten. »Gut erzogen« galt damals bei einem jungen Mädchen für vollkommen identisch mit lebensfremd; und diese Lebensfremdheit ist den Frauen jener Zeit manchmal für ihr ganzes Leben geblieben. Noch heute amüsiert mich die groteske Geschichte einer Tante von mir, die in ihrer Hochzeitsnacht um ein Uhr morgens plötzlich wieder in der Wohnung ihrer Eltern erschien und Sturm läutete, sie wolle den grässlichen Menschen nie mehr sehen, mit dem man sie verheiratet habe. Er sei ein Wahnsinniger und ein Unhold, denn er habe allen Ernstes versucht, sie zu entkleiden. Nur mit Mühe habe sie sich vor diesem sichtbar krankhaften Verlangen retten können.

Nun kann ich nicht verschweigen, dass diese Unwissenheit den jungen Mädchen von damals anderseits einen geheimnisvollen

Reiz verlieh. Diese unflüggen Geschöpfe ahnten, dass es neben und hinter ihrer eigenen Welt eine andere gäbe, von der sie nichts wussten und nichts wissen durften, und das machte sie neugierig, sehnsüchtig, schwärmerisch und auf eine anziehende Weise verwirrt. Wenn man sie auf der Straße grüßte, erröteten sie – gibt es heute noch junge Mädchen, die erröten? Wenn sie miteinander allein waren, kicherten und tuschelten und lachten sie unablässig wie leicht Betrunkene. Voll Erwartung nach all dem Unbekannten, von dem sie ausgeschlossen waren, träumten sie sich das Leben romantisch aus, waren aber gleichzeitig voll Scham, dass jemand entdecken könnte, wie sehr ihr Körper nach Zärtlichkeiten verlangte, von denen sie nichts Deutliches wussten. Eine Art leiser Verwirrung irritierte unablässig ihr ganzes Gehaben. Sie gingen anders als die Mädchen von heute, deren Körper gestählt sind durch Sport, die sich unbefangen und leicht unter jungen Männern als ihresgleichen bewegen; schon auf tausend Schritte konnte man damals am Gang und am Gebaren ein junges Mädchen von einer Frau unterscheiden, die schon einen Mann gekannt. Sie waren mehr Mädchen, als die Mädchen es heute sind, und weniger Frauen, in ihrem Wesen der exotischen Zartheit von Treibhauspflanzen ähnlich, die im Glashaus in einer künstlich überwärmten Atmosphäre und geschützt vor jedem bösen Windhauch aufgezogen werden: das kunstvoll gezüchtete Produkt einer bestimmten Erziehung und Kultur.

Aber so wollte die Gesellschaft von damals das junge Mädchen, töricht und unbelehrt, wohlerzogen und ahnungslos, neugierig und schamhaft, unsicher und unpraktisch, und durch diese lebensfremde Erziehung von vornherein bestimmt, in der Ehe dann willenlos vom Manne geformt und geführt zu werden. Die Sitte schien sie zu behüten als das Sinnbild ihres geheimsten Ideals, als das Symbol der weiblichen Sittsamkeit, der Jungfräulichkeit, der Unirdischkeit. Aber welche Tragik dann, wenn eines dieser jungen Mädchen seine Zeit versäumte, wenn es mit fünfundzwanzig, mit dreißig Jahren noch nicht verheiratet war!

Denn die Konvention verlangte erbarmungslos auch von dem dreißigjährigen Mädchen, dass es diesen Zustand der Unerfahrenheit, der Unbegehrlichkeit und Naivität, der ihrem Alter längst nicht mehr gemäß war, um der »Familie« und der »Sitte« willen unverbrüchlich aufrechterhielt. Aber dann verwandelte sich meist das zarte Bild in eine scharfe und grausame Karikatur. Das unverheiratete Mädchen wurde zum »sitzengebliebenen« Mädchen, das sitzengebliebene Mädchen zur »alten Jungfer«, an der sich der schale Spott der Witzblätter unablässig übte. Wer heute einen alten Jahrgang der »Fliegenden Blätter« oder eines der anderen humoristischen Organe jener Zeit aufschlägt, wird mit Grauen in jedem Heft die stupidesten Verspottungen alternder Mädchen finden, die, in ihren Nerven verstört, ihr doch natürliches Liebesverlangen nicht zu verbergen wissen. Statt die Tragödie zu erkennen, die sich in diesen geopferten Existenzen vollzog, die um der Familie und ihres guten Namens willen die Forderungen der Natur, das Verlangen nach Liebe und Mutterschaft in sich unterdrücken mussten, verhöhnte man sie mit einem Unverständnis, das uns heute degoutiert. Aber immer ist eine Gesellschaft am grausamsten gegen jene, die ihr Geheimnis verraten und offenbar machen, wo sie durch Unaufrichtigkeit gegen die Natur einen Frevel begeht.

Versuchte damals die bürgerliche Konvention krampfhaft die Fiktion aufrechtzuerhalten, dass eine Frau aus »guten Kreisen« keine Sexualität besitze und besitzen dürfe, solange sie nicht verheiratet sei – alles andere machte sie zu einer »unmoralischen Person«, zu einem Outcast der Familie –, so war man doch immerhin genötigt, bei einem jungen Mann das Vorhandensein solcher Triebe zuzugeben. Da man mannbar gewordene junge Leute erfahrungsgemäß nicht verhindern konnte, ihre vita sexualis auszuüben, beschränkte man sich auf den bescheidenen Wunsch, sie sollten ihre unwürdigen Vergnügungen extra muros der geheiligten Sitte erledigen. Wie die Städte unter den sauber

Eros Matutinus

gekehrten Straßen mit ihren schönen Luxusgeschäften und eleganten Promenaden unterirdische Kanalanlagen verbergen, in denen der Schmutz der Kloaken abgeleitet wird, sollte das ganze sexuelle Leben der Jugend sich unsichtbar unter der moralischen Oberfläche der »Gesellschaft« abspielen. Welchen Gefahren der junge Mensch sich dabei aussetzte und in welche Sphären er geriet, war gleichgültig, und Schule wie Familie verabsäumten ängstlich, den jungen Mann in dieser Hinsicht aufzuklären. Hie und da nur gab es in den letzten Jahren gewisse vorsorgliche oder, wie man damals sagte, »aufgeklärt denkende« Väter, welche, sobald ihr Sohn die ersten Zeichen sprossenden Bartwuchses trug, ihm auf den richtigen Weg helfen wollten. Dann wurde der Hausarzt gerufen, der gelegentlich den jungen Menschen in ein Zimmer bat, umständlich die Brille putzte, ehe er einen Vortrag über die Gefährlichkeit der Geschlechtskrankheiten begann und dem jungen Mann, der gewöhnlich zu diesem Zeitpunkte längst sich selbst belehrt hatte, nahelegte, mäßig zu sein und bestimmte Vorsichtsmaßregeln nicht außer Acht zu lassen. Andere Väter wandten ein noch sonderbareres Mittel an; sie engagierten für das Haus ein hübsches Dienstmädchen, dem die Aufgabe zufiel, den jungen Burschen praktisch zu belehren. Denn es schien ihnen besser, dass der junge Mensch diese lästige Sache unter ihrem eigenen Dache abtäte, wodurch nach außen hin das Dekorum gewahrt blieb und außerdem die Gefahr ausgeschaltet, dass er irgendeiner »raffinierten Person« in die Hände fallen könnte. Eine Methode der Aufklärung blieb aber in allen Instanzen und Formen entschlossen verpönt: die öffentliche und aufrichtige.

Welche Möglichkeiten ergaben sich nun für einen jungen Menschen der bürgerlichen Welt? In allen anderen, in den sogenannten unteren Ständen war das Problem kein Problem. Auf dem Lande schlief der Knecht schon mit siebzehn Jahren mit einer Magd, und wenn das Verhältnis Folgen zeitigte, so hatte das weiter keinen Belang; in den meisten unserer Alpendörfer überstieg die Zahl der unehelichen Kinder weitaus die der ehelichen. Im Proletariat wieder lebte der Arbeiter, ehe er heiraten konnte, mit einer Arbeiterin zusammen in »wilder Ehe«. Bei den orthodoxen Juden Galiziens wurde dem Siebzehnjährigen, also dem kaum mannbaren Jüngling, die Braut zugeführt, und mit vierzig Jahren konnte er bereits Großvater sein. Nur in unserer bürgerlichen Gesellschaft war das eigentliche Gegenmittel, die frühe Ehe, verpönt, weil kein Familienvater seine Tochter einem zweiundzwanzigjährigen oder zwanzigjährigen jungen Menschen anvertraut hätte, denn man hielt einen so »jungen« Mann noch nicht für reif genug. Auch hier enthüllte sich wieder eine innere Unaufrichtigkeit, denn der bürgerliche Kalender stimmte keineswegs mit dem der Natur überein. Während für die Natur mit sechzehn oder siebzehn, wurde für die Gesellschaft ein junger Mann erst mannbar, wenn er sich eine »soziale Position« geschaffen hatte, also kaum vor dem fünfundzwanzigsten oder sechsundzwanzigsten Jahr. So entstand ein künstliches Intervall von sechs, acht oder zehn Jahren zwischen der wirklichen Mannbarkeit und jener der Gesellschaft, innerhalb dessen sich der junge Mann um seine »Gelegenheiten« oder »Abenteuer« selber zu bekümmern hatte.

Dafür gab die damalige Zeit ihm nicht allzu viele Möglichkeiten. Nur ganz wenige, besonders reiche junge Leute konnten sich den Luxus leisten, eine Maitresse »auszuhalten«, das heißt ihr eine Wohnung zu nehmen und für ihren Lebensunterhalt aufzukommen. Ebenso erfüllte sich nur einigen besonders Glücklichen das damalige literarische Liebesideal – das einzige, das in Romanen geschildert werden durfte – das Verhältnis mit einer verheirateten Frau. Die andern halfen sich meist mit Ladenmädchen und Kellnerinnen aus, was wenig innere Befriedigung bot. Denn in jener Zeit vor der Emanzipation der Frau und ihrer tätigen selbständigen Teilnahme am öffentlichen Leben verfügten nur Mädchen aus allerärmster proletarischer Herkunft über einerseits genug Unbedenklichkeit, anderseits genug Freiheit für solche flüchtige Beziehungen ohne ernste Heiratsabsichten. Schlecht gekleidet, abgemüdet nach einem zwölfstündigen, jämmerlich bezahlten Tagewerk, ungepflegt (ein Badezimmer war in jenen Zeiten noch das Privileg reicher Familien), und in einem engen Lebenskreise aufgewachsen, standen diese armen Wesen so tief unter dem Niveau ihrer Liebhaber, dass diese sich meist selbst scheuten, öffentlich mit ihnen gesehen zu werden. Zwar hatte für diese Peinlichkeit die vorsorgliche Konvention ihre besonderen Maßnahmen erfunden, die sogenannten Chambres Séparées, wo man mit einem Mädchen ungesehen zu Abend essen konnte, und alles andere erledigte sich in den kleinen Hotels der dunklen Seitenstraßen, die ausschließlich auf diesen Betrieb eingerichtet waren. Aber all diese Begegnungen mussten flüchtig und ohne eigentliche Schönheit bleiben, mehr Sexualität als Eros, weil immer nur hastig und heimlich wie eine verbotene Sache getan. Dann gab es allenfalls noch die Möglichkeit der Beziehung zu einem jener amphibischen Wesen, die halb außerhalb, halb innerhalb der Gesellschaft standen, Schauspielerinnen, Tänzerinnen, Künstlerinnen, den einzig »emanzipierten« Frauen jener Zeit. Aber im Allgemeinen blieb das Fundament des damaligen erotischen Lebens außerhalb der Ehe die Prostitution; sie stellte gewissermaßen das dunkle Kellergewölbe dar, über dem sich mit makellos blendender Fassade der Prunkbau der bürgerlichen Gesellschaft erhob.

Von der ungeheuren Ausdehnung der Prostitution in Europa bis zum Weltkriege hat die gegenwärtige Generation kaum mehr eine Vorstellung. Während heute auf den Großstadtstraßen Prostituierte so selten anzutreffen sind wie Pferdewagen auf der Fahrbahn, waren damals die Gehsteige derart durchsprenkelt mit käuflichen Frauen, dass es schwerer hielt, ihnen auszuweichen als sie zu finden. Dazu kamen noch die zahlreichen »geschlossenen Häuser«, die Nachtlokale, die Kabaretts, die Tanzdielen mit ihren Tänzerinnen und Sängerinnen, die Bars mit ihren Animiermädchen. In jeder Preislage und zu jeder Stunde war damals weibliche Ware offen ausgeboten, und es kostete einen Mann eigentlich ebenso wenig Zeit und Mühe, sich eine Frau für eine Viertelstunde, eine Stunde oder Nacht zu kaufen wie ein Paket Zigaretten oder eine Zeitung. Nichts scheint mir die größere Ehrlichkeit und Natürlichkeit der gegenwärtigen Lebens- und Liebesformen so sehr zu bekräftigen, wie dass es der Jugend von heute möglich und fast selbstverständlich geworden ist, diese einst unentbehrliche Institution zu entbehren, und dass es nicht die Polizei, nicht die Gesetze gewesen, welche die Prostitution aus unserer Welt zurückgedrängt haben, sondern dass sich dieses tragische Produkt einer Pseudomoral bis auf spärliche Reste durch verminderte Nachfrage selbst erledigt hat.

Die offizielle Stellung des Staats und seiner Moral gegenüber dieser dunklen Angelegenheit war nun niemals recht behaglich. Vom sittlichen Standpunkt aus wagte man einer Frau das Recht zum Selbstverkauf nicht offen zuzuerkennen, vom hygienischen Standpunkt aus konnte man wiederum die Prostitution, da sie die lästige außereheliche Sexualität kanalisierte, nicht entbehren. So suchten sich die Autoritäten mit einer Zweideutigkeit zu helfen, indem sie eine Teilung machten zwischen geheimer Prostitution, die der Staat als unmoralisch und gefährlich bekämpfte, und einer erlaubten Prostitution, die mit einer Art Gewerbeschein versehen und vom Staate besteuert war. Ein Mädchen, das sich entschlossen hatte, Prostituierte zu werden, bekam von der Polizei eine besondere Konzession und als Berechtigungsschein ein eigenes Buch. Indem sie sich polizeilicher Kontrolle unterstellte und der Pflicht genügte, sich zweimal in der Woche ärztlich untersuchen zu lassen, hatte sie das Gewerberecht erworben, ihren Körper zu jedem ihr richtig dünkenden Preise zu vermieten. Sie war anerkannt als Beruf innerhalb aller anderen Berufe, aber – hier kam der Pferdefuß der Moral – doch nicht vollkommen anerkannt. So konnte zum Beispiel eine Prostituierte, wenn sie ihre Ware, das heißt ihren Körper, an einen

Mann verkauft hatte und er nachher die vereinbarte Bezahlung verweigerte, nicht gegen ihn Klage führen. Dann war mit einem Mal ihre Forderung – ob turpem causam, wie das Gesetz motivierte – plötzlich eine unmoralische geworden, die nicht den Schutz der Obrigkeiten fand.

Schon an solchen Einzelheiten spürte man die Zwiespältigkeit einer Auffassung, die einerseits diese Frauen einordnete in ein staatlich erlaubtes Gewerbe, sie aber persönlich als Outcasts außerhalb des allgemeinen Rechts stellte. Aber die eigentliche Unwahrhaftigkeit bestand in der Handhabung, dass alle diese Beschränkungen nur für die ärmeren Klassen galten. Eine Balletttänzerin, die für zweihundert Kronen in Wien ebenso zu jeder Stunde und für jeden Mann zu haben war wie das Straßenmädchen für zwei Kronen, brauchte selbstverständlich keinen Gewerbeschein; die großen Demimondaines wurden sogar in der Zeitung in dem Bericht über das Trabrennen oder Derby unter den prominenten Anwesenden genannt, weil sie eben schon selbst zur »Gesellschaft« gehörten. Ebenso standen einige der vornehmsten Vermittlerinnen, die den Hof, die Aristokratie und die reiche Bürgerschaft mit Luxusware versorgten, jenseits des Gesetzes, das sonst Kuppelei mit schweren Gefängnisstrafen belegte. Die strenge Disziplin, die mitleidslose Überwachung und die soziale Ächtung hatten nur Geltung innerhalb der Armee der Tausende und Tausende, welche mit ihrem Körper und ihrer gedemütigten Seele eine alte und längst unterhöhlte Moralauffassung gegen freie und natürliche Liebesformen verteidigen sollte.

Diese ungeheure Armee der Prostitution war – ebenso wie die wirkliche Armee in einzelne Heeresteile, Kavallerie, Artillerie, Infanterie, Festungsartillerie – in einzelne Gattungen aufgeteilt. Der Festungsartillerie entsprach in der Prostitution am ehesten jene Gruppe, die bestimmte Straßen der Stadt als ihr Quartier völlig besetzt hielt. Es waren meist jene Gegenden, wo früher im Mittelalter der Galgen gestanden hatte oder ein Leprosenspital oder ein Kirchhof, wo die Freimänner, die Henker und die anderen sozial Geächteten Unterschlupf gefunden, Gegenden also, welche die Bürgerschaft schon seit Jahrhunderten als Wohnsitz lieber mied. Dort wurden von den Behörden einige Gassen als Liebesmarkt freigegeben; Tür an Tür saßen wie im Yoshiwara Japans oder am Fischmarkt in Cairo noch im zwanzigsten Jahrhundert zweihundert oder fünfhundert Frauen, eine neben der andern, an den Fenstern ihrer ebenerdigen Wohnungen zur Schau, billige Ware, die in zwei Schichten, Tagschicht und Nachtschicht, arbeitete.

Der Kavallerie oder Infanterie entsprach die ambulante Prostitution, die zahllosen käuflichen Mädchen, die sich Kunden auf der Straße suchten. In Wien wurden sie allgemein »Strichmädchen« genannt, weil ihnen von der Polizei mit einem unsichtbaren Strich das Trottoir abgegrenzt war, das sie für ihre Werbezwecke benutzen durften; bei Tag und Nacht bis tief ins Morgengrauen schleppten sie eine mühsam erkaufte falsche Eleganz auch bei Eis und Regen über die Straßen, immer wieder für jeden Vorübergehenden das schon müde gewordene, schlecht geschminkte Gesicht zu einem verlockenden Lächeln zwingend. Und alle Städte erscheinen mir heute schöner und humaner, seit diese Scharen hungriger, unfroher Frauen nicht mehr die Straßen bevölkern, die ohne Lust Lust feilboten und bei ihrem endlosen Wandern von einer Ecke zur andern schließlich doch alle denselben unvermeidlichen Weg gingen: den Weg ins Spital.

Aber auch diese Massen genügten noch nicht für den ständigen Konsum. Manche wollten es noch bequemer und diskreter haben, als auf der Straße diesen flatternden Fledermäusen oder traurigen Paradiesvögeln nachzujagen. Sie wollten die Liebe behaglicher: mit Licht und Wärme, mit Musik und Tanz und einem Schein von Luxus. Für diese Klienten gab es die »geschlossenen Häuser«, die Bordelle. Dort versammelten sich in einem sogenannten, mit falschem Luxus eingerichteten »Salon« die

Mädchen in teils damenhaften Toiletten, teils in schon unzweideutigen Negligés. Ein Klavierspieler sorgte für musikalische Unterhaltung, es wurde getrunken und getanzt und geplaudert, ehe sich die Paare diskret in ein Schlafzimmer zurückzogen; in manchen der vornehmeren Häuser besonders in Paris und in Mailand, die eine gewisse internationale Berühmtheit hatten, konnte ein naives Gemüt der Illusion anheimfallen, in ein Privathaus mit etwas übermütigen Gesellschaftsdamen eingeladen zu sein. Äußerlich hatten es die Mädchen in diesen Häusern besser im Vergleich zu den ambulanten Straßenmädchen. Sie mussten nicht in Wind und Regen durch Kot und Gassen wandern, sie saßen im warmen Raum, bekamen gute Kleider, reichlich zu essen und insbesondere reichlich zu trinken. Dafür waren sie in Wahrheit Gefangene ihrer Wirtinnen, welche die Kleider, die sie trugen, ihnen zu Wucherpreisen aufzwangen und mit dem Pensionspreis solche rechnerischen Kunststücke trieben, dass auch das fleißigste und ausdauerndste Mädchen in einer Art Schuldhaft blieb und nie nach seinem freien Willen das Haus verlassen konnte.

Die geheime Geschichte mancher dieser Häuser zu schreiben wäre spannend und auch dokumentarisch wesentlich für die Kultur jener Zeit, denn sie bargen die sonderbarsten, den sonst so strengen Behörden selbstverständlich wohlbekannten Heimlichkeiten. Da waren Geheimtüren und eine besondere Treppe, durch die Mitglieder der allerhöchsten Gesellschaft – und wie man munkelte, selbst des Hofes – Besuch machen konnten, ohne von den anderen Sterblichen gesehen zu werden. Da waren Spiegelzimmer und solche, die geheimen Zublick in nachbarliche Zimmer boten, in denen sich Paare ahnungslos vergnügten. Da waren die sonderbarsten Kostümverkleidungen, vom Nonnengewand bis zum Ballerinenkleid, in Laden und Truhen für besondere Fetischisten verschlossen. Und es war dieselbe Stadt, dieselbe Gesellschaft, dieselbe Moral, die sich entrüstete, wenn junge Mädchen Zweirad fuhren, die es als eine Schändung der

Würde der Wissenschaft erklärte, wenn Freud in seiner ruhigen, klaren und durchdringenden Weise Wahrheiten feststellte, die sie nicht wahrhaben wollte. Dieselbe Welt, die so pathetisch die Reinheit der Frau verteidigte, duldete diesen grauenhaften Selbstverkauf, organisierte ihn und profitierte sogar daran.

Man lasse sich also nicht durch die sentimentalen Romane oder Novellen jener Epoche irreführen; es war für die Jugend eine schlimme Zeit, die jungen Mädchen luftdicht vom Leben abgeschlossen unter die Kontrolle der Familie gestellt, in ihrer freien körperlichen wie geistigen Entwicklung gehemmt, die jungen Männer wiederum zu Heimlichkeiten und Hinterhältigkeiten gedrängt von einer Moral, die im Grunde niemand glaubte und befolgte. Unbefangene, ehrliche Beziehungen, also gerade, was der Jugend nach dem Gesetz der Natur hätte Beglückung und Beseligung bedeuten sollen, waren nur den allerwenigsten gegönnt. Und wer von jener Generation sich redlich seiner allerersten Begegnungen mit Frauen erinnern will, wird nur wenige Episoden finden, deren er mit wirklich ungetrübter Freude gedenken kann. Denn außer der gesellschaftlichen Bedrückung, die ständig zu Vorsicht und Verheimlichung zwang, überschattete damals noch ein anderes Element die Seele nach und selbst in den zärtlichsten Augenblicken: die Angst vor der Infektion. Auch hier war die Jugend von damals benachteiligt im Vergleich zu jener von heute, denn es darf nicht vergessen werden, dass vor vierzig Jahren die sexuellen Seuchen hundertfach mehr verbreitet waren als heute und vor allem hundertfach gefährlicher und schrecklicher sich auswirkten, weil die damalige Praxis ihnen klinisch noch nicht beizukommen wusste. Noch bestand keine wissenschaftliche Möglichkeit, sie wie heute derart rasch und radikal zu beseitigen, dass sie kaum mehr als eine Episode bilden. Während heutzutage an den Kliniken kleiner und mittlerer Universitäten dank der Therapie Paul Ehrlichs oft Wochen vergehen, ohne dass der Ordinarius seinen Studenten einen frisch infizierten Fall von Syphilis zeigen kann, ergab damals die Statistik beim Militär und in den Großstädten, dass unter zehn jungen Leuten mindestens einer oder zwei schon Infektionen zum Opfer gefallen waren. Unablässig wurde die Jugend damals an die Gefahr gemahnt; wenn man in Wien durch die Straßen ging, konnte man an jedem sechsten oder siebenten Haus die Tafel »Spezialarzt für Haut- und Geschlechtskrankheiten« lesen, und zu der Angst vor der Infektion kam noch das Grauen vor der widrigen und entwürdigenden Form der damaligen Kuren, von denen gleichfalls die Welt von heute nichts mehr weiß. Durch Wochen und Wochen wurde der ganze Körper eines mit Syphilis Infizierten mit Quecksilber eingerieben, was wiederum zur Folge hatte, dass die Zähne ausfielen und sonstige Gesundheitsschädigungen eintraten; das unglückliche Opfer eines schlimmen Zufalls fühlte sich also nicht nur seelisch, sondern auch physisch beschmutzt, und selbst nach einer solchen grauenhaften Kur konnte der Betroffene lebenslang nicht gewiss sein, ob nicht jeden Augenblick der tückische Virus aus seiner Verkapselung wieder erwachen könnte, vom Rückenmark aus die Glieder lähmend, hinter der Stirn das Gehirn erweichend. Kein Wunder darum, dass damals viele junge Leute sofort, wenn bei ihnen die Diagnose gestellt wurde, zum Revolver griffen, weil sie das Gefühl, sich selbst und ihren nächsten Verwandten als unheilbar verdächtig zu sein, unerträglich fanden. Dazu kamen noch die anderen Sorgen einer immer nur heimlich ausgeübten vita sexualis. Suche ich mich redlich zu erinnern, so weiß ich kaum einen Kameraden meiner Jugendjahre, der nicht einmal blass und verstörten Blicks gekommen wäre, der eine, weil er erkrankt war oder eine Erkrankung befürchtete, der zweite, weil er unter einer Erpressung wegen einer Abtreibung stand, der dritte, weil ihm das Geld fehlte, ohne Wissen seiner Familie eine Kur durchzumachen, der vierte, weil er nicht wusste, wie die Alimente für ein von einer Kellnerin ihm zugeschobenes Kind zu bezahlen, der fünfte, weil ihm in einem Bordell die Brieftasche gestohlen worden war und er nicht wagte, die Anzeige zu machen. Viel dramatischer und anderseits unsauberer, viel spannungshafter und gleichzeitig bedrückender war also die Jugend in jener pseudo-moralischen Zeit, als sie die Romane und Theaterstücke ihrer Hofdichter schildern. Wie in Schule und Haus war auch in der Sphäre des Eros der Jugend fast nie die Freiheit und das Glück gewährt, zu dem sie ihr Lebensalter bestimmte.

All dies musste notwendig betont werden in einem ehrlichen Bilde der Zeit. Denn oft, wenn ich mich mit jüngeren Kameraden der Nachkriegsgeneration unterhalte, muss ich sie fast gewaltsam überzeugen, dass unsere Jugend im Vergleich mit der ihren keineswegs eine bevorzugte gewesen. Gewiss, wir haben mehr Freiheit im staatsbürgerlichen Sinn genossen als das heutige Geschlecht, das zum Militärdienst, zum Arbeitsdienst, in vielen Ländern zu einer Massenideologie genötigt und eigentlich in allen der Willkür stupider Weltpolitik wehrlos ausgeliefert ist. Wir konnten ungestörter unserer Kunst, unseren geistigen Neigungen uns hingeben, die private Existenz individueller, persönlicher ausformen. Wir vermochten kosmopolitischer zu leben, die ganze Welt stand uns offen. Wir konnten reisen ohne Pass und Erlaubnisschein, wohin es uns beliebte, niemand examinierte uns auf Gesinnung, auf Herkunft, Rasse und Religion. Wir hatten tatsächlich – ich leugne es keineswegs – unermesslich mehr individuelle Freiheit und haben sie nicht nur geliebt, sondern auch genutzt. Aber wie Friedrich Hebbel einmal schön sagt: »Bald fehlt uns der Wein, bald fehlt uns der Becher.« Selten ist ein und derselben Generation beides gegeben; lässt die Sitte dem Menschen Freiheit, so zwängt ihn der Staat ein. Lässt ihm der Staat seine Freiheit, so versucht ihn die Sitte zu knechten. Wir haben besser und mehr die Welt erlebt, die Jugend von heute aber lebt mehr und erlebt bewusster ihre eigene Jugend. Sehe ich heute die jungen Menschen aus ihren Schulen, aus ihren Colleges mit heller, erhobener Stirn, mit heiteren Gesichtern kommen, sehe ich sie beisammen, Burschen und Mädchen, in freier, unbekümmerter Kameradschaft, ohne falsche Scheu und Scham in Studium, Sport und Spiel, auf Skiern über den Schnee sausend, im Schwimmbad antikisch frei miteinander wetteifernd, im Auto zu zweit durch das Land sausend, in allen Formen gesunden, unbekümmerten Lebens ohne jede innere und äußere Belastung verschwistert, dann scheint mir jedes Mal, als stünden nicht vierzig, sondern tausend Jahre zwischen ihnen und uns, die wir, um Liebe zu gewähren, Liebe zu empfangen, immer Schatten suchen mussten und Versteck. Redlich erfreuten Blicks werde ich gewahr, welch ungeheure Revolution der Sitte sich zugunsten der Jugend vollzogen hat, wieviel Freiheit in Liebe und Leben sie zurückgewonnen hat und wie sehr sie körperlich und seelisch an dieser neuen Freiheit gesundet ist; die Frauen scheinen mir schöner, seit ihnen erlaubt ist, ihre Formen frei zu zeigen, ihr Gang aufrechter, ihre Augen heller, ihr Gespräch unkünstlicher. Welch eine andere Sicherheit ist dieser neuen Jugend zu eigen, die niemandem sonst Rechenschaft geben muss über ihr Tun und Lassen als sich selbst und ihrer inneren Verantwortung, die der Kontrolle sich entrungen hat von Müttern und Vätern und Tanten und Lehrern und längst nichts mehr ahnt von all den Hemmungen, Verschüchterungen und Spannungen, mit denen man unsere Entwicklung belastet hat; die nichts mehr weiß von den Umwegen und Heimlichkeiten, mit denen wir uns als ein Verbotenes erschleichen mussten, was sie mit Recht als ihr Recht empfindet. Glücklich genießt sie ihr Lebensalter mit dem Elan, der Frische, der Leichtigkeit und der Unbekümmertheit, die diesem Alter gemäß ist. Aber das schönste Glück in diesem Glück erscheint mir, dass sie nicht lügen muss vor den andern, sondern ehrlich sein darf zu sich selbst, ehrlich zu ihrem natürlichen Fühlen und Begehren. Mag sein, dass durch die Unbekümmertheit, mit der die jungen Menschen von heute durch das Leben gehen, ihnen etwas von jener Ehrfurcht vor den geistigen Dingen fehlt, die unsere Jugend beseelte. Mag sein, dass durch die Selbstverständlichkeit des leichten Nehmens und Gebens manches in der Liebe ihnen verlorengegangen ist, was uns besonders kostbar und reizvoll schien, manche geheimnisvolle Hemmung von Scheu und Scham, manche Zartheit in der Zärtlichkeit. Vielleicht sogar, dass sie gar nicht ahnen, wie gerade der Schauer des Verbotenen und Versagten den Genuss geheimnisvoll steigert. Aber all dies scheint mir gering gegenüber der einen und erlösenden Wandlung, dass die Jugend von heute frei ist von Angst und Gedrücktheit und voll genießt, was uns in jenen Jahren versagt war: das Gefühl der Unbefangenheit und Selbstsicherheit.

Reisetexte

Aus abgesperrter Welt
[Wien – Salzburg – Salzkammergut]

Was jeder einzelne in dieser Zeit der Unberechenbarkeiten als das Wesentliche empfindet: seine eigene innere Welt zu festigen und möglichst unabhängig von den verwirrten und verwirrenden Zufallsformen der Umwelt zu machen, seltsam, dieser zwingende Zug seelischer Notwehr scheint in immer höherem Maße jetzt auch das scheinbar Unbeseelte, Städte, Provinzen und ganze Länder zu ergreifen. Ist es Reaktion auf eine Epoche, da der Staat einem bis ins Eingeweide der Existenz griff, die Gemeinsamkeit alles Persönlichen unterjochte – jedenfalls, in elementarem Rücklauf strebt nun jedes Gebilde aus der Gesamtheit, sucht sich einzukapseln in seine eigene Form, sich zu verpersönlichen, zu isolieren, sich abzusperren. Jeder verwirklicht eine Form möglichster Unabhängigkeit, verzichtet lieber auf Angewöhntes, als diesen Gewohnheiten hörig zu werden, und sucht sich neue Möglichkeiten der Existenz um der Freiheit willen.

Wie diese Gewalt geheimnisvoll ganze Länder ergreift, ward ich zum ersten Mal in der Schweiz gewahr. Das erste Kriegsjahr traf das Land verstört über den Verlust seiner besten Industrie, des Fremdenimports, man klagte, man suchte nach Gästen; zwei Jahre später, und das Land wollte sie nicht mehr. In einer geheimnisvollen Verwandlung hatte es sich der neuen Existenzform angepasst und begann schon Dämme aufzurichten. Nahrungsmittelknappheit, politische Vorsicht schienen die äußeren Motive zu sein, aber tief innen im Unbewussten hatte längst eine Strömung zu sich selbst hin begonnen, eine geheimnisvolle Einkapselung des persönlichen Wesens, ein Regenerationsprozess des nationalen Bewusstseins: das Land war seines Alleinseins froh wie ein Mensch es ist, ein wahrhafter, der der anmaßenden Geselligkeit zu sich selbst entronnen ist. Und nun bildet sich dieser seltsame Prozess der Isolierung politisch, moralisch, ökonomisch von Stadt zu Stadt, von Land zu Land stärker aus, jenes umzäunt sich, umgrenzt sich. Zwischen Wien und Linz und Salzburg stehen papierene Mauern: das älteste Gesetz des Menschen, sein Urrecht auf die ganze Erde, die Freizügigkeit ist zum ersten Mal innerhalb einer Nation selbst weggenommen und jeder als Höriger an ein Stück Erde angenagelt.

Sind wir uns bewusst, einen wie seltsamen Augenblick wir damit erleben? Wie viel Jahrhunderte scheinbar zurück in Zeiten mythischer Gesetze und wie doch inmitten neuer, noch werdender Formen? Rückschritt dies zu nennen, wäre klein gedacht – so sehr auch solche Einkerkerung des Menschen in nationale und städtische Hürden vergangen und erniedrigend scheint – es ist nur eine Welle, vielleicht ihr äußerstes Zurückebben, ehe sie wieder vorwärts schäumt; vielleicht ist uns vorbehalten, durch das letzte Stadium der Verdorfung und des Partikularismus durchzugehen, das Nationale in seiner letzten Überspitzung, im Grenzentum von Stadtmauern zu erleben, damit dann mit ungeheurer Schwungkraft der freie Wille freizügig über alle Länder und Meere hinstürzt. Vielleicht vor dem Europäertum noch diese letzte paradoxe Beschränkung zu erleben, aus Notwendigkeit geboren, aus niederer Notwendigkeit der Notdurft, um aus der höheren, der Notwendigkeit des Geistes, dann für immer vernichtet zu werden. Und seltsam: selbst dieser Augenblick, den spätere Zeiten mit unverständlichem Mitleid belächeln werden, auch er ist voll eigenartiger Schönheit.

Schönheit vor allem, weil jetzt die Landschaft reiner und eigenlebiger ist, die Städte wesenhafter, seitdem ihr Wesen sich selbst lebt, sich selbst genießt, statt Schauspiel zu sein und Schacher zu treiben mit seiner Schönheit. Verbindung befruchtet, Absperrung bewahrt Kulturen: Japan ist dafür das denkwürdigste Zeugnis der Geschichte, das rein seine göttlichen Formen bewahrte bis zu dem Tage, da die amerikanische Fregatte ihren Kiel an seine Felsen stieß. Dessen Macht, dessen Wissen, dessen Zivilisation wuchs seit jener Stunde. Aber dessen Seele für immer verging. Manche Länder, manche Städte haben heute schon erkannt, dass von allen Industrien keine moralisch verderblicher, keine widerlicher ist als die Fremdenindustrie; und der Fremde, er selbst fühlt es unbewusst, wenn er als Einzelner, als Zufälliger der Seele einer Landschaft nahetritt, wenn ihm einsame Zwiesprache verstattet ist mit dem unfassbar Geschwisterlichen, das sich in jeder Schönheit birgt.

Nichts wunderbarer als die Natur ohne Menschen zu sehen und Städte nur mit ihren eigenen. Nie schien mir Salzburg und das ganze abgesperrte Land schöner als in diesen ersten Sommertagen. Der Krieg hat nicht viel vermocht wider die kleinen Städte, denn nicht die Natur führte Krieg, sondern die Menschen, und je mehr eine Stadt naturhaft blieb, umso mehr ist ihr das heilig Unabänderliche des Zeitlosen erhalten. Indes ich Wien kaum mehr erkannte in seinem innersten Wesen nach zwei Jahren, so sehr war es umgeschichtet in seinen Klassen, so überflutet von neuen Elementen, so unwahr in seiner Lustigkeit, so grausam in seinem Elend – diese helle Stadt hier war mehr sie selbst als je. Die Wunden vernarbt, viel Fremdheit abgestoßen: keine Automobile zwar mehr, die staubend durchstürmen, nicht die bunten Wolken der Reisenden vor dem Bahnhof und in den Straßen, aber doch Lebendigkeit und bewegte Tätigkeit. Abends schläft sie wie früher ein: die Plätze werden leer, die Lichter funkeln rascher aus, die Glocken hallen durch leere Gassen, regelmäßiger teilt sie ihre Stunden jetzt in Arbeit und Rast. Und man fühlt, sie lebt ihr eigenes Leben.

Aber lebte sie nicht von Fremden, diese Stadt, jahrzehntelang, war ihr Blut nicht die wandernde Schar der Gäste und Touristen, die gingen und kamen? War sie nicht gerüstet für Tausende und fehlt jetzt nicht diese Fülle? Vergeblich bemüht man sich das Vakuum, die leere Stelle zu sehen, die das Fortbleiben von Tausenden und Abertausenden in einer solchen Stadt gelassen haben. Und seltsam, man findet es nicht. Städte sind Organismen mit der ganzen erstaunlichen Fähigkeit der Anpassung: die tiefste Wunde vernarbt in kürzester Zeit, wenn die innere Lebenskraft noch tätig ist. In geheimer Umschaltung verwandeln sich die Kräfte: die Leere ist gänzlich aufgezehrt, alle Wohnungen besetzt, selbst die Hotels teils in Wohnungen und Bureaus verwandelt, teils durch Dauermieten entschädigt. Das Theater, das Mozarteum können über Besuch nicht klagen, obzwar sie nicht mehr von Wien Gäste und Besucher borgen: sie wirken (und stärker als früher) aus eigener Kraft. Für sich allein hat die Stadt jetzt ein Bildungsamt geschaffen, jeder Tag bringt Projekte, Pläne, und wäre Material vorhanden, so wüchse über Nacht Haus an Haus, so drängt – statt der erwarteten Leere und Ermattung – erstaunliche Fülle aus der zu eng gespannten Mauerbrust. Indes Wien in schwersten Krisen sich krümmt, erstickt von seinen Menschen, unsicher seiner Zukunft, ist die Provinz schon fertig geworden mit dem Krieg: daher auch dieses erstaunliche Selbstbewusstsein der Länder, der kleinen Städte, der Triumph einer gelösten Abhängigkeit, Triumph auch des Organischen über das Künstliche, des Sinnvollen der kleinen Stadt über das Sinnlose der wildwuchernden Millionenmasse.

Ganz zeitlos wirkt diese Stadt und jetzt innerhalb dieser grauenhaften Zeit mehr als je. In den grünen Feldern vor den letzten Häusern verliert sich schon das letzte Erinnern an die drückende Gegenwart. Und steigt man hinauf zum Gaisberg oder zum

Aus abgesperrter Welt [Wien – Salzburg – Salzkammergut]

Untersberg, hingreifend mit dem Blick über dies weiche Gelände und dem zauberischen Spielzeug der Burgen und Kirchen inmitten, so fragt man sich, ob all die Gestalten, an denen (oh, nur scheinbar, denn wer hat Macht über den Freien?) unser Schicksal hängt, nicht nur Wahn sind und Traum, wie der gute Kaiser Carolus, der hier im Berge sitzt und wartet, wieder mit gepanzerten Rittern die Schlacht auf dem Wälsenfeld zu schlagen.

Und da kommt der Wunsch ganz ungebeten, einmal wieder das Salzkammergut zu sehen, das verschlossene Land. Seit mehr als zwanzig Jahren, seit der Kindheit hatte ich es gemieden aus der leidenschaftlichen Abneigung, dort die Menschen zu sehen, dieselben, die man schon zu Hause genugsam und übergenugsam kannte. Nun aber, da das Gehäuse leer ist vom Schwall und Schaum dieser Leute, nun schien die Stunde gut und die ersten Junitage waren schnelle Verlockung.

Und wirklich, nun lag es rein und klar in einer zauberischen Verlassenheit. Auf den Seen kein Boot, die Villen geschlossen und doch wie selbstverständlich all das, gar nicht traurig, gar nicht bedrückend, von einer einfachen und sehr lieblichen Anmut. Ischl selbst, ein sonntägliches Dorf, die Esplanade leer, die Häuser verschalt, alles funkelnd in herbem Licht und geklärtem Sommersonnenglanz. Seltsam, wie man nun das Verjährte, das Verlassene, das Verblühte dieser Salzkammergutkurorte spürt: der Luxus hier, die großen Hotels sind meist ein halbes hundert Jahre alt, viele der Villen primitiv, in einem ganz billigen, ganz einfachen Stil, der so merkwürdig altösterreichisch ist, so gar nicht dem bayerischen oder schweizerischen vergleichbar. Ein stiller Verfall, ein leiser Tod, etwas von Welksein oder Verblühen scheint auf all diesen Häusern: man spürt, der Luxus ist seit Jahrzehnten weiter weggegangen in die großen mondänen Bäder der Internationale, indem dies immer ein österreichischer Kurort blieb, etwas Provinz, etwas Familie. Vielleicht spürt man das weniger, wenn diese Häuser mit Großstädtern voll sind, die Promenaden in Farben funkeln: aber jetzt wie arm, wie lieb, wie still sind diese Häuserfronten, viel mehr idyllisch als mondän. Und selbst die kaiserliche Villa, die man aus Kindertagen sich groß träumte und prunkend, sie liegt da wie irgendeines reichen Mannes Jagdhaus, nicht mehr. Von der Warte oben umfasst man das Bild: dies also ist alles, sagt man sich eigentlich erstaunt, dies schon Ischl, dieser kleine liebliche Ort, der sich rasch ins Grün verliert, dies die Residenz eines Kaisers, eines Hofes, der Sommer einstmals einer ganzen Stadt, eines Reiches fast!

Man ist erstaunt, es so klein, so kleinbürgerlich zu finden, ist enttäuscht und beglückt: denn wie schön wiederum lehnt sich dieser Ort in die Landschaft hinein, wie anspruchslos ordnet sich hier Haus an Haus, etwas Idyllisches, das in anderen Ländern selten zu finden ist, waltet hier in grüner Stille. Und ein besonderer Geist, ein verlorener tut sich hier auf, von dem man nicht sagen kann, ob er ein guter war, aber indem man eine große Bescheidenheit fühlt, eine Genügsamkeit. Seltsam, man meint ihn zu kennen, von all den anderen abgeblühten und überholten Kurorten Österreichs, von Vöslau und Berchtoldsdorf, von kleinen Seen in Kärnten, wo auch dieser leise Tod, diese sanfte Trägheit über den Orten liegt, dieser Wille zu bleiben und nicht weltstädtisch zu werden wie die deutschen Kurorte und die böhmischen, und in Tirol Bozen und Meran, die stark aufwuchsen in die neue Zeit. Ich kann mir denken, was dies alten Leuten bedeuten muss, diese Orte so zu sehen wie vor zwanzig, vor dreißig, vor fünfzig Jahren, kaum dass ein paar Villen zuwuchsen oder die Straßen sich mehrten. Für uns ist es in seiner Neuheit ergreifend wie die alten farbigen Stiche in ihrer ein wenig vergilbten Anmut; das Franzisco-Josephinische wird eine nahe Zeit schon hier ganz versteinert finden, diese leichte Verschlampftheit, das gute Genießen, die rasch zufriedene Behaglichkeit einer verstorbenen Welt, deren grausame Todeszuckungen wir alle gesehen und gefühlt. Und man

Aus abgesperrter Welt [Wien – Salzburg – Salzkammergut]

wünscht, nichts möchte an diesem anmutigen Bilde sich rühren (für das man gerne an Rudolf v. Alt denkt), nichts sich verbessern, alles so bleiben, ohne zu altern und ohne sich zu erneuern: denn hier fügt sich in eine reine und gar nicht überschwängliche Landschaft das Stadtbild so fügsam ein, dass jede Verbesserung Gewalttat wäre. Und man ahnt, dass die neuen Menschen schon mit ihrer Gegenwart hier vieles verderben, und freut sich, allein längs der weißschäumenden Traun, leise und beglückt durch diese verderbliche Welt zu gehen.

Unermesslich weit ist in diesen wenigen Jahren der Kontrast zwischen Stadt und Land geworden, zwischen Wien und der Provinz: der Krieg, der Entscheidungen zur ganzen Grausamkeit der Schärfe heraushämmert, hat zwischen diese beiden Welten, die sich früher zur Harmonie ergänzten, eine unerbittliche Scheidewand gezogen. Die Liebe zum Bestehenden, zum Besitz, zur Gewohnheit hat sich eher an der Erde verstärkt, indes die Stadt sich den Verwandlungen mitverwandelnd hingibt. Unmerklich hat sich die Nähe im Raum in eine erstaunliche Ferne des Fühlens verändert: der Mensch der Maschine und der Mensch der Natur gehorchen kaum mehr gleichem Gesetz, ein anderer Rhythmus der Existenz beherrscht die große Stadt und die ländliche Welt. Man mag diesen Zwiespalt beklagen und besonders die unnötige Feindseligkeit, mit der er in jüngster Zeit geäußert wird. Aber man kann ihn nicht mehr verneinen oder verstecken. Das Land und die kleinen Städte wollen bleiben, was sie sind, inmitten einer gleichbleibenden Natur, sie widerstreben jenem plötzlichen Vereinheitlichungsfuror, jener Mechanisierung der Existenz, aus bewusstem Selbsterhaltungstriebe, indes die Großstadt, um nicht abzusterben, sich ewig neue Formen erschaffen muss. Es nützt wenig sich gegen Unabänderliches zu ereifern: der Sinn dieser Absperrung reicht weit über den Anlass der Lebensmittelknappheit hinaus bis in die geheimnisvollen Wurzeln des gegenwärtigen Augenblicks, der voll Entscheidungen ist für den Staat wie für den Einzelnen; in diesen Tagen erleben wir die gewaltigste Umwandlung des vaterländischen Begriffes, wie er einschmilzt von einem großen Staatsgefühl erst in einen kleinen Heimatstolz, dann immer enger in Provinz, Land und Stadt. Und man kann nur hoffen, dass er dann plötzlich, von der eigenen Enge bedrückt, plötzlich überschäumt, aber nun zum letzten Ziele jenseits der Sprachen, Rassen und Nationen in den geeinten europäischen Geist.

Besuch bei den Milliarden

Das werktechnisch modernste, das merkwürdigste und zeitwichtigste Gebäude von Paris ist sonderbarerweise von außen her gar nicht wahrnehmbar. Täglich gehen Tausende, Zehntausende blicklos daran vorüber, sie gehen durch die enge Rue Montpensier oder durch die Rue des Petits Champs und gewahren nichts anderes als neben dem alten, imposanten Gebäude der Banque de France, dem ehemaligen Palais La Vrillière, einen weiträumigen quadratisch-leeren, ebenen Raum, mit Planken eingezäunt, scheinbar nur eine Baustelle, der Arbeiter und des Auftrages wartend. In Wirklichkeit ist das Gebäude längst vollendet. Nur ist dieses merkwürdige Haus, dieser Palast, diese gepanzerte Kasematte, diese Zwingburg nicht wie sonst mit steil ansteigenden Mauern über die Bodenschwelle emporgeführt, sondern sechs Stockwerke tief unter die Erde ins Unsichtbare gekellert. Unter diesem arglos leeren, sandigen Gelände liegt mitten in Paris, gestanzt in Stahl und Zement, das mächtigste Goldbergwerk unserer gegenwärtigen Welt, hier unten erstrecken sich, ungeahnt und geheimnisvoll, die berühmten Kellergewölbe der Bank von Frankreich mit heute siebzig, morgen vielleicht schon achtzig Milliarden, das heißt, mit siebzig- oder achtzigtausend Millionen gemünzten oder ungemünzten Goldes, plastisch unvorstellbare Summe und jedenfalls ein Hort, wie ihn nicht Cäsar und Crassus, nicht Cortez und Napoleon, nicht alle Kaiser und Clans dieser Erde und nie ein sterblicher Mensch seit Anbeginn der Welt beisammen gesehen. Hier an dieser geheimnisvollen Stelle ist der geometrische Punkt, um den jetzt das ganze wirtschaftliche Weltall in erregtem Kreislauf schwingt. Hier schläft das magische Metall, von dem alle Unruhe auf Erden ausgeht, seinen gefährlich starren und zugleich magnetischen Schlaf.

Dieses geheime und geheimnisvolle Labyrinth rings um das Weltgold, diese Keller und Kammern der Banque de France, von denen unzählige jetzt reden und träumen und die kaum einer sinnlich-optisch kennt, verlangte es mich sehr, zu sehen. Nicht aus niederer Neugier, sondern aus jener anderen leidenschaftlichen und geistigen, für die Jean Richard Bloch den besten Namen gefunden hat: »Pour mieux comprendre mon temps«, um besser die Zeit zu verstehen, deren Luft wir atmen, deren Erschütterungen wir verbunden sind. Alle spüren wir atmosphärisch ungeheure ökonomische Verwandlungen und Veränderungen, uralte Gesetze verlieren ihren Sinn, die stabilsten Werte ihr Gewicht, ein kosmogonischer Prozess vollzieht sich in unserer wirtschaftlichen und sittlichen Welt, ohne dass wir seine Ursachen, seine Weiterungen ganz erfassen könnten; nur dass sich etwas verwandelt, spüren wir – die meisten beängstigt, die wenigsten geistig passioniert. Aber so wie eine Umschichtung im Erdinnern nur ab und zu sichtbaren Spalt an der äußeren Rinde aufreißt, so kristallisiert sich nur an ganz wenigen Stellen dies amorphe Geschehnis zu anschaulicher Ausdrucksform, zu deutlichem Symbol. Und nur durch lebendige Anschauung wird ein Gedanke ganz zum Erlebnis. Die rote Fahne auf der Dachspitze des Kreml ist eines dieser sinnlich sichtbaren Zeitsymbole, diese feurige Flamme, stolz und herausfordernd tanzend im Wind, Symbol des Angriffes auf die alte Ordnung. Und die Kellergewölbe der Bank von Frankreich sind ein anderes, kühler Stahl und Zement, technisch vollendete Verteidigung, entschlossenste Defensive, ruhige, schweigsam gerüstete Abwehr; dort und da sind die Schlüsselstellungen eines längst begonnenen Kampfes. Ich bin glücklich, sie beide gesehen zu haben, den einen Pol und den anderen. Denn im Spannungsraum zwischen diesen beiden Symbolen, in ihrer geistigen Achse, schwingt unsere gegenwärtige wirtschaftliche Welt.

Niederfahrt

Sechsundzwanzig Meter, die Höhe eines siebenstöckigen Hauses, senkrecht hinein in die Erde saust der Lift. Zementener Schacht schließt ihn fugendicht und rund von allen Seiten ein.

Denn – man würde es nicht ahnen, dies Unglaubhafte, ohne die Belehrung des Ingenieurs – auf dieser Fahrt senkrecht hinab zur Kellersohle durchqueren wir das Strombett eines Baches, der anfänglich bei dieser troglodytischen Anlage ein Hindernis schien. Aber Technik weiß oft aus Widerständen gerade ihre beste Förderung zu gewinnen; so trieb man die Stollen unterhalb des Baches durch und jetzt bietet die abgemauerte Wasserschicht sogar einen besonderen Sicherheitsschutz gegen jedes gewaltsame Eindringen von oben in die unterirdischen Gewölbe, die schließlich in solcher Tiefe angelegt wurden, dass die Inwohner der Häuser, die damals noch auf der heute freigelegten Fläche standen, gar nicht ahnten, dass stockwerktief unter ihren eigenen Kellern diese unerreichbaren und unzerstörbaren gehöhlt wurden. Sie verkauften in ihren Ladengeschäften Tabak und Strümpfe, sie schenkten Kaffee aus, rauchten und schliefen, ohne zu merken, dass Stollen nach Stollen unter ihrem unberührten und von keinem Spatenschlag erschütterten Heim dunkle Kasematten des Goldes sich still und unerbittlich fortwühlten; und der Bach strömt noch heute geduldig weiter zwischen dem Straßenbett und dieser neuen unterirdischen Schicht.

Endlich am Grunde des Schachtes, am Eingang des künstlichen Bergwerkes. Erstes Gefühl: wie wunderbar still hier unten! Kein Geräusch mehr von oben, kein einziges der unzählbaren und undefinierbaren, welche die Straße in ihrem steinernen Kessel aus Schrei und Schrille, aus Worten und Wind, aus Raspeln und Rufen und Hupen und Räderknarren zu einem meerhaften Brausen zusammengekocht: man ruht aus, erschrocken zuerst, dann beglückt von diesem leuchtenden Schweigen. Denn dieses Schweigen leuchtet: in diesen neuzeitlichen Katakomben herrscht ewiger Tag. Unzählige Lampen tragen ebenmäßiges Licht durch zementweiße Gänge und die Luft schmeckt berghaft rein; mit riesigen metallenen Lungen pumpen elektrische Kompressoren Sauerstoff hier hinab. Man atmet nicht wie oben den abgelaugten Luftrest des Himmels, von ausgepufftem Benzin, von Ausdünstung und wirbelndem Staub beschmutzt: nein, gefiltert und rein, windstill und von unsichtbarer Heizung gewärmt und entfeuchtet, ist diese künstliche Atmosphäre der Tiefe vielleicht die schmackhafteste der ganzen Millionenstadt mit ihren Gärten und Wassergeländen, klares Ozon. Immer erreicht und übertrifft sogar in ihren vollkommensten Vollendungen die Technik die Wirkung der Natur.

Den Eingang zeigt eine Tür, breit und dick aufgeschwungen und doch auf so leichten Gelenken ölig federnd, dass ein Kinderfinger sie bewegen kann. Eine Panzerkassentür, mannsdick, aus einem einzigen Stück blitzenden Stahls. Dies war zu erwarten, denn seit Anbeginn der Welt sind die beiden Metalle verschwistert. Wo Gold ist, da ruft es den stärkeren Bruder, das Eisen, sich ängstlich heran; wie das sinnlichere, weichere Weib an den gewaltmächtigen Mann, so drängt sich das blasse, nachgiebige Metall an das harte und wehrhafte, um von ihm beschützt zu sein. Wo Gold zu Münze und Besitz, formt sich das Eisen zu Panzer und Schwert. Wo das Gold schläft, muss das Eisen wachen, ewig gebunden das eine an das andere, und niemand weiß, welches um des anderen willen wirkt, das Gold, das sich das Eisen kauft, den Kampf und den Krieg, oder das Eisen, das sich das Gold rafft als Beute und Besitz.

Drohend steht die panzerne Pforte. Wie durch ein feindseliges Joch schreitet man durch den aufgetanen Zugang, ein leichtes Gruseln im Rücken: wenn sie zufiele, man wäre lebendig versargt! Keine irdische Macht könnte diesen zentner-wuchtigen Deckel wieder aufheben. Aber ein paar Schritte und man lächelt beinahe. Welcher Irrtum! Mit dieser einen Tür meinte man, in die Festung schon eingedrungen, schon im Innern des Labyrinths zu sein! Nein, man hat nur den Vorhof betreten, kaum die erste Palisade. Diese Panzertür, sie war nichts als ein kleiner, dünner Gartenzaun, nur die grüne, weiche Schale, welche die eigentliche harte Nussschale umschließt. In diesem Vorraum gehen noch Angestellte und Arbeiter. Hier ist noch Zugang und

Öffentlichkeit. Weiter hinab. Dantes Paradies und Dantes Hölle, sie haben sieben Kreise, und die Keller der Bank von Frankreich vielleicht noch mehr.

DIE PANZERDREHTÜRME

Plötzlich, im taghellen, elektrischen Licht, erinnert man sich an Tausendundeine Nacht. Der Magnetberg unserer Kindheit, da dunkelt er vor einem, glatt, starr, riesenhaft. Mit einmal kann man nicht weiter, der Weg ist zu Ende. Mitten im Gange steht stählern starre, blickversperrende Wand. Man sucht sie ab mit aller Sorgfalt, nach einer Tür, einem Einlass, einem Schloss, einer Schrunde. Nichts. Glatt, blank, leer. Nur Zauberspruch, nur Sesam öffne dich – alle Märchen werden auf einmal wahr! – können sie auftun, ein Himmelszeichen muss gegeben werden. Und es wird gegeben. Nicht vom Himmel, aber aus dem Unsichtbaren, von irgendeinem Jemand, der unseren unterirdischen Weg auf irgendeine technisch-magische Weise beobachtet und beschützt. Ein Zeichen muss erfolgt sein aus höherem Bereich. Denn plötzlich regt sich die starre Wand, sie verschiebt sich, genau wie es vor hundert Jahren der genialste Phantast Allan Edgar Poe in seiner Inquisitionsnovelle geschildert, zur Seite, ohne darum einen Augenblick aufzuhören, unzugängliche Wand zu sein. Etwas verschiebt sich wie eine Kulisse, ungeheure unsichtbare Kräfte heben oder senken oder drehen im Innern die Panzerwand, und auf der starren Fläche erscheint – nicht etwa eine Tür, ein Schloss, eine Öffnung, sondern man weiß nicht was. Nur irgendetwas ist verändert daran: man glaubt eine besondere Maserung wahrzunehmen, Kontakte oder sonst Einzeichnungen, wo früher vollkommene Glätte war. Aber noch immer steht die riesige Wand stählern starr, senkrecht und streng.

Da fährt – wir treten zur Seite – auf Schienen, die wir nicht bemerkt haben, eine elektrische Lokomotive heran, gerade auf die starre Wand los, und saugt sich ihr an. Und wieder ein

Zeichen – jetzt fährt sie zurück und zieht wie einen Pfropfen aus der Flasche ein ganzes massives Stück der Wand mit, einen rechteckigen glatten Stahlblock, mehr als mannshoch und breit wie sechs oder sieben Männer nebeneinandergestellt – eine Zentnerlast, die ein Regiment nicht vereint von der Stelle rücken könnte – und dies mit jener lautlosen, fast höhnischen Leichtigkeit, mit der die Technik, eitel wie manche Akrobaten, zu zeigen beliebt, dass, was uns wunderbar, ihr völlig selbstverständlich und mühelos leicht ist. Man tritt an den Stahl heran, an dies gigantische herausgeschnittene Stück Festungswand: herrlicher, nackter, glatter, kühler, ungenieteter, wasserfarbener Stahl, wie Achat anzufassen, nur hundertmal härter. An ihm misst man die Dicke der Wand, gegen welche die Panzerschuppen unserer Dreadnoughts wie Rosenblätter wirken; jetzt erst begreift man die Wucht dieser Ringwälle, die jedes Angriffes spotten: keine Bombe könnte mehr als nichtige Schrunde reißen an dieser ehernen glatten Haut, keine Kraft eindringen bis in die innere empfindliche Substanz, bis nahe an das goldene Herz. Lasciate ogni speranza, die ihr hier einzudringen träumt! An diesem kollektiv ersonnenen, von der Technik des Krieges und des Friedens gemeinsam erprobten Wall, an dem gigantischen Muskelspiel dieser unsichtbar verschiebbaren Türme zerknickt der Gedanke an Einbruch oder Gewalt, denn hier wehrt neben der gigantischen Masse der Materie noch geistig-technisches Geheimnis den Zugang. Hier hat sich der Erbauer den Erfinder zur Seite geholt: hier hilft der Geist das Gold verteidigen.

SAAL DER SICHERHEIT

Durch den vierkantigen Tunnel der zauberisch zerschnittenen Stahlwand weiter, Labyrinthgänge entlang – taghell sie alle, weiß und rein wie ein Sanatoriumskorridor. Wo wandert man jetzt? Vielleicht unter dem Strombett der Straße, vielleicht dreißig Meter tief unter der Kellersohle eines Hauses, vielleicht un-

Besuch bei den Milliarden

ter dem Place des Victoires oder schon unter der Bibliothèque Nationale? Nur der Führer weiß den Faden dieses Ariadneganges.

Und plötzlich – ein riesiger Saal. Ein Saal, groß wie der einer Kirche, eines Theaters, die Decke von hunderten kurzen, stämmigen Zementsäulen getragen, ein steinerner Säulenwald, erinnernd an die Moschee von Cordoba oder die in den Felsen gehauenen indischen Tempel von Madras; nur während jene dunkel schimmern und geheimnisvoll, strahlt dieser Saal völlig licht und darum siebenmal geheimnisvoll in seiner völligen Leere. Wo ist man? In einem verlassenen Refektorium, einem ausgestorbenen Kloster, einer modernen Katakombe, sechsundzwanzig Meter unter der Erde? Wem dient dieser riesige Raum? Hier wird kein Gottesdienst zelebriert, nicht Theater gespielt, werden keine Versammlungen gehalten. Kein Gerät, keine Inschrift, kein Wort deuten seinen Sinn an. Nackt und kalkig stehen die Säulen im leeren, gleichmäßigen Lichte, nur in die Ecke verstreut und wie vergessen lungert eine Reihe Holztische und Stühle. Aber niemand sitzt darin, ungenützt sieht alles aus, zwecklos und sinnlos dieser geisterhafte verlassene Saal.

In Wirklichkeit hat dieser Saal weisen Sinn, einen furchtbar vorsorglichen Sinn. Er ist aufgespart für die grässlichste Geisterstunde der Menschheit, für apokalyptische Zeit, für Krieg und Umsturz, für den Augenblick, da der Stadt und dieser Finanzburg Gefahr droht. Wie ein Unterseeboot, sobald es sich von Angriffen umstellt sieht, sofort unter den Meeresspiegel taucht, um sich zu schützen, würde die ganze Bank von Frankreich mit allen ihren Kontoren, ihren Angestellten, ihren Büchern und Papieren, ihren Schreibmaschinen mit einem Ruck aus der Zone der Unruhe sich hier sechsundzwanzig Meter tief in den Saal der Sicherheit herabsenken, um weiterzuarbeiten, ungestört und unerreichbar, unfassbar; die Panzertüren würden sich hermetisch schließen, die Türen sich vermauern, kein Sturm der Geschehnisse reichte hinab in die Stille; ungehindert würde der gigantische Betrieb der

Bank von Frankreich weitergehen in diesem einzigartigen Refugium, im Saale der Sicherheit.

Aber wie leben? Wovon leben, abgeschnitten von der Oberwelt, ohne Wasser, ohne Licht, ohne Wärme, ohne Nahrung? Der technische Führer lächelt: dafür ist gesorgt. In Nebenkammern liegt stündlich Proviant für achtzig Tage bereit, elektrische Küche, Schlafräume, Betten, Vorräte, alles, was ein Mensch braucht, ist bis ins Einzelnste vorausbedacht. Das Wasser kommt aus eigener Leitung und kann nicht abgeschnitten werden, die Elektrizität ist nicht gebunden an jene der Stadt; lautlos wie ungeheure antidiluvianische Tiere stehen stahlgrau in einer Kammer die Maschinen, die, sobald man sie mit Öl füttert, sofort unermessliche Kraft ausstoßen, Kraft, die das Licht strahlen lässt in dieser Unterwelt, Kraft, welche die Luft einsaugt und wärmt, das Feuchte verdampfen lässt, jene Kraft aller Kräfte, Elektrizität, vom menschlichen Geist magisch in riesige Schwungräder geschlossen und durch einen einzigen Hebelgriff zu lösen.

Erschreckende Erkenntnis: an alles hat grausam genialische Vorsicht hier nüchtern und kalkulativ gedacht. Unser ganzes Weltall kann in Unordnung geraten, Aufruhr hinfegen durch die Stadt, Flugzeuge sie umkreisen, von einem Ende der Welt zum anderen wieder der betrunkene Kriegsgott rasen – aber in dieser einen kleinen gepanzerten Erdfalte wird das mikrobische Leben von hundert oder zweihundert Menschen geruhig weitergehen. Sie werden nichts hören, nichts wissen von dem, was im Weltall geschieht: das Blut auch von Tausenden, wenn es wieder die Erde tränkt, tropft nicht hinab in diesen hermetisch verschlossenen Stahlsarg. Die Schreibmaschinen werden klappern, die Bücher sich füllen, die Schecks sich schreiben und das Gold wird schlafen, ungestört, unberührt, unerreichbar; und wenn die Weltuhr zerschellt und ihr Werkzeug zerbricht: dieses eine winzige Rad wird sich weiterdrehen. Wenn ganz Europa, die ganze Welt schauert von Furcht und Schrecken, in diesem einen einzigen Saal wird achtzig Tage lang Sicherheit sein und Bestand.

Klausur der Werte

Wieder Gänge und Gänge, dann ein anderer Raum. Wie Waben, in denen der goldene Seim unzähliger Arbeitsbienen sich sammelt, in der Wand Safes neben Safes. Aber nicht nur kleine, viereckige Panzerschränke, sondern ganze Zimmer, nackte, weiße Mönchszellen sehr profanen Sinnes, mit einem Tisch und einem Sessel. Man tritt in eine, eine leere, und staunt: welche stählerne Ruhe! Kein Anachoret in seiner Wüste oder Felsenspalte konnte ähnliche Stille kennen, denn selbst im äußersten Abseits der Natur lebt noch Vogelschrei, Brausen des Windes, das leise Knistern des rieselnden Sandes, der surrende Ton einer Grille. Hier aber ist nichts, hier ist Stille wie aus Stein. Kein Ton dringt hier in diese Klausen, wo die Wertpapiere schlafen. Wie auf dem Grund eines Ozeans, wo keine Woge mehr sich rührt und das Wasser glatt und tot steht wie Fels, so schweigt hier die Luft. Wenn man atmet, so merkt man es schon, so vollkommen reglos starrt die Stille, ein Idealsanatorium für müde, überreizte Nerven ohnegleichen (und es kostet ein solches Zimmer im Ganzen dreißigtausend Francs im Jahr, nicht mehr eigentlich als eines in jedem großen Pariser Hotel). Aber diese Stille ist nicht der Sinn, man weiß es, dass Menschen sich solche Räume mieten. Hinter diesen schweigenden Wänden liegen in papiernen Symbolen Millionen, die Schulden fremder Staaten, ganze Eisenbahnen und Schiffe und Teeplantagen und Industriekonzerne als Aktien geballt. Lächelnd überdenkt man, dass eine ganze Fabrik mit vierzig Schornsteinen und tausend Maschinen hier als Besitz vielleicht in einem Schrankfach liegt, und daneben in einem anderen eine ganze javanische oder mandschurische Eisenbahn mit Lokomotiven, Tendern und Waggons, Bahnhöfen und Materialdepots und Direktionsgebäuden, denn dank der symbolischen Verdichtungsfähigkeit des Besitzes zu Aktien und Obligationen hat ein ganzer Archipel Raum in einer solchen Stahlschublade, die ein winziger Schlüssel öffnet und schließt. Ein solches kleines Zimmer kann allen Reichtum der Welt in sich enthalten, so wie die kleine Hirnschale eines Menschen eine unübersehbare Fülle von Gedanken. Aber glücklicherweise haben diese Zellen auch einen höheren, beinahe einen weltheiligen Sinn: hier können – wie im »Saal der Sicherheit« die Menschen – in bedrohtem Augenblick die Kunstwerke Unterkunft finden. Ein paar Stunden, und das ganze Louvre mit all seinen Schätzen, die Handschriften der Nationalbibliothek, die Elfenbeinkostbarkeiten des Musée Cluny können hier geborgen werden, wenn einmal die Welt wieder der alte Irrwitz fassen und der große Rausch der Vernichtung über Stadt und Felder stampfen sollte. Nicht mehr wie neun Zehntel aller seiner anderen würden die übriggebliebenen Werke Lionardos wieder der blöden und wölfischen Wut des Krieges zum Opfer fallen; hier unten wird sie lächeln, die Mona Lisa, während die Menschen sich abermals sinnlos anfallen (wie oft hat sie es schon gesehen in vierhundert Jahren!). Das Heiligste, was wir haben, die Werke der Kunst, das innerlich Unvergängliche würde in seiner irdischen Form endlich völlig beschirmt sein. Und man dankt herzlicher als bisher dem technischen Geiste, dass er seinem erlauchteren Bruder, dem schöpferischen Genius, solche gepanzerte Heimstatt zu schaffen weiß und mit dem Vergänglichen auch das Ewige retten hilft aus der Wirrnis des Menschlichen.

DAS UNSICHTBARE GOLD

Wiederum Gänge und Gänge. Zwischendurch Blick in einen vergitterten Vorraum. Was geschieht dort? Auf Schubkarren rollen Arbeiter schwere Holzkisten. Es könnte Zucker sein in dieser alltäglichen Verpackung, Wolle oder Datteln, aber man weiß, in dieser Tiefe gedeiht nur kostbarere Frucht, der goldene Honig der Millionen Arbeitsbienen. Was hier verladen und verstaut wird, ist frisch mit Flugzeugen gekommen oder mit Schiffen und Bahnen, goldene Fracht vom anderen Ende der Welt. Gold in Barren oder gemünzt, pures Gold, das sich ängstlich in geringer

Besuch bei den Milliarden

Umschalung verhüllt, Gold, das vielleicht schon seit Jahrhunderten wandert, aus Siebenbürgen oder aus skythischem oder kalifornischem Sand gegraben, zu Münzen geformt und wieder zu Barren geschweißt, Gold, gewandert oder gekauft oder geraubt, von Karthago nach Rom, von Rom nach Byzanz, von Byzanz nach Germanien oder Russland und von dort auf unergründlichen Wegen und Abenteuern durch hunderte, durch tausende Hände über den Ozean; jetzt kehrt es von der neuen Welt zurück wieder in die alte, das ruhelose Gold, das endlich ruhen will und schlafen wie einst im Urschoß der Erde. Wir sind hier im Herzpunkt des Hauses. Ganz nahe müssen hier die Gewölbe sein, in denen die Barren geschichtet liegen, Gold, Gold, Gold und abermals Gold, siebzig Milliarden, vielleicht mehr. Einem Rutengänger zitterte die dünne Weide jetzt scharf in der Hand und schlüge bald unwiderstehlich zu Boden und Wand; ganz nahe muss er sein, der riesige Hort.

Diese innerste Schlafhöhle des Goldes aber, sie betritt jetzt kein unberufener Fuß. Zuviel dieses mächtigsten Metalles ist herangeströmt in den letzten schicksalsträchtigen Monaten. Mit telegraphischem Blitz hat menschlicher Wille die Barren her befohlen aus fernen Ländern und über das Meer, und es wurden plötzlich zu viel, als dass der Raum gereicht hätte. Neue Gänge werden jetzt gegraben, neue Kavernen, neue Katakomben, neue Ruhestätten für das unruhige Gold, vielleicht auch neue technische Geheimnisse ersonnen, um es noch sorglicher, noch sicherer zu behüten. Jedenfalls, keinen einzigen jener gelben Blitze habe ich unten gesehen, die das menschliche Auge so merkwürdig heiß und erregt machen; und vielleicht ist dies gut. Denn bloß in Papier oder Holz gepackte Barren zu sehen, hätte wahrscheinlich ernüchtert; die Geheimniskraft des Goldes in unserer heutigen Welt besteht ja sonderbarerweise darin, dass es unsichtbar bleibt. Solange es greifbar war, hat man es kaum geachtet. Seit es flieht, wird es gesucht. Früher fiel es niemandem ein, an das Gold gerade Frankreichs zu denken und von ihm zu sprechen, und doch rollte es damals bei diesem fleißigsten und sparsamsten Volk der Erde offen und locker von Hand zu Hand. Es klirrte, tagtägliche, werktägliche Musik, auf den Tischen der Kaffeehäuser, auf den Zinnschaltern der Tabakbuden, kein Arbeiter war so arm, dass ihm nicht ein petit Louis ein Selbstverständliches gewesen wäre; jeder Zeitungsausträger nahm es ohne Staunen. Lockerer als heute das Papier, funkelnd und frei, schimmernd und musikalisch, glitt es gemünzt Tausenden und Tausenden durch die Hände und erhielt von diesem Wandern durch Taschen und Hände eine natürliche, eine fast menschliche Wärme. Jetzt erst, seit das Gold still liegt, kalt und unheimlich aneinander geballt, beunruhigt es die Welt.

Und nun steht man neben seinem unzugänglichen Schlafraum: hinter dieser zementenen und stählernen Wand, man weiß es, ruht der schon sagenhaft gewordene Hort, das Gold Frankreichs und damit ein beträchtlicher Teil des Goldes der ganzen Erde. Jetzt endlich steht man am Mittelpunkt unserer ökonomischen Welt. Von hier zittern in unsichtbaren Wellen die Erschütterungen der Märkte, der Börsen, der Banken aus; berührt man diese kaltmetallene Wand, so hat man die Erdachse der Gegenwart berührt. Und doch spürt man keine Schwingung, weder in der ausgestreckten Hand noch in der Seele. Läge hier grauer Sand, wüstes wertloses Konglomerat, nichtiges Gestein in dem kunstvollen Gehäuse von Beton, die Stille könnte nicht anders stehen im schwingenden Licht. Nur dass man weiß, dass hier das Gold der Erde liegt, nur dies und dies allein macht diese kalte, nackte Wand geheimnisvoll. Nicht dass es da ist, sondern dass wir glauben, dass es da ist. Denn nur in solange wir diesem gelben, schläfrigen Metall Wert geben über allen Werten, hat es Wert. Niemals die bloße Materie, sondern der Glaube, der sie beseelt, gibt im Wirklichen schöpferische Macht.

AUFSTIEG

Wieder zurück, abermals vorbei an den stahlblanken, fleißiggeduldigen Maschinen, die aus ihrem eigenen, steten Schwung diese Unterwelt mit Licht und Wärme erfüllen. Abermals durch die magischen Panzerwände, die lautlos und fugenlos, nachdem sie uns Durchgang gewährt, sich hinter uns zusammenschließen. Abermals den Aufzug empor, in die obere Welt; ein Banksaal zuerst wie alle Banksäle, mit knatternden Schreibmaschinen, Wechselschaltern und Kassen, und dann hinaus in den täglichen Tag. Nur dass diese wirkliche Welt nun irregulär scheint, chaotischer und geistig unbeherrschter als dieser sinnvolle Tiefbau, die Luft der Straße stickiger und verfärbter als die künstliche dieses Abgrundes. Die Häuser wirken auf einmal banal und klein, die Lichter blass, das hastige Menschendurcheinander sinnlos neben dieser sinnvollen Leistung französischer und neutechnischer Ingenieurkunst, wo jede Schwierigkeit bewältigt, jedem Zufall entgegengedacht, jeder Gefahr im Voraus getrotzt ist. Und ein großartiges Grauen erfüllt einen vor der schöpferischen Kraft unseres gegenwärtigen technischen Geistes, der alle Elemente sich hörig macht, der unter Erde, Keller und Fluss unsichtbar und unbelauscht eine solche stählerne Stadt voll Wärme, Vorsorge und Licht einbaute und dem die Schwierigkeiten der Materie nur dienen, um noch großartiger und energischer daran seine erfinderische Kraft zu entzünden.

Und doch – von einem anderen Stern, von einem Sirius oder Mars oder Aldebaran herab gesehen, würden die Bewohner dort nicht lächeln über dies sonderbare zweibeinige Geschlecht dieser Erde, das trotz souveräner Kraft des Geistes an einer Stelle der Erde, in den kapstädtischen Gruben, die kunstvollsten Bergwerke anlegt und dort eines der unzähligen Metalle, und gerade das trägste, mühevoll aus der Erde gräbt, um dann tausende Meilen weit abermals in einem noch kunstvolleren Bergwerk das gleiche nutzlose Metall wieder nutzlos in die Erde hineinzugraben und zum Schutz mit ehernen Wällen aus Panzern zu umgürten? Auch die Klügsten von uns wüssten für diesen Kraftverbrauch wahrscheinlich keinen rechten Sinn. Aber dies gehört vielleicht zur geheimnisvoll unerklärlichen Wesenheit des irdischen Geistes, dass er immer sich einen Wahn schaffen muss, um in dessen Namen und Zeichen ein Wirkliches zu leisten, dass er sich immer von neuem wieder künstliche Maße normt, um an ihnen seine Unermesslichkeit zu bewähren: dieses, das Gold, sein tausendjähriger und ältester Wahn, ist fast schon ein religiöser geworden. Aber die Götter wandeln und verändern sich mit den Generationen. Und ein kommendes Geschlecht wird an diesem Haus mit all seinen technischen Wundern und Vollendungen und seinem goldenen Bergwerk vielleicht schon ganz achtlos vorübergehen, aber noch immer ehrfürchtig staunen, drei Straßen weiter, vor den wahren und unvergänglichen Schatzkammern unserer Welt: der Nationalbibliothek mit ihren Millionen Büchern und dem Louvre mit den heiligen Tafeln Rembrandts und Lionardos.

Das Haus der tausend Schicksale

Wenn Du heute reist von einem Lande zum anderen, im Schiff oder in der Bahn, und Du Zeit hast und die Kunst zu beobachten, so wird es Dir immer wieder auffallen, wie viele unter den reisenden Menschen sich plötzlich verändern, sobald sie sich der Grenze nähern. Sie werden unruhig, sie können nicht mehr sitzen bleiben, sie wandern auf und ab mit gespannten Mienen. Eine Angst hat sie überfallen, man sieht es ihnen an, eine geheimnisvolle Angst. Denn eine Stunde noch, eine halbe Stunde, dann beginnt die Fremdheit und damit die große Unsicherheit. Man ist losgelöst von allem Gewohnten, anders sind die Sitten, anders die Gesetze, anders die Sprache, und die Beunruhigung, die sie dort erwartet, ergreift schon jetzt von ihrem ganzen Wesen Besitz. Geradezu körperlich sieht man ihre Sorgen, denn immer tasten sie mit nervösen Fingern an die Brusttasche hin, wo sie ihren Pass, ihr bisschen Geld und ihre Papiere haben. Zu Hause hat man ihnen versichert, dass alles in Ordnung sei, sie haben bezahlt für Stempel und Gebühren. Aber doch, aber doch, wird es gelten? Wird man ihnen nicht noch im letzten Augenblick die Tür verriegeln zu dem fremden Land? Unruhiger und unruhiger wandern sie auf und nieder, je näher man der Grenze kommt. Und wenn Du sie ansiehst, mitleidig ergriffen, sehen sie scheu zurück. Man fühlt, sie möchten Dich fragen, mit Dir sprechen, sich beruhigen, sich trösten lassen in ihrer Unsicherheit, einen Freund, einen Helfer haben in dieser Fremde, die jetzt vor ihnen beginnt. Aber gleichzeitig ist man ihnen verdächtig, denn zu Hause hat man sie gewarnt vor den Fremden, die sich andrängen und noch die Ärmsten in ihrer Armut berauben wollen. Und so ducken sie sich wieder scheu und ängstlich, bis dann der Augenblick kommt, wo sie vor den Grenzbeamten treten wie Angeklagte vor einen Richter.

Tausende und aber Tausende solcher Menschen sind heute unterwegs und viele Juden sind unter ihnen. Denn wieder einmal ist ein großer Sturm durch die Welt gefahren und reißt die Blätter vom tausendjährigen Stamm und wirbelt sie über die Straßen der Erde. Wieder, wie ihre Väter und Urväter, müssen unzählige Juden das Land verlassen und das Haus, in dem sie friedlich wohnten, und sich irgendwo – meist wissen sie selbst nicht, wo – eine neue Heimat suchen. Aber wenn es immer schwer war, Fremde zu bestehen, so nie schwerer als in unseren Tagen. Denn feindselig und eifersüchtig sperren sich die Länder gegeneinander ab. Es ist mehr Misstrauen unter den Menschen als je zu einer Zeit, und wer heute heimatlos ist, der ist es mehr, als jemals ein Volk gewesen.

Sieh sie darum gut an, die Heimatlosen, Du Glücklicher, der Du weißt, wo Dein Haus ist und Deine Heimat, der Du, heimkehrend von der Reise, Dein Zimmer gerüstet findest und Dein Bett, und die Bücher stehen um Dich, die Du liebst, und die Geräte, die Du gewohnt bist. Sieh sie Dir gut an, die Ausgetriebenen, Du Glücklicher, der Du weißt, wovon Du lebst und für wen, damit Du demütig begreifst, wie Du durch Zufall bevorzugt bist vor den anderen. Sieh sie Dir gut an, die Menschen dort zusammengedrängt am Rande des Schiffes, und tritt zu ihnen, sprich zu ihnen, denn schon dies ist Tröstung, dass Du zu ihnen trittst, und indem Du sie ansprichst in ihrer Sprache, trinken sie unbewusst einen Atemzug der Heimat, die sie verlassen haben, und ihre Augen werden hell und beredt. Frag sie, wohin sie fahren! Die Gesichter werden dunkel. Nach Südamerika wanderten sie, dort hätten sie Verwandte. Aber würden sie dort ihren Unterhalt finden, würden sie dort arbeiten können und sich ein neues Leben bauen? Und weiter fragt man, wie lange sie in London blieben. Oh, nur drei Tage bis zum nächsten Schiff. Ob sie die Sprache sprächen? Nein. Ob sie dort Menschen kennten, die ihnen helfen könnten? Nein. Ob sie Geld genug hätten für die Unterkunft? Nein. Wie sie also es anfangen würden, um sich dort durchzuschlagen diese drei Tage und Nächte? Aber da lächeln sie zuversichtlich und getrost: »Dafür ist gesorgt. Wir gehen in den Shelter.«

Shelter? Ich weiß nicht, was das ist, obzwar ich ziemlich lange in London gewesen. Nie hat mir jemand von diesem Hause, von dieser Institution gesprochen. Aber sonderbar, alle diese Juden aus den fernsten und fremdesten Städten wissen davon. In Polen, in der Ukraine, in Lettland und Bulgarien, vom einen Ende Europas bis zum anderen wissen alle armen Juden vom Shelter in London. So wie ein einzelner Stern von unzähligen Menschen gesehen wird, die selbst einer vom anderen nichts wissen, so ist dieser Name für sie eine Gemeinschaft des Trostes, und vom einen bis zum anderen Ende der jüdischen Welt geht diese Saga weiter von Mund zu Mund, die Saga vom Shelter in London, dass es irgendwo ein Haus gibt, das den wandernden Juden – und wie viele müssen wandern! – Rast gibt für den ermüdeten Leib und Trost für die Seele, ein Haus, das ihnen Ruhe schenkt für ein paar Tage und ihnen noch weiterhilft auf ihrem Wege von Fremde zu Fremde. Dass gerade ich, der doch oft in London gelebt, der einzige war unter all diesen Juden am Schiff, der nicht wusste von diesem Hause, beschämte mich sehr. Denn so sind wir: von all dem Schlechten, was auf Erden geschieht, erfahren wir. Jeden Morgen schreit uns die Zeitung Krieg und Mord und Verbrechen ins Gesicht, der Wahnwitz der Politik überfüllt unsere Gedanken, aber von dem Guten, das im Stillen geschieht, erfahren wir selten. Und gerade dies täte not in einer Zeit wie der unsern, denn jede moralische Leistung erregt in uns durch ihr Beispiel die wahrhaft wertvollen Kräfte, und jeder Mensch wird besser, wenn er redlich das Gute zu bewundern weiß.

So ging ich, diesen Shelter zu sehen. Es ist ein Haus im East-End in einer unscheinbaren Gasse, aber jede Not hat noch immer den Weg zu ihm gefunden. Zweckdienlich eingerichtet, ohne jeden Luxus, aber von besonderer Reinlichkeit, wartet es mit immer geöffneter Tür auf den Wandernden, den Auswanderer, der hier rasten will. Ein Bett steht ihm bereit, ein Tisch ist ihm gerüstet und mehr noch: er kann Rat haben und Hilfe inmitten fremder Welt. Die Sorge, die ihn drängt, er kann sie endlich unbesorgt vor freundlichen Helfern aussprechen, man denkt, man schreibt für ihn und sucht ihm wenigstens ein Stück des schweren unbekannten Weges zu bahnen, der vor ihm liegt. Inmitten der ungeheuren Unsicherheit, die für Tausende jetzt das Leben wie eine frostige Nebelwolke umhüllt, fühlt er für ein paar Tage Wärme und Licht der Menschlichkeit und – wirklicher Trost in all seiner Trostlosigkeit –, er sieht, er erlebt, dass er nicht einsam und verlassen ist in der Fremde, sondern der Gemeinschaft seines Volkes und der höheren Gemeinschaft des Menschlichen verbunden.

Lange Rast freilich ist keinem gegönnt, denn das jüdische Elend geht heute wie ein unaufhörlicher Strom durch die Welt. Eine andere Vertriebenheit als die seine wird morgen in diesem Bette ruhen, eine andere an dem Tische essen: tausende und tausende Menschen haben in den fünfzig Jahren seit seiner Gründung geruht und sich gekräftigt in diesem Shelter und sind dankbar weitergegangen; kein Dichter hätte Erfindungskraft genug, um die Vielfalt, die Tragik dieser tausend Schicksale zu schildern. Denn wo eine neue Welle des Unglücks sich erhebt in der Welt, ob in Deutschland oder Polen oder Spanien, schwemmt sie zerbrochene, zertrümmerte Existenzen heran gegen dieses eine – den Glücklichen, den Reichen, den Sorglosen unbekannte – Haus, das bisher ruhmreich jedem Ansturm standgehalten und dessen Hüter mit bewundernswerter Hingabe ihrer Helferpflicht gedient. Wenn sie auch immer nur einen Tropfen abschöpfen können aus dem unerschöpflichen Meere des menschlichen, des jüdischen Elends, wie viel ist schon damit getan, einem Unglücklichen bloß einen Tag glücklich zu machen, einem Heimatlosen nur für Stunden das Gefühl der Heimat zu geben, einem schon völlig Verzagten neue Sicherheit! Wundervoll darum dieses Haus, das den Vertriebenen dient und den Heimatlosen! Dank allen, die es erschaffen und erhalten, dies unbekannte und unvergleichliche Denkmal menschlicher Solidarität!

Essays

Monotonisierung der Welt

Monotonisierung der Welt. Stärkster geistiger Eindruck von jeder Reise in den letzten Jahren, trotz aller einzelnen Beglückung: ein leises Grauen vor der Monotonisierung der Welt. Alles wird gleichförmiger in den äußeren Lebensformen, alles nivelliert sich auf ein einheitliches kulturelles Schema. Die individuellen Gebräuche der Völker schleifen sich ab, die Trachten werden uniform, die Sitten international. Immer mehr scheinen die Länder gleichsam ineinandergeschoben, die Menschen nach einem Schema tätig und lebendig, immer mehr die Städte einander äußerlich ähnlich. Paris ist zu drei Vierteln amerikanisiert, Wien verbudapestet: immer mehr verdunstet das feine Aroma des Besonderen in den Kulturen, immer rascher blättern die Farben ab und unter der zersprungenen Firnisschicht wird der stahlfarbene Kolben des mechanischen Betriebes, die moderne Weltmaschine, sichtbar.

Dieser Prozess ist schon lange im Gange: schon vor dem Kriege hat Rathenau diese Mechanisierung des Daseins, die Präponderanz der Technik als wichtigste Erscheinung unseres Lebensalters prophetisch verkündet, aber nie war dieser Niedersturz in die Gleichförmigkeit der äußeren Lebensformen so rasch, so launenhaft wie in den letzten Jahren. Seien wir uns klar darüber! Es ist wahrscheinlich das brennendste, das entscheidenste Phänomen unserer Zeit.

Symptome: Man könnte, um das Problem deutlich zu machen, hunderte aufzählen. Ich wähle nur schnell ein paar der geläufigsten, die jedem gewärtig sind, um zu zeigen, wie sehr sich Sitten und Gebräuche im letzten Jahrzehnt monotonisiert und sterilisiert haben.

Das Sinnfälligste: der Tanz. Vor zwei, drei Jahrzehnten noch war er an die einzelnen Nationen gebunden und an die persönliche Neigung des Individuums. Man tanzte in Wien Walzer, in Ungarn den Csárdás, in Spanien den Bolero nach unzähligen verschiedenen Rhythmen und Melodien, in denen sich der Genius eines Künstlers ebenso wie der Geist einer Nation sichtbarlich formten. Heute tanzen Millionen Menschen von Kapstadt bis Stockholm, von Buenos Aires bis Kalkutta denselben Tanz, nach denselben fünf oder sechs kurzatmigen, unpersönlichen Melodien. Sie beginnen um die gleiche Stunde: so wie die Muezzins im orientalischen Lande Zehntausende um die gleiche Stunde des Sonnenunterganges zu einem einzigen Gebet, so wie dort zwanzig Worte, so rufen jetzt zwanzig Takte um fünf Uhr nachmittags die ganze abendländische Menschheit zu dem gleichen Ritus. Niemals außer in gewissen Formeln und Formen der Kirche haben zweihundert Millionen Menschen eine solche Gleichzeitigkeit und Gleichförmigkeit des Ausdruckes gefunden wie die weiße Rasse Amerikas, Europas und aller Kolonien in dem modernen Tanze.

Ein zweites Beispiel: die Mode. Sie hat niemals eine solche blitzhafte Gleichheit gehabt in allen Ländern wie in unserer Epoche. Früher dauerte es Jahre, ehe eine Mode aus Paris in die anderen Großstädte, wiederum Jahre, ehe sie aus den Großstädten auf das Land drang, und es gab eine gewisse Grenze des Volkes und der Sitte, die sich ihren tyrannischen Forderungen sperrte. Heute wird ihre Diktatur im Zeitraume eines Pulsschlages universell. New York diktiert die kurzen Haare der Frauen: innerhalb eines Monates fallen, wie von einer einzigen Sense gemäht, 50 oder 100 Millionen weiblicher Haarmähnen. Kein Kaiser, kein Khan der Weltgeschichte hatte ähnliche Macht, kein Gebot des Geistes ähnliche Geschwindigkeit erlebt. Das Christentum, der Sozialismus brauchten Jahrhunderte und Jahrzehnte, um eine Gefolgschaft zu gewinnen, um ihre Gebote über so viel Menschen wirksam zu machen, wie ein Pariser Schneider sie sich heute in acht Tagen hörig macht.

Ein drittes Beispiel: das Kino. Wiederum unermessliche Gleichzeitigkeit über alle Länder und Sprachen hin, Ausbildung gleicher Darbietung, gleichen Geschmackes (oder Ungeschmackes) auf Tausend-Millionen-Massen. Vollkommene Aufhebung jeder individuellen Note, obwohl die Fabrikanten triumphierend ihre Filme als national anpreisen: die Nibelungen siegen in Italien und Max Linder aus Paris in den allerdeutschesten, völkischesten Wahlkreisen. Auch hier ist der Instinkt der Massenhaftigkeit stärker und selbstherrlicher als der Gedanke. Jackie Coogans Triumph und Kommen war stärkeres Erlebnis für die Gegenwart als vor zwanzig Jahren Tolstois Tod.

Ein viertes Beispiel: das Radio. Alle diese Erfindungen haben nur einen Sinn: Gleichzeitigkeit. Der Londoner, Pariser und der Wiener hören in der gleichen Sekunde dasselbe, und diese Gleichzeitigkeit, diese Uniformität berauscht durch das Überdimensionale. Es ist eine Trunkenheit, ein Stimulans für die Masse und zugleich in allen diesen neuen technischen Wundern eine ungeheure Ernüchterung des Seelischen, eine gefährliche Verführung zur Passivität für den Einzelnen. Auch hier fügt sich das Individuum, wie beim Tanz, der Mode und dem Kino, dem allgleichen herdenhaften Geschmack, es wählt nicht mehr vom inneren Wesen her, sondern es wählt nach der Meinung einer Welt.

Bis ins Unzählige könnte man diese Symptome vermehren, und sie vermehren sich von selbst von Tag zu Tag. Der Sinn für Selbständigkeit im Genießen überflutet die Zeit. Schon wird es schwieriger, die Besonderheiten bei Nationen und Kulturen aufzuzählen als ihre Gemeinsamkeiten.

Konsequenzen: Aufhören aller Individualität bis ins Äußerliche. Nicht ungestraft gehen alle Menschen gleich angezogen, gehen alle Frauen gleich gekleidet, gleich geschminkt: die Monotonie muss notwendig nach innen dringen. Gesichter werden einander ähnlicher durch gleiche Leidenschaft, Körper einander ähnlicher durch gleichen Sport, die Geister ähnlicher durch gleiche Interessen. Unbewusst entsteht eine Gleichhaftigkeit der Seelen, eine Massenseele durch den gesteigerten Uniformierungstrieb, eine Verkümmerung der Nerven zugunsten der Muskeln, ein Absterben des Individuellen zugunsten des Typus. Konversation, die Kunst der Rede, wird zertanzt und zersportet, das Theater brutalisiert im Sinne des Kinos, in die Literatur wird die Praxis der raschen Mode, des »Saisonerfolges« eingetrieben. Schon gibt es, wie in England, nicht mehr Bücher für die Menschen, sondern immer nur mehr das »Buch der Saison«, schon breitet sich gleich dem Radio die blitzhafte Form des Erfolges aus, der an allen europäischen Stationen gleichzeitig gemeldet und in der nächsten Sekunde abgekurbelt wird. Und da alles auf das Kurzfristige eingestellt ist, steigert sich der Verbrauch: so wird Bildung, die durch ein Leben hin waltende, geduldig sinnvolle Zusammenfassung, ein ganz seltenes Phänomen in unserer Zeit, so wie alles, das sich nur durch individuelle Anstrengung erzwingt.

Ursprung: woher kommt diese furchtbare Welle, die uns alles Farbige, alles Eigenförmige aus dem Leben wegzuschwemmen droht? Jeder, der drüben gewesen ist, weiß es: von Amerika. Die Geschichtsschreiber der Zukunft werden auf dem nächsten Blatt nach dem großen europäischen Kriege einmal einzeichnen für unsere Zeit, dass in ihr die Eroberung Europas durch Amerika begonnen hat. Oder mehr noch, sie ist schon in vollem reißenden Zuge, und wir merken es nur nicht (alle Besiegten sind immer Zu-langsam-Denker). Noch jubelt bei uns jedes Land mit allen seinen Zeitungen und Staatsmännern, wenn es einen Dollarkredit bekommt. Noch schmeicheln wir uns Illusionen vor über philanthropische und wirtschaftliche Ziele Amerikas: in Wirklichkeit werden wir Kolonien seines Lebens, seiner Lebensführung, Knechte einer der europäischen im tiefsten fremden Idee, der maschinellen.

Aber solche wirtschaftliche Hörigkeit scheint mir noch gering gegen die geistige Gefahr. Eine Kolonisation Europas wäre politisch nicht das Furchtbarste, knechtischen Seelen scheint jede Knechtschaft milde, und der Freie weiß überall seine Freiheit zu wahren. Die wahre Gefahr für Europa scheint mir im Geistigen zu liegen, im Herüberdringen der amerikanischen Langeweile, jener entsetzlichen, ganz spezifischen Langeweile, die dort aus jedem Stein und Haus der nummerierten Straßen aufsteigt, jener Langeweile, die nicht, wie früher die europäische, eine der Ruhe, eine des Bierbanksitzens und Dominospielens und Pfeifenrauchens ist, also eine zwar faulenzerische, aber doch ungefährliche Zeitvergeudung: die amerikanische Langeweile aber ist fahrig, nervös und aggressiv, überrennt sich mit eiligen Hitzigkeiten, will sich betäuben in Sport und Sensationen. Sie hat nichts Spielhaftes mehr, sondern rennt mit einer tollwütigen Besessenheit, in ewiger Flucht vor der Zeit: sie erfindet sich immer neue Kunstmittel, wie Kino und Radio, um die hungrigen Sinne mit einer Massennahrung zu füttern, und verwandelt die Interessengemeinschaft des Vergnügens zu so riesenhaften Konzernen wie ihre Banken und Trusts.

Von Amerika kommt jene furchtbare Welle der Einförmigkeit, die jedem Menschen dasselbe gibt, denselben Overallanzug auf die Haut, dasselbe Buch in die Hand, dieselbe Füllfeder zwischen die Finger, dasselbe Gespräch auf die Lippe und dasselbe Automobil statt der Füße. In verhängnisvoller Weise drängt von der anderen Seite unserer Welt, von Russland her, derselbe Wille zur Monotonie in verwandelter Form: der Wille zur Parzellierung des Menschen, zur Uniformität der Weltanschauung, derselbe fürchterliche Wille zur Monotonie. Noch ist Europa jetzt das letzte Bollwerk des Individualismus, und vielleicht ist der überspannte Krampf der Völker, jener aufgetriebene Nationalismus, bei all seiner Gewalttätigkeit doch eine gewissermaßen fieberhafte unbewusste Auflehnung, ein letzter verzweifelter Versuch, sich gegen die Gleichmacherei zu wehren. Aber gerade die krampfige Form der Abwehr verrät unsere Schwäche. Schon ist der Genius der Nüchternheit am Werke, um Europa, das letzte Griechenland der Geschichte, von der Tafel der Zeit auszulöschen.

Gegenwehr: Was nun tun? Das Kapitol stürmen, die Menschen anrufen: »Auf die Schanzen, die Barbaren sind da, sie zerstören unsere Welt!« Noch einmal die Cäsarenworte ausschreien, nun aber in einem ernsteren Sinne: »Völker Europas, wahrt eure heiligsten Güter!« Nein, wir sind nicht mehr so blindgläubig, um zu glauben, man könne noch mit Vereinen, mit Büchern und Proklamationen gegen eine Weltbewegung ungeheuerlicher Art aufkommen und diesen Trieb zur Monotonisierung niederschlagen. Was immer man auch schriebe, es bliebe ein Blatt Papier, gegen einen Orkan geworfen. Was immer wir auch schrieben, es erreichte die Fußballmatcher und Shimmytänzer nicht, und wenn es sie erreichte, sie verstünden uns nicht mehr. In all diesen Dingen, von denen ich nur einige wenige andeutete, im Kino, im Radio, im Tanze, in all diesen neuen Mechanisierungsmitteln der Menschheit liegt eine ungeheure Kraft, die nicht zu überwältigen ist. Denn sie alle erfüllen das höchste Ideal des Durchschnittes: Vergnügen zu bieten, ohne Anstrengung zu fordern. Und ihre nicht zu besiegende Stärke liegt darin, dass sie unerhört bequem sind. Der neue Tanz ist von dem plumpsten Dienstmädchen in drei Stunden zu erlernen, das Kino ergötzt Analphabeten und erfordert von ihnen nicht einen Gran Bildung, um den Radiogenuss zu haben, braucht man nur gerade den Hörer vom Tisch zu nehmen und an den Kopf zu hängen und schon walzt und klingt es einem ins Ohr – gegen eine solche Bequemlichkeit kämpfen selbst die Götter vergebens. Wer nur das Minimum an geistiger und körperlicher Anstrengung und sittlicher Kraftaufbietung fordert, muss notwendigerweise in der Masse siegen, denn die Mehrzahl steht leidenschaftlich zu ihm, und wer heute noch

Monotonisierung der Welt

Selbständigkeit, Eigenwahl, Persönlichkeit selbst im Vergnügen verlangte, wäre lächerlich gegen so ungeheure Übermacht. Wenn die Menschheit sich jetzt zunehmend verlangweilt und monotonisiert, so geschieht ihr eigentlich nichts anderes, als was sie im Innersten will. Selbständigkeit in der Lebensführung und selbst im Genuss des Lebens bedeutet jetzt nur so wenigen mehr ein Ziel, dass die meisten es nicht mehr fühlen, wie sie Partikel werden, mitgespülte Atome einer gigantischen Gewalt. So baden sie sich warm in dem Strome, der sie wegreißt ins Wesenlose; wie Tacitus sagte: »ruere in servitium«, sich selbst in die Knechtschaft stürzen, diese Leidenschaft zur Selbstauflösung hat alle Nationen zerstört. Nun ist Europa an der Reihe: der Weltkrieg war die erste Phase, die Amerikanisierung ist die zweite.

Darum keine Gegenwehr! Es wäre eine ungeheure Anmaßung, wollten wir versuchen, die Menschen von diesen (im Innersten leeren) Vergnügungen wegzurufen. Denn wir – um ehrlich zu sein –, was haben wir ihnen noch zu geben? Unsere Bücher erreichen sie nicht mehr, weil sie längst nicht mehr das an kalter Spannung, an kitzliger Erregung zu leisten vermögen, was der Sport und das Kino ihnen verschwenderisch geben, sie sind sogar so unverschämt, unsere Bücher, geistige Anstrengung zu fordern und Bildung als Vorbedingung, eine Mitarbeit des Gefühles und eine Anspannung der Seele. Wir sind – gestehen wir es nur zu – allen diesen Massenfreuden und Massenleidenschaften und damit dem Geist der Epoche furchtbar fremd geworden, wir, denen geistige Kultur Lebensleidenschaft ist, wir, die wir uns niemals langweilen, denen jeder Tag zu kurz wird um sechs Stunden, wir, die wir keine Totschlageapparate brauchen für die Zeit und keine Amüsiermaschinen, weder Tanz noch Kino noch Radio noch Bridge noch Modenschau. Wir brauchen nur bei einer Plakatsäule in einer Großstadt vorüberzugehen oder eine Zeitung zu lesen, in der Fußballkämpfe mit der Ausführlichkeit von homerischen Schlachten geschildert werden, um zu fühlen, dass wir schon solche Outsider geworden sind wie die letzten Enzyklopädisten während der Französischen Revolution, etwas so Seltenes, Aussterbendes im heutigen Europa wie die Gemsen und das Edelweiß. Vielleicht wird man um uns seltene letzte Exemplare einmal einen Naturschutzpark anlegen, um uns zu erhalten und als Kuriosa der Zeit respektvoll zu bewahren, aber wir müssen uns klar sein darüber, dass uns längst jede Macht fehlt, gegen diese zunehmende Gleichmäßigkeit der Welt das mindeste zu versuchen. Wir können nur in den Schatten jenes grellen Jahrmarktlichtes treten und wie die Mönche in den Klöstern während der großen Kriege und Umstürze in Chroniken und Beschreibungen einen Zustand aufzeichnend schildern, den wir wie jene für eine Verwirrung des Geistes halten. Aber wir können nichts tun, nichts hindern und nichts ändern: jeder Aufruf zum Individualismus an die Massen, an die Menschheit wäre Überheblichkeit und Anmaßung.

Rettung: so bleibt nur eines für uns, da wir den Kampf für vergeblich halten: Flucht, Flucht in uns selbst. Man kann nicht das Individuelle in der Welt retten, man kann nur das Individuum verteidigen in sich selbst. Des geistigen Menschen höchste Leistung ist immer Freiheit, Freiheit von den Menschen, von den Meinungen, von den Dingen, Freiheit zu sich selbst. Und das ist unsere Aufgabe: immer freier werden, je mehr sich die anderen freiwillig binden! Immer vielfältiger die Interessen ausweiten in alle Himmel des Geistes hinein, je mehr die Neigung der anderen eintöniger, eingleisiger, maschineller wird! Und alles dieses ohne Ostentation! Nicht prahlerisch zeigen: wir sind anders! Keine Verachtung affichieren für alle diese Dinge, in denen vielleicht doch ein höherer Sinn liegt, den wir nicht verstehen. Uns innen absondern, aber nicht außen: dieselben Kleider tragen, von der Technik alle Bequemlichkeiten übernehmen, sich nicht vergeuden in prahlerischen Distanzierungen, in einem dummen ohnmächtigen Widerstand gegen die Welt. Still, aber frei leben, sich lautlos und unscheinbar einfügen in den äußeren Mechanismus der Gesellschaft, aber innen einzig ureigenster Neigung leben, sich seinen eigenen Takt und Rhythmus des Lebens bewahren! Nicht hochmütig wegsehen, nicht frech sich weghalten, sondern zusehen, zu erkennen suchen und dann wissend ablehnen, was uns nicht zugehört, und wissend erhalten, was uns notwendig erscheint. Denn wenn wir uns der wachsenden Gleichförmigkeit dieser Welt auch mit der Seele verweigern, so wohnen wir doch dankbar treu im Unzerstörbaren dieser Welt, das immer jenseits aller Wandlungen bleibt. Noch wirken Mächte, die aller Zerteilung und Nivellierung spotten. Noch bleibt die Natur wandelhaft in ihren Formen und schenkt sich Gebirge und Meer im Umschwung der Jahreszeiten ewig gestaltend neu. Noch spielt Eros sein ewig vielfältiges Spiel, noch lebt die Kunst im Gestalten unaufhörlich vielfachen Seins, noch strömt Musik in immer anders tönender Quelle aus einzelner Menschen aufgeschlossener Brust, noch dringt aus Büchern und Bild Unzahl der Erscheinung und Erschütterung. Mag all das, was man unsere Kultur nennt, mit einem widrigen und künstlichen Wort immer mehr parzelliert und vernüchtert werden – das »Urgut der Menschheit«, wie Emil Lucka die Elemente des Geistes und der Natur in seinem wunderbaren Buche nennt, ist nicht ausmünzbar an die Massen, es liegt zu tief unten in den Schächten des Geistes, in den Minengängen des Gefühls, es liegt zu weit von den Straßen, zu weit von der Bequemlichkeit. Hier im ewig umgestalteten, immer neu zu gestaltenden Element erwartet den Willigen unendliche Vielfalt: hier ist unsere Werkstatt, unsere ureigenste, niemals zu monotonisierende Welt.

Die moralische Entgiftung Europas. Ein Vortrag für die Europatagung der Accademia di Roma, 1932

Wenn wir Europa als einen einzigen geistigen Organismus betrachten – und dazu geben uns die zweitausend Jahre gemeinsam aufgebauter Kultur ein unbedingtes Recht –, so können wir uns der Erkenntnis nicht verschließen, dass dieser Organismus im gegenwärtigen Augenblicke einer schweren seelischen Verstörung anheimgefallen ist. In allen oder beinahe allen Nationen zeigen sich dieselben Erscheinungen starker und rascher Reizbarkeit bei großer moralischer Ermüdung; ein Mangel an Optimismus, ein plötzlich aufspringendes, aus jedem Anlass sich entzündendes Misstrauen, jene typische Nervosität und Unfreudigkeit, die aus dem Gefühle der allgemeinen Unsicherheit stammt. Die Menschen haben seelisch, so wie die Nationen ökonomisch, eine ständige Anstrengung notwendig, um sich im Gleichgewicht zu erhalten; schlechte Nachrichten werden leichter geglaubt als die hoffnungsfreudigen, und sowohl die Individuen als die Staaten scheinen eher bereit, einander gegenseitig zu hassen, als in vergangenen Epochen, das gegenseitige Misstrauen erweist sich unermesslich stärker als das Vertrauen. Ganz Europa steht unter einer Föhnstimmung und Schirokkoluft, welche das lustvolle Spiel der freien Kräfte hemmt, auf die Stimmung drückt und, ohne eine wirkliche Aktion zu fördern, die Nerven gefährlich reizt.

Dass dieser Spannungszustand im letzten noch immer einen Rückstand im Blutkreislaufe aus dem Kriege bedeutet, ist zu klar, als dass es weiterhin noch bewiesen werden müsste. Die Kriegsjahre haben die Menschen in allen Ländern an höhere und heftigere Spannungen des Gefühles gewöhnt. Da Kriege nicht kühl und kalt geführt werden können und nicht nur rein rechnungsmäßige Exempel von Zahlen und Maschinen darstellen, war ein ungeheurer Einschuss gesteigerter Leidenschaft notwendig, um eine so fürchterliche und lange Frist wie den vierjährigen Weltkrieg bis zum Ende zu führen. Ein gewisses »Dumping«,

Die moralische Entgiftung Europas

ein ständiges Anfachen der Instinkte des Hasses, des Zornes, der Erbitterung war notwendig in allen Staaten, um immer und immer wieder die Teilnehmer von der Notwendigkeit des Einsatzes äußerster Gefühlskräfte zu überzeugen, denn nach Goethes Wort ist Begeisterung »keine Heringsware, die man einpökeln kann auf viele Jahre«; sie ist an sich nur ein kurzer Emotionszustand, ein seelendynamischer Superlativ, und diese kurze Frist musste unbedingt ausgedehnt und verlängert werden. So wurde unablässig in allen Ländern der Hass gegen den Gegner immer neu genährt und diszipliniert, Millionen eigentlich indifferenter Naturen zu einem höheren Gefühlsverbrauch an Hass genötigt, als ihnen organisch und natürlich war. Mit dem Friedensschluss wurde dann diese Pflicht zum Hass mit einmal abgestellt und für unnötig erklärt. Aber ein Organismus, einmal an ein Rauschgift gewöhnt, kann es nicht plötzlich entbehren. Wer jahrelang Narkotika oder Stimulantia ständig verbraucht hat, dessen Körper kann sich nicht von einer Stunde zur anderen völlig zu Entbehrung umschalten, und so ist – leugnen wir dies nicht – das Bedürfnis nach politischer Spannung, nach kollektivem Hass bei unserer Generation weiterhin latent geblieben. Er hat sich nur vom äußeren Landesfeind umgeschaltet in andere Richtungen, Hass von System zu System, von Partei zu Partei, von Klasse zu Klasse, von Rasse zu Rasse, aber im Wesentlichen sind seine Formen dieselben geblieben: das Bedürfnis, sich als Gruppe feindselig gegen andere Gruppen zu ereifern, beherrscht noch heute Europa, und man muss an jene alte Sage denken, wo längst nach der Schlacht noch die Schatten der Toten in den Lüften weiter miteinander kämpfen. Dieser verhängnisvolle Zustand der Unsicherheit, der seelischen Unruhe, des Misstrauens und der gegenseitigen Feindseligkeit wird aber von allen geistigen Menschen Europas in allen Ländern gleich schmerzlich empfunden, und das Problem tritt an uns gebieterisch heran, wie eine moralische Entgiftung des Organismus wieder vorzunehmen wäre, auf welche Weise die seelische Depression, die gleichzeitig mit der wirtschaftlichen unser

Abendland belastet — wobei die seelische die wirtschaftliche, die wirtschaftliche die seelische unablässig steigert — durch eine systematische Aktion vermindert werden könnte.

Mit so viel Mut und Entschlossenheit er dieses Problem auch anzugehen geneigt ist, muss der Aufrichtige sich zunächst eingestehen, dass auf eine plötzliche brüske Umschaltung eines Zustandes, der schon Millionen von Seelen innerlich ergriffen hat, nicht zu hoffen ist. Bei seelischen Erkrankungen gibt es nicht die magna therapia sterilisans, die einmalige plötzliche Wunderkur, sondern wie bei jeder Vergiftungserscheinung kann nur eine allmähliche Entziehungskur einsetzen, eine logische, systematische Entwöhnungskur für die seinerzeitige plötzliche irrationale Gewöhnung. Wir dürfen uns keinen Hoffnungen auf plötzlichen Umschwung hingeben, wir müssen vielleicht — schmerzlich dies zu sagen und uns einzugestehen! — auf eine völlige Heilung unserer eigenen Generation, der Kriegsgeneration, schon verzichten und unsere ganze Kraft dahin wenden, dass wenigstens das nächste Geschlecht, die kommende und wahrhaft aufbauende Generation, nicht mehr der falschen und unglückseligen Hassmentalität der unseren verfällt. Mit Proklamationen, Aufrufen, Konferenzen, Bündnissen und Manifestationen guten Willens an die Menschen von heute ist nicht genug getan. Es muss eine zähe, vorbedachte, systematische Arbeit gelistet werden, um die Seele der neuen, der nächsten Generation reiner, fester, heller und klarer zu kristallisieren, als die unsere es gewesen, welcher der Krieg mit seinem furchtbaren Hammer die ursprüngliche Form zerschlagen hat. Wir dürfen nicht mehr daran denken, das Zersplitterte zusammenzusetzen, sondern einzig, das noch Ungeformte neu und zu furchtbarerer Form aufzubauen.

Dieser Aufbau einer neuen Generation muss selbstverständlich an dem Punkte des geistigen Erwachens beginnen, in der Schule, als in der Lebensstunde, wo noch weich, zart und wie plastisches Wachs sich die Geistigkeit des werdenden Menschen der verständigen Hand des Lehrers darbietet. Alles wird richtig entschieden

Die moralische Entgiftung Europas

sein, wenn die neue Jugend Europas gleichzeitig in allen Ländern Europas richtig belehrt wird. Diese neue Erziehung aber muss von einer veränderten Auffassung der Geschichte ausgehen, und zwar von dem Grundgedanken, die Gemeinsamkeit zwischen den Völkern Europas stärker zu betonen als ihren Widerstreit. Diese Auffassung, die mir und manchem als die notwendigste erscheint, ist bisher immer unterdrückt worden zugunsten der rein politischen und nationalpolitischen Geschichtsauffassung. Dem Kinde wurde gelehrt, seine Heimat zu lieben, eine Auffassung, der wir nicht widersprechen und der wir nur noch hinzuzutun wünschten, dass ihm gleichzeitig gelehrt würde, die gemeinsame Heimat Europa und die ganze Welt, die ganze Menschheit zu lieben, den Begriff Vaterland nicht feindselig, sondern in einer Verbundenheit mit den anderen Vaterländern darzustellen. Dieser Auffassung, die wir wünschen, widerspricht aber bei allen Nationen die Darstellung der Geschichte, die in jedem Lande in demselben Sinne gelehrt wird, nämlich, dass immer und überall der jeweilige historische Gegner des Landes seit tausenden und tausenden Jahren als der Feind, als der im Unrecht Befindliche dargestellt wird und das eigene Vaterland als im Recht; dass im Schulbuche alle Kriege als vom Gegner gewaltsam aufgezwungene und nur zur Verteidigung vom eigenen Vaterlande geführte geschildert werden. Vielleicht – dies sei willig zugegeben – kann politische Geschichte, Nationalgeschichte, nicht anders geschrieben werden und nicht anders gelehrt; vielleicht drückt diese Art, Geschichte zu schreiben und zu lehren, sogar einen moralischen Gedanken aus; denn nur die naiven Völker im Urzustande haben den Mut gehabt, sich zu rühmen, kühn und frech Kriege aus reiner Lust begonnen zu haben; und es ist typisch, dass diese Art der Geschichtsschreibung, die jeden Krieg und jede Eroberung als erzwungen darstellt, gerade mit dem ersten geistigen Menschen beginnt, der zugleich Krieger und Darsteller seines Krieges war, mit Julius Cäsar. Als erster zeigt dieser große Charakter schon eine gewisse Scham, einzugestehen, er habe Gallien, Britannien und Germanien nur erobert, um die Macht Roms zu vergrößern, um seine eigene Macht zu steigern; sondern unablässig erklärt er sich von den einzelnen Völkerstämmen als provoziert, als herausgefordert, und indem er seine Siege rühmt, wagt er in einer edlen Scham doch nicht zuzugestehen, aus reinem Eroberungsdrange bis ans Ende Europas vorgedrungen zu sein. Je mehr wir moralisch empfinden, je mehr wir den bloß um der Eroberung willen produzierten Krieg als eine unhumane und dem sittlichen Gesetz zuwiderhandelnde Sache betrachten und nur den aufgezwungenen Krieg, den Krieg der Verteidigung, als entschuldbar, desto mehr werden in allen Ländern die Lehrer und die Schulbücher gezwungen sein, jeden historischen Krieg im Geschichtsunterricht als eine Provokation des Gegners und die eigene Nation als die angegriffene darzustellen. Alle nationale Geschichte bei allen Nationen muss darum notwendigerweise, um bei der Jugend ehrliche Begeisterung zu erwecken, dem Nachbarlande die Schuld zuweisen. Das ist eigentlich unvermeidlich, und wenn heute auf Kongressen gefordert wird, aus den Schulbüchern wenigstens die groben Angriffe oder Verdächtigungen zu entfernen, so ist damit der eigentliche Kern des Problems nicht berührt. Denn immer wird der junge, glühende Mensch den Heroismus seiner Väter und Ahnen nur ganz würdigen und begreifen können, wenn er ihren Kampf als einen Kampf des Rechtes und der Redlichkeit ansieht. Darum wird und muss alle politische Geschichte in allen Ländern niemals objektiv sein und nie völlig objektiv gemacht werden können. Geben wir die Hoffnung auf, dies zu ändern, und setzen wir unsere Kraft lieber ein für wirklich erreichbare Ziele.

Die wirkliche Änderung, die ich zur Entgiftung der moralischen Sphäre bei der Jugend für fruchtbar halte, müsste viel gründlicher sein und tiefer greifen; sie müsste eine Umschaltung des Lehrplanes in allen Staaten und Ländern von der politischen, der militärischen Geschichte zur Kulturgeschichte bringen. Zu lange und zu viel hat man Geschichte nur als eine Aufeinanderfolge von Kriegen dargestellt, als ob die militärische Leistung die einzige und einzig heroische jedes Landes und sein wesentlicher

Die moralische Entgiftung Europas

Anspruch an die Menschheit in den zwei oder drei Jahrtausenden unserer geistigen Existenz gewesen wäre. Von einer übernationalen Warte gesehen, von einem Universalstandpunkte aber ergibt nun dieser Aspekt der Geschichte als Kriegsgeschichte eigentlich eine völlige Sinnlosigkeit. Völker schlagen Völker, Armeen Armeen, Feldherren besiegen Feldherren, Städte werden zerstört, Länder werden groß und wieder klein, Reiche schwellen auf oder schwinden zusammen, immer andere, immer andere, es ist ein ewiges Weiter und Weiter und kein Aufstieg und kein Zusammenhang. Neben dieser Geschichte besteht aber glücklicherweise noch eine zweite der Menschheit: der Aufbau der Kultur, die großen Erfindungen, die Entdeckungen, die Fortschritte in Sitte, Wissenschaft und Technik, und während die bloße Geschichte der Kriege als Gesamtheit nur ein ständiges Auf und Ab ergibt, zeigt die Kulturgeschichte ein ständiges unaufhaltsames Hinauf, ein immer und immer höheres Empor. Während die Kriegsgeschichte dartut, was die einzelnen Länder aneinander verschuldet, wie Frankreich Deutschland plündert und Deutschland Frankreich, wie Griechenland Persien schädigt und Persien Griechenland, während sie in den Nachfahren unweigerlich Hass erregt und nachträgliche Erbitterung, zeigt die andere, die Kulturgeschichte, was eine Nation der anderen verdankt, und erschafft so das großartige Register aller Errungenschaften und Entdeckungen. In der Kriegsgeschichte erscheinen sich die Völker einzig als Feinde, in der Kulturgeschichte als Brüder, durch sie begreifen sie, wie ein Land das andere befruchtet, wie Erfindung mit Erfindung sich ergänzt hat, wie von einem Volke zum anderen gleichsam Ströme des schöpferischen Willens hinübergehen und jede einzelne Leistung, im Gegensatze zu den kriegerischen, das gemeinsame Wohl steigert. Die Geschichte als Kriegsgeschichte, wie sie heute noch fast ausschließlich gelehrt wird, zeigt, wie Europa sich ununterbrochen zerstört hat, die Kulturgeschichte, die heute leider noch nicht genug Gegenstand der Schulen ist, lehrt, wie die Völker Europas sich dank der gemeinsamen Leistung Roms, Griechenlands, Frankreichs, Deutschlands, Italiens, Englands, Spaniens, Hollands, Skandinaviens immer mehr zu einem herrlichen und größeren geistigen Begriffe aufgebaut haben. Die Kriegsgeschichte lockt die Jugend, Gewalt zu bewundern, Kulturgeschichte lehrt sie, den Geist zu verehren, jene den Krieg, diese den Frieden als die höchste menschliche Leistung zu empfinden. Blicken wir das Geschehen der Welt durch die Kulturgeschichte an, so fördern wir unbewusst den Geist der Gemeinsamkeit und das Gefühl des Optimismus, denn hier ist Aufstieg ohne Ende, eine in immer höhere Sphären aufklingende Harmonie.

Wollen wir also den Geist des Misstrauens durch jenen des Vertrauens ersetzen, so müssen wir in der Jugenderziehung die Kulturgeschichte, die geistige Geschichte zumindest als gleichberechtigt neben die militärische und politische setzen. Unsere Generation hat noch in den Schulen von Xerxes und Darius, von Cambyses, von barbarischen, uns völlig gleichgültigen Königen mehr gelernt als von Leonardo, von Volta, von Franklin, Montgolfier und Gutenberg. Wir mussten jede kleine Schlacht auswendig wissen, aber keine Zeile stand in den Büchern darüber, wer die ersten Bahnen gebaut, wer die neue Chemie erfunden. Wir wurden absichtlich im Dunkel gehalten über die kulturelle Leistung unserer Nachbarvölker und wussten nur, in welchen Schlachten und unter welchen Generalen wir ihnen feindselig begegnet waren. Hier scheint mir eine Umstellung nötig, und ich glaube, dass die neue Jugend ihr innerlich eigentlich sehr herzlich bereit wäre. Denn instinktiv, vom Hause aus, von der Straße, von der Zeitung her weiß sie um die Wunder der Technik und ist gewillt, sie zu bewundern. Die Schilderungen verwegener Entdeckungsfahrten, der Überquerung des Ozeans, der Nordpolfahrten, die Taten des individuellen und des moralischen Heroismus können ebenso in ihr Begeisterung erwecken wie die blutigen Schlachtberichte; und je mehr die technische Vortrefflichkeit nicht nur den Ruhm, sondern auch die Sicherheit der Nation ausmacht, umso wertvoller wäre es, rechtzeitig eine

Die moralische Entgiftung Europas

Generation zu erziehen, die ebenso viel Ehrfurcht hegt vor dem Erfinder in seinem Laboratorium, dem genialen Organisator in seiner Arbeitsstube, vor einem Edison, einem Marconi, einem Einstein, eine Generation, die den Künstler und den geistigen Menschen, eben weil er ihrer Nation Liebe und Ehrfurcht in der ganzen Welt einbringt und das Ansehen ihrer Sprache und der geistigen Leistung steigert, als das neue Vorbild ihrer seelischen Energie betrachtet. Würde die Kulturgeschichte in den Mittelpunkt der Erziehung gestellt statt der politischen Geschichte, so wäre mehr Ehrfurcht unter den Nationen voreinander und weniger Misstrauen gegeneinander, mehr Liebe zum Geist und weniger Neigung zur Gewalt in der kommenden Generation, und vor allem stärkte sich jener so notwendige Optimismus, dass wir, welcher Nation immer wir zugehören, durch gemeinsame Leistung in Europa alle politischen, alle wirtschaftlichen, alle sozialen Schwierigkeiten schließlich doch bemeistern können und die Vorherrschaft behalten, die wir seit zweitausend Jahren auf dieser »kleinen Halbinsel Asiens«, wie sie Nietzsche nennt, vor der Geschichte behauptet haben.

Es ist aber nicht genug, Kulturgeschichte als etwas Vergangenes und Historisches zu lernen; die zweite Forderung zu einer wirklichen Befriedung Europas wäre, die Jugend Kulturgeschichte auch erleben zu lassen. Denn Bücher und Schulen sind nur ein Teil der moralischen Erziehung eines Menschen; das Wesentliche erlernt sich immer nur durch das wache Auge, das lebendige Gefühl. So wie den Ablauf der Geschichte muss der zukünftige europäische Mensch auch die Gegenwartsleistung der anderen Völker, ihr Positives und Schöpferisches kennenlernen, und zwar durch eigene unmittelbare Anschauung. Dies geschieht heute bis zu einem gewissen Grade durch das Reisen, aber nur in einer unzulänglichen Weise, denn erstens gibt eine Ferienreise nur flüchtigen Blick und meist einen entstellten, zweitens ist den meisten Menschen Reisen nur vergönnt im Alter der Reife und nicht in der entscheidenden Jugendzeit. Dies aber ist vor allem wichtig und wäre anzustreben, dass durch besondere Aktionen gerade die Jugend aller Länder die Nachbarländer kennenlernte, denn nur in diesen anfänglichen Jahren ist die Seele völlig offen, lernbereit und dem Bejahen zugestimmt, während der dreißig-, der vierzigjährige Mensch bis zu einem gewissen Grade erstarrt ist in seiner ausgebauten Lebensform und meist schon kritischen oder skeptischen Geistes, zu verhärtet, um sich zu wandeln, zu oft enttäuscht, um sich zu enthusiasmieren. Die wichtigste Frage also wäre, die Jugend mit Jugend in Kontakt zu bringen, und zwar nicht in einen äußerlichen, sondern in den wirklich schöpferischen einer gemeinsamen Arbeit und wirklichen Kameradschaft.

Ein Teil dieser Arbeit könnte an den Universitäten geschehen; hier wäre ein Punkt auf dem ich insistieren möchte. Längst scheint mir eine gemeinsame Vereinbarung der Staaten und Universitäten nötig, die international dem Studierenden die Anrechnung eines Studiensemesters oder eines Studienjahres an einer auswärtigen Universität erlaubt. Heute ist noch zwischen den meisten Ländern diese Möglichkeit verschlossen, denn ein Deutscher, der ein halbes oder ein ganzes Jahr an einer italienischen Universität studieren will, muss dieses Jahr, bei dem er menschlich und moralisch so viel gewinnen würde, in seinem Studiengang als ein verlorenes verzeichnen, weil es ihm im Heimatlande nicht als Studienjahr angerechnet wird. Durch diese Maßnahme ist unzähligen jungen Menschen und gerade den besten und lernbegierigsten, gerade denen, die ihre heimischen Lernmethoden mit den ausländischen konfrontieren, die eine fremde Sprache gründlich erlernen und mit einer anderen Generation, mit einer anderen Methode in Fühlung geraten möchten, der Weg versperrt. Und dieses Versäumnis ist fast nie mehr nachzuholen, denn nach vollendetem Studiengang kommt gebieterisch für die meisten, ja die allermeisten jungen Menschen heute schon die Forderung raschen Erwerbes; nur wenige können ein Jahr in der Fremde ihrem Studiengang noch hinzutun, und so entwickeln sich Künste und Wissenschaft national nebeneinander, ohne sich schöpferisch und hilfreich im Geiste einer jungen Generation zu durchdringen. Aber nicht nur die Universitäten sollten von einem solchen Austausche erfasst werden, sondern vielleicht schon in den Gymnasien die Ferien genützt, um durch Stipendien oder Austausch jungen, lernbegierigen Menschen die Welt und das Weltbild zu erweitern. Ich könnte mir denken, dass es fruchtbar wäre, wenn in jeder höheren Schule Italiens, Deutschlands, Frankreichs, Spaniens immer je ein Schüler besonderer Eignung und Neigung für die Ferien im Auslande bestimmt würde, wenn die Staaten beiderseitig diesem Gewählten freie Reise und Rückreise auf ihren Bahnen gewährten und zwischen den einzelnen Familien ein Austausch vereinbart würde, so dass auch die Unbemittelten oder Minderbemittelten dieses Vorteiles teilhaftig würden. Damit würde in allen Ländern gleichzeitig eine wachsame und wohlgesinnte Generation erzogen werden, eine Elite, welche die fremden Sprachen, die fremden Sitten, die fremden Länder aus eigener Anschauung kennt, eine Art Generalstab der geistigen Armee, welche gemeinsam die Zukunft erobern soll. Eine regere Durchblutung im Kreislaufe des Denkens, des Studierens würde beginnen. Und jedem einzelnen Lande würde es zum Vorteile gereichen, in den Staatsstellen, im Handel, an den Universitäten eine solche Auslese junger Leute zu besitzen, die natürliche innere Bindungen der Kameradschaft und Erziehung zu Nachbarländern in jungen Jahren schon erworben hat. Von dieser Elite, von dieser Gruppe der freundschaftlich Verbundenen würde dann in jedem Lande Kenntnis des anderen Landes unmittelbar ausstrahlen, sie wären die berufenen Träger der Vermittlung, die Verbreiter des Verständnisses und damit die Bekämpfer jenes dumpfen Misstrauens zwischen den Nationen, das wir eigentlich als verhängnisvoller empfinden als jede kurze und kriegerische Feindschaft.

Ist einmal eine solche Gemeinschaft geschaffen, eine neue Generation, die in ihrer Jugend ohne Hass und mit Ehrfurcht vor der gemeinsamen europäischen Leistung erzogen wurde, ist einmal in allen Ländern eine breitere Schicht zugleich national und europäisch eingestellter Menschen geschaffen, so können wir daran denken, höhere Organisationen einzusetzen, etwa eine europäische Akademie, eine europäische Universität, die abwechselnd bald in dieser, bald in jener Hauptstadt eines Landes tagt, eine Akademie, welche die einzelnen Akademien der einzelnen Länder umfasst, eine höchste Instanz, die friedlich und freundschaftlich jede Annäherung fördert, jedes Missverständnis verhindert. Gewisse solche Ansätze sind im Völkerbund versucht worden. Aber schwerfällig im Apparat, zu stark von der Diplomatie beherrscht, zu unjugendlich und professoral, hat er sich dieser lebendigen Aufgabe bisher noch nicht gewachsen gezeigt und die Atmosphäre des Misstrauens eher verstärkt als vermindert. Das Politische ist dort noch wesentlicher als das Kulturelle, und da Politik immer Schwierigkeiten bietet und auf Spannungen gegründet ist, muss unsere ganze Bemühung darauf hingehen, zur Gesundung Europas die Annäherung der nationalen Mentalitäten mehr und mehr auf die Tragfläche der kulturellen Leistung zu verschieben. Hier, wo wir wahrhaft verbunden sind, alle Nationen, alle Rassen und Klassen, können wir am ehesten hoffen, zu einem unpolitischen, überpolitischen Einverständnis zu gelangen, und es scheint mir darum wichtig, vor der politischen, militärischen, finanziellen Einheit Europas, der heute noch ein Gegenwille entgegenstrebt, die kulturelle zu verwirklichen; unendlich viel zu einer solchen Verständigung könnte ein gemeinsames europäischen Organ, eine Zeitschrift oder besser noch eine Tageszeitung wirken, die mit dem gleichen Texte in allen Sprachen Europas erscheint und sich zum Ziele setzte, jedes Wort zu unterdrücken, das das Missverständnis vermehrt, und auf jede Möglichkeit hinzuweisen, welche die Bindung und das Verständnis steigert, kurzum eine positive, eine optimistische, eine energienverstärkende Zeitung oder Zeitschrift, die der Generation aller Länder zeigt, dass geheimnisvoll verborgen eine Aufgabe und ein Werk da ist, an dem sie arbeiten und an dem sie mithelfen kann, wenn sie von ihrem Lande aus und in ihrer

Die moralische Entgiftung Europas

Nation die geistige Leistung steigert. Auf diese Sphäre, die kulturelle, vermögen wir zuerst hinzuwirken und dort den Widerstreit der Nationen, statt ihn völlig auszuschalten, in Zusammenarbeit umzusetzen, die nationalen Energien durch den Wettstreit fruchtbar zu machen für das gemeinsame Ziel und somit der neuen, der kommenden Jugend ein stärkeres Weltvertrauen, einen leidenschaftlicheren Zukunftsglauben mitzuteilen, als die Kriegsgeneration ihn allein noch aufzubringen wusste.

Stellt sich also die moralische Entgiftung Europas als eine sehr langfristige, sehr sorgsam und liebevoll zu beginnende Kur dar, bei der wir die endgültige Heilung vielleicht selbst nicht mehr erleben werden, geschieht diese Leistung vielleicht eigentlich nicht mehr für uns selbst, für unsere geprüfte und an den Schwierigkeiten der Zeit erprobte Generation, sondern erst für die nächste, die kommende, die neue Jugend, welche Europa neben dem eigenen Vaterlande als gemeinsame Heimat des Herzens betrachten wird, so heißt dies darum nicht, dass wir heute müßig sein dürfen und all diese aufklärende, bildende Arbeit dem nächsten Geschlechte überlassen. Auch innerhalb unserer Generation ist noch Wesentlichstes zu tun, und vor allem dies: zu vermeiden, dass neue Fieberkeime des Hasses, neue seelische Entzündungsprozesse diese langsam einsetzende Aktion gefährden. Gleichzeitig, während wir die im Blute der Völker noch vom Kriege her zurückgebliebenen Hasselemente abschwächen und allmählich ausscheiden wollen, müssen wir verhindern, dass sie vom Politischen her neue Nahrung erhalten; hier wartet der Gegenwart noch eine sehr wichtige Aufgabe. Erfahrungsgemäß entsteht der Hass zwischen Nationen, zwischen Rassen und Klassen, zwischen einzelnen Menschengruppen selten von innen her, sondern meist durch Infektion oder durch Incitation, und das gefährlichste Mittel, ihn anzufachen, ist die öffentliche, die durch Druckschriften verbreitete Unwahrhaftigkeit. Wir erleben heutzutage noch immer die traurige Erscheinung, dass nur die Ehre des einzelnen Menschen, die Ehre eines Unternehmens, die Ehre von Gruppen und

Gesellschaften gegen Verleumdung und Unwahrhaftigkeit durch ein Staatsgesetz geschützt ist, dass also jede Unwahrhaftigkeit, die einen Einzelnen, ein Unternehmen, eine juristische Person betrifft, durch eine Berichtigung, durch eine Klage sofort geklärt und ungültig gemacht und bestraft werden kann. Dagegen ist merkwürdigerweise die Ehre ganzer Nationen noch immer ungeschützt. Wenn in einem Lande eine offenbar falsche, absichtlich lügenhafte oder verleumderische Nachricht über andere Nationen in den Zeitungen veröffentlicht wird oder grobe ehrenkränkende Unterstellungen gegen ein anderes Volk zum Druck befördert werden, so besteht heute noch keine gesetzliche Möglichkeit, diese Zeitungen, diese Zeitschriften zum Widerruf zu verhalten. Während also die Ehre des Einzelnen verteidigungsfähig ist, bleibt die Ehre ganzer Nationen, ganzer Völker gegeneinander völlig schutzlos. Hier müsste nun endlich eine Instanz geschaffen werden, eine internationale und übernationale, welche die Macht und die Pflicht hat, jede in irgendeinem Lande über ein anderes Land gebrachte falsche Mitteilung oder Anklage zu dementieren, und die Zeitungen oder Zeitschriften aller Länder müssten sich verpflichten oder vom Staate her verpflichtet werden, diese Richtigstellungen sofort zu veröffentlichen. Hätten wir eine Instanz dieser Art, hätten wir eine einheitliche Vereinbarung in allen Ländern Europas, welche dieses Amtes waltete, und jeder Lüge, ehe sie in die Welt läuft, sofort energisch auf die Beine treten würde, so wäre in allen europäischen Staaten unendlich weniger Aufhetzung und Misstrauen gegen die Nachbarstaaten; das latente Hassbedürfnis, das noch immer in unserer Generation in verhängnisvoller Weise schwelt, fände keine neue Nahrung und die Atmosphäre wäre beträchtlich gereinigt. Um gleich von vorneweg einem Missverständnis den Weg zu sperren, möchte ich betonen, dass damit keineswegs der politischen Polemik, der geistigen Diskussion von Land zu Land, der freien Meinungsäußerung innerhalb jeder Nation Abbruch getan werden sollte; nur dies muss gefordert werden, dass diese an sich energiefördernde

Die moralische Entgiftung Europas

politische Polemik sich auf einem höheren Niveau entfalte und niemals unwahre und aufhetzerische Nachrichten zum Stützpunkte nehmen solle; denn ich glaube, dass nationale Politik innerhalb Europas möglich sein muss ohne Beschimpfung und vor allem ohne Verleumdung.

Eine solche übernationale Instanz, die das Recht der Berichtigung aller politischen Lügen innerhalb aller Länder Europas innehätte, wäre meines Empfindens nach leicht zu schaffen: es genügten sechs Männer, zwölf Männer von Ruf und Ansehen, an die sich in jedem einzelnen Falle die beleidigten oder verleumdeten Personen oder Nationen wenden könnten und deren mehrstimmiger oder einstimmiger Beschluss sofort die Richtigstellung auf autoritativer Grundlage verlangen könnte. Eine solche Instanz würde keiner europäischen Nation abträglich sein und allen förderlich, sie würde zugleich, statt die Zeitungen in ihrer Wirkung einzuschränken, das moralische Vertrauen der Leser steigern, denn jeder Einzelne in allen Ländern wüsste, dass er jede Nachricht, die er über ein Nachbarland gedruckt erhält, als eine wahrhafte und beglaubigte hinnehmen darf und dass jede Lüge rücksichtslos entlarvt wird. Würde in diesem Sinne die gedruckte Lüge, die gefährlichste, weil weitestreichende, von allen Völkern einheitlich bekämpft, so fände der Hass weniger Nahrung, das Vertrauen würde gesteigert, und dem ganzen Stande der Schreibenden, den Zeitungen und Zeitschriften wäre eine höhere Moralität und damit die so notwendige Friedensmission gegeben.

Damit wäre freilich nur der negative Teil unserer sittlichen Aufgabe erfüllt, die Ausschaltung der Lüge. Wir aber persönlich, die wir uns das Ideal höherer Eintracht zwischen den Nationen bei Wahrung der Eigenart aller Nationen als höchstes sittliches Ziel setzten, wir hätten außerdem dazu noch die Verpflichtung, durch aktive unermüdliche Tätigkeit im Sinne der Gerechtigkeit dem jüngeren Geschlechte ein Beispiel zu geben. Dass wir uns jedes Wortes enthalten, das Misstrauen zwischen den Nationen zu steigern vermöchte, dass wir unsere Feder nie mit einem Satz beschmutzen, der die Ehre, das Ansehen oder auch nur die Eitelkeit einer Nachbarnation herabsetzen könnte, ist Selbstverständlichkeit für unser Fühlen. Aber wir haben außerdem noch die positive Pflicht, jede Gelegenheit zu ergreifen, um die Leistung unserer Bruderländer in dem eigenen Lande und vor der Welt zu rühmen, die Jugend zu überzeugen, dass eben die Generation, die den fürchterlichsten Hass der Welt gekannt, diesen Hass hassen gelernt hat, weil er unfruchtbar ist im Sinne des kulturellen Aufbaues und weil er die schöpferische Kraft der Menschheit mindert. Wir müssen, wir Schriftsteller, Künstler, Musiker, wir geistigen Menschen alle, der Jugend ein Beispiel geben, dass jede geistige Leistung in jedem Lande zugleich Kameradschaft mit Gleichgesinnten und allen Gleichbestrebten aller Länder und Nationen bedeutet und dass unser Gefühl der Bewunderung für jede Leistung nicht haltmachen darf an Sprachen und Grenzen wie an verschlossenen Türen. Wir müssen zeigen, wir Älteren, dass Bewunderung die innere Kraft nicht abnützt, sondern steigert, und dem allein, der Enthusiasmus immer wieder in sich anzufachen weiß, eine neue geistige Jugend immer wieder geschenkt ist. Je mehr wir uns dem Geiste verbinden, desto weitere Flächen des Lebens vermögen wir liebend zu überschauen, und wenn es auch uns selbst nicht mehr beschieden sein sollte, wieder einen klaren, wolkenlosen Himmel der Eintracht über Europa zu erblicken, so wollen wir doch für dieses noch unsichtbare Ideal unsere ganze Kraft bereithalten und ihm unsere ganze Leidenschaft widmen, damit die nächste Generation in allen Nationen die Sphäre eines von allem Hass und Misstrauen entgifteten Europas als zweite Heimat neben und über der eigenen Heimat erlebe. Möge sie dann lächeln über die Torheiten, denen wir jahrelang verfallen waren, über unsere Irrtümer, über unser Misstrauen! Aber möge sie uns nicht beschuldigen können, wir hätten nicht unser Bestes getan, wieder zur Gerechtigkeit zurückzufinden und der Vernunft ihr ewig schöpferisches Wort wieder zurückzugeben!

Worte am Sarge von Sigmund Freud

Gesprochen am 26. September 1939 im Krematorium London

Erlauben Sie mir angesichts dieses ruhmreichen Sarges einige Worte erschütterten Dankes im Namen seiner Wiener, seiner österreichischen, seiner Weltfreunde in jener Sprache zu sagen, die Sigmund Freud durch sein Werk so großartig bereichert und geadelt hat. Lassen Sie sich vor allem ins Bewusstsein rufen, dass wir, die wir hier in gemeinsamer Trauer versammelt sind, einen historischen Augenblick durchleben, wie er keinem von uns wohl ein zweites Mal vom Schicksal verstattet sein wird. Erinnern wir uns – bei andern Sterblichen, bei fast allen, ist innerhalb der knappen Minute, da der Leib erkaltet, ihr Dasein, ihr Mitunssein für immer beendet. Bei diesem einen dagegen, an dessen Bahre wir stehen, bei diesem Einen und Einzigen innerhalb unserer trostlosen Zeit bedeutet Tod nur eine flüchtige und fast wesenlose Erscheinung. Hier ist das Vonunsgehen kein Ende, kein harter Abschluss, sondern bloß linder Übergang von Sterblichkeit in Unsterblichkeit. Für das körperlich Vergängliche, das wir heute schmerzvoll verlieren, ist das Unvergängliche seines Werks, seines Wesens gerettet – wir alle in diesem Raume, die noch atmen und leben und sprechen und lauschen, wir alle hier sind im geistigen Sinne nicht ein tausendstel Teil so lebendig wie dieser große Tote hier in seinem engen irdischen Sarg.

Erwarten Sie nicht, dass ich Sigmund Freuds Lebenstat vor Ihnen rühme. Sie kennen seine Leistung, und wer kennt sie nicht? Wen unserer Generation hat sie nicht innerlich durchformt und verwandelt? Sie lebt, diese herrliche Entdeckertat der menschlichen Seele, als unvergängliche Legende in allen Sprachen und dies im wörtlichsten Sinne, denn wo ist eine Sprache, welche die Begriffe, die Vokabeln, die er der Dämmerung des Halbbewussten entrungen, nun wieder missen und entbehren könnte? Sitte, Erziehung, Philosophie, Dichtkunst, Malerei und Psychologie, alle und alle Formen geistigen und künstlerischen Schaffens und seelischer Verständigung sind seit zwei, seit drei Generationen durch ihn wie durch keinen zweiten unserer Zeit umgewertet und bereichert worden – selbst die von seinem Werk nicht wissen oder gegen seine Erkenntnisse sich wehren, selbst jene, die niemals seinen Namen vernommen, sind ihm unbewusst pflichtig und seinem geistigen Willen untertan. Jeder von uns Menschen des zwanzigsten Jahrhunderts wäre anders ohne ihn in seinem Denken und Verstehen, jeder von uns dächte, urteilte, fühlte enger, unfreier, ungerechter ohne sein uns Vorausdenken, ohne jenen mächtigen Antrieb nach innen, den er uns gegeben. Und wo immer wir versuchen werden, in das Labyrinth des menschlichen Herzens vorzudringen, wird sein geistiges Licht weiterhin auf unserem Wege sein. –

Alles, was Sigmund Freud geschaffen und vorausgedeutet als Finder und Führer, wird auch in Hinkunft mit uns sein; nur eines und einer hat uns verlassen – der Mann selbst, der kostbare und unersetzliche Freund. Ich glaube, wir alle haben ohne Unterschied, so verschieden wir sein mögen, in unserer Jugend nichts so sehr ersehnt, als *einmal* in Fleisch und Blut vor uns gestaltet zu sehen, was Schopenhauer die höchste Form des Daseins nennt – eine moralische Existenz: einen heroischen Lebenslauf. Alle haben wir als Knaben geträumt, einmal einem solchen geistigen Heros zu begegnen, an dem wir uns formen und steigern könnten, einem Mann, gleichgültig gegen die Versuchungen des Ruhms und der Eitelkeit, einem Mann mit voller und verantwortlicher Seele einzig seiner Aufgabe hingegeben, einer Aufgabe, die wiederum nicht sich selbst, sondern der ganzen Menschheit dient. Diesen enthusiastischen Traum unserer Knabenzeit, dieses immer strengere Postulat unserer Mannesjahre hat dieser Tote mit seinem Leben unvergessbar erfüllt und uns damit ein geistiges Glück ohnegleichen geschenkt. Hier war er endlich inmitten einer eitlen und vergesslichen Zeit: der Unbeirrbare, der reine Wahrheitssucher, dem nichts in dieser

Welt wichtig war als das Absolute, das dauernd Gültige. Hier war er endlich vor unseren Augen, vor unserem ehrfürchtigen Herzen, der edelste, der vollendetste Typus des Forschers mit seinem ewigen Zwiespalt – vorsichtig einerseits, sorgsam prüfend, siebenfach überlegend und sich selber bezweifelnd, solange er einer Erkenntnis nicht sicher war, dann aber, sobald er eine Überzeugung erkämpft, sie verteidigend wider den Widerstand einer ganzen Welt. An ihm haben wir, hat die Zeit wieder einmal vorbildlich erfahren, dass es keinen herrlicheren Mut auf Erden gibt als den freien, den unabhängigen, des geistigen Menschen; unvergesslich wird uns dieser sein Mut sein, Erkenntnisse zu finden, die andere nicht entdeckten, weil sie nicht *wagten* sie zu finden oder gar auszusprechen und zu bekennen. Er aber hat gewagt und gewagt, immer wieder und allein gegen alle, gewagt und sich vorausgewagt in das Unbetretene bis zum letzten Tag seines Lebens; welch ein Vorbild hat er uns gegeben mit dieser seiner geistigen Tapferkeit im ewigen Erkenntniskriege der Menschheit!

Aber wir, die wir ihn kannten, wissen auch, welche rührende persönliche Bescheidenheit diesem Mute zum Absoluten nachbarlich wohnte und wie er, dieser wundervoll Seelenstarke, gleichzeitig der Verstehendste aller seelischen Schwächen bei andern war. Dieser tiefe Zweiklang – die Strenge des Geistes, die Güte des Herzens – ergab am Ende seines Lebens die vollendetste Harmonie, welche innerhalb der geistigen Welt errungen werden kann: eine reine, klare, eine herbstliche Weisheit. Wer ihn erlebt in seinen letzten Jahren, war getröstet in einer Stunde vertrauten Gesprächs über den Widersinn und Wahnsinn unserer Welt, und oft habe ich mir in solchen Stunden gewünscht, sie seien auch jungen, werdenden Menschen mitgegönnt, damit sie in einer Zeit, wenn wir für die seelische Größe dieses Mannes nicht mehr werden zeugen können, noch stolz sagen könnten – ich habe einen wahrhaft Weisen gesehen, ich habe Sigmund Freud gekannt.

Dies mag unser Trost sein in dieser Stunde: er hatte sein Werk vollendet und sich innerlich selbst vollendet, Meister selbst über den Urfeind des Lebens, über den physischen Schmerz durch Festigkeit des Geistes, durch Duldsamkeit der Seele, Meister nicht minder im Kampf gegen das eigene Leiden, wie er es zeitlebens im Kampf gegen das fremde gewesen, und somit vorbildlich als Arzt, als Philosoph, als Selbsterkenner bis zum letzten bittern Augenblick. Dank für ein solches Vorbild, geliebter, verehrter Freund, und Dank für Dein großes schöpferisches Leben, Dank für jede Deiner Taten und Werke, Dank für das, was Du gewesen und was Du von Dir in unsere eigenen Seelen gesenkt – Dank für die Welten, die Du uns erschlossen und die wir jetzt allein ohne Deine Führung durchwandeln, immer Dir treu, immer Deiner in Ehrfurcht gedenkend, Du kostbarster Freund, Du geliebtester Meister, Sigmund Freud!

Abschiedsrede [für Joseph Roth, 1. Juli 1939]

Abschiednehmen, diese schwere und bittere Kunst zu erlernen, haben uns die letzten Jahre reichlich, ja überreichlich Gelegenheit geboten. Von wie vielem und wie oft haben wir Ausgewanderte, Ausgestoßene Abschied nehmen müssen, von der Heimat, von dem eigenen gemäßen Wirkungskreis, von Haus und Besitz und aller in Jahren erkämpften Sicherheit. Wie viel haben wir verloren, Freunde durch Tod oder Feigheit des Herzens, und wie viel Gläubigkeit vor allem, Gläubigkeit an die friedliche und gerechte Gestaltung der Welt, Gläubigkeit an den endlichen und endgültigen Sieg des Rechts über die Gewalt. Zu oft sind wir enttäuscht worden, um noch leidenschaftlich überschwänglich zu hoffen, und die Seele, abgenützt von Verlusten und Verlusten, scheint manchmal schon bereit, jede neue Erniedrigung, jede neue Entrechtung, jede neue Beraubung, jede neue Widrigkeit als ein unserem besonderen Schicksal unlösbar Anhangendes hinzunehmen. Aus Instinkt der Selbstbewahrung versuchen wir freilich, unser Gehirn dahin zu disziplinieren, dass es wegdenke, rasch hinüberdenke über jede neue Verstörung und alles, was hinter uns liegt, schon als endgültig abgelöst zu betrachten. Aber manchmal weigert sich unser Herz dieser Disziplin des raschen und radikalen Vergessens. Immer, wenn wir einen Menschen verlieren, einen der seltenen, die wir unersetzlich und unwiederbringlich wissen, fühlen wir betroffen und beglückt zugleich, wie sehr unser getretenes Herz noch fähig ist, Schmerz zu empfinden und aufzubegehren gegen ein Schicksal, das uns unserer Besten, unserer Unersetzlichsten vorzeitig beraubt.

Ein solcher unersetzlicher Mensch war unser lieber Joseph Roth, unvergessbar als Mensch und für alle Zeiten durch kein Dekret als Dichter auszubürgern aus den Annalen der deutschen Kunst. Einmalig waren in ihm zu schöpferischem Zwecke die verschiedensten Elemente gemischt. Er stammte, wie Sie wissen, aus einem kleinen Ort an der altösterreichisch-russischen

Grenze; diese Herkunft hat auf seine seelische Formung bestimmend gewirkt. Es war in Joseph Roth ein russischer Mensch – ich möchte fast sagen, ein Karamasowscher Mensch –, ein Mann der großen Leidenschaften, ein Mann, der in allem das Äußerste versuchte; eine russische Inbrunst des Gefühls erfüllte ihn, eine tiefe Frömmigkeit, aber verhängnisvollerweise auch jener russische Trieb zur Selbstzerstörung. Und es war in Roth noch ein zweiter Mensch, der jüdische Mensch mit einer hellen, unheimlich wachen, kritischen Klugheit, ein Mensch der gerechten und darum milden Weisheit, der erschreckt und zugleich mit heimlicher Liebe dem wilden, dem russischen, dem dämonischen Menschen in sich zublickte. Und noch ein drittes Element war von jenem Ursprung in ihm wirksam: der österreichische Mensch, nobel und ritterlich in jeder Geste, ebenso verbindlich und bezaubernd im täglichen Wesen wie musisch und musikalisch in seiner Kunst. Nur diese einmalige und nicht wiederholbare Mischung erklärt mir die Einmaligkeit seines Wesens, seines Werks.

Er kam aus einem kleinen Städtchen, ich sagte es, und aus einer jüdischen Gemeinde am äußersten Rande Österreichs. Aber geheimnisvollerweise waren in unserem sonderbaren Österreich diejenigen, die an Österreich glaubten und seinen Sinn bejahten, die eigentlichen Bekenner und Verteidiger Österreichs, niemals in Wien zu finden, in der deutschsprechenden Hauptstadt, sondern immer nur an der äußersten Peripherie des Reiches, wo die Menschen die mild-nachlässige Herrschaft der Habsburger täglich vergleichen konnten mit der strafferen und minder humanen der Nachbarländer. In dem kleinen Städtchen, dem Joseph Roth entstammte, blickten die Juden dankbar hinüber nach Wien; dort wohnte, unerreichbar wie ein Gott in den Wolken, der alte, der uralte Kaiser Franz Joseph, und sie lobten und liebten in Ehrfurcht diesen fernen Kaiser wie eine Legende, sie ehrten und bewunderten die farbigen Engel dieses Gottes, die Offiziere, die Ulanen und Dragoner, die einen Schimmer leuchtender Farbe in ihre niedere, dumpfe, ärmliche Welt brachten. Die Ehrfurcht

Abschiedsrede [für Joseph Roth, 1. Juli 1939]

vor dem Kaiser und seiner Armee hat sich Roth also schon als den Mythos seiner Kindheit aus seiner Heimat nach Wien mitgenommen.

Der Krieg brachte für Roth Entscheidung. An der Front Verantwortung zu tragen und in seinem Hass gegen die Schlachtbank tröstete ihn einzig das Gefühl, das alte Österreich und damit die Idee der Übernationalität an dieser Front zu verteidigen. Das gab diesem zarten Menschen Männlichkeit und Kraft. – Aber es war das Schicksal Joseph Roths, dass wo immer er eine Sicherheit fand, sie erschüttert werden sollte. Der Zusammenbruch der Armee warf ihn zurück nach Wien, ziellos und zwecklos, mittellos.

Vorbei war der Traum der Universität, vorbei die erregende Episode des Soldatentums: es galt eine Existenz aus dem Nichts aufzubauen.

Rasch hatte er seinen ersten Ruhm, freilich nur einen journalistischen und noch nicht den richtigen, den Ruhm des genialsten und humansten Reporters in Deutschland und nicht jenen des Dichters, der er immer war und gewesen war, und den er in seiner Scheu und Schüchternheit noch immer nicht selbständig zu offenbaren wagte.

Nach drei oder vier Jahren hatte unser Joseph Roth nun alles, was man im bürgerlichen Leben Erfolg nennt. Er lebte mit einer jungen und sehr geliebten Frau, er war von den Zeitungen geschätzt und umworben, von einer immer mehr wachsenden Leserschaft begleitet und begrüßt, er verdiente Geld, und sogar viel Geld. Aber Erfolg konnte diesen wunderbaren Menschen nicht hochmütig machen, das Geld bekam ihn nie in seine Abhängigkeit. Er gab es weg mit vollen Händen, vielleicht weil er wusste, dass es bei ihm nicht bleiben wollte. Er nahm kein Haus und hatte kein Heim. Nomadisch wandernd von Hotel zu Hotel, von Stadt zu Stadt mit seinem kleinen Koffer, einem Dutzend feingespitzter Bleistifte und dreißig oder vierzig Blättern Papier in seinem unwandelbaren grauen Mäntelchen, so lebte er sein

Leben lang bohemehaft, studentisch; irgendein tieferes Wissen verbot ihm jede Bleibe, und misstrauisch wehrte er sich jeder Bruderschaft mit behäbig-bürgerlichem Glück.

Und dieses Wissen behielt recht – immer und immer wieder gegen jeden Anschein der Vernunft. Gleich der erste Damm, den er sich gegen das Verhängnis gebaut, seine junge, seine glückliche Ehe, brach ein über Nacht. Seine geliebte Frau, dieser sein innerster Halt, wurde plötzlich geisteskrank, und obwohl er es sich verschweigen wollte, unheilbar und für alle Zeit. Dies war die erste Erschütterung seiner Existenz, und umso verhängnisvoller, als der russische Mensch in ihm, jener russische, leidenswütige Karamasow-Mensch, von dem ich Ihnen sprach, dies Verhängnis gewaltsam umwandeln wollte in eigene Schuld. Gegen alle Logik, gegen alle Wahrheit klagte er sich immer an, er selbst hätte diesen Wahnsinn seiner Frau verschuldet, und bis ins Innerste zerriss und zerstörte er sich mit diesem sinnlosen Vorwurf, den er sich ersonnen, weil er das Schicksal nicht verantwortlich machen wollte für diese Unsinnigkeit.

Aber gerade dadurch, dass er damals bis ins Innerste sich selbst die Brust aufriss, legte er zum ersten Mal sein Herz frei, dieses wunderbare Dichterherz; um sich selbst zu trösten, um sich selbst Heilung zu geben, suchte er, was sinnloses persönliches Schicksal war, umzugestalten in ein ewiges und ewig sich erneuerndes Symbol; sinnend und immer wieder nachsinnend, warum ihn und gerade ihn, der niemandem etwas zuleide getan, der in den Jahren der Entbehrung still und demütig gewesen und sich in den kurzen Jahren des Glücks nicht überhoben, das Schicksal so hart züchtige, da mochte ihn Erinnerung überkommen haben an jenen andern seines Bluts, der gleichfalls über Nacht der Verstoßene und Entrechtete geworden, der mit der gleichen verzweifelten Frage: Warum? Warum mir? Warum gerade mir? sich gegen Gott gewandt.

Sie wissen alle, welches Symbol, welches Buch Joseph Roths ich meine, den »Hiob«, dies Buch, das man in eiliger Abbreviatur

Abschiedsrede [für Joseph Roth, 1. Juli 1939]

einen Roman nennt und das doch mehr ist als Roman und Legende, eine reine, eine vollkommene Dichtung in unserer Zeit, und wenn ich nicht irre, die einzige, die alles zu überdauern bestimmt ist, was wir, seine Zeitgenossen, geschaffen und geschrieben. An Geschlossenheit des Aufbaus, an Tiefe der Empfindung, an Reinheit, an Musikalität der Sprache kaum zu übertreffen, tat dies Meisterwerk mit einem Mal die reine Frömmigkeit, die innere Güte dieses Menschen auf. Aber nun, zum ersten Mal seiner dichterischen Kraft bewusst, unternahm es Roth, auch den anderen Menschen in sich darzustellen: den österreichischen Menschen. Und abermals wissen Sie, welches Werk ich meine – den »Radetzkymarsch«. Wie die alte vornehme und an ihrer inneren Noblesse unkräftig gewordene österreichische Kultur zugrunde geht, dies wollte er in der Gestalt eines letzten Österreichers aus verblühendem Geschlecht zeigen.

Das große Schweigen

Ich glaube, dass die erste Pflicht aller, die die Freiheit des Redens haben, heute die ist, im Namen der Millionen und Abermillionen zu sprechen, die es selber nicht mehr können, weil dieses unentwendbare Recht ihnen entwendet worden ist. Niemals in der Geschichte ist so weithin, so methodisch und systematisch, ähnliche Gewalt geübt worden. Meine Stimme wird sich also bemühen, die der vierzig oder fünfzig Millionen Opfer zu sein, deren Stimme in Mitteleuropa erstickt, erdrosselt ist. Vierzig Millionen, fünfzig Millionen, vielleicht noch mehr. Der Überfall und die Erwürgung werden in unseren Tagen in so grausigem Umfang betrieben, dass wir uns nur äußerst schwer an die Vorstellung gewöhnen, welch riesige, undurchdringliche Zone des Schweigens inmitten unseres Europas geschaffen worden ist. Man könnte sagen, dass der Nordpol plötzlich niedergestiegen ist und das ganze Polen, das ganze Österreich, die Tschechoslowakei, Dänemark, Norwegen, Holland und Belgien mit einer riesigen, trostlosen Einsamkeit überzogen hat. Schreckliche Vision: sechzig oder siebzig Millionen menschlicher Wesen erleiden diesen Zustand der Erniedrigung, sechzig oder siebzig Millionen leben, besser gesagt: vegetieren, ohne die geringste Möglichkeit, ihre Gedanken, ihre Wünsche, ihre Klagen, ihre Hoffnungen auszusprechen.

Sie wissen alle, wie die Tragödie begonnen hat. Das war, als in Deutschland der Nationalsozialismus heraufkam, dessen Parole vom ersten Tag an lautete: Ersticken, Ersticken alle Stimmen, außer einer. Ausrotten alle Manifestationen des freien Wortes, in welcher Form auch immer, künstlerisch, literarisch, journalistisch – selbst in der Form der einfachen Unterhaltung. Einebnen, ausroden, zertrümmern jede Freiheit der Äußerung.

Einige Tage später wurde die ungeheuerliche Parole befolgt. Man verbrannte die Bücher, man jagte die Gelehrten aus ihren Laboratorien, die Priester von ihren Kanzeln, die Schauspieler von der Bühne. Man unterdrückte die Zeitungen und Versammlungsfreiheit. Männer, die durch ihre Ideen und Werke die europäische Kultur bereichert hatten, wurden wie wilde Tiere gehetzt. Es war die plötzliche Entfesselung eines umso odioseren Hasses, als er nirgends spontan war, sondern überall, bis ins allerkleinste Detail, ausgeklügelt und kalt in Szene gesetzt war. Die ganze Welt war schrecklich betroffen. Es war, als ob ein Mensch unter der Wirkung eines heftigen Schocks aus großer Höhe niedergestürzt sei und als ob er nun sich wieder erhöbe, um sich blickte und sich fragte: »Wo bin ich? Sind wir wirklich im zwanzigsten Jahrhundert der Menschheit?«

Aber in eben dieser Welt ließen sich bald beschwichtigende Stimmen vernehmen: »Seien wir vorsichtig. Das ist eine innere Angelegenheit, die nur die Deutschen angeht. Mögen die Deutschen bei sich zu Hause machen, was sie wollen. Mögen die Deutschen sich untereinander zurechtfinden. Was ihre Grenzen nicht überschreitet, geht uns nichts an.«

Folgenschwerer Irrtum! Irrtum aber, der unvermeidlich ist und immer gleichbleibt, sobald der menschliche Geist sich darauf einlässt, in seinem Urteil mit Landesgrenzen zu manipulieren; wenn er vergisst, dass die Menschheit mit ihren Rechten und heiligen Pflichten eine Einheit und Unteilbarkeit ist, und dass ein Verbrechen ein Verbrechen ist, gleichgültig unter welchem Breitegrad, unter welcher Fahne und im Namen welcher Ideologie es begangen wird.

Aber die Erdrosselung der Freiheit des Denkens, die Gewalttätigkeit gegen die Intellektuellen Deutschlands war nur ein Vorspiel. Sie kennen alle den blutigen Kalender der hitlerischen Angriffe auf Individuen und Völker. Die Opfer wechselten, die Methode blieb dieselbe. Immer ein brüsker Losbruch gegen ein schwaches Land, ein schon halb erstickter Schrei: »Hilfe! Hilfe!«, – und dann das Schweigen. Das eisige Schweigen, das vollkommene Schweigen. Nicht mehr das leiseste Stöhnen, nicht mehr der kleinste Seufzer. Als ob dieses Land mit seinen Städten und Dörfern, mit seinen Millionen menschlicher Wesen unter die Erdoberfläche versunken sei. Keine Briefe mehr, keine verlässlichen Nachrichten. Tot die Stimme der Verwandten und Freunde, tot die Stimme der Dichter und Schriftsteller; kein Zeichen mehr von ihnen, das Schweigen ... Ein Schweigen, das heute wie Blei auf so vielen Nationen liegt, auf so vielen Völkern, die gestern noch frei waren und deren Stimme für uns die von Brüdern war.

Dieses Schweigen, dieses furchtbare, undurchdringbare, endlose Schweigen, ich höre es bei Nacht, ich höre es am Tag, es erfüllt mein Ohr und meine Seele mit seinem unbeschreiblichen Schrecken. Es ist unerträglicher als jeder Lärm; es ist mehr Grauen in ihm als im Donner, als im Heulen der Sirene, als im Krachen der Explosionen. Es ist nervenzerrüttender, niederdrückender als die Schreie oder das Schluchzen, denn in jeder Sekunde ist mir bewusst, dass in dieses Schweigen die Knechtschaft von Millionen und Millionen Wesen eingepresst ist. In keiner Weise ähnelt es dem Schweigen der Einsamkeit. Wenn über einem Gebirge, einem See, einem Wald die Stille herrscht, dann ist das, als ob die Landschaft ihren Atem anhielte, um auszuruhen, um zu träumen. Diese Stille ist natürlich. Aber von der, die mich quält und niederbeugt, weiß ich, dass es eine künstliche Stille ist, ein durch Drohung erzwungenes, befohlenes, auferlegtes, erpresstes Schweigen, ein Schweigen des Terrors. Unter dem riesigen, aus Lügen gewebten Bahrtuch, das es ist, gewahre ich die verzweifelten Zuckungen derer, die sich nicht lebendig begraben lassen wollen; hinter diesem Schweigen ahne und fühle ich die Erniedrigung und die Empörung dieser Millionen geknebelter und erstickter Stimmen. Ihre Stille bohrt Wunden in mein Ohr, bestürmt in meiner Seele Tag und Nacht.

Zuweilen entweicht einer von ihnen unter tausend Gefahren dem eisernen Gefängnis und kommt über die Grenze. Man empfängt ihn, man umarmt ihn. »Erzähle«, sagt man ihm. »Beschreibe, was vorgeht.« Aber er hat die Sprache noch nicht wieder gelernt. Ängstlich blickt er um sich, den Terror in den Augen, als sei er immer noch in dem Griff seiner erbarmungslosen Wärter. Man drängt ihn, Nachrichten über dieses oder über jenen zu geben. Er weiß nichts Genaues. Verschwunden, vielleicht tot der eine. Eingekerkert der andere. Der Bruder hat keine Kenntnis von seinem Bruder. Die Mutter weiß nicht mehr, was aus ihrem Sohn geworden ist. Das Schweigen, das furchtbare Schweigen hat allen Kontakt zwischen den Menschen zerrissen. Nutzlos, weiter zu drängen: was ein einzelner Mensch berichten kann, ist nur ein Tropfen in diesem Ozean von Elend, der ein Viertel unseres Europas überschwemmt hat. Später einmal, wenn man seinen ganzen Umfang kennen wird, wenn man um die Millionen und Millionen glücklicher Existenzen, die er verschlungen hat, wissen wird, später einmal wird sich die Menschheit derer schämen, die durch Akte nutzloser Grausamkeit ein Jahrhundert besudelt haben, dessen Fortschritt, dessen Wissenschaften, dessen Künste, dessen großartige Erfindungen unser aller Stolz und unser aller Glaube waren.

Vergessen wir also niemals, nicht in unseren Unterhaltungen, nicht in unserer Stille, nicht am Tage und nicht in der Nacht, vergessen wir niemals diejenigen, die ihr Blut Tropfen für Tropfen hingeben würden, wenn sie es in Worte, in Flehen, in Gebet verwandeln könnten. Auch wir in Frankreich, in England und in den Vereinigten Staaten leiden darunter, zum zweiten Male in den schlingenden Rachen des Krieges geworfen worden zu sein; auch unsere Freuden sind verdunkelt, auch unsere Stunden der Entspanntheit sind gequält. Aber wenigstens haben wir die Sprache behalten, und durch sie atmet die Seele wie der Körper durch die Lungen. Durch das Wort können wir unser Herz befreien, wenn es allzu gepresst ist, können wir uns, einer den anderen, in unserer Zuversicht bestärken. Für sie aber, für diese siebzig Millionen menschlicher Brüder, ist nichts mehr übriggeblieben, als die letzte Waffe des Schwachen: die Hoffnung und das Gebet. Aus Tausenden von Häusern, aus Millionen Herzen steigt dieses heimliche Gebet zum Himmel empor. Und das Leben würde nichts mehr für mich bedeuten, hätte ich nicht die glühende Überzeugung, dass von der ewigen Gerechtigkeit ihr anklagendes Schweigen erhört werden wird.

Dramen

Jeremias

DAS NEUNTE BILD: DER EWIGE WEG

> »Denn ich weiß wohl, was für Gedanken ich über euch habe, spricht der Herr: Gedanken des Friedens und nicht des Leides, dass ich euch gebe das Ende, dessen ihr wartet. Und ihr werdet mich anrufen, und ich werde euch erhören. Denn so ihr mich von ganzem Herzen suchen werdet, will ich mich von euch finden lassen, spricht der Herr, und will euer Gefängnis wenden.«
> Jer. XIX, 11–14.

Der gleiche große Platz vor dem Tempel wie im ersten Bilde, doch nun mit allen Zeichen der Vernichtung und Zerstörung. Auf dem Platze stauen sich in wirrem Geschiebe Karren mit Hausrat beladen, aufgezäumte Tragtiere, Wagen und Gefährte, dazwischen der strömende Schwarm der flüchtigen Menschen, die zum großen Aufbruch rüsten. Immer neue Gruppen drängen aus den Gassen her, immer lauter wird das Geschwirre der Stimmen.

Über dem wirr geschäftigen tragischen Treiben hängt das Dunkel einer mondverwölkten Nacht, die allmählich in das Ungewiss der nahenden Dämmerung übergeht.

STIMMEN: Hier ist der Platz ... wie viele ihrer schon sind ... haltet euch zusammen, Söhne Rubens ... hier voran, dass ihr die ersten seid ...

ANDERE STIMMEN: Was drängt ihr ... unser ist die Stelle ... seit Abend stehen unsere Mäuler hier gegürtet ... immer will Ruben voran sein ...
EIN ALTER: Nicht streitet ... lasset Ruben voran, so will es das Gesetz ...
DIE ANDERN STIMMEN: Es gibt kein Gesetz mehr ... verbrannt ist die Schrift ... wer bist du, dass du uns gebieten willst ... weh uns Verwaisten ... was ziehen wir aus ohne Gott und Gesetz, ohne Führer, der uns weise ... warum kommt er nicht, der uns ausführet mit starker Hand ... nie war größer die Not ...
EINE NEUE GRUPPE (*aus dem Dunkel*): Hier ist des Marktes Mitte ... wer seid ihr ... Benjamin sind wir ... die Letzten, reihet euch an ... nein ... nein ... wir wollen nicht fressen von eurem Staube ... und wir nicht den euren ... fort mit den Tieren, führt sie am Zaume ... ihr tretet die Frauen ... wehe, was stoßet ihr ... ach, dass es schon Morgen würde, dass ausginge diese Nacht ... wehe, wie Arges wünschest du, bete, dass ewig sie währte, denn die letzte ist sie auf Zions Berge ... ach, bräche doch nie dieser Tag über uns ... wehe uns, weh unseren Kindern, den Knechten der Fremde ...
(GELÄCHTER UND TUMULT aus dem Palast. Heraustreten, beleuchtet von Fackeln, die trunkenen chaldäischen Fürsten, grölend und lachend. In ihrer Mitte haben sie einen, den sie fortstoßen, einer zum andern, dass er zwischen ihnen schwankt und immer zu fallen droht.)
DIE CHALDÄISCHEN KRIEGER (*durcheinander*): So geh doch wider Nabukadnezar ... Auf, Erstürmer Babels ... nicht falle, du Säule Israels ... geh ... nicht kann er tanzen, wie David, der König ... nicht schlägt er die Psalter ... lasset ihn ... kommt zurück zum Weine ... an seinen Weibern erletz ich mich lieber ... kommt ... kehret ... laßt ihn ...
(DIE KRIEGER kehren lachend und lärmend in den Palast zurück. Der Verlassene bleibt unsicher im Dunkel über der Treppe stehen. Ein matter Strich verwölkten Mondlichtes lässt seinen Schatten schwarz hinter ihm aufstehen, dass er groß und gespenstig erscheint. DIE MENGE, unten in Schrecken und Staunen wogend, leise flüsternd.)

STIMMEN: Wer ist es ... warum haben sie ihn fortgestoßen vom Mahle ... warum spricht er nicht ... seine Blicke sind verschnürt ... wie er die Hände hebt ... wer ist er ... nicht nahet ihm ... wer mag es sein ... ich will sehen ...
(EINIGE der Beherzteren sind die Stufen emporgeklommen.)
EINER *(plötzlich aufschreiend)*: Zedekia!
DIE MENGE *(durcheinander)*: Der König ... der Geblendete ...
ZEDEKIA *(unsicher)*: Wer ruft mich? ...
STIMMEN: Keiner ruft dich ... Fluch ruft dich und Gottes Gericht ... Wo sind die Ägypter ... wo ist Zion ...
ANDERE STIMMEN: Schweiget! ... Der Gesalbte ist er des Herrn ... geblendet haben ihn unsere Feinde ... Ehrfurcht dem Könige ...
ANDERE STIMMEN: Nein, er soll nicht sitzen unter uns ... wo sind meine Kinder ... gib sie mir wieder ... Fluch über den Mörder Israels ...
ZEDEKIA *(zu einem, der emporgestiegen ist und ihn leitet)*: Fort ... führe mich fort ... in den Tempel, dass er mich berge vor ihrem Hasse ... ich will ihre Stimmen nicht hören ... ihr Hass brennt auf meine Wunden ... in den Tempel.
DER FÜHRENDE: Herr, der Tempel ist nicht mehr.
ZEDEKIA: Ist der Tempel gefallen ... dann falle auch ich ... wehe, wer tötet mich, den Blinden ...
STIMMEN: Ein Fluchbringer ist er ... er hat Gottes Haus stürzen lassen ... was soll uns ein Blinder ... eine Last ist er ... nein, er soll nicht König sein ... nein ...
ZEDEKIA *(fast weinend in seiner Hilflosigkeit)*: Führ mich fort ... meine Augen sind mir genommen ... die Krone noch reißen sie mir ab ... birg mich ... verbirg mich vor ihnen.
EINE FRAU: Hier ruhe aus ... mein König, bette dich hin.
(ZEDEKIA wird an der Treppe hingebettet, Neugierde drängt um ihn.)
DER ÄLTESTE: Weichet vom Könige! Ehrfurcht dem Gesalbten des Herrn! Unser Führer ist er von Gott.

STIMMEN: Nein ... ein Blinder ist kein Führer ... Knechte sind wir alle, wir brauchen keine Führer ... oh, wir bedürfen eines Erretters ... oh, dass Mose uns erstünde ... ein Tröster wäre vonnöten, kein Bedrückter ... wehe wir Vertriebenen ... wehe uns Führerlosen ...
(EIN LAUTES KLINGENDES TÖNEN von ferne.)
STIMMEN: Wehe, die Posaune ... die Posaune ... hört ihr sie tönen ... nein, es ist die Posaune nicht ... wie von Zimbeln klingt es und Pauken ... Gesang, hört ihr Gesang ... es jauchzen unsere Feinde ... oh, Schmach ... oh, Qual ...
(DAS LAUTE KLINGENDE TÖNEN kommt näher.)
STIMMEN: Pauken und Zimbeln ... sie kommen, uns fortzutreiben ... Gesang schwillt her ... wehe, wehe, wenn unsere Feinde jauchzen ... ihren Sieg jubeln sie ... wohin flüchten vor ihrem Hohn?
(DAS TÖNEN ist ganz nah, man hört einzelne Rufe und Zimbelschläge. Aus dem Dunkel sieht man eine Gruppe Menschen schreiten, die sich jubelnd um eine hohe Gestalt drängen.)
EINER *(aus der Menge)*: Sehet ... sehet ... der Unseren welche sind es, die nahen ...
STIMMEN: Es ist nicht wahr ... wie könnten sie jauchzen ... Fluch dem Sohn Israels, der frohlockte an diesem Tag ... die Unsern sind es ... ich erkenne sie ... Wer ist es, den sie umschreiten ... was jauchzen sie ... was schlägt die Zimbel das rasende Weib ...
(DIE GRUPPE der Nahenden, mit Jeremias in der Mitte, ist aus der Tiefe ins fahle Morgenlicht getreten. Sie schreiten wie die Trunkenen.)
EINER: Sehet, ist dies Jeremia nicht, den sie umschreiten?
STIMMEN: Ja ... nein ... dunkel war jenes Gesicht ... ein Leuchten ist aber um diesen ... doch, sehet, er ist es ... er ist es ... wie ist er gewandelt ... wehe, der Flucher ... wie kann Süßes kommen von dem Bittern ... was folgt er uns, der uns verfolgte ...
BARUCH: Höret seine Tröstung, ihr Brüder!
STIMMEN: Wie kann Tröstung kommen von dem Verfluchten ... wie die Geißel schlägt er zu ... er wird uns würgen mit dem

Wort ... hart ist sein Mund wie ein Schwert ... Salz streut er in unsere Wunden ... hebe dich fort, Unbarmherziger!
BARUCH: Nein, höret ihn! Das Herz hat er uns erhoben!
DER KRANKE: Ich zeuge für ihn, ich bezeuge ihn! Im Brand meiner Wunde lag ich, ein Siecher, und er hat mich erhoben.
STIMMEN: Wer ist dieser ... höret ihn an ... Wunder verheißet er, und wir bedürfen der Wunder ... Tröstung will mein Herz ... kann er wecken die Toten, kann er aufbauen die zederne Burg ... nein, höret ihn ... wehe uns ...
BARUCH: Meister, sieh ihren Widerstreit! Mache einig ihr Herz, hebe auf zu Gott ihre Trauer!
JEREMIAS (*aus dem Kreise vortretend an die höchste der Stufen*): Meine Brüder, im Dunkel fühle ich eure Nähe und des Dunkels voll eure Seelen. Aber, meine Brüder, warum verzaget ihr, warum klaget ihr?
STIMMEN: Hört ihr den Lästerer ... sollen wir jauchzen am Tage unseres Ausgangs ... sollen wir vergessen der Toten ... er spottet unserer Tränen ...
JEREMIAS: Ist denn alles verloren, dass ihr klaget? Sehet und fühlt es mit den Sinnen: das Leben ist euch geschenkt ...
EINE STIMME: Wehe, welch ein Leben!
JEREMIAS: Ich schaue, meine Brüder, in euer Leiden wie in ein geöffnet Buch, und eurer Schmerzen Schrift ist mir aufgetan; doch, meine Brüder, auch unseres Leidens Sinn sehe ich: ich sehe den Gott darin. Eine Prüfung nur ist diese Stunde, so lasset sie uns bestehen!
STIMMEN: Warum prüfet uns Gott ... Warum gerade uns, seine Auserwählten ... warum ist so hart diese Prüfung ...
JEREMIAS: Damit wir ihn erkennen, sendet Gott uns die Prüfung. Anderen Völkern ist kein Zeichen und gering Erkennen gegeben, in Hölzern und Steinen meinen sie des Ewigen Gesicht zu erschauen. Doch unser Gott, unserer Väter Gott, ein verborgener Gott ist er, und erst in der Tiefe des Leidens werden wir seiner gewahr.
STIMMEN: Ja, er redet recht ... Vergessen haben wir seiner in Hoffart ... nie rief ich ihn an wie jetzt in der Not ... wahr redet er ... Tröstung ist in seinen Worten ...

Dramen

JEREMIAS: Er hat uns brüchig gemacht, dass wir fruchtend würden seines Samens, er hat uns geschwächet am Leibe, dass er uns stärkte in der Seele. Oh, willig lasset uns eingehen in die Schmelzfeuer seines Willens um der Läuterung willen. Tut, wie eure Väter taten, und weigert euch der Züchtigung des Allmächtigen nicht!
STIMMEN: Geben wir uns hin seinem Willen ... ich will die Klage zerschlagen in meinem Munde ... ja ... auch sie waren in Knechtschaft, und er hat sie erlöset ... auch uns wird er hören ... ja ... ja ... oh, dass er unser sich erbarmte ... sage, du Verkünder, wird er uns wieder aufnehmen ... gibt er uns Erhebung ... lass es uns glauben ...
JEREMIAS: Glaubet an die Erstehung, ihr Brüder, und ihr seid schon erstanden. Denn wer sind wir, wenn wir nicht gläubig sind? Nicht ward uns wie andern Völkern Scholle gegeben, daran zu kleben, Heimat, darin zu verharren, nicht die Rast, darin unser Herz fett werde! Nicht zum Frieden sind wir erwählet unter den Völkern: Weltwanderschaft ist unser Zelt, Mühsal unser Acker und Gott unsere Heimat in der Zeit. Lasset den andern ihr Glück, lasset ihnen Haus und die Heimstatt der Erde, du aber lasse dich prüfen, du Leidensvolk, und glaube, du Gottesvolk, denn das Leid ist dein heilig Erbe, und ihm einzig bist du erwählet um deiner Ewigkeit willen.
STIMMEN: Oh, Wahrheit des Wortes ... unser Erbe ist das Leid ... ich will es auf mich nehmen ... Segen auf dein Wort ...
JEREMIAS: So steh auf, du Volk, aus deiner Klage; wie einen Stab nimm deinen Glauben, und du wirst schreiten aus deinen Nöten, wie du geschritten tausend und tausend Jahre! Selig die Besiegten, die wir sind um seinetwillen, selig unsere Vertriebenheit! Durch Leiden haben wir die Zeit bestanden, immer war Untergang unser Anbeginn, doch aus allen Tiefen hub er uns immer an sein heilig Herz! Gedenket, gedenket der einstigen Mühsal und gedenket, wie wir sie bestanden! Rühmet die Plage, ihr Geplagten, rühmet die Prüfung, ihr Geprüften, rühmet den Gott, der uns ihr erwählte in alle Ewigkeit! [...]

Die Flucht zu Gott.
Ein Epilog zu Leo Tolstois unvollendetem Drama »Das Licht scheinet in der Finsternis«

VORWORT

Im Jahre 1890 beginnt Leo Tolstoi eine dramatische Selbstbiographie, die später als Fragment aus seinem Nachlass unter dem Titel: »Und das Licht scheinet in der Finsternis« zur Veröffentlichung und Aufführung gelangte. Dieses unvollendete Drama (schon die erste Szene verrät's) ist nichts anderes als eine allerintimste Darstellung seiner häuslichen Tragödie, geschrieben offenbar als Selbstrechtfertigung eines beabsichtigten Fluchtversuches und gleichzeitig als Entschuldigung seiner Frau, also ein Werk vollkommenen moralischen Gleichgewichts inmitten äußerster seelischer Zerrissenheit.

Sich selbst hat Tolstoi in der durchsichtig selbstbildnerischen Gestalt des Nikolai Michelajewitsch Sarynzew hingestellt und wohl das wenigste der Tragödie darf als erfunden angenommen werden. Zweifellos hat Leo Tolstoi sie nur gestaltet, um sich selbst die notwendige Lösung seines Lebens vorauszudichten. Aber weder im Werk noch im Leben, weder damals im Jahre 1890 noch zehn Jahre später, 1900, hat Tolstoi den Mut und die Form eines Entschlusses und Abschlusses gefunden. Und aus dieser Willensresignation ist das Stück Fragment geblieben, endend mit vollkommener Ratlosigkeit des Helden, der nur flehend die Hände zu Gott aufhebt, er möge ihm beistehen und für ihn den Zwiespalt enden.

Den fehlenden letzten Akt der Tragödie hat Tolstoi auch später nicht mehr geschrieben, aber wichtiger: er hat ihn gelebt. In den letzten Oktobertagen des Jahres 1910 wird das Schwanken eines Vierteljahrhunderts endlich Entschluss, Krise zur Befreiung:

Dramen

Tolstoi entflieht nach einigen ungeheuer dramatischen Auseinandersetzungen und entflieht gerade zurecht, um jenen herrlichen und vorbildlichen Tod zu finden, der seinem Lebensschicksal die vollkommene Formung und Weihe verleiht.

Nichts schien mir nun natürlicher, als das gelebte Ende der Tragödie dem geschriebenen Fragment anzufügen. Dies und einzig dies habe ich hier mit möglichster historischer Treue und Ehrfurcht vor den Tatsachen und Dokumenten versucht. Ich weiß mich frei von der Vermessenheit, damit ein Bekenntnis Leo Tolstois eigenmächtig und gleichwertig ergänzen zu wollen, ich schließe mich dem Werke nicht an, ich will ihm bloß dienen. Was ich hier versuche, möge darum nicht als Vollendung gelten, sondern als ein selbständiger Epilog zu einem unvollendeten Werke und ungelösten Konflikt, einzig bestimmt, jener unvollendeten Tragödie einen festlichen Ausklang zu geben. Damit sei der Sinn dieses Epilogs und meine ehrfürchtige Mühe erfüllt.

Für eine allfällige Darstellung muss betont werden, dass dieser Epilog zeitlich sechzehn Jahre später spielt als »Das Licht scheinet in der Finsternis« und dies äußerlich in der Erscheinung Leo Tolstois unbedingt sichtbar werden muss. Die schönen Bildnisse seiner letzten Lebensjahre können da vorbildlich sein, insbesondere jenes, das ihn im Kloster Schamardino bei seiner Schwester zeigt und die Photographie auf dem Totenbette. Auch das Arbeitszimmer sollte in seiner erschütternden Einfachheit respektvoll dem historischen nachgebildet werden. Rein szenisch wünschte ich diesen Epilog (der Tolstoi mit seinem Namen nennt und nicht mehr hinter der Doppelgängergestalt Sarynzew verbirgt) nach einer größeren Pause dem vierten Akt des Fragments »Das Licht scheinet in der Finsternis« angeschlossen. Eine selbständige Aufführung liegt nicht in meiner Absicht.

Die Flucht zu Gott

Gestalten des Epilogs:

LEO NIKOLAJEWITSCH TOLSTOI (im dreiundachtzigsten Jahr seines Lebens).
SOPHIA ANDREJEWNA TOLSTOI, seine Gattin.
ALEXANDRA LWOWNA (genannt Sascha), seine Tochter.
DER SEKRETÄR.
DUSCHAN PETROWITSCH, Hausarzt und Freund Tolstois.
DER STATIONSVORSTEHER VON ASTAPOWO, IWAN IWANOWITSCH OSOLING.
DER POLIZEIMEISTER VON ASTAPOWO, CYRILL GREGOROWITSCH.
ERSTER STUDENT.
ZWEITER STUDENT.
DREI REISENDE.

Die ersten beiden Szenen spielen an den letzten Oktobertagen des Jahres 1910 im Arbeitszimmer von Jasnaja Poljana, die letzte am 31. Oktober 1910 im Wartesaal des Bahnhofs von Astapowo.

ERSTE SZENE.

Ende Oktober 1910 in Jasnaja Poljana.
Das Arbeitszimmer Tolstois, einfach und schmucklos, genau nach dem bekannten Bild.
  Der Sekretär führt zwei Studenten herein. Sie sind nach russischer Art in hochgeschlossene, schwarze Blusen gekleidet, beide jung, mit scharfen Gesichtern. Sie bewegen sich vollkommen sicher, eher anmaßend als scheu.

DER SEKRETÄR: Nehmen Sie inzwischen Platz, Leo Tolstoi wird Sie nicht lange warten lassen. Nur möchte ich Sie bitten, bedenken Sie sein Alter! Leo Tolstoi liebt dermaßen die Diskussion, dass er oft seine Ermüdbarkeit vergisst.

ERSTER STUDENT: Wir haben Leo Tolstoi wenig zu fragen – eine einzige Frage nur, freilich eine entscheidende für uns und für ihn. Ich verspreche Ihnen, knapp zu bleiben – vorausgesetzt, dass wir frei sprechen dürfen.
DER SEKRETÄR: Vollkommen. Je weniger Formen, umso besser. Und vor allem, sagen Sie ihm nicht Durchlaucht – er mag das nicht.
ZWEITER STUDENT *(lachend)*: Das ist von uns nicht zu befürchten, alles, nur das nicht.
DER SEKRETÄR: Da kommt er schon die Treppe herauf.

(Tolstoi tritt ein, mit raschen, gleichsam wehenden Schritten, trotz seines Alters beweglich und nervös. Während er spricht, dreht er oft einen Bleistift in der Hand oder krümelt ein Papierblatt, aus Ungeduld, schon selber das Wort zu ergreifen. Er geht rasch auf die beiden zu, reicht ihnen die Hand, sieht jeden von ihnen einen Augenblick scharf und durchdringend an, dann lässt er sich auf dem Wachslederfauteuil ihnen gegenüber nieder.)

TOLSTOI: Sie sind die beiden, nicht wahr, die mir das Komitee schickte ... *(Er sucht in einem Briefe.)* Entschuldigen Sie, dass ich Ihre Namen vergessen habe ...
ERSTER STUDENT: Unsere Namen bitten wir Sie als gleichgültig zu betrachten. Wir kommen zu Ihnen nur als zwei von Hunderttausenden.
TOLSTOI *(ihn scharf ansehend)*: Haben Sie irgendwelche Fragen an mich?
ERSTER STUDENT: Eine Frage.
TOLSTOI *(zum zweiten)*: Und Sie?
ZWEITER STUDENT: Dieselbe. Wir haben alle nur eine Frage an Sie, Leo Nikolajewitsch Tolstoi, wir alle, die ganze revolutionäre Jugend Russlands – und es gibt keine andere: warum sind Sie nicht mit uns?
TOLSTOI *(sehr ruhig)*: Ich habe das, wie ich hoffe, deutlich ausgesprochen in meinen Büchern und außerdem in einigen Briefen,

die inzwischen zugänglich gemacht worden sind. – Ich weiß nicht, ob Sie persönlich meine Bücher gelesen haben?
ERSTER STUDENT *(erregt)*: Ob wir Ihre Bücher gelesen haben, Leo Tolstoi? Es ist sonderbar, was Sie uns da fragen. Gelesen – das wäre zu wenig. Gelebt haben wir von Ihren Büchern seit unserer Kindheit, und als wir junge Menschen wurden, da haben Sie uns das Herz im Leibe erweckt. Wer anders wenn nicht Sie haben uns die Ungerechtigkeit der Verteilung aller menschlichen Güter sehen gelehrt – Ihre Bücher, nur sie haben unsere Herzen von einem Staat, einer Kirche und einem Herrscher losgerissen, der das Unrecht an den Menschen beschützt, statt die Menschheit. Sie und nur Sie haben uns bestimmt, unser ganzes Leben einzusetzen, bis diese falsche Ordnung endgültig zerstört ist ...
TOLSTOI *(will unterbrechen und sagt)*: Aber nicht durch Gewalt ...
ERSTER STUDENT *(hemmungslos ihn übersprechend)*: Seit wir unsere Sprache sprechen, ist niemand gewesen, dem wir so vertraut haben wie Ihnen. Wenn wir uns fragten, wer wird dieses Unrecht beseitigen, so sagten wir uns: Er! Wenn wir fragten, wer wird einmal aufstehen und diese Niedertracht stürzen, so sagten wir: Er wird es tun, Leo Tolstoi. Wir waren Ihre Schüler, Ihre Diener, Ihre Knechte, ich glaube, ich wäre damals gestorben für einen Wink Ihrer Hand, und hätte ich vor ein paar Jahren in dieses Haus treten dürfen, ich hätte mich noch geneigt vor Ihnen wie vor einem Heiligen. Das waren Sie für uns, Leo Tolstoi, für Hunderttausende von uns, für die ganze russische Jugend bis vor wenigen Jahren – und ich beklage es, wir beklagen es alle, dass Sie uns seitdem ferne und beinahe unser Gegner geworden sind.
TOLSTOI *(weicher)*: Und was meinen Sie, müsste ich tun, um Euch verbunden zu bleiben?
ERSTER STUDENT: Ich habe nicht die Vermessenheit, Sie belehren zu wollen. Sie wissen selbst, was Sie uns, der ganzen russischen Jugend entfremdet hat.
ZWEITER STUDENT: Nun, warum es nicht aussprechen, zu wichtig ist unsere Sache für Höflichkeiten: Sie müssen endlich

Dramen

einmal die Augen öffnen und nicht länger lau bleiben angesichts der ungeheuren Verbrechen der Regierung an unserm Volke. Sie müssen endlich aufstehen von Ihrem Schreibtisch und offen, klar und rückhaltlos an die Seite der Revolution treten. Sie wissen, Leo Tolstoi, mit welcher Grausamkeit man unsere Bewegung niedergeschlagen hat, mehr Menschen modern jetzt in den Gefängnissen als Blätter in Ihrem Garten. Und Sie, Sie sehen das alles mit an, schreiben vielleicht, so sagt man, ab und zu in einer englischen Zeitung irgendeinen Artikel über die Heiligkeit des menschlichen Lebens. Aber Sie wissen selbst, dass gegen diesen blutigen Terror heute Worte nicht mehr helfen, Sie wissen so gut wie wir, dass jetzt einzig ein vollkommener Umsturz, eine Revolution nottut, und Ihr Wort allein kann ihr eine Armee erschaffen. Sie haben uns zu Revolutionären gemacht und jetzt, da ihre Stunde reif ist, wenden Sie sich vorsichtig ab und billigen damit die Gewalt!

TOLSTOI: Niemals habe ich die Gewalt gebilligt, niemals! Seit dreißig Jahren habe ich meine Arbeit gelassen, einzig um die Verbrechen aller Machthaber zu bekämpfen. Seit dreißig Jahren – Ihr wart noch nicht geboren – fordere ich, radikaler als Ihr, nicht nur die Verbesserung, sondern die vollkommene Neuordnung der sozialen Verhältnisse.

ZWEITER STUDENT *(unterbrechend)*: Nun, und? Was hat man Ihnen bewilligt, was hat man uns gegeben seit dreißig Jahren? Die Knute den Duchoborzen, die Ihre Botschaft erfüllten, und sechs Kugeln in die Brust. Was ist besser geworden in Russland durch Ihr sanftmütiges Drängen, durch Ihre Bücher und Broschüren? Sehen Sie nicht endlich ein, dass Sie jenen Unterdrückern noch helfen, indem Sie das Volk langmütig und dulderisch machen und vertrösten auf das tausendjährige Reich? Nein, Leo Tolstoi, es hilft nichts, dieses übermütige Geschlecht im Namen der Liebe anzurufen, und wenn Sie mit Engelszungen redeten! Diese Zarenknechte werden um Ihres Christus willen keinen Rubel aus ihrer Tasche holen, nicht einen Zoll werden sie nachgeben, ehe wir ihnen nicht mit der Faust an die Kehle fahren. Genug lang hat das Volk gewartet auf Ihre Bruderliebe, jetzt warten wir nicht länger, jetzt schlägt die Stunde der Tat.

TOLSTOI *(ziemlich heftig)*: Ich weiß, sogar eine »heilige Tat« nennt ihr es in euren Proklamationen, eine heilige Tat, »den Hass hervorzurufen«. Aber ich kenne keinen Hass, ich will ihn nicht kennen, auch gegen jene nicht, die sich an unserem Volke versündigen. Denn der das Böse tut, ist unglücklicher in seiner Seele als der, der das Böse erleidet – ich bemitleide ihn, aber ich hasse ihn nicht.

ERSTER STUDENT *(zornig)*: Ich aber hasse sie alle, die Unrecht tun an der Menschheit – schonungslos wie blutige Bestien hasse ich jeden von ihnen! Nein, Leo Tolstoi, nie werden Sie mich ein Mitleid lehren mit diesen Verbrechern.

TOLSTOI: Auch der Verbrecher ist noch mein Bruder.

ERSTER STUDENT: Und wäre er mein Bruder und meiner Mutter Kind und brächte Leiden über die Menschheit, ich würde ihn niederschlagen wie einen tollen Hund. Nein, kein Mitleid mehr mit den Mitleidslosen! Es wird nicht eher Ruhe auf dieser russischen Erde sein, als bis die Leichen der Zaren und Barone unter ihr liegen; es wird keine menschliche und sittliche Ordnung geben, ehe wir sie nicht erzwingen.

TOLSTOI: Keine sittliche Ordnung kann durch Gewalt erzwungen werden, denn jede Gewalt zeugt unvermeidlich wieder Gewalt. Sobald ihr zur Waffe greift, schafft ihr neuen Despotismus. Statt zu zerstören, verewigt ihr ihn.

ERSTER STUDENT: Aber es gibt kein Mittel gegen die Mächtigen als Zerstörung der Macht.

TOLSTOI: Zugegeben; aber niemals darf man ein Mittel anwenden, das man selber missbilligt. Die wahre Stärke, glauben Sie mir, erwidert Gewalt nicht durch Gewalt, sie macht ohnmächtig durch Nachgiebigkeit. Es steht im Evangelium geschrieben ...

ZWEITER STUDENT *(unterbrechend)*: Ach, lassen Sie das Evangelium. Die Popen haben längst einen Branntwein daraus gemacht, um das Volk zu verdumpfen. Das galt vor zweitausend

Dramen

Jahren und hat schon damals keinem geholfen, sonst wäre die Welt nicht so randvoll von Elend und Blut. Nein, Leo Tolstoi, mit Bibelsprüchen lässt sich heute die Kluft zwischen Ausgebeuteten und Ausbeutern, zwischen Herren und Knechten nicht mehr verkleistern: es liegt zu viel Elend zwischen diesen beiden Ufern. Hunderte, nein tausende gläubiger hilfreicher Menschen schmachten heute in Sibirien und in den Kerkern, morgen werden es Tausende, Zehntausende sein. Und ich frage Sie, sollen wirklich alle diese Millionen Unschuldiger weiter leiden um einer Handvoll Schuldiger willen?

TOLSTOI *(sich zusammenfassend)*: Besser sie leiden, als dass nochmals Blut vergossen werde; gerade das unschuldige Leiden ist hilfreich und gut wider das Unrecht.

ZWEITER STUDENT *(wild)*: Gut nennen Sie das Leiden, das unendliche, jahrtausendalte des russischen Volkes? Nun: so gehen Sie in die Gefängnisse, Leo Tolstoi, und fragen Sie die Geknuteten, fragen Sie die Hungernden unserer Städte und Dörfer, ob es wirklich so gut ist, das Leiden.

TOLSTOI *(zornig)*: Besser gewiss als eure Gewalt. Glaubt ihr denn wirklich, mit euren Bomben und Revolvern das Böse endgültig aus der Welt zu schaffen? Nein, in euch selbst wirkt dann das Böse, und ich wiederhole euch, hundertmal besser ist es, für eine Überzeugung zu leiden, als für sie zu morden.

ERSTER STUDENT *(gleichfalls zornig)*: Nun, wenn es so gut ist und so wohltätig, zu leiden, Leo Tolstoi, nun – warum leiden Sie dann nicht selbst? Warum rühmen Sie immer die Märtyrerschaft bei den andern und sitzen selbst warm im eigenen Haus und essen auf silbernem Geschirr, während Ihre Bauern – ich hab' es gesehen – in Lappen gehen und halb verhungert in den Hütten frieren? Warum lassen Sie sich nicht selber knuten statt Ihrer Duchoborzen, die um Ihrer Lehre willen gepeinigt werden? Warum verlassen Sie nicht endlich dieses gräfliche Haus und gehen auf die Straße, selber in Wind und Frost und Regen die angeblich so köstliche Armut zu kennen? Warum reden Sie nur immer, statt

Die Flucht zu Gott

selbst nach Ihrer Lehre zu handeln, warum geben Sie selbst nicht endlich ein Beispiel?
TOLSTOI *(er ist zurückgewichen. Der Sekretär springt vor gegen den Studenten und will ihn erbittert zurechtweisen, aber schon hat sich Tolstoi gefasst und schiebt ihn sanft langsam beiseite)*: Lassen Sie doch! Die Frage, die dieser junge Mensch an mein Gewissen gerichtet hat, war gut ... eine gute, eine ganz ausgezeichnete, eine wahrhaft notwendige Frage. Ich will mich bemühen, sie aufrichtig zu beantworten. *(Er tritt einen kleinen Schritt näher, zögert, rafft sich zusammen, seine Stimme wird rau und verhüllt.)* Sie fragen mich, warum ich nicht das Leiden auf mich nehme, gemäß meiner Lehre und meinen Worten? Und ich antworte Ihnen darauf mit äußerster Scham: wenn ich bislang meiner heiligsten Pflicht mich entzogen habe, so war es ... so war es ... weil ich ... zu feige, zu schwach oder zu unaufrichtig bin, ein niederer, nichtiger, sündiger Mensch ... weil mir Gott bis zum heutigen Tage noch nicht die Kraft verliehen hat, das Unaufschiebbare endlich zu tun. Furchtbar reden Sie, junger, fremder Mensch, in mein Gewissen. Ich weiß, nicht den tausendsten Teil dessen habe ich getan, was nottut, ich gestehe in Scham, dass es längst schon, längst meine Pflicht gewesen wäre, den Luxus dieses Hauses und die erbärmliche Art meines Lebens, das ich als Sünde empfinde, zu verlassen, und ganz wie Sie es sagen, als Pilger auf den Straßen zu gehen, und ich weiß keine Antwort, als dass ich mich schäme in tiefster Seele und mich beuge über meine eigene Erbärmlichkeit. *(Die Studenten sind einen Schritt zurückgewichen und schweigen betroffen. Eine Pause. Dann fährt Tolstoi fort mit noch leiserer Stimme:)* Aber vielleicht ... vielleicht leide ich dennoch ... vielleicht leide ich eben daran, dass ich nicht stark und ehrlich genug sein kann, mein Wort vor den Menschen zu erfüllen. Vielleicht leide ich eben hier mehr an meinem Gewissen als an der furchtbarsten Folter des Leibes, vielleicht hat Gott gerade dieses Kreuz mir geschmiedet und dieses Haus mir qualvoller gemacht, als wenn ich im Gefängnis läge mit Ketten an den Füßen ... Aber Sie haben recht, nutzlos bleibt dieses Leiden, weil ein Leiden nur

für mich allein, und ich überhebe mich, wollte ich seiner mich noch berühmen.

ERSTER STUDENT *(etwas beschämt)*: Ich bitte Sie um Verzeihung, Leo Nikolajewitsch Tolstoi, wenn ich in meinem Eifer persönlich geworden bin …

TOLSTOI: Nein, nein, im Gegenteil, ich danke Ihnen! Wer an unser Gewissen rüttelt, und sei es mit den Fäusten, hat wohl an uns getan. *(Ein Schweigen. Tolstoi wieder mit ruhiger Stimme:)* Haben Sie beide noch eine andere Frage an mich?

ERSTER STUDENT: Nein, sie war unsere einzige Frage. Und ich glaube, es ist ein Unglück für Russland und die ganze Menschheit, dass Sie uns Ihren Beistand verweigern. Denn niemand wird diesen Umsturz, diese Revolution mehr aufhalten und ich fühle, furchtbar wird sie werden, furchtbarer als alle dieser Erde. Die bestimmt sind, sie zu führen, werden eherne Männer sein, Männer der rücksichtslosen Entschlossenheit, Männer ohne Milde. Wären Sie an unsere Spitze getreten, so hätte Ihr Beispiel Millionen gewonnen, und es müssten weniger Opfer sein.

TOLSTOI: Und wäre es ein einziges Leben nur, dessen Tod ich verschuldete, ich könnte es nicht verantworten vor meinem Gewissen.

(Die Hausglocke gongt vom unteren Stockwerk.)

DER SEKRETÄR *(zu Tolstoi, um das Gespräch abzubrechen)*: Es läutet zu Mittag.

TOLSTOI *(bitter)*: Ja, essen, schwätzen, essen, schlafen, ausruhen, schwätzen – so leben wir unser müßiges Leben und die anderen arbeiten indes und dienen damit Gott. *(Er wendet sich den jungen Leuten wieder zu.)*

ZWEITER STUDENT: Wir bringen also unseren Freunden nichts als Ihre Absage zurück? Geben Sie uns kein Wort der Ermutigung?

Die Flucht zu Gott

TOLSTOI *(sieht ihn scharf an, überlegt)*: Sagt Euren Freunden Folgendes in meinem Namen: ich liebe und achte euch, russische junge Menschen, weil ihr so stark das Leiden eurer Brüder mitfühlt und euer Leben einsetzen wollt, um das ihre zu verbessern. *(Seine Stimme wird hart, stark und schroff.)* Aber weiter vermag ich Euch nicht zu folgen, und ich weigere mich, mit Euch zu sein, sobald Ihr die menschliche und brüderliche Liebe zu allen Menschen verleugnet.

(Die Studenten schweigen. Dann tritt der zweite Student entschlossen vor und sagt hart:)
ZWEITER STUDENT: Wir danken Ihnen, dass Sie uns empfangen haben, und danken Ihnen für Ihre Aufrichtigkeit. Ich werde wohl nie mehr Ihnen gegenüberstehen – so erlauben Sie auch mir unbekanntem Nichts zum Abschied ein offenes Wort. Ich sage Ihnen, Leo Tolstoi, Sie irren, wenn Sie meinen, dass die menschlichen Beziehungen allein durch die Liebe verbessert werden können: das mag gelten für die Reichen und für die Sorglosen. Aber jene, die von Kindheit auf hungern und ein ganzes Leben schon unter der Herrschaft ihrer Herren schmachten, die sind müde, länger auf die Niederfahrt dieser brüderlichen Liebe vom christlichen Himmel zu warten, sie werden lieber ihren Fäusten vertrauen. Und so sage ich Ihnen am Vorabend Ihres Todes, Leo Nikolajewitsch Tolstoi: die Welt wird noch im Blute ersticken, man wird nicht nur die Herren, sondern auch ihre Kinder erschlagen und in Stücke reißen, damit die Erde auch von jenen nichts Schlimmes mehr zu gewärtigen habe. Möge es Ihnen erspart sein, dann noch Augenzeuge Ihres Irrtums zu werden – dies wünsche ich Ihnen von Herzen! Gott schenke Ihnen einen friedlichen Tod!
(Tolstoi ist zurückgewichen, sehr erschreckt von der Vehemenz des glühenden jungen Menschen. Dann fasst er sich, tritt auf ihn zu und sagt ganz schlicht:)
TOLSTOI: Ich danke Ihnen insbesondere für Ihre letzten Worte. Sie haben mir gewünscht, was ich seit dreißig Jahren ersehne – einen Tod in Frieden mit Gott und allen Menschen. *(Die beiden*

verbeugen sich und gehen; Tolstoi sieht ihnen längere Zeit nach, dann beginnt er erregt auf und ab zu gehen und sagt begeistert zum Sekretär:) Was das doch für wunderbare Jungen sind, wie kühn, stolz und stark, diese jungen russischen Menschen! Herrlich, herrlich diese gläubige, glühende Jugend! So habe ich sie vor Sebastopol gekannt, vor sechzig Jahren; mit ganz demselben freien und frechen Blick gingen sie gegen den Tod, gegen jede Gefahr – trotzig, bereit, mit einem Lächeln zu sterben für ein Nichts, ihr Leben, das wunderbare junge Leben hinzuwerfen für eine hohle Nuss, für Worte ohne Inhalt, für eine Idee ohne Wahrheit, nur aus Freude an der Hingebung. Wunderbar, diese ewige russische Jugend! Und dient mit all dieser Glut und Kraft dem Hass und dem Mord wie einer heiligen Sache! Und doch, sie haben mir wohlgetan! Aufgerüttelt haben sie mich, diese beiden, denn wirklich, sie haben recht, es tut not, dass ich endlich mich aufraffe aus meiner Schwäche und eintrete für mein Wort! Zwei Schritte vom Tod und immer zögere ich noch! Wirklich, das Richtige kann man nur von der Jugend lernen, nur von der Jugend! […]

Mein Operntext für Richard Strauss
[Die schweigsame Frau]

Zur bevorstehenden Uraufführung der neuen Richard-Strauss-Oper: »Die schweigsame Frau« in Dresden.

Diese Szene aus dem zweiten Akt der »Schweigsamen Frau« stellt dar, wie Sir Morosus, der keinen Lärm vertragen kann und darum eine ganz schweigsame Frau sich zuschwätzen ließ, sofort nach der Vermählung entdeckt, dass sie nicht doch gar so schweigsam ist.

(Morosus und Aminta sind allein, man hört die Schritte der Fortgehenden auf der Treppe und dann das Tor zuschlagen. Diese Stille. Aminta hat sich ganz bedrückt an den Tisch gesetzt und seufzt laut auf. Morosus nähert sich der Schweigenden, die ihn nicht anblickt, zärtlich und besorgt.)
MOROSUS: Du bist so still und scheinst bedrückt! Oh, ich versteh's! Dieser wüste, dieser infernalische Lärm hat dich wohl auch müd gemacht.
Aminta: Ach nein, dies nicht. *(Sie seufzt.)*
MOROSUS *(sich ihr nähernd):* Du seufzt? Drückt dich ein Gram?
AMINTA *(ehrlich erregt):* Ach, gütiger Herr, um aller Heiligen willen fragt mich nicht, fragt mich nicht.
MOROSUS *(zärtlich):* Ich muss dich aber fragen, Kind! Sind wir nicht eine Sache jetzt vor Gott, ein Herz, ein Leben? Muss deine Sorge nicht auch die meine sein? Vertrau mir's an: was drückt dich so?
AMINTA *(zur Seite)*: Wenn er nur grob wäre und hart, dann ging's mir leichter! *(Laut):* Nichts, nichts, besorgt euch nicht!
MOROSUS: Nein, sag es, Kind, vertrau mir's an.
Aminta: Noch einmal, Herr, flehentlich bitt ich euch: drängt nicht in mich.
MOROSUS: Aber es tut mir weh wie ein eigener Schmerz, dich umdüstert zu sehn, dich, die ich glücklich haben möchte … meine Timida, was drückt dich so …

Dramen

AMINTA *(ganz blass und gespannt)*: Herr, gnädiger Herr ... um euretwillen drängt jetzt nicht ... ich brauche noch ein wenig Ruhe ... *(Leise für sich)*: Ein Wort noch, wenn er spricht, und ich fange an ...
MOROSUS *(für sich)*: Wie hold ist eines Mädchens Scham! *(Zu ihr heran und sie anfassend)*: Hör, meine Timida ...
AMINTA *(aufstampfend und in geheucheltem Zorn schreiend)*: Ruhe, Ruhe hab ich dir gesagt!!!!
MOROSUS *(vor Schreck auf den Rücken fallend)*: Aaaaah ...
AMINTA *(losbrechend)*:
Meine Ruhe will ich haben,
Ruhe, Ruhe, Ruhe, Ruhe!
Will nicht gefragt sein!
Will nicht geplagt sein!
Lass mich nicht quälen, nicht inquirieren, weiß meine Sachen selber zu führen, weiß am besten, was mir mundet und frommt.
Und verdammt! Wer mir da in die Quere kommt.
MOROSUS *(ganz verblüfft über die Verwandlung. Kleinlaut)*: Aber Timida ... ich wollte doch nur ...
AMINTA *(stampfend)*: Gar kein Aber! Ausgeabert!
Nichts zu wünschen, nichts zu reden,
Hier geschieht nur, was ich will.
Ich und Ich und Ich und Ich.
Niemand hat hier was zu fragen,
Niemand hat hier was zu wollen
Außer Ich und Ich und Ich.
MOROSUS: Aber Timida? ... Wo ist deine Sanftmut ... ich erkenne dich gar nicht ... ich meinte ...
AMINTA *(scheinbar wütend auf und ab laufend)*: Hast gemeint, du kaufst dir eine,
Die still buckelt und pariert,
Eine stumme, dumme Kleine,
Die dir Herd und Haushalt führt.
Fehlgeraten, fehlgeschlossen!

Mein Operntext für Richard Strauss [Die schweigsame Frau]

Merk's beizeiten, wer ich bin!
Glaubst ich habe dich genommen,
Mich hier schweigsam einzumauern
Und mein Leben zu vertrauern?
Nein und nein und nein und nein!
Nein, ich lass mich nicht verstören,
Selber will ich mir gehören!
Ich bin jung und ich will leben;
Ich bin jung und will mich freun!
Ich will spaßen, ich will lachen,
Freude haben, Freude machen,
Munter unter Menschen sein.
Unter jungen, frohen, frischen,
Die mir warm das Blut aufmischen –
Soll ich hier im Hause bleiben
Muss es laut und lustig sein!
MOROSUS *(ganz verzweifelt auf und ab rennend)*:
O ich Narr, ich gottgeschlagener,
Der in seinem Wahn geglaubt,
Eine Frau könnt stille sein.
O ich Narr, ich Narr, ich Narr,
Der mit seinen grauen Haaren
Noch einmal zur Freite ging
Und sich wie ein dummer Bube
In dem eigenen Netze fing.
O ich Narr, ich Narr, zu spät jetzt
Seh ich meine Narrheit ein!
AMINTA *(auf und ab)*:
Alles muss hier anders werden,
Jugend hat ihr eignes Recht!
Wagen will ich und drei Pferde,
Kleider, Perlen, Diamanten,
Diener, Pagen und Lakaien,
Papagei und Kakadu

Wie es einer Lady ziemt!
In die Messe, in die Bäder,
Immer in den schönsten Kleidern
Und zu Hause stets Musik,
Bläser, Geiger, Paukenschläger.
Cembalo und Clavecin,
Sänger, Tänzer und Kastraten,
Immerdar Musik! Musik!
Selber will ich singen lernen,
Denn zu laut drängt mir die Freude
In der aufgespannten Brust.
MOROSUS *(gleichfalls auf und ab rennend)*:
O ich Narr, ich ausgepichter,
Weh! An welche Teufelin
Bin ich Tölpel da geraten!
Wie sie schreit, oh, wie sie zetert.
Wie sie jubelt, wie sie schmettert,
Meine Ohren, meine Ohren!
Gott, ach Gott, ich bin verloren
Wenn sie lang so weiterlebt!
(Beide im Hin- und Herrennen aneinandergeratend.)
AMINTA *(herrisch)*:
Renn mir da nicht in die Quere!
Ich geh hier und niemand andrer.
Ich red hier und ich allein,
Ich und Ich und Ich und Ich!
In den Winkel! In die Ecke!
Geh dein graues Haar verstecken,
Ich bin jung und brauche Raum!
MOROSUS *(ist in die Ecke geflüchtet, schlägt mit den Fäusten an die Wand)*:
O ich Tölpel, o ich Esel!
Der an eine Frau geglaubt!
Narr und Narr und Narr und Narr

Mein Operntext für Richard Strauss [Die schweigsame Frau]

Der ich bin und der ich war!
Nein, das kann ich nicht ertragen.
Das ist ärger als die Hölle,
Das ist ärger als der Tod!
AMINTA *(immer heftiger)*:
Alles muss hier anders werden
Dieses Haus ertrag ich nicht.
Dumpf und düster das Gebälke
Wie ein ausgepechter Sarg.
Alle Türen schwer verschlossen,
Alle Fenster dicht verhangen,
Nein, hier halt ich es nicht aus!
Alles muss hier anders werden,
Breit die Fenster, hell die Wände
Und erleuchtet von Brokat.
Tisch und Tafel neu und üppig,
Viele Spiegel, viele Lichter,
Bilder, Blumen und Gestühle,
Raum für Tanz, Raum für Musik.
Alles muss zur Liebe locken,
Alles, wie ich's mag und will.
(Sie sieht sich um, reißt die Decken und Vorhänge polternd herab, welche die Fenster verhängen, nimmt einen Stock und drischt in die Kostbarkeiten Morosus hinein, seine Tischgerippe, Pfeifenständer, astronomische Geräte, dass alles zu Boden klirrt und fällt.)
Fort mit diesem alten Plunder,
Kirchhofsdung und Mottenfraß!
Weg die Waffen, die Pistolen,
Diese bleichen Fischgerippe,
Alles, was an Tod erinnert,
Alles, was an Furcht gemahnt!
Weg mit all dem Muff und Moder
Einer abgelebten Zeit,
Weg mit diesem Staub und Zobel

Diesem Grind von Greisenheit!
Krach und klirr und noch und nochmals
Weg mit all dem toten Zeug!
MOROSUS *(ist ganz verzweifelt, um seine Habseligkeiten zu retten, ihr in den Weg gesprungen)*: Meine Pfeife! Mein Teleskop!
AMINTA *(den Stock gegen ihn hebend)*:
Weg, sonst kriegst auch du noch Dresche!
Hüte dich! Ich bin im Schwung
Einmal gründlich aufzuräumen,
Was hier morsch und muffig ist.
(Sie drischt weiter zu.)
Weg mit dem da! Weg mit diesem!
Krach und klirr und noch und nochmals!
Ich will diese Bude säubern,
Dass kein Stück mehr übrigbleibt.
(Es klirrt und kracht und schmettert von stürzenden Gegenständen.)

Gedichte

Die frühen Kränze

Oh, come grato ocorre
Nel tempo giovanil, quando ancor lungo
La speme e breve ha la memoria il corso,
Il rimembrar delle passate cose!
Leopardi

I
Oft bange ich, vom Tal der Heiterkeit
Biege mein Weg zu Stille schon und Schweigen,
Denn leiser wandelt meiner Stunden Reigen,
Wie Menschen gehn vor naher Müdigkeit.

So war, was ich, ein Kind, ein Träumer nahm
Das Leben schon? Und waren die verfrühten
Geschicke, die ich griff, schon reife Blüten,
Mit denen meine Jugend zu mir kam?

Doch Fragen sind dies, die ich klaglos spreche,
Denn keiner weiß es ganz, was er erlebt,
Da er noch Strom ist und geschnellte Schwinge,

Und erst, wenn alle Unrast fern verbebt,
Malen sich bildhaft auf der stillen Fläche
Die späten Träume der erlebten Dinge.

II

Doch diesen Glanz verlangt es mich, zu halten,
Zu fassen das, was kaum Erlebnis war,
Der Ferne Gruß, der Frauen mattes Haar,
Den lieben Schritt enteilender Gestalten,

Und solche Bilder, ehe sie verschatten,
In heißen Worten formend zu erneuern,
Dass sie, geläutert von den späten Feuern
Ein Glühen geben, das sie einst nicht hatten.

So wird, was schon verging, mir neu zu eigen
Und reicher nun. Gefangen im Gedicht
Runden die Stunden längst schon welker Lenze

Sich lächelnd wieder in den Lebensreigen,
Und ein – fast träumendes – Besinnen flicht
Die bunten Farben in die frühen Kränze.

Vorstadtfrühling

Ich liebe den Frühling der ärmlichen Gassen,
Wo Fenster wie ängstlich an Fenster sich drängt,
Wenn er den Häusern, die eng sich umfassen,
Die strömende Flut seines Goldes verschenkt.

Wenn er auf staubige Vorstadtgärten
Mit weckendem Lächeln herniederblickt
Und allen den nackten, winterversehrten
Bäumen die grünenden Knospen schickt.

Und wenn er hell seine leuchtenden Gaben
In die längst erblindeten Scheiben gießt
Und in die Seelen der staunenden Knaben,
Für die der Frühling ein Wunder noch ist.

Und wenn er den Müden und Arbeitgequälten,
Den Sklaven der hastenden drängenden Zeit,
Einen schüchternen Abglanz der ungezählten
Schönheitsformen des Lebens verleiht.

Gedichte

Sonnenaufgang in Venedig

Erwachende Glocken. – In allen Kanälen
Flackt erst ein Schimmer, noch zitternd und matt,
Und aus dem träumenden Dunkel schälen
Sich schleiernd die Linien der ewigen Stadt.

Sanft füllt sich der Himmel mit Farben und Klängen,
Fernsilbern sind die Lagunen erhellt. –
Die Glöckner läuten mit brennenden Strängen,
Als rissen sie selbst den Tag in die Welt.

Und nun das erste flutende Dämmern!
Wie Flaum von schwebenden Wolken rollt,
So spannt sich von Turm zu Türmen das Hämmern
Der Glocken, ein Netz von brennendem Gold.

Und schneller und heller. Ganz ungeheuer
Bläht sich das Dämmern. – Da baucht es und birst,
Und Sonne stürzt wie fressendes Feuer
Gierig sich weiter von First zu First.

Der Morgen taut nieder in goldenen Flocken,
Und alle Dächer sind Glorie und Glast.
Und nun erst halten die ruhlosen Glocken
Auf ihren strahlenden Türmen Rast.

Die ferne Landschaft

Sie ist nur Traum, von mir als Kind einmal
Vielleicht geträumt, vielleicht sogar erlebt
Auf einer Reise, die ich längst vergaß,

Doch blinkt ihr Bild, als hätte scharfer Stahl
Es losgerissen von dem Hintergrund
Der Nacht, nun so in mir: Ein helles Tal,

Das jäh hinabstürzt von der Berge Rund,
Wie wenn es von dem Flusse trinken wollt,
Der lärmend gegen Felsen schmettert und

Dann in die Ferne glitzernd weiterrollt,
Wo reifer Trauben überschattet Blau
Sanft niederfließt in breiter Äcker Gold. –

Das Bild ist treu, ich sehe ganz genau
In jedem Traum dieselben Dächer, schräg
Und sonnenwarm, aufatmend fühl ich lau

Des Südens Luft, ich höre von dem Steg
Die Wasser schäumen und seh immer dann
Nach beiden Seiten einen weißen Weg.

Und immer neu rührt mich die Frage an,
Ob ich schon diesen Weg gegangen bin
In Leben oder Traum und wo und wann,

Den weißen Weg, der scheu und zögernd in
Den Rauch der Felsen führt und sanft ins Tal
– Ich weiß es nicht, woher, und nicht, wohin –

Und der doch funkelnder als ein Opal
Durch meine Nächte glänzt und bis zum Rand
Sie voll mit Sehnsucht füllt, ein einzig Mal

Auf diesem Weg zu pilgern in ein Land,
Das hinter allen Träumen liegt, so weit
Und wolkenfroh, so fremd und so bekannt,

Als sei es meine eigne Kinderzeit.

Lied des Fahrenden

Wanderern ist keine Ruhe gegeben,
Unrast wandert die Wege mit.
Fast schon hab' ich verwandert mein Leben
Und kam doch weiter um keinen Schritt.

Ich wollt', dass ich irgendwo Wurzel wäre,
Wiese, Wald, ein Stein oder Blatt,
Nur etwas, das ruht, das ohne Begehren
Seine Heimstatt unter dem Himmel hat.

Ich möchte nur Ding sein, eines von jenen
Die Blüte sind von der Erde Blut,
Denen nicht eigenes Sinnen und Sehnen
Müdigkeit macht oder wehe tut,

Die brünstig sich in die Scholle vergraben,
In die einst ihr Samenkornschicksal fiel,
Nicht Unrast und Wunsch in die Ferne haben,
Wolken und wehender Winde Gespiel,

Die blühen und welken, die knospen und reifen,
Wie Gott es will und die selber kaum
Ihr leises Leben anders begreifen
Als einen sinnlosen sonnigen Traum.

Gedichte

Polyphem

1917

Drei Jahre schon leben wir
In deiner Höhle,
Höhle des Dunkels, des Grauens und böser Erwartung,
Polyphem,
Du ewig hungriger, menschenfressender Riese,
Dessen Auge
Starr, stählern und wimpernlos
Die selige Träne nicht kennt.

Tag für Tag
Greift deine harte haarige Hand
In unsere Reihen,
Fühlt, betastet und wägt unsre schauernden Glieder,
Reißt
Freunde von Freunden,
Bruder von Brüdern,
Schlägt
Schädel und Hirne, gefüllt mit Liebe und warmen Gedanken,
Körper und Stirnen, durchglüht von Samen und Süße des Lebens,
Gegen die Felsen des Schicksals,
Und gierig schlürft
Dein breites, wulstiges tierisches Maul
Das heilige Fleisch
Göttlicher Menschen.

Wie Tiere gedrängt
Schauernd im Dunkel
Der blutigen Höhle
Sitzen wir nachts und fragen uns an mit sklavischen Augen:
Wann du? Wann ich? Wann der letzte

Göttlicher Menschen
In den Wanst,
Den ewig sich weitenden,
Dieses aufgeblähten sinnlosen Tiers?
Unsere Wangen
Sind mürb
Von vergossenen Tränen,
Unsere Augen
Verdunkelt vom täglichen Anblick der Schmach,
Ein eiserner Ring
Erdrückt unsere Kehle,
Die einstens lobsang die Schönheit der Welt.
Wir können nicht reden,
Wir können nur stöhnen.
Wie die Vögel im Sturm
Gesträubten Gefieders
Niedergeduckt
Wärmen wir uns
Einer am andern,
Aber wir ballen die Fäuste,
Dass das Blut uns rot aus den Nägeln springt.

Er aber,
Trunken von Blut,
Frech von der Mast
Heiliger Menschen,
Räkelt sich breit
Auf der ewigen Erde,
Vom Morgen bis Mittag
Liegt er hingestreckt,
Zermalmend die Äcker,
Zerberstend die Wälder,
Zerdrückend die Städte,
Der Menschenschlinger

Und lacht
Mit dem kalten Auge, dem tränenlosen
In die Himmel,
Wo die Götter, die schläfrigen, schlafen und schlafen.

Aber hüte dich, Polyphem!
Es brennen heimlich
Die Feuer der Rache
In unseren Seelen.
Der Atem der Toten facht sie zur Glut.
Schon schmieden
Wir nächtlich den Pfahl,
Den Pfahl für dein Auge,
Das harte, das kalte, das tränenlose!
Hüte dich, hüte dich, Polyphem,
Schon schärfen wir
Die Spitze im Feuer!
Friss nur, saufe, mäste dich an,
Polyphem,
Doch wenn du dann träumst vom ewigen Fraße,
Stoßen wir dir die Nacht in die Stirn,
Und aus der Höhle des Bluts und des Grauens
Schreiten
Wir, Brüder der Völker, Brüder der Zeiten,
Über deine stinkende Leiche
In die ewigen Himmel der Welt.

Wir sagten »Schule« …

Wir sagten »Schule« und wir meinten »Lernen,
Angst, Strenge, Qual, Zwang und Gefangensein«,
Grau schien die Welt und wie nach lichten Sternen
So blickten wir der Freiheit zu. Allein
Je mehr wir uns von jener Zeit entfernen,
Scheint uns der schöne Übergang nur Schein,
Und kaum erlöst aus jenen engen Mauern,
Schwand das Gefühl und wurde fast Bedauern.

Denn bald erkannten wir: auch hier sind Netze
Engmaschig um den Willen ausgestellt
Auch hier wie dort sind's vorbestimmte Plätze
An die das Schicksal uns gebunden hält,
In ungeschriebne, doch viel strengere Gesetze
Bannt uns die eigne, selbstbestimmte Welt
Und jener Zwang, dem wir niemals entrinnen,
Wir fühlten ihn im eignen Herzen innen.

Und wie wir rückwärts nun die Blicke lenken,
Scheint all das Trübe wie ein Rauch entrafft.
Wie selig spürten wir doch auch auf jenen Bänken
Den Mut, den Übermut der ersten Kraft,
Wie quoll das Herz empor! Und ein Gedenken
Mahnt uns an Freundschaft und an Bruderschaft,
Die uns viel straffer, als wir damals meinten,
In eine Jugend und ein Ziel vereinten.
Und immer lieber lenkt zu jenen Tagen
Erinnerung und Sehnsucht ihren Schritt,
Das Herz verlangt noch einmal so zu schlagen
Wie damals, da es alles leicht erlitt
Und gern wollt' es der fremden Jugend sagen:
Und lernt das Beste auch mit all dem Neuen:
Euch eurer selbst und eurer Jugend freuen.

Gedichte

Der Sechzigjährige dankt!

Linder schwebt der Stundenreigen
Über schon ergrautem Haar,
Denn nur an des Bechers Neigen
Wird der Grund, der goldene klar.

Vorgefühl des nahen Nachtens
Es verstört nicht: es erschwert
Reine Lust des Weltbetrachtens
Kennt nur, wer nichts mehr begehrt,

Nicht mehr fragt, was er erreichte,
Nicht mehr klagt, was er gemisst
Und dem Altern nur der leichte
Anfang seines Abschieds ist.

Niemals glänzt der Ausblick freier
als im Glast des Scheidelichts,
Nie liebt man das Leben treuer
Als im Schatten des Verzichts.

Seinem lieben Felix
der alte Stefan

Nachdichtungen

Paul Verlaine: Les ingenus

Die Schuhe kämpften mit den schweren Röcken viel,
So dass sich jeder Atemhauch des Windes zarte
Schmalfüßchen – ach zu selten nur! – uns offenbarte,
Und wir, wir liebten dieses trügerische Spiel.
Und manchmal quälte sie der Mücken Übermut,
Die eingeschlichen durch des Halstuchs feine Ritzen.
Da gabs von weißen Frauennacken blankes Blitzen!
Selige Schauer strömten wild durch unser Blut.
Der Abend sank, von tiefem Rätselwort durchwebt …
Die Schönen, die verträumt an unsern Armen hingen,
Die raunten eigne Worte von so süßen Dingen,
Dass seit dem Tage unsre Seele staunend bebt …

Nachdichtungen

Emile Verhaeren: L'autre plaine

Morgensonne huscht mit funkelgoldenen Lichtern
Rinnt in leisen Wellen in den dunklen Zweigen
Und küsst wach den Purpurglanz in den Gesichtern
Bunter Blumen, die sich farbenglühend neigen.
Und in die Fontänen tropft die goldne Glut
Durch den engen Wall von schwerbelaubten Bäumen
Macht der kraftdurchrollten Reben heißes Blut
Schwer wie Purpurlippen, die von Küssen träumen.
Kaum noch hört man Rieseln und den Lichterglanz
Hellen Wassers an die Marmorstufen klingen
Und wie dunkelfrohe Käfer blind im Tanz
Blaue Scheiben streifen mit verirrten Schwingen. –
Leiser Blätterhauch! … Durch schmale Ritzen geht
Glitzern breiter Lichterbänder uns von ferne,
Und die Stunden kreisen, wie ein Rad sich dreht
Um der Sonnenblumen dunkler Augensterne …

Arthur Rimbaud: Sentiment

An blauen Abenden geh' ich auf Pfaden
Die eng umsäumt von goldnen Saaten sind
In tiefem Traum. Mit leisen Wellenbaden
Das bloße Haupt mir Ernteduft und Wind.
Ich spreche nichts. – Ich denke nichts. – Ich träume nur
Und eine Liebe ist in mir erwacht
So grenzenlos ... Ich wandle durch die Flur
So selig, wie in einer Liebesnacht ...

Nachdichtungen

Jules Romains: Die Briefe

In diesen Tagen habe ich keinen Brief bekommen!
Niemand in der Stadt, niemand dachte an mich.
Oh, ich erwarte keinen. Allein kann ich leben
Und mein Geist bedarf, um sich froh zu entflammen
Nicht irgend ein fremdes beschriebenes Blatt.

Und doch, ich fühls, mir fehlt ein vertrautes Vergnügen
Meine Hände sind froh, ein Couvert zu entfalten,
Ihr Fleisch freut sich sehr, das Papier zu berühren,
Darin warm, inmitten gefalteter Blätter
Ein anderer Mensch unsichtbar sich gibt.

Seit den drei Tagen, da ich kein Schreiben empfing,
Gleite ich langsam in eine Verstimmung hinab;
Mein Leben beschämt mich: ich fühl eine Schande
Vor meinem eigenen Sein. Ein Bedauern bedrückt
Unfassbar mein Herz, das sich wertvoll sonst dünkte,
Meine Arme sind matt. Ich wag nicht zu lachen.
Die Luft tut weh, wenn ich sie eintrinke,
Die Liebe ringsum und innen die Kraft
Sind plötzlich versickert. Die Stadt klagt mich an
Mit ihrem Vergessen, ich fühle es wohl,
Kein Mensch, oh keiner in ihr denkt an mich!
Ich lebe heut nirgends als in der eigenen Haut.
Ein böses Kribbeln durchstreift meine Seele,
Unruhe durchrinnt mein Hirn, meine Hände,
Als zöge – oh was tat ich? Was hab ich verschuldet? –
Sich das Blut der Stadt aus meinen Adern zurück.

Luís de Camões: Lusiades C. I, E. C VI

Weh, wieviel Not und Fährnis auf dem Meere;
Wie nah der Tod in tausendfach Gestalten!
Auf Erden, wieviel Krieg! Wieviel der Ehre,
Verhasst Geschäft. Ach dass nur eine Falte
Des Weltballs für den Menschen sicher wäre
Sein bisschen Dasein friedlich durchzuhalten
Indes die Himmel wetteifern im Sturm.
Und gegen wen? Den ärmsten Erdenwurm!

Stefan Zweig
Weihnachten 1940

Quellenverzeichnis

Novellen
Die Novellen *Im Schnee, Die Mondscheingasse* und *Angst* (Auszug) werden aus Band I (*Vergessene Träume*, 2018, S. 33–47) und Band II (*Verwirrung der Gefühle*, 2019, S. 63–83, 403–420, 9–62) der *Salzburger Werkausgabe* im Zsolnay Verlag (Wien) wiedergegeben.

Roman
Der Auszug aus dem Roman *Ungeduld des Herzens* wird nach Band IV der *Salzburger Werkausgabe* im Zsolnay Verlag (Wien), 2021 (S. 7–16 und 241–254) wiedergegeben.

Sternstunden der Menschheit
Die Sternstunden *Der Kampf um den Südpol* und *Ciceros Tod* oder *Das Haupt auf der Rostra* werden nach Band I der *Salzburger Werkausgabe* im Zsolnay Verlag (Wien), 2017 (S. 62–82, 139–164 und 269–282) wiedergegeben.

Biographien
Joseph Fouché (1927), Vorwort und Auszug aus dem Kapitel *Der Endkampf mit Napoleon.* Aus: Stefan Zweig: *Joseph Fouché. Bildnis eines politischen Menschen*, Wien, Leipzig, Zürich: Herbert Reichner Verlag 1936 (S. 7–12 und 267–291).
Triumph und Tragik des Erasmus von Rotterdam. Kapitel *Der große Gegner.* Stefan Zweig: *Triumph und Tragik des Erasmus von Rotterdam*, Wien, Leipzig, Zürich: Herbert Reichner Verlag 1935 (S. 122–159).
Castellio gegen Calvin. Einleitung. Stefan Zweig: *Castellio gegen Calvin*, Wien, Leipzig, Zürich: Herbert Reichner Verlag 1936 (S. 9–29).
Marie Antoinette. Kapitel *Die letzte Fahrt.* Stefan Zweig: *Marie Antoinette*, Wien, Leipzig, Zürich: Herbert Reichner Verlag 1936 (S. 553–563).
Maria Stuart. Kapitel *»In meinem Ende ist mein Anbeginn«* Stefan Zweig: *Maria Stuart*, Wien, Leipzig, Zürich: Herbert Reichner Verlag 1935 (S. 497–512).

Baumeister der Welt. Der Kampf mit dem Dämon
Auszüge aus *Der Kampf mit dem Dämon. Hölderlin, Kleist, Nietzsche*, Leipzig: Insel Verlag, 1925 (S. 71–78, 164–178, 233–238, 256–259).

Balzac
Auszüge aus *Balzac*. Aus dem Nachlaß herausgegeben von Richard Friedenthal 1958 im Insel-Verlag (S. 175–197).

Die Welt von Gestern
Eros Matutinus. Stefan Zweig: *Die Welt von Gestern, Erinnerungen eines Europäers*, Herausgegeben mit einem Nachwort von Klemens Renoldner, Stuttgart: Reclam 2020 (S. 82–107).

Quellenverzeichnis

Reisetexte
Aus abgesperrter Welt. [Wien – Salzburg – Salzkammergut] In: *Neue Freie Presse*, 13. Juli 1919 (S. 1–3).
Die Reisetexte *Besuch bei den Milliarden* und *Das Haus der tausend Schicksale* werden nach dem Band *»Häfen und Bahnhöfe, sie sind meine Leidenschaft.« Reisen mit Stefan Zweig*, Salzburg, Wien: Jung und Jung, 2021 (S. 139–154, 160–164) wiedergegeben.

Essays
Monotonisierung der Welt. Stefan Zweig: *Begegnungen mit Menschen, Büchern, Städten*. Wien, Leipzig, Zürich: Herbert Reichner Verlag, 1937 (S. 161–169).
Die moralische Entgiftung Europas. Stefan Zweig: *Begegnungen mit Menschen, Büchern, Städten*. Wien, Leipzig, Zürich: Herbert Reichner Verlag, 1937 (S. 234–248).
Worte am Sarge von Sigmund Freud. Manuskript aus dem *Literaturarchiv Salzburg*.
Abschiedsrede [für Joseph Roth, 1. Juli 1939]. In: *Österreichische Post in Paris* (Exilzeitung), – Sonderheft: *in Memoriam Joseph Roth*, 1. Juli 1939 (S. 1–2).
Das große Schweigen. In: *Neue Volkszeitung (New York)*, 22. Juni 1940 (S. 2).

Dramen
Jeremias. Das neunte Bild, Der ewige Weg. Stefan Zweig: *Jeremias. Eine dramatische Dichtung in neun Bildern*, Leipzig: Insel Verlag, 1928 (S. 169–176).
Das Drama *Die Flucht zu Gott* wird nach Band I der Salzburger Werkausgabe im Zsolnay Verlag (Wien), 2017 (S. 269–282) wiedergegeben.
Mein Operntext für Richard Strauß [Die schweigsame Frau]. In: *Die Fledermaus: Wochenblatt für Theater, Film, Musik, Radio, Sport, Mode und Gesellschaft*, 15. Juni 1935 (S. 5).

Gedichte und **Nachdichtungen** werden aus den Bänden Stefan Zweig *Die gesammelten Gedichte*, Leipzig: Insel Verlag, 1924 und Stefan Zweig *»Was wir wollen!«. Gedichte und Nachdichtungen. Aus dem Nachlass*. Gesammelt, transkribiert und herausgegeben von Klaus Gräbner, Krems an der Donau: Edition Roesner, 2019, wiedergegeben.

Dank

Die Herausgeber bedanken sich beim Team des *Stefan Zweig Zentrums Salzburg* (Eva Alteneder, Gabriele Erhart, Paul Osthoff, Eva Wimmer, Simone Lettner und Clemens Woldan) für inhaltliche Anregungen, die redaktionelle Arbeit und die Kollationierung der Texte.

Bibliografische Information der Deutschen Nationalbibliothek
Die Deutsche Nationalbibliothek verzeichnet diese Publikation in der Deutschen Nationalbibliografie; detaillierte bibliografische Daten sind im Internet über http://dnb.d-nb.de abrufbar.

Es ist nicht gestattet, Texte dieses Buches zu scannen, in PCs oder auf CDs zu speichern oder mit Computern zu verändern oder einzeln oder zusammen mit anderen Bildvorlagen zu manipulieren, es sei denn mit schriftlicher Genehmigung des Verlages.

Alle Rechte vorbehalten

© by S. Marix Verlag in der Verlagshaus Römerweg GmbH, Wiesbaden 2022
Lektorat: Anna Schloss
Cover: Anja Carrà, Karina Bertagnolli
Bildnachweis: Illustration von Lara Maria Carrà
Umschlag, Layout & Satz: Anja Carrà
Der Titel wurde in der Baskerville gesetzt
Gesamtherstellung: CPI books GmbH, Leck – Germany

ISBN: 978-3-7374-1187-5

Mehr über Ideen, Autoren und Programm des Verlags finden Sie auf www.verlagshaus-roemerweg.de und in Ihrer Buchhandlung.